Inhalt

Einleitung 5

Deutschland unter den Besatzungsmächten 7

1. Am Tiefpunkt: Deutschland im Jahre 1945 7
2. Getrennte Entwicklung in Ost und West 13
3. Die Westzonen: Neubeginn und Restauration 21
   Zur Diskussion: Eine verhinderte Neuordnung? 27
4. Die Sowjetische Besatzungszone: erzwungener Umbau 29
5. Die doppelte Staatsgründung 36
   Zur Diskussion: Wer war schuld an der Teilung Deutschlands? 42
Grundbegriffe: Kalter Krieg 13 – Antifaschismus 16 – (Soziale) Markt- und (sozialistische)
Planwirtschaft 21 – Stalinismus 31

Das geteilte Deutschland (1949–1990) 44

1. Die „alte" Bundesrepublik 44
   1.1 Etappen der Entwicklung 46
       1.1.1 Die Ära Adenauer (1949–1963) 47
       1.1.2 Die Regierungszeit Erhards und der Großen Koalition (1963–1969) . 49
       1.1.3 Die sozial-liberale Koalition (1969–1982) 50
       1.1.4 Die Ära Kohl (seit 1982) 52

   1.2 „Bonn ist nicht Weimar": politische Kultur und politisches System 62
       1.2.1 Die politische Kultur 62
       1.2.2 Die Verfassungsordnung 64
       1.2.3 Der Parteienstaat 67
             Zur Diskussion: Versagen die Parteien? 78

   1.3 Die Soziale Marktwirtschaft – eine Erfolgsbilanz? 80
       Zur Diskussion: Der Sozialstaat im Widerstreit 91

   1.4 Gesellschaft im Wandel 93
       1.4.1 Die Generationen 94
       1.4.2 Frauen und Männer 103
       1.4.3 Die Arbeits- und Berufswelt 112
       1.4.4 Gleichheit und Ungleichheit im Sozialstaat 118
       1.4.5 Das Bildungswesen: Verteilungsstelle für Lebenschancen? 123
       1.4.6 Die Bundesrepublik – ein Einwanderungsland? 127
             Zur Diskussion: In was für einer Gesellschaft leben wir? 130

   1.5 Die Bundesrepublik in der internationalen Politik:
       wirtschaftlicher Riese – politischer Zwerg? 132
       1.5.1 Rahmenbedingungen westdeutscher Außenpolitik 132
       1.5.2 Die Westorientierung der Bundesrepublik 137
       1.5.3 Im Schatten des Holocaust: die Bundesrepublik und Israel 143
       1.5.4 Zwischen Konfrontation und Verständigung: die Ostpolitik der Bundesrepublik 147
             Zur Diskussion: Wie souverän war und ist die Bundesrepublik? 151
Grundbegriffe: Bürgergesellschaft 50 – Repräsentative und plebiszitäre Demokratie 66 –
Stagflation 83 – Angebots- und Nachfrageorientierung 84 – Individualisierung und
Pluralisierung 93 – Generation/Generationenkonflikt 95 – Feminismus 105 – Souveränität 132

2. Die Deutsche Demokratische Republik –
   das Scheitern des „real existierenden Sozialismus"   153

   2.1 Von Ulbricht zu Honecker: Etappen der Entwicklung   154
       2.1.1 „Aufbau des Sozialismus" im Geiste des Stalinismus (1949–1961) 154
       2.1.2 Die DDR nach dem Mauerbau   158
       2.1.3 Der „real existierende Sozialismus" in der Ära Honecker (1971–1989) 160

   2.2 Der vormundschaftliche Staat   162
       2.2.1 Staatspartei und politisches System 162
       2.2.2 Dissidenz und Opposition 168
       Zur Diskussion: Was war faul im SED-Staat? 170

   2.3 Die sozialistische Plan- und Kommandowirtschaft 172
       2.3.1 Der strukturelle Umbau der DDR-Wirtschaft 172
       2.3.2 Sozialistisches Eigentum 173
       2.3.3 Die zentral gelenkte Plan- und Verwaltungswirtschaft 174
       Zur Diskussion: Die DDR-Wirtschaft – zum Scheitern verdammt? 179

   2.4 Die sozialistische Gesellschaft 181
       2.4.1 Vom Klassenkampf zur sozialistischen Gleichheit 181
       2.4.2 Schule, Bildung, Jugend 182
       2.4.3 Kunst, Literatur, Massenmedien 184
       2.4.4 Die Kirchen 185
       2.4.5 Die DDR als Sozial- und Versorgungsstaat 186
       2.4.6 Frauen in der DDR 186
       Zur Diskussion: Frauen in der DDR: eine geglückte Emanzipation? 191

   2.5 Die DDR in der internationalen Politik 193
   Grundbegriffe: Real existierender Sozialismus 160 – Sozialistische Demokratie 163 –
   Entproletarisierung 182 – Sozialistischer Internationalismus 193

3. Die deutsche Teilung 196

   3.1 Die Deutschlandpolitik der Siegermächte 197
   3.2 Zwei deutsche Staaten, eine deutsche Nation 199
   3.3 Brennpunkt Berlin 201
   3.4 Deutschlandpolitik im Zeichen der Entspannung 204
       Zur Diskussion: Wandel durch Annäherung, Anerkennung, Zusammenarbeit? 208
   Grundbegriff: Friedliche Koexistenz 206

Das wiedervereinigte Deutschland 210
1. Risse im kommunistischen Herrschaftssystem 211
2. Die friedliche demokratische Revolution 212
3. Kurs auf die deutsche Einheit 216
4. Probleme der „inneren Einheit" 222
5. Die schwierigen 90er Jahre 227
   Zur Diskussion: Was tut dem vereinten Deutschland Not? 230

Literatur zur Vertiefung 232
Register 237

Einleitung

Die Bundesrepublik Deutschland ist heute beinahe ein halbes Jahrhundert alt und die DDR hat immerhin vierzig Jahre bestanden. Beide 1949 gegründete und 1990 vereinigte deutsche Nachkriegsstaaten haben fast die Lebensdauer des Kaiserreiches von 1871 erreicht und die der Weimarer Republik oder des sog. „Dritten Reiches" mehrfach übertroffen. Das Leben aller heutigen Deutschen spielte sich ganz oder überwiegend in diesem Nachkriegsdeutschland ab. Dessen Geschichte war unser aller Geschichte. Das ist ein ausschlaggebender Grund, sich mit dieser Geschichte gründlich zu befassen.

Hinzu kommt, dass die fünfzig Jahre seit der deutschen Kapitulation eine Zeit einzigartigen historischen Wandels waren. Niemals zuvor hat sich in einem vergleichbaren Zeitraum so vieles so schnell und so tief greifend verändert; keine Generation der Vergangenheit sah sich derartig viel Neuem gegenüber und war zu ständigem Umlernen gezwungen. In den 40er Jahren waren die meisten Deutschen kaum über die Grenzen Deutschlands und oft nicht einmal über die der engeren Region hinausgekommen – heute ist die Auslandsreise eine Selbstverständlichkeit. 1947 war das eigene Fahrrad ein für viele unerfüllbarer Traum – heute kommt auf zwei Deutsche ein Auto. Damals saß der Respekt vor den Autoritäten, die Bereitschaft zum Gehorsam tief in allen Köpfen – heute sind Eigenständigkeit, Mitsprache, Selbstverwirklichung unbestrittene Leitwerte. Wer vor vierzig Jahren auf der Schreibmaschine schrieb, konnte sich fortschrittlich dünken – wer heute nicht mit dem PC zurechtkommt, hat „den Anschluss verpasst". Umbrüche dieses Ausmaßes verlangen nach historischer Besinnung und Rechenschaftslegung. Wo alles in rasanter Bewegung ist, tun Innehalten und Rückblick Not. Nur wer einigermaßen überschaut, wie die heutigen Verhältnisse entstanden sind, hat die Chance, sie zu begreifen und sein gegenwärtiges und zukünftiges Verhalten danach auszurichten.

Bis vor kurzem stand das Thema „Deutschland seit 1945" in den Lehrplänen und Schulbüchern im Banne der deutschen Teilung. Behandelt wurde vornehmlich, was den Weg zur 1949 besiegelten Zweistaatlichkeit bestimmte, was das seitherige Verhältnis zwischen den beiden deutschen Staaten ausmachte, was aus der internationalen Politik auf die „deutsche Frage" einwirkte. Unter diesem Blickwinkel trat vieles in den Hintergrund, was sich sonst an Wichtigem auf deutschem Boden abspielte. Diese Einseitigkeit will das vorliegende Buch vermeiden. Es unterschätzt nicht die zentrale Bedeutung, die die deutsche Spaltung für die deutsche und die europäische Geschichte zwischen 1945 und 1990 hatte. Aber es will auch die anderen grundlegenden Entwicklungen in den Blick nehmen, die unser Leben nicht weniger prägten. In der (alten) Bundesrepublik waren dies etwa: der Aufstieg von der Mangel- zur Überflussgesellschaft, die Ablösung der Vorkriegs- und Kriegs- durch die Nachkriegsgenerationen, die langsame Einwurzelung liberaler Lebensstile und demokratischer Verhaltensformen, die Öffnung zu transnationalen und multikulturellen Erfahrungshorizonten, das Hineinwachsen in europäische Gemeinsamkeiten, die Abkehr von patriarchalischen Partner- und Familienbeziehungen, die Explosion des kulturellen und beruflichen Wissens, das Erschrecken über die Grenzen des Wachstums und die Gefährdungen der natürlichen Umwelt. DDR-Deutsche hatten teilweise andere Lebensthemen: den Verbindlichkeitsanspruch der marxistisch-leninistischen Ideologie, die Angebote und Zumutungen des autoritär-vormundschaftlichen Staates, die Mängel der zentral gelenkten Kommandowirtschaft, das Sich-Einrichten in einem allgegenwärtigen Überwachungssystem.

Indem solche Aspekte in diesem Buch die ihnen zukommende Beachtung erfahren, soll ein facettenreiches Bild der deutschen Geschichte seit 1945 entstehen.

Dabei werden neben dem politischen Geschehen auch Fragen der Wirtschaftsordnung, des Rechts- und Sozialstaates, der Gesellschaftsstrukturen, des Bildungswesens, der Frauenbewegung, der Einwanderung oder des Wertewandels
zu behandeln sein. Wir wollen unsere Geschichte nicht vornehmlich als Ereignis-
geschichte betrachten, sondern vor allem auch als Geschichte der Strukturen und
Prozesse, der Wertorientierungen und Mentalitäten, der Alltagswirklichkeit und
der individuellen wie kollektiven Erfahrungen. Dass dabei nicht zuletzt die Probleme, die gelösten wie die halb oder gar nicht gelösten (Arbeitslosigkeit, Über-
alterung, die Lasten der äußeren und inneren Wiedervereinigung), zur Sprache
kommen, ergibt sich aus der Aufgabe jeder Geschichtsschreibung, zur Bewältigung der Gegenwarts- und Zukunftsherausforderungen beizutragen. Natürlich
kann die deutsche Geschichte nicht als isoliertes Geschehen behandelt werden;
sie spielte sich stets auch in europäischen, atlantischen, globalen Zusammen-
hängen ab. Der stürmische Wandel, von dem im Folgenden so oft die Rede sein
wird, fand auch in vielen anderen Ländern statt.
In einem Schulbuch dieses Umfangs lassen sich bei weitem nicht alle Themen
ansprechen, die eine Berücksichtigung verdienten. Die Leser/innen werden manches vermissen, worüber sie gern etwas erfahren hätten. Auch konnten die Ge-
genstände, die sich in diesem Band finden, längst nicht immer in jener Vollstän-
digkeit und Ausführlichkeit dargeboten werden, die von der Sache her wünsch-
bar gewesen wären. Dennoch dürfte das Angebot reichhaltig genug sein, um die
deutsche Geschichte der zweiten Jahrhunderthälfte von vielen Seiten beleuchten
zu können. Dessen ungeachtet bleiben zusätzliche Studien und geeignete
Schwerpunktbildungen erwünscht. Dazu geben unsere Literaturhinweise Hilfen
und Anregungen.

Deutschland unter den Besatzungsmächten

Dass es vier Jahre nach der totalen Niederlage wieder deutsche Staaten mit eigener, wenn auch von den Siegermächten kontrollierter Regierungsgewalt geben würde, dass es in diesen vier Jahren gelang, aus dem schlimmsten materiellen Elend herauszukommen, hätte 1945 kaum einer zu prophezeien gewagt. Und außerhalb aller Erwartungen lag auch, was 1949 eintrat: die Spaltung des übrig gebliebenen Deutschlands in zwei miteinander verfeindete Staaten. So war die Bilanz der „Besatzungszeit" widersprüchlich: politische und wirtschaftliche Festigung hier, Verlust der nationalen Einheit dort. Wem fiel das Verdienst hieran, wem die Schuld zu? Lag alle Entscheidungsmacht bei den Alliierten oder mischten auch die Deutschen in Ost und West mit? Begann damals ein „Aufstieg aus dem Nichts", auf den sich die Nachkriegs- und Aufbaugeneration später so viel zugute hielt? Oder gab es falsche Weichenstellungen und versäumte man Chancen des Neuanfangs, die im „Jahre Null" vorhanden gewesen sein mögen?

1945	7./9. Mai	Kapitulation der deutschen Wehrmacht
	17. 7.–2. 8.	Potsdamer Konferenz: Die Regierungschefs der USA, der UdSSR und Großbritanniens vereinbaren eine gemeinsame Deutschlandpolitik.
1946		Die KPD und die SPD in der sowjetischen Besatzungszone schließen sich als SED zusammen.
1947		Die britische und die US-Zone bilden ein gemeinsames Wirtschaftsgebiet (Bizone).
1948	20./23. Juni	Getrennte Währungsreformen in den Westzonen und der SBZ
	24. Juni	Die Sowjetunion verhängt eine Blockade gegen die Westsektoren Berlins (aufgehoben am 12. Mai 1949).
	1. Sept.	In Bonn tritt der Parlamentarische Rat zusammen, der eine Weststaatsverfassung erarbeiten soll.
1949	23. Mai	Das Grundgesetz tritt in Kraft.
	15. Sept.	Der Bundestag wählt Konrad Adenauer zum ersten Bundeskanzler der Bundesrepublik Deutschland.
	7. Okt.	Gründung der DDR

1. Am Tiefpunkt: Deutschland im Jahre 1945

Menschenverluste

Am Ende des Zweiten Weltkrieges, dem 55 Millionen Menschen zum Opfer fielen, war Deutschland ein aus zahllosen Wunden blutendes Land. Der Krieg und die erste Nachkriegszeit kosteten 7,8 Millionen Deutschen das Leben – ein gutes Zehntel der deutschen Vorkriegsbevölkerung. Bis 1947 mussten 12 Millionen ihre Heimat in Ostdeutschland und den angrenzenden Siedlungsräumen verlassen. Sie flüchteten im Winter 1944/45 vor der vorrückenden Roten Armee oder wurden vor und nach Kriegsende durch Polen, Tschechen, Serben vertrieben. Viele rächten sich für das Leid, das ihnen zuvor die deutsche Besatzungsmacht angetan hatte. Den Strapazen und Verbrechen der Flucht und Vertreibung fielen – nach glaubhaften Schätzungen – mindestens 2,2 Millionen Deutsche zum Opfer.

Kriegsgefangene

Bei Kriegsende befanden sich 10 bis 11 Millionen deutsche Soldaten in alliierter Kriegsgefangenschaft. Amerikaner und Briten schickten ihre Gefangenen durchweg zügig nach Hause. Dagegen suchten Frankreich und vor allem die Sowjetunion die Arbeitskraft der Gefangenen so lange wie möglich auszubeuten. Von den in sowjetische Hand geratenen mehr als drei Millionen deutschen Soldaten überlebten über eine Million die Gefangenschaft nicht (von den in deutsche Kriegsgefangenschaft gelangten 5,7 Millionen sowjetischen Soldaten kamen fast 4 Millionen um). Die letzten deutschen Wehrmachtsangehörigen kehrten erst im Januar 1956 aus der Sowjetunion zurück.

Displaced Persons

Im Mai 1945 lebten mehr als 10 Millionen ausländischer Kriegsgefangener, KZ-Häftlinge und Zwangsarbeiter auf deutschem Boden. Bis zu ihrer Heimkehr mussten sie mit dem Nötigsten versorgt werden. 1949 waren im Vier-Zonen-Deutschland noch über 400 000 „Displaced Persons" verblieben. Sie erhielten später ein Daueraufenthaltsrecht und gliederten sich allmählich in die deutsche Nachkriegsgesellschaft ein; darunter waren auch knapp 30 000 osteuropäische Juden, die bis heute den Kern der jüdischen Minderheit unseres Landes bilden.

1   Deutschland nach 1945

Alle diese entwurzelten Menschen – hinzu kamen 3 Millionen Ausgebombte und aus den Großstädten Evakuierte – mussten ihre Existenzgrundlage auf einem Territorium finden, das als Folge des verlorenen Krieges beträchtlich kleiner und um lebenswichtige Ressourcen ärmer geworden war. Die Inbesitznahme der deutschen Ostgebiete jenseits der Oder-Neiße-Linie durch Polen und die Sowjetunion (nördliches Ostpreußen) verringerte das deutsche Staatsgebiet (in den Grenzen von 1937) um ein Viertel; das entsprach einem Verlust von 25% der landwirtschaftlichen Nutzfläche, 17% der Steinkohlevorkommen und 6,4% der Industrieanlagen. Im verbliebenen Reichsgebiet, auf dem jetzt eine gegenüber 1939 um 10 Millionen Menschen gewachsene deutsche Bevölkerung lebte (hinzu kamen die vielen Ausländer), waren ein Viertel des vor dem Krieg verfügbaren Wohnraumes zerstört und ein Großteil der übrigen Wohnungen in erbärmlichem Zustand. 40% des Eisenbahn- und Straßennetzes, darunter fast alle Brücken, waren unbenutzbar – eine in den ersten Nachkriegsjahren besonders schmerzliche Lücke, die zu katastrophalen Versorgungsengpässen führte.

Gebiets-verluste und Zerstörungen

Dagegen waren die Verluste an industrieller Substanz verblüffend gering. Die nicht unbeträchtlichen Zerstörungen des Luftkrieges waren durch Reparaturen und Neubauten fast vollständig ausgeglichen worden. Die Demontagen, mit denen sich die Siegermächte für ihre Kriegsverluste schadlos zu halten versuchten, schlugen nur in der SBZ fühlbare Lücken. Hier dürfte die Kapazitätseinbuße gegenüber dem Stand von 1936 gut zwei Fünftel betragen haben. Dagegen schätzt man die Substanzminderung in den Westzonen auf höchstens 5%.

Industrie-potential

Trotz dieser vergleichsweise erträglichen Ausgangsbedingungen kam die deutsche Wirtschaft bis 1947 nicht in Gang. Die Landwirtschaft litt unter der unzureichenden Ausstattung mit Maschinen, Treibstoff, Düngemitteln und Saatgut. Die der Bevölkerung zugeteilten Rationen sanken im Elendswinter 1946/47 unter das Existenzminimum. Die lebensnotwendigen Nahrungsmitteleinfuhren mussten, soweit nicht die Amerikaner mit Hilfslieferungen einsprangen, mit den Erlösen aus dem Export von Kohle und Holz bezahlt werden. Diese Rohstoffe, die die deutsche Wirtschaft dringend selbst benötigt hätte, wurden jetzt zu von den Alliierten festgesetzten Niedrigstpreisen verschleudert.

Wirtschaftliche Stagnation

Die Produktion stagnierte, weil es an den wichtigsten Voraussetzungen fehlte: einer hinreichenden Energie- und Rohstoffversorgung, einem funktionierenden Verkehrssystem, einer vertrauenswürdigen Währung. Deutschland fiel auf den Stand einer urtümlichen Natural- und Tauschwirtschaft zurück. Das wenige, was produziert wurde, diente, per Direkttausch, der Beschaffung von Produktionsmitteln und der Versorgung der Betriebsbelegschaft. Wer etwas Wertvolles anzubieten hatte, suchte seinen Gewinn auf dem schwarzen Markt. Hier wurden astronomische Preise verlangt und bezahlt. Ein Pfund Zucker kostete 70 bis 90, Brot 8 bis 30, Butter 230, eine amerikanische Zigarette 6 bis 7 Reichsmark. Der „Normalverbraucher" konnte hier nicht mithalten und musste darben. Der allgemeine Mangel war höchst ungleich verteilt. Einheimische waren besser dran als Flüchtlinge, Leute auf dem Lande und in kleineren Gemeinden besser als Großstädter. Am meisten hatten die zu leiden, die ausschließlich auf die amtlichen Lebensmittel-, Kleider- und Brennstoffkarten angewiesen waren: Beschäftigte im Öffentlichen Dienst, Arbeiter und Angestellte, Schüler und Studenten, Rentner. Hier fanden Hunger- und Mangelkrankheiten, vor allem die Tuberkulose, viele Opfer.

Natural-wirtschaft

Die Sieger taten anfangs wenig, um die Not der Deutschen zu lindern: teils weil ihnen die Mittel fehlten (nur die Amerikaner litten keinen Mangel), teils weil die Deutschen für ihre Schuld büßen sollten. Auch viele Nichtdeutsche, vor allem in

Die Politik der Sieger

Osteuropa, litten große Not. Die Aufteilung (Rest-)Deutschlands in vier Besatzungszonen erschwerte die Lage. Zwar kamen die „Großen Drei" auf der Potsdamer Konferenz überein, Deutschland als eine wirtschaftliche und weitgehend auch als eine rechtliche und politische Einheit zu behandeln. Aber die gleichzeitig besiegelte alleinige Zuständigkeit jeder Regierung für ihre Besatzungszone sowie die Vereinbarung, jeder Siegerstaat solle seine Reparationsansprüche aus seinem Besatzungsgebiet befriedigen, stellten die Weichen für eine getrennte Entwicklung. So kam ein nennenswerter wirtschaftlicher Austausch zwischen den Zonen vorerst nicht zustande. Auch waren die Siegermächte entschlossen, die deutsche Industrieproduktion erheblich zu drosseln, teils um eine Handhabe für die Demontagen zu haben, teils um einen deutschen Wiederaufstieg zu verhindern. Die deutsche Wirtschaft verlor so gut wie alle Auslandsmärkte. Die Alliierten halfen kräftig nach, indem sie das gesamte deutsche Auslandsvermögen enteigneten, den Patentschutz für deutsche Waren aufhoben und die alleinige Kontrolle über den deutschen Außenhandel ausübten.

Die Last der NS-Vergangenheit

Zu den Kriegsverlusten und der materiellen Gegenwartsnot kam die Schuld der Deutschen an den Greueln des NS-Systems. Deren volles Ausmaß wurde den meisten erst nach dem Krieg deutlich; zuvor hatten die Erfolge und die Propaganda des „Dritten Reiches" vielen den Blick getrübt, mancher hatte eingeschüchtert oder feige weggeschaut, nicht wenigen hatte die eigene Not das Mitgefühl für die Verfolgten abgestumpft. Aber auch jetzt noch fehlte vielen Deutschen die Bereitschaft oder Kraft, sich der Ungeheuerlichkeit der NS-Verbrechen zu stellen oder sich gar die eigene Mitschuld einzugestehen. Lag dies an einer bedenklichen moralischen Verirrung der „Hitler-Generation" oder brauchte ein geschlagenes und erschöpftes Volk einfach Zeit, um mit seiner Vergangenheit ins Reine zu kommen?

2 Leichenbeseitigung im Konzentrationslager Bergen-Belsen 1945
Erst nach der Befreiung durch die Alliierten wurden die Greuel in den Konzentrationslagern einer breiten Öffentlichkeit bekannt. Die Deutschen reagierten mit Ungläubigkeit, Entsetzen oder Scham.

3 Enttrümmerungsarbeiten in Berlin, Juli 1945
Am Anfang des Wiederaufbaus stand die Enttrümmerung. Sie erfolgte überwiegend in Handarbeit, zu der häufig Frauen dienstverpflichtet wurden.
Erörtern Sie, warum viele Deutsche nach 1945 einer Auseinandersetzung mit dem Nationalsozialismus auswichen.

4 Die Deutschen zur Verantwortung ziehen

Aus dem Report über die Potsdamer Konferenz (2. August 1945):

Der deutsche Militarismus und Nazismus werden ausgerottet und die Alliierten treffen nach gegenseitiger Vereinbarung in der Gegenwart und in der Zukunft auch andere Maßnahmen, die notwendig sind,
5 damit Deutschland niemals mehr seine Nachbarn oder die Erhaltung des Friedens in der ganzen Welt bedrohen kann.

Es ist nicht die Absicht der Alliierten, das deutsche Volk zu vernichten oder zu versklaven. Die Alliier-
10 ten wollen dem deutschen Volk die Möglichkeit geben, sich darauf vorzubereiten, sein Leben auf einer demokratischen und friedlichen Grundlage von neuem wieder aufzubauen. Wenn die eigenen Anstrengungen des deutschen Volkes unablässig auf die
15 Erreichung dieses Zieles gerichtet sein werden, wird es ihm möglich sein, zu gegebener Zeit seinen Platz unter den freien und friedlichen Völkern der Welt einzunehmen. [...]

Das deutsche Volk muss überzeugt werden, dass es eine totale militärische Niederlage erlitten hat und 20 dass es sich nicht der Verantwortung entziehen kann für das, was es selbst dadurch auf sich geladen hat, dass seine eigene mitleidlose Kriegführung und der fanatische Widerstand der Nazis die deutsche Wirtschaft zerstört und Chaos und Elend unvermeidlich 25 gemacht haben. [...]

In praktisch kürzester Frist ist das deutsche Wirtschaftsleben zu dezentralisieren mit dem Ziel der Vernichtung der bestehenden übermäßigen Konzentration der Wirtschaftskraft, dargestellt insbeson- 30 dere durch Kartelle, Syndikate, Trusts und andere Monopolvereinigungen. Bei der Organisation des deutschen Wirtschaftslebens ist das Hauptgewicht auf die Entwicklung der Landwirtschaft und der Friedensindustrie für den inneren Bedarf (Ver- 35 brauch) zu legen.

E. Deuerlein (Hg.), Potsdam 1945, München 1963, S. 353 ff.

a) Inwieweit wurden die Potsdamer Grundsätze verwirklicht? Worauf beriefen sich die Partner, wenn sie sich später den Bruch der Potsdamer Vereinbarungen vorwarfen?

b) Untersuchen Sie die wirtschaftspolitischen Absichten der Siegermächte. Warum bestanden die Alliierten auf einer Dezentralisierung der Wirtschaft?

5 Schrecken der Vertreibung

Erlebnisbericht des Bauern F. P. vom März 1947:

Am 30. 5., um halb 11 Uhr vormittags kam der Befehl: Binnen zwei Stunden muss das Dorf geräumt sein. Einige Tage vorher wurde schon etwas gemunkelt, dass wir fort müssen, aber niemand glaubte es.
5 Der tschechische Bürgermeister sagte auch, es sei nicht wahr. Daher arbeiteten an jenem Tag viele Leute draußen am Feld. Wir selber waren auch am Feld und wurden erst geholt. 30 kg Gepäck war erlaubt mitzunehmen. Meine Eltern waren so verwirrt,
10 dass sie vor Jammer gar nichts fanden. Die Schwester hatte drei kleine Kinder, das jüngste ein Jahr alt, konnte auch nicht schnell einpacken. Ich allein tat noch schnell etwas ausgraben und zusammensuchen. Es war aber kaum eine Stunde vorbei, kam ein
15 Tscheche, versperrte die Haustüre. Er durchsuchte unsere Sachen nach Schmuck, Photographapparat und tschechischem Geld. Als ich mit dem Schubkarren zum Hoftor hinausfuhr, kamen zwei Partisanen und fuhren mich barsch an, wie groß unsere Wirtschaft wäre. Ich sagte nichts, da bekam ich zwei Kol- 20 benstöße in den Rücken, dass ich glaubte, das Rückgrat sei entzwei, und der eine meinte: „Jetzt kannst du einen Taglöhner machen, deutscher Hund." Das war der Abschied aus dem Hause meiner Väter, auf welchem unser Geschlecht seit dem Jahre 1686 war; 25 also 259 Jahre war unser Geschlecht am Hof und nun waren wir in einer Stunde draußen. Ein Schubkarren voll Sachen war unser ganzes Hab und Gut.

Dokumentation der Vertreibung der Deutschen aus Ost-Mitteleuropa, Bd. IV/2, hrsg. vom Bundesvertriebenenministerium, Berlin 1957, S. 432

a) Im Potsdamer Abkommen war von einer „ordnungsgemäßen und humanen Überführung der deutschen Bevölkerung" die Rede. Erörtern Sie, warum die Realität so weit davon abwich.

b) Bis heute weigert sich die tschechische Regierung, ein „Vertreibungsunrecht" zuzugeben. Äußern Sie sich zu den mutmaßlichen Motiven dafür.

6   Kampf gegen den Schwarzmarkt
Aus der Tageszeitung „Die Welt" vom 14. Februar 1948:

Die Schwarzmarktbekämpfung ist seit dem 1. Januar 1946 eine Hauptaufgabe der Polizei in Hamburg. 5000 uniformierte Beamte, Fahndungsdienststellen der Kriminalpolizei sowie mehrere Behörden, da-
5 runter das Amt für Wirtschaftsüberwachung und das Landesarbeitsamt, sind dafür eingesetzt. Besondere „Anziehungspunkte", wie der Fischmarkt, Obst- und Gemüseanbaugebiete usw., dürfen nur mit poli-zeilicher Genehmigung betreten werden. Im Freiha-
10 fen bewachen 400 Beamte Tag und Nacht die Le-bensmittellager und Schiffe, um ein Abfließen der überseeischen Einfuhren in dunkle Kanäle zu verhü-ten. Ständige Straßen- und Zugkontrollen sowie Razzien sind weitere Maßnahmen. 1200 Lebensmit-

telgeschäfte und Lager werden laufend polizeilich 15 kontrolliert und überwacht. […] Darüber hinaus ist ein privater Selbstschutz organisiert. Industrieunter-nehmen wurden veranlasst, Alarmeinrichtungen an-zulegen und Wächter mit Hunden zu halten. Le-bensmittelgeschäfte dürfen nachts nicht ohne Auf- 20 sicht sein. Schuhmacher, Färbereien und andere handwerkliche Betriebe wurden angewiesen, jeweils nicht mehr Reparaturgegenstände bei sich zu lagern, als in den nächsten Tagen bearbeitet werden kön-nen. Lebensmittelkarten-Druckereien werden wie 25 Notenbanken gesichert und ständig durch Kontroll-beamte beaufsichtigt.

Die Welt vom 14. Februar 1948

> a) *Gehen Sie der Frage nach, woher die Waren für den Schwarzmarkt stammen.*
> b) *Woher rührt das Interesse des Staates an einer Bekämpfung des schwarzen Marktes? Wann entsteht ein schwarzer Markt und wie lässt er sich am besten abschaffen?*

7   Die Schuldfrage und die christlichen Kirchen

a) Aus dem Hirtenbrief der deutschen katholi-schen Bischöfe (1945):
Katholisches Volk, wir freuen uns, dass du dich in so weitem Ausmaße von dem Götzendienst der bruta-len Macht freigehalten hast. Wir freuen uns, dass so viele unseres Glaubens nie und nimmer ihre Knie
5 vor Baal gebeugt haben. Wir freuen uns, dass diese gottlosen und unmenschlichen Lehren auch weit über den Kreis unserer katholischen Glaubensbrü-der hinaus abgelehnt wurden.
Und dennoch: Furchtbares ist schon vor dem Kriege
10 in Deutschland und während des Krieges durch Deutsche in den besetzten Ländern geschehen. Wir beklagen es zutiefst: Viele Deutsche, auch aus unse-ren Reihen, haben sich von den falschen Lehren des Nationalsozialismus betören lassen, sind bei den
15 Verbrechen gegen menschliche Freiheit und menschliche Würde gleichgültig geblieben; viele leisteten durch ihre Haltung den Verbrechen Vor-schub, viele sind selber Verbrecher geworden.

Amtsblatt der Erzdiözese München und Freising, Jg. 1945, Nr. 5

b) Aus der Stuttgarter Erklärung des Rates der Evangelischen Kirche in Deutschland (1945):
Wir sind für diesen Besuch (von Vertretern des Öku-menischen Rates der Kirchen) umso dankbarer, als wir uns mit unserem Volke nicht nur in einer großen Gemeinschaft der Leiden wissen, sondern auch in ei-ner Solidarität der Schuld. Mit großem Schmerz sa- 5 gen wir: Durch uns ist unendliches Leid über viele Völker und Länder gebracht worden. Was wir unse-ren Gemeinden oft bezeugt haben, das sprechen wir jetzt im Namen der ganzen Kirche aus: Wohl haben wir lange Jahre hindurch im Namen Jesu Christi ge- 10 gen den Geist gekämpft, der im nationalsozialisti-schen Gewaltregime seinen furchtbaren Ausdruck gefunden hat; aber wir klagen uns an, dass wir nicht mutiger bekannt, nicht treuer gebetet, nicht fröhli-cher geglaubt und nicht brennender geliebt haben. 15

G. Heidtmann (Hg.), Hat die Kirche geschwiegen? Berlin 1954, S. 20

> a) *Arbeiten Sie die Unterschiede im Verständnis der Schuld heraus, wie sie in den Doku-menten deutlich werden.*
> b) *Welche deutschen Schuldgefühle bezüglich des Nationalsozialismus sind Ihnen bekannt? Setzen Sie sich damit auseinander.*

2. Getrennte Entwicklung in Ost und West

Das Bündnis der Siegermächte, schon während des Krieges mehr durch den ge- **Zerfall der**
meinsamen Feind als durch von allen geteilte politische Grundwerte zusammen- **Anti-Hitler-**
gehalten, wurde nach dem Sieg schnell brüchig. Die Westmächte waren über die **Koalition**
Rücksichtslosigkeit entsetzt, mit der Stalin in Polen und anderen osteuropäischen
Ländern die Kommunisten an die Macht brachte. Moskau unterstellte den Amerikanern, zumal diese seit dem Sommer 1945 als einzige über Atombomben verfügten, „imperialistische" Absichten. Die Verzögerung des längst zugesagten Ab-
zuges der Sowjettruppen aus den während des Krieges besetzten nordpersischen
Erdölgebieten einerseits, die Verweigerung eines amerikanischen Kredits an die
Sowjetunion andererseits nährten das wechselseitige Misstrauen. Schon 1946
sprach der britische Kriegspremier Winston Churchill von dem „Eisernen Vor-
hang", der zwischen der Ostsee und der Adria niedergegangen sei.

Die Spannungen zwischen den Kriegsverbündeten schlugen sich nicht zuletzt in **Uneinigkeit**
ihrer Deutschlandpolitik nieder. Der Alliierte Kontrollrat, bestehend aus den vier **in der Deutsch-**
Oberbefehlshabern und als Klammer um das Vier-Zonen-Deutschland gedacht, tat **landpolitik**
sich in der Verabschiedung gemeinsamer Beschlüsse – es galt das Einstimmig-
keitsprinzip – zunehmend schwerer. Zumeist war es Frankreich, das alle Versuche
blockierte, die im Potsdamer Abkommen vorgesehenen gesamtdeutschen Einrichtungen ins Leben zu rufen. Ein ähnliches Spiel vollzog sich im übergeordneten
Rat der Außenminister. Als sich dieser im Dezember 1947 erneut ohne nennens-
wertes Ergebnis vertagte, war die vorerst letzte Chance zugunsten einer Bewahrung der deutschen Einheit dahin.

Zu dieser Zeit hatten sich die Besatzungszonen bereits stark auseinander- **Abschließung**
entwickelt. Abgesehen von der britischen und amerikanischen Zone, die seit dem **der Zonen**
1. Januar 1947 ein gemeinsames Wirtschaftsgebiet bildeten (Bizone), war es nicht
zu der in Potsdam verabredeten wirtschaftlichen Zusammenarbeit gekommen.
Frankreich setzte sogar die wirtschaftliche und verwaltungsmäßige Abtrennung
des Saarlandes und dessen Eingliederung in den französischen Wirtschaftsraum
durch. Auch drängte es, wenngleich erfolglos, auf eine Internationalisierung des
Ruhrgebietes. Ebenso verlangte die Sowjetunion eine Mitsprache bei der Kontrolle dieser damals wichtigsten deutschen Wirtschaftsregion. Zum Bruch kam es,
als die UdSSR die vereinbarten Nahrungsmittellieferungen aus ihrer Besatzungszone einstellte und die US-Regierung im Gegenzug die Demontagen westdeutscher Anlagen zugunsten des sowjetischen Reparationskontos untersagte.

Dass die Kluft zwischen Ost und West unüberbrückbar geworden war, erwies sich **Konflikt um**
vollends bei den Verhandlungen über den Marshall-Plan. Dieses nach dem dama- **den Marshall-**
ligen US-Außenminister benannte wirtschaftliche Hilfsprogramm der USA sollte **Plan**

Kalter Krieg: Als „Kalten Krieg" bezeichnet man den über 40-jährigen Konflikt zwischen den
von den USA bzw. der Sowjetunion angeführten Machtblöcken in West und Ost. Der Ausdruck „Krieg" verweist auf die Feindseligkeit zwischen den beiden Lagern, die sich mit allen
Mitteln, außer direkter militärischer Gewalt, bekämpften. Weil man keine Waffen einsetzte,
war der Krieg nicht „heiß", sondern „kalt". Während der 44 Jahre zwischen 1947 und 1991
wechselten Phasen der Konfrontation mit Zeiten der Entspannung. Die Konfrontationsphasen
(1947-62, 1980-86) waren durch vermehrte Rüstungsanstrengungen, Ausbau und Festigung
von Militärallianzen, ein Minimum von Beziehungen zwischen den Blöcken bestimmt. Die Zeiten der Entspannung (1968-79, seit 1986) zeichneten sich durch Rüstungskontrollverhandlun-
gen, vermehrte zwischenstaatliche Kontakte, eine Aufweichung des Feindbildes und eine
Lockerung der ideologischen Fronten aus. Der Kalte Krieg spielte sich zu einem beträchtlichen
Teil in den Köpfen ab: Insoweit bestand er in der Verteufelung des Gegners und in der Ver-
dächtigung der Mitbürger, die diese Verteufelung nicht mitmachten.

die unter den Kriegsfolgen leidende Wirtschaft Europas wieder ankurbeln. Washington verknüpfte allerdings die Gewährung von Dollarkrediten und -geschenken – Westdeutschland erhielt insgesamt 1,59 Milliarden Dollar – mit der Auflage für die Empfängerländer, die Zölle zu senken und den Außenhandel zu liberalisieren. Das geschah nicht ohne Eigennutz: Die Öffnung der europäischen Märkte kam nicht zuletzt den Absatzchancen der damals weit überlegenen amerikanischen Wirtschaft zugute. Die Sowjetunion widersetzte sich dem Marshall-Plan, weil sie eine „kapitalistische" Durchdringung ihrer sozialistischen Planwirtschaft befürchtete, und zwang auch die Länder ihres Einflussbereiches, die amerikanische Hilfe abzulehnen. Während die drei deutschen Westzonen in den Genuss der Marshallplan-Gelder kamen, musste die Ostzone auf jegliche Unterstützung von außen verzichten (und darüber hinaus noch schwere Reparationslasten tragen).

Getrennte Währungsreformen

Besiegelt wurde die wirtschaftliche Auseinanderentwicklung durch die getrennten Währungsreformen im Juni 1948. Dass die wirtschaftliche Erholung Nachkriegsdeutschlands nicht ohne einen drastischen Währungsschnitt gelingen konnte, war offenkundig. Der Kontrollrat brachte es jedoch nicht fertig, sich auf ein gemeinsames Vorgehen zu einigen. Während die Amerikaner vor allem die Stabilität der neuen Währung im Auge hatten und deswegen nicht bereit waren, auf die sozial Schwächeren besondere Rücksicht zu nehmen, bestanden die sowjetischen Fachleute auf einer sozial ausgewogenen Währungsumstellung mit gestaffelten Abwertungssätzen. So verfuhr schließlich jede Seite nach eigenem Gutdünken. In den Westzonen büßten die Geldwertbesitzer den Großteil ihrer Guthaben ein (im Endeffekt blieben von 100 RM 6,50 DM übrig). Dagegen konnten die Anbieter von Sachwerten (die ihre Produkte schon lange für den Tag nach der Währungsreform gehortet hatten) ihren Besitz ohne jede Wertminderung in die DM-Ära hinüberretten. Das verschaffte ihnen einen Wettbewerbsvorteil, von dem sie noch lange zehren konnten. Für den nicht geringen Preis beträchtlicher sozialer Härten und Ungerechtigkeiten gewann die neue westliche DM-Währung bald jene Festigkeit, ohne die das schnell einsetzende „Wirtschaftswunder" kaum denkbar gewesen wäre. Demgegenüber blieb die ostdeutsche Währungsreform ohne durchschlagende Wirkung. Da der Warenmangel noch lange bestehen blieb und die staatlich verordneten Preise ohnehin nicht die Wirtschaftsabläufe zu regulieren vermochten, bedeutete die Währungsreform – im Gegensatz zu Westdeutschland – in der SBZ keinen tiefen Einschnitt.

Politischer Aufbau in der SBZ

Auch politisch drifteten Ost- und Westdeutschland ständig weiter auseinander. Die sowjetische Besatzungsmacht betrieb von Anfang an eine zentrale Steuerung. Schon einen Monat nach Kriegsende gestattete sie die Bildung politischer Parteien auf Zonenebene. In schneller Folge kam es zu den Wiedergründungen der KPD und SPD und den Neugründungen der CDU und LDPD (Liberaldemokratische Partei Deutschlands). Getreu der kommunistischen Volksfrontstrategie setzte die KPD-Führung (unter Wilhelm Pieck und Walter Ulbricht) den Zusammenschluss aller Parteien im „Antifaschistisch-demokratischen Block" durch; dessen Beschlüsse waren für alle untergeordneten Parteigliederungen maßgeblich.
Auch die zugleich mit den Parteien zugelassenen Gewerkschaften schlossen sich im Februar 1946 in der die gesamte SBZ umspannenden Einheitsorganisation des Freien Deutschen Gewerkschaftsbundes (FDGB) zusammen. Der FDGB verstand sich als Hilfstruppe der (im April 1946 geschaffenen) SED. Folgerichtig schuf er zwei Jahre später die Betriebsräte ab, die als basisnahe Vertretung der Belegschaften sich nicht ohne weiteres von oben hatten lenken lassen. Ähnlich verfuhren die Kommunisten in der Jugendarbeit. Hier war es Erich Honecker, der im März 1946 den Zusammenschluss der wichtigsten Jugendorganisationen in der Freien Deutschen Jugend (FDJ) zustande brachte. Diese entwickelte sich schnell

zu einer Massenorganisation, die ihren anfangs überparteilichen Charakter bald aufgab und sich in den Dienst der SED stellte.

Schon während der Potsdamer Konferenz richtete die Sowjetische Militäradministration in Deutschland (SMAD) deutsche Zentralverwaltungen ein, die den Länderbehörden Weisungen erteilen konnten. Daraus entstand 1947 die Deutsche Wirtschaftskommission (DWK), die in praktisch allen Ressorts, auch den nicht-wirtschaftlichen, weitgehende, regierungsähnliche Befugnisse wahrnahm und den Gestaltungsspielraum der Länderregierungen und Kommunalverwaltungen stark einengte.

Im Gegensatz dazu vollzog sich der politische Aufbau in den Westzonen dezentral, von unten nach oben. Vor allem die Franzosen, aber auch die Amerikaner waren darauf bedacht, die Teile auf Kosten des Ganzen stark zu machen und das föderalistische Prinzip fest zu verankern. Parteien und Verbände entstanden zunächst nur auf lokaler Ebene und durften sich erst allmählich zu regionalen und zonalen Organisationen weiterentwickeln. Die Träger des staatlichen Lebens waren bis zur Gründung der Bundesrepubik 1949 vornehmlich die Gemeinden und die Länder. In den Jahren der Not lag die Hauptlast der öffentlichen Aufgaben bei den Gemeinden; sie mussten die Infrastruktur wieder aufbauen, die Flüchtlinge unterbringen, die Lebensmittelversorgung organisieren, die örtliche Wirtschaft in Gang bringen. Hier begann das demokratische Leben; die Kommunalwahlen von 1946 waren die ersten freien Wahlen seit 1932. **Politisches Leben in den Westzonen**

Die Länderregierungen wurden zunächst von den Besatzungsbehörden ernannt, seit 1946 nach den Ergebnissen der Landtagswahlen gebildet. Die meisten Länder bildeten sich in Anknüpfung an die überkommenen historischen und administrativen Gebietsgliederungen. Nur in der britischen Zone entstanden mit Niedersachsen und Nordrhein-Westfalen wirkliche Neubildungen. Während die französische Besatzungsmacht bis 1948 jede Zusammenarbeit der Länder ihrer Zone unterband, richteten die Amerikaner mit dem „Länderrat" und die Briten mit dem „Zonenbeirat" Gremien ein, die für eine Koordinierung der Länderpolitik sorgen sollten. Für die Bizone entstand 1947 in Frankfurt der Wirtschaftsrat, eine von den Landtagen beschickte parlamentarische Körperschaft mit gesetzgeberischen Befugnissen; ihm stand als Exekutive das Direktorium (später: Verwaltungsrat) gegenüber, das sich in die Ressorts Wirtschaft, Ernährung/Landwirtschaft, Verkehr, Finanzen, Post gliederte. 1948 erhielt die Frankfurter Wirtschaftsverwaltung weitere Zuständigkeiten und entwickelte sich zum Kern der Verfassungsorgane der späteren Bundesrepublik. Schon im Sommer 1948 erfolgte hier, auf Betreiben des Direktors für Wirtschaft, Ludwig Erhard, und gegen die Stimmen der SPD, die entscheidende Weichenstellung zugunsten der „Sozialen Marktwirtschaft" und gegen die von der Opposition verfochtene Planwirtschaft.

Die Gründung von Parteien unterlag der Genehmigung der Besatzungsmächte. Mit ihrer Hilfe entstand ein Parteienspektrum, das dem der SBZ verblüffend ähnelte. Neben den wieder gegründeten Arbeiterparteien SPD und KPD gewannen vor allem die CDU (in Bayern die CSU) und die Liberalen (erst 1948 in der FDP vereinigt) Zuspruch. Kleinere Gruppierungen wie das Zentrum oder die Bayernpartei hatten auf Dauer wenig Chancen. Der KPD, die wegen ihrer Rolle im Widerstand gegen den Nationalsozialismus zunächst einige Anerkennung erfuhr, wurde der Makel, Parteigänger der Sowjetunion zu sein, mit dem Einsetzen des Kalten Krieges 1947, mehr und mehr zum Verhängnis.

Gegen die Parteigänger und Nutznießer des NS-Regimes gingen die Besatzungsmächte in ihren Zonen gemäß den vom Kontrollrat erlassenen Richtlinien vor. Anfänglich fanden die Verfahren vor alliierten Tribunalen statt; der Großteil der Fälle oblag jedoch deutschen Instanzen. Diese hatten die Betroffenen in eine von fünf **Vergangenheitsbewältigung**

8   Links: „Persilschein"; rechts: „Patentlösung", H. M.-Brockmann 1947
Je mehr Zeit verstrich, desto großzügiger wurden Entlastungszeugnisse ausgestellt, desto lauter wurde auch die Kritik an der Entnazifizierung.
Erörtern Sie die Gründe dafür.

Kategorien einzustufen: Hauptschuldige, Belastete, Minderbelastete, Mitläufer, Entlastete. Während die SBZ-Behörden nahezu alle ehemaligen NSDAP-Mitglieder aus dem öffentlichen Dienst und allen leitenden Positionen entfernten, dazu die Besitzenden unter ihnen enteigneten, gingen die Westmächte umständlicher vor. In der US-Zone musste jeder erwachsene Deutsche einen Fragebogen ausfüllen, nach dessen Auswertung das weitere Verfahren ablief. Bei solchem Verwaltungsaufwand zog sich die „Entnazifizierung" sehr in die Länge. Die schwierigen Prozesse gegen Hauptschuldige wurden hinausgeschoben, viele „kleine" Täter mussten sofort büßen. Gefälligkeitsgutachten („Persilscheine") durchlöcherten das Vertrauen in die Gerechtigkeit. Der rechte Zeitpunkt für eine klare Abrechnung mit den wirklich Schuldigen, der die Bevölkerung zugestimmt hätte, wurde verpasst. So blieb den politisch Verantwortlichen ausgangs der vierziger Jahre kaum etwas anderes übrig, als die Entnazifizierung zu beenden und bald danach auch den Großteil der schon Bestraften zu rehabilitieren; die Gerichte sollten nur noch die schweren Fälle verfolgen. Das trug der Bundesrepublik seitens der SED-Propaganda den Vorwurf der NS-Komplizenschaft ein. Die sowjetische Besatzungsmacht und die deutschen Kommunisten nutzten ihrerseits die Entnazifizierung, um die alten – adligen und bürgerlichen – Eliten zu entmachten und alle wichtigen Positionen mit den eigenen Gefolgsleuten zu besetzen. Sie gingen nicht nur gegen die wirklichen oder nominellen Nazis vor, sondern gegen alle, die sie zu Nutznießern des NS-Regimes erklärten. Das gab ihnen die Handhabe, jeden politisch Missliebigen zu denunzieren und um Besitz und Amt zu bringen.

Antifaschismus: Die Verbrechen des Nationalsozialismus beseitigten jeden Zweifel an der grundsätzlichen Verwerflichkeit dieses Systems. In dessen Verurteilung waren sich nach 1945 alle am Wiederaufbau beteiligten politischen und weltanschaulichen Gruppierungen einig. Mit dem Fortgang der Zeit verlor die Gegnerschaft gegen den NS (die Linke sprach stets von Faschismus) für das bürgerliche Lager an Aktualität und Dringlichkeit – ehe mit dem Aufkommen rechtsextremistischer Strömungen Ende der 80er Jahre diese Frontstellung wieder wichtiger wurde. Für die politische Linke, insbesondere die KPD/SED, blieb der Kampf gegen den Faschismus stets ein vorrangiges Thema, ja er gehörte zum Kern des linken Selbstverständnisses. Die Kommunisten fühlten sich als die eigentlichen Antifaschisten, zumal sie im „Dritten Reich" die Widerstandskämpfer der ersten Stunde gewesen waren. Indem sie den Faschismus als eine Ausgeburt des Kapitalismus und Imperialismus ansahen, schufen sie sich eine Handhabe, zugleich mit den Faschisten auch die Kapitalisten als unversöhnliche Feinde zu behandeln. Antifaschismus wurde weithin zum Inbegriff der richtigen politischen Gesinnung. Wer als Antifaschist galt, hatte sich damit auch als Demokrat (im kommunistischen Sinne) legitimiert.

9 | Alliierter Streit um Deutschland

Aus den Erklärungen der Außenminister im Anschluss an die gescheiterte Londoner Außenministerkonferenz (Dezember 1947):

Ernest Bevin (Großbritannien):

Zunächst ergab sich die Notwendigkeit, einen gemeinsamen Ein- und Ausfuhrplan für ganz Deutschland zu entwerfen und die inländischen Hilfsquellen zusammenzufassen. Wenn dies verwirklicht werden
5 soll, müssen die Zonengrenzen fallen. Es muss vollkommene Bewegungsfreiheit für Menschen, Ideen und Waren innerhalb ganz Deutschlands herrschen. Der Sowjetdelegierte lehnte dies nicht ab, ließ jedoch klar durchblicken, dass er nicht zustimmen
10 könne, ehe deutsche Verwaltungsstellen errichtet seien. [...] Während der ganzen Konferenz wurde ein ständiger Druck seitens der Sowjetdelegation ausgeübt, um uns dazu zu bewegen, der sofortigen Errichtung einer deutschen Zentralregierung im
15 Voraus zuzustimmen. Wir wünschen jedoch keine überzentralisierte deutsche Regierung und können einer solchen, die sich so leicht wieder in eine Diktatur verwandeln kann, auch nicht zustimmen. Wir begünstigen die Schaffung einer zentralen deutschen
20 Regierung. Sie muss eine wirklich repräsentative Regierung sein und nicht nur ein Werkzeug in den Händen einer Besatzungsmacht.

George C. Marshall (USA):

Das Problem der Reparationen stellte sich bald als Schlüsselfrage heraus. [...] Reparationen aus der laufenden Produktion – d. h. Ausfuhren aus der täglichen deutschen Produktion ohne Bezahlung – könn-
5 ten nur dann geleistet werden, wenn die Länder, die augenblicklich Deutschland versorgen – insbesondere die Vereinigten Staaten –, für die Rechnung aufkommen. Wir führen ein und die Russen holen heraus. Diese wirtschaftliche Tatsache ist jedoch nur die
10 eine Seite der sowjetischen Reparationsansprüche. In der Ostzone Deutschlands hat die Sowjetunion Reparationen aus der laufenden Produktion entnommen und gleichzeitig, unter dem Deckmantel von Reparationen, umfangreichen Besitz konfisziert und aus
15 ihm einen gigantischen Trust gebildet, der einen wesentlichen Teil der Industrie dieser Zone umfasst. Ein sehr triftiger Grund dafür, dass wir in London keine Einigung erzielten, bestand meiner Meinung nach in dem sowjetischen Entschluss, ihre Kontrolle über
20 Ostdeutschland in gar keiner Weise zu lockern. Eine Anerkennung ihrer Ansprüche auf Reparationen aus der laufenden Produktion in den Westzonen würde diese Unterdrückung auf das zukünftige wirtschaftliche Leben ganz Deutschlands ausdehnen.

Georges Bidault (Frankreich):

Unser Standpunkt wird von dem Willen beherrscht, dass Deutschland niemals mehr die Gefahr und die Geißel werden könne, die es für Generationen von Franzosen war. Wir wollen kein zentralistisches, mi-
5 litaristisches und verpreußtes Reich; wir wollen ein Deutschland, das entsprechend seinem Genius und in seinem eigenen Interesse auf einer weitgehend föderalistischen Grundlage aufgebaut wird.
Wir wollen, dass die deutsche Wirtschaft gedeiht, dass
10 sie aber für die normalen Bedürfnisse und ausschließlich in friedlichem Sinne entwickelt wird. Zu diesem Zweck müssen gewisse gefährliche oder grundlegende Industriezweige untersagt, eingeschränkt oder kontrolliert werden. Insbesondere wollen wir, dass an
15 der Ruhr ein internationales Regime eingesetzt wird, das zugleich gewährleistet, dass dieses in Europa einzigartige (Kohlen-)Becken nicht nur im Interesse Deutschlands, sondern Europas ausgebeutet wird und dass sich keinerlei friedensgefährdende Tätig-
20 keit von neuem dort entwickelt.
Die französische Delegation hat entschieden den Standpunkt vertreten, dass keine zentrale deutsche Organisation aufgebaut werden darf, bevor eine grundlegende Einigung über die Struktur und die
25 Rolle einer solchen Organisation zwischen den Alliierten zustande gekommen ist.

Wjatscheslaw Molotow (UdSSR):

Auf der Beratung in London trat niemand offen gegen die Einheit Deutschlands auf. Es zeigte sich aber, dass die Vertreter der USA, Großbritanniens und Frankreichs diese Aufgabe lediglich auf diese
5 oder jene Vereinbarung zwischen den Besatzungsbehörden über die Beseitigung der Zonenschranken zur Erleichterung des Warenverkehrs und dergleichen mehr reduzieren und die Beteiligung des deutschen Volkes selbst und seiner demokratischen
10 Kräfte an der Wiederherstellung der Einheit des deutschen Staates ignorieren. Es ergab sich, dass es sich auch hier eher darum handelt, den ausländischen Exportfirmen den Absatz ihrer Waren in Deutschland zu erleichtern, als die Einheit des deut-
15 schen Staates tatsächlich wiederherzustellen. [...]
Es ist jetzt bekannt, dass die Absicht besteht, Deutschland oder zumindest Westdeutschland zum Objekt eines bestimmten amerikanischen Plans in Europa zu machen. Deutschland werden Milliarden
20 amerikanischer Dollar angeblich für seine wirt-

schaftliche Wiederherstellung, Lebensmittelversorgung und dergleichen mehr versprochen. Über die Angelegenheiten Deutschlands richten und walten amerikanische Senatoren und alle möglichen anderen amerikanischen Geschäftsleute, die in den Westzonen herumwirtschaften und den amerikanischen Monopolen behilflich sind, immer mehr in die Industrie und die Banken Westdeutschlands einzudringen.

[…] Der jetzige amerikanische Plan ist ein Ausdruck der Interessen gewisser amerikanischer Kreise und der Westteil Deutschlands ist dabei lediglich ein Objekt, das im Interesse des amerikanischen Expansionismus ausgenutzt wird.

W. Cornides/H. Volle (Hg.), Um den Frieden mit Deutschland, Oberursel 1948, S. 40 ff. – W. Molotow: Fragen der Außenpolitik, Moskau 1948, S. 585 ff.

a) Was versprach sich die Sowjetunion von einer schnellen Einsetzung einer gesamtdeutschen Regierung?

b) Inwiefern verstärkten die Reparationsprobleme das Zerwürfnis zwischen den Alliierten?

10 Die Amerikaner und die Deutschen

a) Aus der Weisung des amerikanischen Generalstabs für den amerikanischen Oberbefehlshaber in Deutschland (JCS 1067) von 1945:

Es muss den Deutschen klargemacht werden, dass Deutschlands rücksichtslose Kriegsführung und der fanatische Widerstand der Nazis die deutsche Wirtschaft zerstört und Chaos und Leiden unvermeidlich gemacht haben, und dass sie nicht der Verantwortung für das entgehen können, was sie selbst auf sich geladen haben.

Deutschland wird nicht besetzt zum Zwecke seiner Befreiung, sondern als ein besiegter Feindstaat. Ihr Ziel ist nicht die Unterdrückung, sondern die Besetzung Deutschlands, um gewisse wichtige alliierte Absichten zu verwirklichen. Bei der Durchführung der Besetzung und Verwaltung müssen Sie gerecht, aber fest und unnahbar sein. Die Verbrüderung mit deutschen Beamten und der Bevölkerung werden Sie streng unterbinden.

Das Hauptziel der Alliierten ist es, Deutschland daran zu hindern, je wieder eine Bedrohung des Weltfriedens zu werden. Wichtige Schritte zur Erreichung dieses Zieles sind die Ausschaltung des Nazismus und des Militarismus in jeder Form, die sofortige Verhaftung der Kriegsverbrecher zum Zwecke der Bestrafung, die industrielle Abrüstung und Entmilitarisierung Deutschlands mit langfristiger Kontrolle des deutschen Kriegspotentials und die Vorbereitungen zu einem späteren Wiederaufbau des deutschen politischen Lebens auf demokratischer Grundlage.

b) Aus den Richtlinien (JCS 1779) der US-Regierung für den amerikanischen Oberbefehlshaber General Clay (1947):

Ihre Regierung ist der Ansicht, dass sich das deutsche politische Leben am besten entwickeln kann, wenn deutsche Bundesstaaten (Länder) und eine zentrale deutsche Regierung, deren Aufgaben und Machtvollkommenheiten sorgfältig definiert und begrenzt sind, gebildet werden. Alle Befugnisse mit Ausnahme derer, die ausdrücklich der Zentralregierung vorbehalten bleiben, sollen den Ländern übertragen werden. Ihre Regierung will Deutschland nicht ihre eigenen, geschichtlich entwickelten Formen der Demokratie und der gesellschaftlichen Ordnung aufzwingen und ist ebenso fest davon überzeugt, dass ihm keine anderen, fremden Formen aufgezwungen werden sollten. Sie strebt in Deutschland die Bildung einer politischen Organisation an, die vom Volke ausgeht und seiner Kontrolle untersteht… und deren Ziel es ist, die grundlegenden bürgerlichen und menschlichen Rechte des Einzelnen zu sichern. […]

Sie werden weiterhin die Politik verfolgen, alle politischen Parteien zuzulassen und zu ermutigen, deren Programme, Tätigkeit und Struktur die Treue zu demokratischen Grundsätzen beweisen. Die politischen Parteien sollen miteinander konkurrieren und durch freiwillige Zusammenschlüsse von Bürgern gegründet sein, bei denen die Führer ihren Mitgliedern verantwortlich sind. Keine Partei soll bevorzugt werden.

H.-J. Ruhl (Hg.), Neubeginn und Restauration, München 1982, S. 59, 159 f., 376 f.

a) Vergleichen Sie das Verhalten der US-Militärregierung mit dem Vorgehen der sowjetischen Besatzungsbehörden.

b) Versuchen Sie einzuschätzen, in welchem Maße die amerikanische Besatzungsmacht das deutsche politische Leben beeinflusst hat. Ziehen Sie dazu auch das Grundgesetz heran.

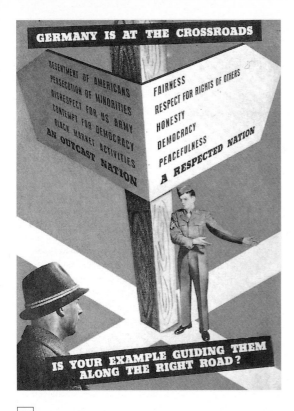

„Wenn das Bäumchen wachsen soll, werde ich diese Wurzeln, die ihm die ganze Kraft entziehen, doch wohl abhacken müssen!"

12 Abbildung links: „Deutschland am Scheideweg".
Plakat der amerikanischen Militärregierung (o. J.).
Abbildung rechts: Das Bäumchen „Deutsche Demo-
kratie". Berliner Zeitung, 1. Mai 1947
*Deuten Sie die Abbildungen im Hinblick auf die jeweils
aufgezeigten Möglichkeiten zukünftiger Entwicklung.*

11 Bilanz der Entnazifizierung

a) Aus einer amerikanischen Geheimdienst-
analyse (1948):
Von Anbeginn an waren die Rechten und die Linken
über dieses Problem zerstritten. Die Sozialdemokraten, die Kommunisten und die Gewerkschaften traten allgemein für eine intensive Säuberung ein. Die
5 rechten Parteien und die Kirchen wurden zu Haupt-
protagonisten der Kampagne gegen die Entnazifizierung. Man sollte jedoch sehen, dass in den frühen
Stadien die Unterstützung der Entnazifizierung in
keiner Weise auf politisch linke Gruppen beschränkt
10 war; sowohl in der CDU als auch in den Kirchen gab
es große und lautstarke Gruppen, die für eine ener-
gische und umfassende Säuberung des öffentlichen
Lebens und der Wirtschaft von nazistischen Einflüssen eintraten. Diese Situation änderte sich, als klar
15 wurde, dass die Entnazifizierung bei Nazis und Nazi-
anhängern auf entschlossenen Widerstand stieß, dass
es größere Anstrengungen erfordern würde, ihren
Widerstand zu überwinden, und dass die deutschen
Behörden dies nur mit energischer Unterstützung der
20 Militärregierung erreichen würden. Sobald klar
wurde, dass die Militärregierung ihre Drohung, die
Kontrolle über die Entnazifizierung wieder an sich

zu ziehen, nicht in die Tat umsetzen würde, wurde die
Mitwirkung bei der Entnazifizierung immer stärker
als politische Belastung betrachtet. Personen, die 25
früher einflussreiche Positionen in Öffentlichkeit
und Wirtschaft innegehabt hatten, schienen jetzt die
Chance zu haben, ihre ehemaligen Stellungen wieder einzunehmen, wobei sie sich daran erinnern
könnten, wer ihnen geholfen hatte und wer gegen sie 30
gewesen war. Eine große Zahl von Nazis, denen vorübergehend das Wahlrecht entzogen worden war,
würde bald wieder wahlberechtigt sein.

A. Söllner (Hg.), Zur Archäologie der Demokratie in Deutschland, Bd. 2, Frankfurt 1986, S. 217 ff.

b) Walter Ulbricht über den Abschluss der Entnazifizierung in der SBZ (1948):
Die Auflösung der Entnazifizierungskommissionen
in der Ostzone ist möglich, weil die Säuberung der
Verwaltung durchgeführt wurde, weil die Betriebe
der Kriegsverbrecher mit oder ohne Naziparteibuch
und die Banken in die Hände des Volkes übergegan- 5
gen sind und der Boden der Großgrundbesitzer, die
zu den Hauptkräften des Militarismus gehörten, den
Bauern übereignet wurde. Damit sind die wirtschaft-

lichen Machtstellungen der Träger des Faschismus
10 beseitigt.
Im Gegensatz zu gewissen „Politikern" in Westdeutschland sind wir der Meinung, dass nicht die
Werktätigen und der Mittelstand die Träger des Faschismus waren, sondern die Konzern-, Bankherren
15 und Großgrundbesitzer, die den Faschismus zur
Macht brachten, um das eigene Volk und andere
Völker besser ausbeuten und unterdrücken zu können. Deshalb wurden in der SBZ im Einvernehmen
mit den antifaschistisch-demokratischen Parteien,
20 Gewerkschaften und anderen Massenorganisationen die faschistischen Verbrecher bestraft und ent-
eignet. Die einfachen Nazimitglieder jedoch wurden
nicht vor die Entnazifizierungskommission gestellt.
Der Vorsitzende der SED, Wilhelm Pieck, hatte be-
25 reits vor einem Jahre dazu erklärt: „Die Mehrzahl
derer, die auf den Nazischwindel hereinfielen und
Mitglieder der Nazipartei wurden, besteht aus Angehörigen des werktätigen Volkes, ihnen gegenüber
muss selbstverständlich in der Beurteilung ihres Ver-
30 haltens ein anderer Maßstab angelegt werden als gegenüber den Kriegsverbrechern und Naziaktivis-
ten." […]
In der neuen Periode des Aufbaus kann nicht mehr
die frühere Organisationszugehörigkeit der Maß-
35 stab für die Beurteilung des Einzelnen sein, sondern
die ehrliche aufopferungsvolle Arbeit. Jedoch haben
die früheren Mitglieder von Naziorganisationen die
besondere Verpflichtung, durch ehrliche Arbeit
frühere Fehler wieder gutzumachen.
„Neues Deutschland" vom 28. Februar 1948

c) Der Publizist und ehemalige KZ-Häftling Eu-
gen Kogon, 1947:
Es ist nicht Schuld, sich politisch geirrt zu haben.
Verbrechen zu verüben oder an ihnen teilzunehmen,
wäre es auch nur durch Duldung, ist Schuld. Und
Fahrlässigkeit ist ebenfalls Schuld, wenn auch eine
5 von anderer und von geringerer Art als Verbrechen

und Verbrechensteilnahme. Aber politischer Irrtum
– in allen Schattierungen – samt dem echten Fehl-
entschluss gehört weder vor Gerichte noch vor
Spruchkammern […]
Führungsfunktionen im eigentlichen Sinne können   10
von Nationalsozialisten erst nach gründlicher Bewährung, wenn durch bewiesene Leistung kein
Zweifel mehr an ihrer demokratischen Untadelig-
keit besteht, eingenommen werden. Die Möglichkeit, die jeder wieder erhält, ist „einmalig". Wer   15
diese Möglichkeit politisch missbraucht, wird ohne
jede weitere Rücksicht endgültig entfernt. Jeder andere erarbeitet sich, nach dem Urteil der Berufsver-
trauensleute, die volle Gleichberechtigung.
Diese Bewährung wird von manchen als Zweitran-   20
gigkeit empfunden werden. Wir meinen aber, dass
jemand, der sich als fahrlässig, als bloß konjunkturell
gesinnt oder ganz einfach als dumm erwiesen hat –
ob von idealistischen Beweggründen geleitet oder
nicht –, dass ein solcher Mann oder eine solche Frau   25
kaum erwarten sollte, alle Welt werde über die Folgen des früheren Verhaltens schlicht und gutmütig
hinwegsehen. […] Politiker und Beamte jedenfalls
müssen in Demokratien ihren Platz räumen, wenn
sie gar zu viele Fehler gemacht haben, allzu vielen   30
Irrtümern erlegen sind und ein unterdurchschnittli-
ches Maß an Wissen, Können und Charakter an den
Tag gelegt haben. […]
Wie stellt man sich eine „Lösung" denn auf Dauer
vor, die so aussieht: Millionen ausschalten und sie   35
sich selber überlassen? Sind sie nicht mehr da, weil
man sie ausgeschaltet hat, „ausgeklammert", in die
Konspirationswinkel gedrängt?
[…] Also muss man sie gewinnen. Nicht indem man
sie umwirbt (wozu bei uns schon wieder manche   40
Leute und manche Parteien ebenso heftig wie verdächtig neigen), sondern indem man sich ihrer sachlich annimmt. Man muss beweisen, dass Demokratie
besser ist.
Frankfurter Hefte 2 (1947), S. 641ff.

a) Erklären Sie, warum die politische Linke besonders nachdrücklich für die Entnazifizierung
   eintrat.
b) Welche politischen Ziele verknüpfte die SED mit der Entnazifizierung?
c) Diskutieren Sie das „Recht auf Irrtum".

3. Die Westzonen: Neubeginn und Restauration

In den ersten Nachkriegsjahren drehte sich alles um die Wirtschaft. Sie brauchte **Langsame** mehr als zwei Jahre, um aus ihrem katastrophalen Tiefstand herauszukommen. **wirtschaftliche** Erst Ende 1947 stieg die Kohleförderung, von der aller Fortschritt abhing, fühlbar **Erholung** an und die vorhandenen, durchaus ansehnlichen industriellen Kapazitäten sowie der Arbeits- und Aufbauwille der darbenden Menschen trugen erste Früchte. Aber erst mit der Währungsreform vom 20. Juni 1948 begann der wirkliche Aufschwung. Lange vermisste Bedarfsgüter lagen am nächsten Tag in den Schaufenstern. Allerdings stiegen die Preise für viele Güter in den nächsten Monaten stark an, während die Löhne vorerst eingefroren blieben. Trotz steigender Beschäftigtenzahlen sank die hohe Arbeitslosigkeitsquote nur langsam. Dennoch hielt die bürgerliche Mehrheit im Frankfurter Wirtschaftsrat an ihrer marktwirtschaftlichen Radikalkur fest und ließ sich weder durch die sozialdemokratische Opposition, die eine Rückkehr zur staatlichen Wirtschaftslenkung forderte, noch durch einen Generalstreik der Gewerkschaften beirren. Tatsächlich pendelten sich Angebot und Nachfrage schließlich ein, der Preisauftrieb ließ nach und nach der Jahreswende 1948/49 fasste die Wirtschaft endgültig Tritt.

Mit dieser Entwicklung war auch der Streit zwischen den Markt- und den Plan- **Markt- contra** wirtschaftlern entschieden. Unmittelbar nach dem Kriege schien die kapitalisti- **Planwirtschaft** sche Konkurrenzwirtschaft hoffnungslos diskreditiert. Nicht nur die Arbeiterparteien und die Gewerkschaften, die dieses Programm seit je vertreten hatten, forderten eine Vergesellschaftung der Produktionsmittel, zumindest in den Grundstoffindustrien, sowie eine öffentliche Steuerung und Kontrolle der gesamtwirtschaftlichen Abläufe; auch die CDU der britischen Zone machte sich in ihrem „Ahlener Programm" von 1947 für einen „christlichen Sozialismus" stark. Die Landtage von Hessen und Nordrhein-Westfalen beschlossen Verfassungsartikel oder Gesetze, die die Überführung von Schlüsselindustrien in Gemeineigentum vorsahen. Doch diese Bestimmungen traten nicht in Kraft, weil der amerikanische Militärgouverneur sein Veto einlegte, mit der Begründung, einer künftigen

(Soziale) Markt- und (sozialistische) Planwirtschaft: Zwei gegensätzliche wirtschaftspolitische Konzepte, von denen in den ersten Nachkriegsjahren die Planwirtschaft weit mehr Zustimmung fand, bis mit der Währungsreform von 1948 die Unions-/FDP-Mehrheit im Frankfurter Wirtschaftsrat die Marktwirtschaft, dem Anspruch nach mit starker sozialer Komponente, durchsetzte. Diese „Soziale Marktwirtschaft" gilt vielen bis heute als ein Erfolgsrezept, dem die Bundesrepublik ihre insgesamt glänzende wirtschaftliche Entwicklung ("Wirtschaftswunder") zu verdanken habe. Es beruht auf dem Grundsatz der freien Entfaltung aller Marktkräfte und des unbehinderten Wettbewerbs, von denen man sich die höchstmögliche wirtschaftliche Effizienz verspricht. Der Staat hat dabei die Aufgabe, den fairen Wettbewerb zu gewährleisten, wirtschaftliche und soziale Härten auszugleichen, heute zunehmend mehr auch den Schutz der natürlichen Umwelt zu sichern. Eingriffe in die Wirtschaftsabläufe soll er nach Möglichkeit vermeiden, weil der Markt selbst, von außergewöhnlichen Krisenzeiten abgesehen, über die besten Regulierungs- und Heilungskräfte verfüge. – Ein solches Vertrauen in die Marktmechanismen teilen die Anhänger der Planwirtschaft nicht. Ihnen stellt sich der freie Markt eher als ein Kampffeld dar, in dem sich die Stärkeren mit rücksichtsloser Ellbogenkraft gegen die Schwächeren durchsetzen und das hohe Gut der sozialen Gerechtigkeit auf der Strecke bleibt. Sie verlangen deshalb steuernde und korrigierende Eingriffe des Staates, zumindest wenn die Wirtschaft lahmt und der soziale Friede bedroht ist – wie etwa bei hoher Arbeitslosigkeit oder gesunkener Wettbewerbsfähigkeit einzelner Branchen. – In der Realität überlappen sich beide Konzepte immer wieder. Auch in marktwirtschaftlichen Systemen interveniert der Staat nicht selten und kurz- wie langfristige Planungen sind eine Selbstverständlichkeit. Andererseits haben die Befürworter der Planwirtschaft längst gelernt, dass ohne Wettbewerb, Eigeninitiative, Gewinnanreize oder bestimmte Formen freier Preisbildung wirtschaftlicher Erfolg nicht zu erwarten ist. Die Rentabilität, das richtige Kosten-Nutzen-Verhältnis, ist ein Faktor, den keine Wirtschaftspolitik ungestraft missachten kann.

deutschen Verfassung solle nicht vorgegriffen werden. Auch die Bodenreform, die den Großgrundbesitz beschneiden und den vielen aus dem Osten geflüchteten Landwirten zu einer neuen Existenzgrundlage verhelfen sollte, blieb alsbald stecken.

Politische Parteien

Die Parteien hatten es anfangs schwer, bei der Bevölkerung Widerhall zu finden. Der Kampf gegen die materielle Not verbrauchte fast alle Kräfte und viele fühlten sich als „gebrannte Kinder", die mit Politik vorerst nichts zu tun haben wollten. Als aussichtsreichste Partei galt lange die SPD. Unter der unbestrittenen, von autoritären Zügen nicht ganz freien Führung Kurt Schumachers taten die Sozialdemokraten sich als entschiedene Antikommunisten hervor und lehnten jedes Aktionsbündnis mit der KPD ab. Als die Partei im Frankfurter Wirtschaftsrat nicht das von ihr angestrebte Wirtschaftsressort erhielt, ging sie in die Opposition und widersetzte sich dem wirtschaftsliberalen Kurs der bürgerlichen Mehrheit. Während die Christdemokraten und Liberalen im Konfliktfall eher bereit waren, sich dem Willen der Alliierten zu beugen, betrieb Schumacher eine betont nationale Interessenpolitik. Umso enttäuschter war er, als die SPD bei den ersten Bundestagswahlen 1949 den allgemein erwarteten Wahlsieg verpasste. Die CDU hatte ihre Schwerpunkte anfangs in Berlin (Jakob Kaiser) und im Rheinland (Konrad Adenauer). Sie verstand sich als eine bürgerliche Sammlungs- und Volkspartei, die ihren Anhang in allen Bevölkerungsschichten, vornehmlich aber im Mittelstand suchte. Um dem Schicksal der katholischen Zentrumspartei zu entgehen, die vor 1933 nie über die 20-Prozent-Marke hinausgelangte, betonte sie stets ihre Überkonfessionalität. Zwar hatte sie ihren Rückhalt vor allem in katholischen Kreisen, einschließlich der Arbeiterschaft, aber bei aller Kirchennähe war sie nicht klerikal. Das galt auch für Konrad Adenauer, in der Weimarer Zeit Kölner Oberbürgermeister, der trotz seines fortgeschrittenen Alters (geboren 1876) schnell zum führenden Unionspolitiker aufstieg. Als Präsident des Parlamentarischen Rates und als erster Bundeskanzler von 1949 bis 1963 prägte und beherrschte er die Union bis zu seinem Rücktritt. Diese verdankte ihren Aufstieg zur stärksten Partei der Bundesrepublik – nur 1972 wurde sie von der SPD überflügelt – weder besonderer organisatorischer Stärke (die SPD hatte stets mehr Mitglieder) noch einem ausgeformten politischen Programm (das erste offizielle Parteiprogramm kam erst 1978 zustande). Von größter Bedeutung war viele Jahre der Nimbus Adenauers – Spötter sprachen vom „Kanzlerwahlverein" –, daneben auch der ihr zugeschriebene Glanz der erfolgreichen „Sozialen Marktwirtschaft", der sich vornehmlich mit dem Namen des 14 Jahre amtierenden CDU-Wirtschaftsministers (und späteren Kanzlers) Ludwig Erhard verband.
Die liberalen Demokraten sahen sich vor der Aufgabe, die schon traditionelle Zersplitterung des deutschen Liberalismus – die diesen am Ende der Weimarer Zeit zur Bedeutungslosigkeit verurteilt hatte – zu verhüten. Das war angesichts der Gegensätze zwischen einem vorwiegend norddeutschen, national-rechtsliberalen und dem südwestdeutschen, demokratisch-linksliberalen Flügel nicht ganz einfach. Da zudem die traditionelle liberale Wählerschaft, das Besitz- und Bildungsbürgertum, an Gewicht stark eingebüßt hatte, gab es wenig Aussichten, die 10-Prozent-Marke dauerhaft zu überschreiten. Wegen ihrer Mittelstellung zwischen der Union und der SPD bot sich die FDP jedoch nach beiden Seiten als Koalitionspartner an; das trug ihr zuweilen den Vorwurf der „Schaukelpolitik" ein.

Interessenverbände

Auch das dichte Netz der Interessenverbände, das schon im Kaiserreich und in der Weimarer Republik eine beachtliche politische Kraft dargestellt hatte, gewann nach 1945 bald wieder neue Stärke. In den Gewerkschaften war man sich nach den schlechten Erfahrungen mit den „Richtungsgewerkschaften" der Weimarer Zeit, die sich gegenseitig das Wasser abgegraben hatten, jetzt im Wunsch nach der

„Einheitsgewerkschaft" weitgehend einig; sie sollte parteipolitisch neutral, aber allgemein politisch durchaus aktiv sein. Übereinstimmung bestand auch in der Absicht, die bislang vorherrschende Gliederung nach Berufsgruppen zugunsten von „Industriegewerkschaften" aufzugeben; ausschlaggebend war fortan die Branchenzugehörigkeit, unabhängig von der spezifischen Arbeitstätigkeit. Jede Industriegewerkschaft erhielt weitgehende Selbständigkeit. Der Deutsche Gewerkschaftsbund (DGB), 1949 gegründet, war nicht mehr als ein Dachverband, der die Politik der Einzelgewerkschaften koordinierte, aber nicht in ihre Tarifverhandlungen oder Streikbeschlüsse hineinreden durfte.

Im selben Jahr wie der DGB entstanden auch die Interessenvertretungen der Arbeitgeber neu: der Bundesverband der deutschen Industrie (BDI), der die großen Unternehmen vertrat und erheblichen Einfluss auszuüben vermochte; die Bundesvereinigung der deutschen Arbeitgeberverbände (BDA), die für die Tarifpolitik zuständig war; der Deutsche Industrie- und Handelstag (DIHT), in dem die in der regionalen Wirtschaftspolitik einflussreichen Industrie- und Handelskammern ihre bundespolitische Vertretung fanden. Diese und zahlreiche andere Interessenverbände betätigten sich, ähnlich den Parteien, in einer Zone zwischen der Gesellschaft (bzw. der Wirtschaft) und dem Staat.

Die ersten Nachkriegsjahre waren eine Zeit eines intensiven, vielgestaltigen kulturellen Lebens. Der allgemeine materielle Mangel öffnete den Blick für „geistige" Werte. Der Schock der NS-Zeit weckte das Bedürfnis nach festem Halt und überzeugender Sinngebung. Die christlichen Kirchen gewannen neues Ansehen; ihre Gottesdienste, Vortrags- und Diskussionsveranstaltungen fanden starken Zulauf. Die Existenzphilosophie (Heidegger, Jaspers, Sartre) sprach viele Intellektuelle an. Die Literatur der Goethe-Zeit und der klassischen Moderne (von Thomas Mann bis Franz Kafka) erreichte viele Leser, genau wie das moderne ausländische (insbesondere amerikanische) Schrifttum, das während der NS-Diktatur den meisten Deutschen nicht zugänglich gewesen war. Kultur- und Literaturzeitschriften entstanden in großer Zahl und fanden ihre Käufer, wenngleich der chronische Papiermangel enge Grenzen setzte. Es war häufig vom „Abendland" die Rede, vom unvergänglichen deutschen und europäischen Kulturerbe; der Blick in eine große Vergangenheit sollte Mut für die triste Gegenwart und die ungewisse Zukunft machen. Eine zeitgenössische deutsche Kunst und

Trümmerkultur

Literatur entstand nur zögernd; im Allgemeinen dominierten die großen Namen der älteren Generation, von Bert Brecht bis Emil Nolde, von Alfred Döblin bis Max Beckmann. Den meisten Widerhall fand das Heimkehrerdrama von Wolfgang Borchert, „Draußen vor der Tür": ein verzweifelter Aufschrei der „verlorenen Generation". Später sprach man von der „Trümmerliteratur": die Trümmer als das Sinnbild des deutschen Nachkriegselends, die weggeräumt werden und einer menschlicheren Ordnung Platz machen sollten.

13 „Draußen vor der Tür"
Hans Quest als Beckmann in der Aufführung des Theaterstücks „Draußen vor der Tür" von Wolfgang Borchert an den Hamburger Kammerspielen 1947. Die Hauptfigur des Dramas ist ein aus dem Krieg heimgekehrter Soldat, den seine Frau abweist und der sich in der deutschen Nachkriegsgesellschaft, die die Vergangenheit verdrängt, nicht mehr zurechtfindet.

14 Daten zur Wirtschaftsentwicklung

a) Entwicklung der industriellen Produktion in den Westzonen (1936 = 100)

	ABZ	BBZ	FBZ	(SBZ)
1945/IV. Quartal	19	22	–	22
1946	41	34	36	44
1947		44	45	54
1948		63	58	60
1949/I–III		86	78	68

W. Abelshauser, Wirtschaftsgeschichte der Bundesrepublik Deutschland 1945–1980, Frankfurt 1983, S. 34

b) Ausgewählte Indexzahlen (1936 = 100):

	1948	1954
Bevölkerung	118	127
Reales Bruttosozialprodukt	98	162
Volkseinkommen je Einwohner	84	124
Industrielle Produktion	61	165
Steinkohlenförderung	74	124
Rohstahlproduktion	38	136
Nahrungsmittelproduktion	58	118
Wohnungen auf 1000 Einwohner	84	98

H. R. Adamsen, in: Archiv für Sozialgeschichte 18 (1978), S. 244

a) *Erläutern Sie die Industrieproduktion in ihrem zeitlichen Verlauf. Erklären Sie den leichten Vorsprung der SBZ in den ersten Jahren und die Trendwende seit 1948.*
b) *Wo lagen in den ersten Nachkriegsjahren die Engpässe der westdeutschen Wirtschaft?*

15 Streit um die Wirtschaftsordnung

a) Der sozialdemokratische Wirtschaftsexperte Viktor Agartz auf dem SPD-Parteitag 1946:

Außer den historisch gewordenen sozialen Unterschieden mit ihren laufenden Störungen des sozialen Lebens ist das kapitalistische System mit erheblichen funktionellen Systemfehlern behaftet, die seine
5 Überwindung zur unabweisbaren Notwendigkeit machen. Die kapitalistische Verkehrswirtschaft bietet im Gegensatz zu ihren wissenschaftlichen Interpreten keine Gewähr gegen eine Wiederkehr krisenhafter Störung, keine Gewähr gegen imperialistische
10 Tendenzen, weil diese ihr immanent sind, und keine Gewähr gegen faschistische Entwicklung. Im Gegenteil, die Krisen haben mit der Entwicklung vom Früh- über den Hoch- zum Spätkapitalismus an Heftigkeit und Ausdehnung zugenommen. Dabei ist
15 diese Verkehrswirtschaft mit ihrem modernen Geld- und Kreditsystem selbst nicht in der Lage, die Kräfte zur selbsttätigen Überwindung dieser Krisen freizumachen. Ohne zentralen Eingriff können die jeweilig eintretenden Schäden nicht behoben werden. […]
20 Über den Umfang, über die Richtung und über die Verteilung der Produktion darf zukünftig nur noch der demokratische Rechtsstaat entscheiden. An die Stelle des privatkapitalistischen Gewinnstrebens hat die staatliche Planung zu treten als Hauptregulator
25 der neu zu errichtenden Wirtschaft. Diese staatliche Planung kann nicht ersetzt oder überflüssig gemacht werden – wie vielfach die Auffassung vorherrschend

ist – durch ein noch so weitgehendes Mitbestimmungsrecht der Arbeitnehmer in den Betrieben. In
30 den Betrieben können immer nur einzelne wirtschaftliche Teilpläne zustande kommen, niemals aber ein volkswirtschaftlicher Gesamtplan. Auf einen solchen Gesamtplan kommt es aber zur Überwindung der kapitalistischen Systemfehler an.

b) Aus den Düsseldorfer Leitsätzen der CDU/CSU (1949):

Die „soziale Marktwirtschaft" ist die sozial gebundene Verfassung der gewerblichen Wirtschaft, in der die Leistung freier und tüchtiger Menschen in eine Ordnung gebracht wird, die ein Höchstmaß von wirtschaftlichem Nutzen und sozialer Gerechtigkeit
5 für alle erbringt. Diese Ordnung wird geschaffen durch Freiheit und Bindung, die in der „sozialen Marktwirtschaft" durch echten Leistungswettbewerb und unabhängige Monopolkontrolle zum Ausdruck kommen. Echter Leistungswettbewerb liegt
10 vor, wenn durch eine Wettbewerbsordnung sichergestellt ist, dass bei gleichen Chancen und fairen Wettkampfbedingungen in freier Konkurrenz die bessere Leistung belohnt wird. […] Marktgerechte Preise sind Motor und Steuerungsmittel der Markt-
15 wirtschaft. Marktgerechte Preise entstehen, indem Kaufkraft und angebotene Gütermenge auf den Märkten zum Ausgleich gebracht werden. […] In einer solchen Wirtschaftsordnung ist jeder Betrieb

20 und jeder Haushalt im Rahmen der für alle gleichen Gesetze an Stelle einer lenkenden Behörde Herr seiner wirtschaftlichen Entschlüsse. Die einzelnen Betriebe planen in eigener Verantwortung, was sie erzeugen, und bieten ihre Erzeugnisse auf dem Markt 25 an. [...]

Die „soziale Marktwirtschaft" steht im scharfen Gegensatz zum System der Planwirtschaft, die wir ablehnen. [...] Das System der Planwirtschaft beraubt den schaffenden Menschen seiner wirtschaftlichen 30 Selbstbestimmung und Freiheit. Die Planwirtschaft bringt die Unternehmer in Abhängigkeit von der Staats- und Selbstverwaltungsbürokratie und verwandelt sie dadurch in Beamte und Kommissare. Sie schaltet den Einfluss der Verbraucher auf die Erzeu-35 gung aus und bringt damit auch den Arbeitern und Angestellten keine Vorteile. Die Planwirtschaft hemmt die Erzeugung, indem sie in die Hand der Lenkungsstellen Machtvollkommenheiten legt, denen die Menschen in keiner Weise gewachsen sind. 40 Sie mutet ihnen Aufgaben zu, die ihre Einsicht weit übersteigen. [...] Die „soziale Marktwirtschaft" steht auch im Gegensatz zur so genannten „freien

Wirtschaft" liberalistischer Prägung. [...] Die freie Wirtschaft alten Stils hat es den Unternehmern erlaubt, sich zu Kartellen und Marktverbänden zusam-45 menzuschließen, um die Preise zu diktieren, die Erzeugung nach Belieben einzuschränken und den Wirtschaftskampf mit Mitteln der Gewalt, der Verdrängung und der Schadenszufügung, mit Sperren, Kampfpreisen und Boykott zu führen. Dabei wurde 50 der Gedanke des Wettbewerbs verfälscht, verschleiert und seiner motorischen Wirkung beraubt. [...] Die Leidtragenden waren die wirtschaftlich und sozial Schwachen, insbesondere die Verbraucher. Weil wir die unsozialen Auswüchse einer solchen „freien" 55 Wirtschaft vermeiden wollen, weil wir in ihr eine verfälschte Marktwirtschaft sehen, fordern wir neben dem Leistungswettbewerb die Monopolkontrolle. Erst eine wirksame Monopolkontrolle verhindert, dass Privatpersonen und private Verbände 60 Lenkungsaufgaben in der Wirtschaft übernehmen können.

E.-U. Huster u. a., Determinanten der westdeutschen Restauration 1945–1949, Frankfurt 1972, S. 373 ff., 389 f., 430 ff.

> a) Prüfen Sie die Standpunkte beider Seiten im Lichte historischer und heutiger wirtschaftlicher Erfahrungen. Inwieweit hat die tatsächliche Entwicklung die Prognosen der Nachkriegszeit bestätigt, inwieweit hat sie sie widerlegt?
> b) Untersuchen Sie die Argumente, mit denen jede Seite die Position ihrer Widersacher zu entkräften sucht.

16 Die Parteien über Schule und Bildung

a) Aus den Kölner Leitsätzen der Christlichen Demokraten (1945):

Das natürliche Recht der Eltern auf die Erziehung ihrer Kinder ist die Grundlage der Schule. Diese gewährleistet die Bekenntnisschule für alle vom Staate anerkannten Religionsgemeinschaften wie auch die 5 christliche Gemeinschaftsschule mit konfessionellem Religionsunterricht als ordentlichem Lehrfach. Das kulturelle Schaffen muss frei von staatlichem Zwang sein. Seine Grundlage ist die deutsche christliche und abendländische Überlieferung.

b) Aus dem Grundsatzprogramm der CSU (1946):

Die Religion muss der tragende Pfeiler jeder Kulturordnung sein. [...] Wir fordern die Erziehung der Jugend zur Ehrfurcht vor Gott und seiner Schöpfung, zu Charakterstärke und sozialer Gesinnung, zu 5 selbständigem Denken und zu körperlicher Leis-

tungsfähigkeit. Das Kind hat einen Anspruch auf Erziehung; die Eltern haben ein Erziehungsrecht und eine Erziehungspflicht. Das Erziehungsrecht des Staates ist ein übertragenes Recht. Wir verlangen die unbedingte Achtung des Staates vor dem 10 Willen der Eltern hinsichtlich der Schulerziehung ihrer Kinder. Wir bekennen uns zum eigenen Recht der Kirchen auf einen angemessenen Einfluss in der Erziehung der Jugend. Wir stehen ein für die Konfessionsschule. In Gemeinschaftsschulen dürfen die 15 religiösen Gefühle Andersgläubiger nicht verletzt werden.

c) Aus den Richtlinien der FDP der britischen Zone (1946):

Ein demokratischer Volksstaat ist nur lebensfähig bei einem hohen Stand geistiger und moralischer Bildung des Volkes. Die Wiedergewinnung des hohen Bildungsstandes, der das Erbe unserer stolzen,

5 durch den Nationalsozialismus zerstörten Vergangenheit war, ist die Aufgabe der Schule auf allen ihren Stufen, von der Volksschule bis zur Berufsschule und Universität. Wie die Freiheit der Forschung und die Freiheit der Lehre die Vorbedingungen aller wissenschaftlichen Leistungen ist, so kann 10 auch die Volksbildung nur auf dem Boden der Freiheit und Wahrhaftigkeit gedeihen. Nur so wird eine freie Jugend den Weg finden zur alten Höhe der deutschen Kultur und darüber hinaus. Wir fordern daher die Gemeinschaftsschule, in der die von ihrer 15 Kirche anerkannten Lehrkräfte konfessionellen Religionsunterricht erteilen. Die Schule soll in der Jugend die Achtung für die religiösen Bekenntnisse der Kirchen und aller gläubigen Menschen pflegen. Schule und Kirche müssen zusammenarbeiten mit 20 dem Elternhaus, um das Verständnis der heranwachsenden Generationen für den Glauben der Väter und die Grundlagen unserer ganzen abendländischen Kultur wieder lebendig zu machen.

d) Aus den „Forderungen und Zielen" der SPD (1946):
Das allgemeine Schulwesen ist öffentlich. Die Schulen sollen die Jugend frei von totalitären und intoleranten Anschauungen erziehen im Geist der Humanität, der Demokratie, der sozialen Verantwortung und der Völkerverständigung. Allen Deutschen stehen die Bildungsmöglichkeiten allein entsprechend 5 ihrer Befähigung offen. Sie sind unabhängig von Bekenntnis, Staat und Besitz.

e) Aus dem Aufruf des Zentralkomitees der KPD (1945):
Die unmittelbarsten und dringendsten Aufgaben auf diesem Wege sind gegenwärtig vor allem: [...] Säuberung des gesamten Erziehungs- und Bildungswesens von dem faschistischen und reaktionären Unrat. Pflege eines wahrhaft demokratischen und frei- 5 heitlichen Geistes in allen Schulen und Lehranstalten. Systematische Aufklärung über den barbarischen Charakter der Nazi-Rassentheorie, über die Verlogenheit der „Lehre vom Lebensraum", über die katastrophalen Folgen der Hitlerpo- 10 litik für das deutsche Volk.

H.-J. Ruhl (Hg.), Neubeginn und Restauration, München 1982, S. 196, 223, 217, 231, 184

a) Stellen Sie Beziehungen her zwischen den hier sichtbar werdenden Akzentsetzungen und den grundsätzlichen politischen Standorten der Parteien.
b) Inwieweit verraten die Texte ihre Herkunft aus der frühen Nachkriegszeit?

17 **„Kahlschlagliteratur"**
Günter Eich schrieb das Gedicht „Inventur" in seiner amerikanischen Kriegsgefangenschaft 1945/46.

Dies ist meine Mütze,
Dies ist mein Mantel,
Hier mein Rasierzeug
Im Beutel aus Leinen.

Im Brotbeutel sind
Ein Paar wollene Socken
15 Und einiges, was ich
Niemand verrate.

Dies ist mein Notizbuch,   25
Dies ist meine Zeltbahn,
Dies ist mein Handtuch,
Dies ist mein Zwirn.

5 Konservenbüchse:
Mein Teller, mein Becher,
Ich hab in das Weißblech
Den Namen geritzt.

So dient es als Kissen
Nachts meinem Kopf.
Die Pappe hier liegt
20 Zwischen mir und der Erde.

Geritzt hier mit diesem
10 Kostbaren Nagel,
Den vor begehrlichen
Augen ich berge.

Die Bleistiftmine
Lieb ich am meisten;
Tags schreibt sie mir Verse,
Die nachts ich erdacht.

H. Ohde/S. Müller-Hanpft (Hg.), Günter Eich. Gesammelte Werke, Band I, Frankfurt/M. 1973

Erörtern Sie, inwiefern das Gedicht als Musterbeispiel des literarischen Kahlschlags gelten konnte.

Eine verhinderte Neuordnung?

In den 60er und 70er Jahren, einer Zeit der kritischen Abrechnung mit der Gesellschaftsordnung der Bundesrepublik, machte der Vorwurf der „Restauration" und der „verpassten Gelegenheiten" die Runde. Stimmt dieses Bild oder war die westdeutsche Gesellschaft nach 1945 doch eine andere als die zuvor?

a) Der deutsche Historiker Günter J. Trittel (1979):

Es bestand zumindest bis Ende 1947 ein weitgehender deutscher Konsens darüber, dass das kapitalistische Wirtschaftssystem die Schuld an der gegenwärtigen Misere trage und dass es demzufolge unmög-
5 lich sei, die vorhandene Krise durch Rekonstruktion des Systems zu lösen. Vielmehr müssten die ökonomischen und gesellschaftlichen Wurzeln des Faschismus beseitigt werden, müsste eine grundlegende Neuorientierung stattfinden, die antikapitalistisch,
10 sozialistisch bzw. gemeinwirtschaftlich zu organisieren sei. Diese gemeinsame Überzeugung und Zielprojektion steht im Widerspruch zu dem Ergebnis jenes realen gesellschaftlichen und ökonomischen Entwicklungsprozesses, der seit der zweiten Jahres-
15 hälfte 1948 zu erkennen war. Er mündete schließlich in eine Restauration einer privatkapitalistischen Wirtschaft, deren marktwirtschaftlichem Funktionssystem zwar soziale Korrekturelemente eingefügt wurden, deren Repräsentanten aber sehr bald die
20 traditionellen gesellschaftlichen Eliten waren. […]
Sicher waren die politischen Zielprojektionen der Jahre 1945–47 für einen Neubau Deutschlands unrealistisch in dem Sinne, dass der Handlungsspielraum ihrer deutschen Repräsentanten viel zu eng bemes-
25 sen war. Wer politisch agieren wollte, tat dies als Funktionsträger der Besatzungsmächte, zunächst als Berater, dann als Mitwirkender und erst, als bereits die wesentlichen Weichen gestellt worden waren, als Mitentscheidender. Naturgemäß liegt deshalb die
30 Hauptverantwortung für die skizzierte Entwicklung bei den jeweiligen Besatzungsmächten. […]
So bleibt die Feststellung, dass die politischen Hoffnungen der Jahre 1945–1947 auf eine grundlegende Neuordnung der wirtschaftlichen und sozialen
35 Strukturen vom heutigen Standpunkt aus unrealistisch waren. „Sie waren im Rahmen der internationalen und nationalen Machtkonstellationen nicht zu verwirklichen oder sie wären nur mit den größten Kraftanstrengungen und auf äußerst gefährlichen
40 Wegen zu verwirklichen gewesen" (Th. Pirker). Die Briten als Hauptverantwortliche waren nicht bereit, diese Anstrengungen und Gefahren auf sich zu neh-

men; sie zogen es vor, die tradierten Strukturen zu sanieren, um sie dann eventuell reformieren zu können. Die Unaufhebbarkeit dieses Zielkonflikts 45 zeigte sich nach 1948. Jetzt gab es weder eine reformwillige deutsche Mehrheit, noch schien angesichts des sich abzeichnenden wirtschaftlichen Gesundungsprozesses die Notwendigkeit zu bestehen, an der restaurierten Ordnung Experimente mit un- 50 gewissem Ausgang vorzunehmen. Während im Bewusstsein breiter Wählerschichten der beginnende Aufstieg der restaurierten und verbesserten Wirtschaftsordnung zugeschrieben wurde, blieb ebenso nachhaltig die Gleichsetzung von Mangelwirtschaft 55 in den Kriegs- und Nachkriegsjahren mit sozialistischen Planungs- und Lenkungssystemen bestehen.

G. J. Trittel, Von der „Verwaltung des Mangels" zur „Verhinderung der Neuordnung", in: C. Scharf/H.-J. Schröder (Hg.), Die Deutschlandpolitik Großbritanniens und die britische Zone 1945–1949, Wiesbaden 1979, S. 146f.

b) Der Politikwissenschaftler Richard Löwenthal (1979):

Die zweite deutsche Demokratie ist […] nicht einfach ein Produkt von Vorentscheidungen der siegreichen westlichen Besatzungsmächte, wie es dem oberflächlichen Blick erscheinen könnte. Wohl haben die Mächte nach der Katastrophe von Hitlers 5 Reich die Ausgangsbedingungen für den Wiederaufbau wesentlich gestaltet; doch nicht weniger wichtig für dessen Form und Inhalt waren die Lehren, die von den sich politisch neu gruppierenden deutschen gesellschaftlichen Kräften aus der Katastrophe und 10 der neuen weltpolitischen Lage in den Jahren gezogen wurden, die der Schaffung der Bundesrepublik vorausgingen.
Die entscheidenden neuen Ausgangsbedingungen, die von den Siegermächten geschaffen wurden, be- 15 standen in einer weitgehenden Entmachtung oder Schwächung der traditionellen antidemokratischen Kräfte der deutschen Gesellschaft ebenso wie in der Liquidierung der Überreste des nationalsozialistischen Machtapparates. […] Die totale Entwaffnung 20 Deutschlands bewirkte, dass der Neuaufbau der politischen Ordnung ohne den Einfluss eines Offiziers-

korps mit politischem Eigenwillen erfolgte, [...] sodass jeder Ansatz zum Wiedererstehen einer Wehr-
25 macht als Staat im Staat von vornherein ausgeschlossen war. Die Enteignung des Großgrundbesitzes in der sowjetischen Besatzungszone brach die
Machtgrundlage der früheren Junkerkaste und
machte ihre im Westen überlebenden Angehörigen
30 zu Bürgern, deren Startchancen von denen vieler anderer Überlebender der Katastrophe nicht
grundsätzlich verschieden waren. Die „Dekartelli-
sierung" der westdeutschen Kohlen- und Stahlindustrie und ihre zeitweise Unterstellung unter von den
35 Besatzungsmächten eingesetzte Treuhänder hat die
wirtschaftliche Macht der Schwerindustriellen nicht
dauernd gebrochen, da die Versuche einer Nationa-
lisierung ihres Eigentums vor der Schaffung der
Bundesrepublik von den gleichen Alliierten verhin-
40 dert wurden und nachher keine Mehrheit fanden;
doch sie hat, zusammen mit den Lehren der Hitler-
zeit und der zeitweisen Drohung der Nationalisie-
rung, wesentlich dazu beigetragen, das politische
Selbstvertrauen und den politischen Ehrgeiz der
45 Schwerindustrie so stark zu dämpfen, dass diese im
politischen Leben der Bundesrepublik niemals eine
annähernd ähnliche Rolle zu spielen versucht hat
wie in dem der Weimarer Republik.
Schließlich sind zwar die ursprünglichen alliierten,
50 besonders amerikanischen Bemühungen um einen
radikalen Kontinuitätsbruch im Verwaltungs- und
Justizpersonal von der Mehrheit der deutschen Gesetzgeber weitgehend vereitelt worden, sodass [...]
die Hauptmasse jener professionellen „Staatsdie-
55 ner", die seit Jahrzehnten unter allen Herren die
gleiche autoritäre Ordnungsidee praktiziert hatten,
im Amt blieben. Doch diese haben unter dem Einfluss der Ereignisse allgemein einen ähnlichen Ge-
sinnungswandel durchgemacht wie die Masse des

konservativen Bürgertums überhaupt. Im Gegen- 60
satz zur Weimarer Zeit haben sie sich ganz überwiegend auf den Boden der neuen demokratischen Ordnung gestellt. [...]
Durch Schaden klug geworden, zogen die traditionellen Anhänger eines autoritären Rechtsstaates 65
nun einen demokratischen Rechtsstaat einem autoritären Willkürstaat vor. Die Vereinigung vieler tra-
ditionell autoritärer Konservativer mit echten
gemäßigten Demokraten, besonders aus dem katholischen Lager, in der CDU als neuer großer bürger- 70
licher Sammlungspartei war nicht die Ursache, wohl
aber der sichtbarste Ausdruck dieses Wandels.
Kaum weniger bedeutsam war der Wandel auf der
politischen Linken. [...] Unter Kurt Schumachers
Führung ließ die wieder erstandene Sozialdemokra- 75
tie bei aller anfänglichen, um der Hoffnung auf deutsche Wiedervereinigung durch Verhandlungen willen jahrelang fortgeführten Opposition gegen die
Westintegration der Bundesrepublik nie einen
Zweifel daran, dass die Verwirklichung ihrer Ziele 80
nur in einer Demokratie vom westlichen Typus möglich war; so sehr sie lange Zeit mehr als die Regierungsparteien den provisorischen Charakter der
Bundesrepublik betonte, so gewiss bekannte sie sich
von Anfang an zur demokratischen Ordnung des 85
neuen Staates und zu deren Verteidigung. So hat es
in den formativen Jahren der zweiten deutschen Demokratie weder auf der Rechten noch auf der Linken ein substantielles Legitimitätsdefizit, sondern
einen breiten Konsens in der Anerkennung und Ver- 90
teidigung ihrer Ordnung gegeben.

R. Löwenthal, Bonn und Weimar, in: H. A. Winkler (Hg.), Politische Weichenstellungen im Nachkriegsdeutschland
1945–1953, Göttingen 1979, S. 14 ff.

a) *Wie gewichten die Autoren die Rolle der westlichen Besatzungsmächte? Versuchen Sie
eine eigene Stellungnahme.*
b) *Nennen Sie die Argumente, mit denen die Verfasser ihre Thesen begründen? Welche Bedeutung messen diese den wirtschaftlichen Machtverhältnissen bei? Versuchen Sie eine
eigene Beurteilung.*

4. Die Sowjetische Besatzungszone: erzwungener Umbau

Auch wenn es in der Forschung umstritten ist, ob Stalin jederzeit entschlossen war, den von der Roten Armee besetzten Teil Deutschlands seinem Imperium einzufügen, oder ob er ihn als Faustpfand im Machtpoker mit den Westmächten ansah, das eines Tages eingetauscht werden könnte – so war doch schon vor der deutschen Kapitulation in Moskau alles vorbereitet, um den deutschen Kommunisten eine führende Position zu verschaffen. Sobald die Kämpfe beendet waren, begannen die im sowjetischen Exil sorgfältig vorbereiteten KPD-Funktionäre mit dem Aufbau einer von ihnen kontrollierten kommunalen und staatlichen Verwaltung. Sie bedienten sich dabei der Unterstützung der Besatzungsmacht, die den deutschen „Genossen" nicht nur materiell – mit Lebensmitteln, Räumlichkeiten, Papierzuteilungen – unter die Arme griff, sondern auch politisch Andersdenkende mit Drohungen, Absetzungen, Verhaftungen unter Druck setzte. Gleichwohl war die KPD in der ersten Zeit nicht stark genug, eine Alleinherrschaft auszuüben. Ihre unbedingte Ergebenheit gegenüber Moskau schadete ihrem Ansehen in der Bevölkerung. Sie kehrte darum ihren Patriotismus heraus und sprach von einem „deutschen Weg zum Sozialismus". Auch gab sie sich betont demokratisch und kooperativ. Der auf ihr Betreiben gebildete „Antifaschistisch-demokratische Block" hatte sowohl die Aufgabe, alle Parteien und Massenorganisationen auf einen gemeinsamen politischen Kurs zu verpflichten und damit jegliche Opposition zu unterbinden, als auch den Zweck, die Hegemonieabsichten der Kommunisten zu verschleiern.

Kommunistische Machtübernahme

Nachdem die KPD-Führung die von den Sozialdemokraten gleich nach dem Krieg unterbreiteten Fusionsvorschläge zunächst abgelehnt hatte, weil sie sich noch nicht stark genug fühlte, warf sie das Ruder schon im Winter 1945/46 herum. Wahl-

Die Entstehung der SED

Einheit der Arbeiterbewegung-
Einheit Deutschlands!

LIEBKNECHT   BEBEL

Wählt SED

Berlin hat abgestimmt. Mit 19529 gegen 2937 Stimmen haben die Arbeiter **die Verschmelzung** mit der KPD mit überwältigender Mehrheit **abgelehnt!**

Die Massen der russischen Zone durften nicht wählen

Aber wir wissen uns einig mit ihnen

gegen **Diktatur** und **Gewalt**
für **Freiheit** und **Recht**

Darum Schaffende, schließt euch zusammen in der
Sozialdemokratischen **P**artei **D**eutschlands

18   Plakate von SED und Berliner SPD 1946.
Wilhelm Pieck, KPD (links) und Otto Grotewohl, SPD (rechts) reichen sich die Hände.
Wofür stehen Bebel und Liebknecht (Vater oder Sohn)?
Erläutern Sie die Bedeutung der Urabstimmung in der SPD der Berliner Westsektoren.

ergebnisse in benachbarten Ländern ließen befürchten, die Sozialdemokraten könnten den Kommunisten den Rang ablaufen. Mit kräftiger Unterstützung der SMAD eröffnete die Parteiführung die Kampagne für eine baldige Vereinigung der beiden Arbeiterparteien. Zwar war die Bereitschaft dazu bei den SPD-Mitgliedern mittlerweile gesunken. Aber nachdem sich der Vorstand unter Otto Grotewohl nach einigen Bedenken und nicht ohne sanften Druck der Besatzungsmacht für den Zusammenschluss ausgesprochen hatte, schloss sich auch die Parteimehrheit diesem Votum an. Nur der West-Berliner Bezirksverband, der keinem politischen Druck ausgesetzt war, lehnte in einer Urabstimmung die Vereinigung ab. Die auf dem „Vereinigungsparteitag" im April 1946 gegründete SED sollte alle Leitungsgremien paritätisch besetzen. Dem gab die Wahl von Wilhelm Pieck und Otto Grotewohl zu gleichberechtigten Vorsitzenden Ausdruck. Doch sollte sich bald zeigen, dass dies nur taktische Winkelzüge waren, die den Führungsanspruch der Kommunisten bloß für die erste Zeit verdeckten.

Sozialistische Umwälzung

Die sowjetische Besatzungsmacht im Bunde mit den deutschen Kommunisten verlor keine Zeit, eine radikale Umgestaltung aller Machtverhältnisse ins Werk zu setzen. Die neuen Machthaber gingen unverzüglich daran, den Großgrundbesitz aufzuteilen, die großen Industrieunternehmen, Banken und Versicherungen sowie den Groß- und Außenhandel zu verstaatlichen. Damit entmachteten sie die alten Führungsschichten und schufen die Voraussetzungen für die staatliche Planung und Lenkung der gesamten Wirtschaft.

Bodenreform

Den Anfang machte im September 1945 die Bodenreform. Ermächtigt durch die SMAD und unterstützt von den vier Blockparteien, verfügten die fünf Länder- und Provinzialverwaltungen die entschädigungslose Enteignung des Großgrundbesitzes über 100 Hektar, samt allen dazugehörigen Baulichkeiten und allem lebenden und toten Inventar. Die Enteigneten mussten binnen weniger Tage den Landkreis verlassen, in dem ihre Familien meist viele Generationen lang gelebt hatten. Die CDU-Vorsitzenden Hermes und Schreiber, die zu den wenigen gehörten, die diese Maßnahmen öffentlich kritisierten, mussten ihre Parteiämter auf Befehl der Besatzungsmacht niederlegen. Das frei gewordene Acker- und Weideland ging überwiegend in kleinen Parzellen an „Neubauern" (Landarbeiter oder Vertriebene); aus dem Rest entstanden staatliche Großbetriebe („Volkseigene Güter").

Volkseigene Betriebe

In einer mit viel Propagandaaufwand vorbereiteten Abstimmung entschied die Bevölkerung Sachsens 1946 über den Verbleib der von der Besatzungsmacht beschlagnahmten Industrieunternehmen, die dem Reich, der Wehrmacht, NSDAP-Mitgliedern oder Personen gehört hatten, die man zu „Kriegsverbrechern" oder Nutznießern des NS-Regimes erklärte. Gut drei Viertel der Abstimmenden entschieden sich für eine Umwandlung in „Volkseigentum". Die anderen Länder und Provinzen übernahmen diese Regelung, ohne ihre Bürgerinnen und Bürger zu befragen. Zwei Jahre später waren je 40% der industriellen Kapazität in staatlicher oder privater Verfügungsgewalt; die restlichen 20 Prozent entfielen auf Sowjetische Aktiengesellschaften, die – als in Deutschland verbliebene Reparationskontingente und mit deutschen Arbeitskräften – für sowjetische Abnehmer produzierten. Die Privatunternehmen mussten größere Ablieferungs- und Steuerlasten tragen als die „Volkseigenen Betriebe" (VEB). Das minderte ihre Rentabilität und trieb viele auf Dauer in den (von den Machthabern beabsichtigten) Ruin; dieser hatte stets die Umwandlung des Unternehmens in einen VEB zur Folge.

Säuberungen im Öffentlichen Dienst

Besonders rigoros verliefen die „Säuberungen" im Öffentlichen Dienst. So gut wie alle ehemaligen NSDAP-Mitglieder verloren ihre Ämter, insgesamt mehr als eine halbe Million Lehrer, Richter, Verwaltungsleute. An ihre Stelle traten im Eilverfahren und völlig unzulänglich ausgebildete Nachfolger, deren wichtigstes Eignungsmerkmal die politische Zuverlässigkeit war. Ein großer Teil der entmachteten alten Leistungsträger verließ die SBZ; dadurch entstand ein Fachkräftemangel, der den wirtschaftlichen und staatlichen Wiederaufbau empfindlich hemmte.

Strafverfolgung

Wo Enteignungen und Entlassungen nicht hinreichten, um die alte Oberschicht zu entmachten und einzuschüchtern, bedienten sich die neuen Herren drakonischer Abschreckungs- und Strafmaßnahmen. Die sowjetische Geheimpolizei inhaftierte – zum Teil in ehemaligen NS-Straflagern wie Buchenwald oder Sachsenhausen – etwa 130 000 Verdächtige, darunter viele tatsächlich Unschuldige. Den fürchterlichen Haftbedingungen erlagen 50 000 Menschen. Sowjetische Militärgerichte verurteilten fast 800 Angeklagte zum Tode und deportierten mehr als 20 000 in sowjetische Straflager, oft in summarischen Gerichtsverfahren, die gegen elementare rechtsstaatliche Grundsätze verstießen. Die 1950 noch nicht Abgeurteilten schickten DDR-Gerichte – so etwa in den Waldheimer Prozessen – in den Tod oder in die gefürchteten Zuchthäuser (wie Bautzen).

Kulturelles Leben

Wie in den Westzonen war auch in der SBZ die frühe Nachkriegszeit von großer kultureller Lebendigkeit und Aufnahmebereitschaft geprägt. Wenn auch die SMAD-Kulturoffiziere und die KPD/SED alles taten, um den Sowjetkommunismus und die russische Kultur in ein helles Licht zu rücken, konnte von einem Monopol der marxistisch-leninistischen Weltbetrachtung anfangs nicht die Rede sein. Auch andere Richtungen der klassischen und modernen Kultur in Philosophie und Wissenschaft, Kunst und Literatur, Theater und Film, wie sie schon in der Weimarer Zeit verbreitet waren, kamen zum Zuge. Bekannte Schriftsteller wie Bertolt Brecht und Arnold Zweig oder der Philosoph Ernst Bloch siedelten von ihrem von den Nazis erzwungenen Exil in die SBZ über.
Die Schulreform von 1946 schuf die achtjährige Einheitsschule, ein altes Ziel der sozialistischen Arbeiterbewegung, knüpfte aber auch an die pädagogische Reformbewegung an, für die die Selbstbestimmung der Lehrenden und Lernenden einen hohen Wert darstellte.

Stalinisierung

Mit der Verschärfung des Kalten Krieges seit 1947 setzte eine politische Klimaveränderung ein. Der Klassenkampf, den die Kommunisten mit ihrer Block- und Einheitspropaganda zunächst in den Hintergrund gerückt hatten, erfuhr zunehmende Betonung, während vom „dritten Weg" zwischen Kapitalismus und Sozialismus nicht mehr die Rede war. Der harte Kurs des Stalinismus, der nur Freund oder

Stalinismus: Zum einen eine Phase in der Geschichte der KPdSU/UdSSR (1929/30–1953) und in den ost- (mittel-) europäischen Satellitenstaaten (einschl. der SBZ/DDR) (etwa 1948–1953), zum andern ein (von der Person und Lebenszeit Stalins abgelöster) Typus politischer Herrschaft. Offiziell ging die stalinistische Epoche mit der vom sowjetischen Parteichef Chruschtschow seit 1956 betriebenen „Entstalinisierung" zu Ende. Doch hielten sich Reste stalinistischer Herrschaftspraktiken noch lange darüber hinaus. Wichtige Merkmale des Stalinismus als Herrschaftstypus sind die Ein-Mann-Diktatur (bis hin zum „Personenkult"), die Außerkraftsetzung rechtsstaatlicher Regeln (der „sozialistischen Gesetzlichkeit"), die terroristische Unterdrückung jeglicher Abweichungen mit Hilfe einer allmächtigen Geheimpolizei, willfähriger Justiz und eines Netzes von Straf- und Arbeitslagern („Archipel Gulag"), die erbarmungslose Beseitigung aller Gegner, aber auch die bedenkenlose Aufopferung der eigenen Bevölkerung im Namen des „historischen Fortschritts". Den Antikommunisten galt und gilt der Stalinismus als die Bestätigung für den grundsätzlich diktatorisch-inhumanen Charakter des Sowjetkommunismus. Für die marxistische Linke ist er eine Entartungserscheinung, die dem Kommunismus sehr geschadet, dessen in Kern richtige politische Prinzipien nicht zu widerlegen vermocht hat. Die SED war bis weit über Stalins Tod hinaus eine ausgeprägt stalinistische Partei. Bis zu ihrem Untergang tat sie sich schwer, sich von allen stalinistischen Traditionen zu trennen und echte Reformfähigkeit zu entwickeln.

Feind kannte, bereitete der Vielfalt der Meinungen spätestens 1948 ein Ende. Die SED übernahm nunmehr ohne Wenn und Aber auch die „ideologische" Führung und war nicht mehr bereit, abweichende Auffassungen zu dulden. Der neue politische Stil erforderte einen Umbau der Partei. Sie verwandelte sich in eine „Kaderpartei", deren Mitglieder und hauptamtliche Funktionäre verpflichtet waren, überall und jederzeit die Interessen der Partei zu vertreten und die Weisungen ihrer Führung zu befolgen. Im Januar 1949 beschloss die 1. Parteikonferenz die Umwandlung in die „Partei neuen Typs". Diese machte mit der Parität von Kommunisten und Sozialdemokraten Schluss; „Sozialdemokratismus" galt alsbald als parteifeindliches Verhalten. Wiederholte Parteisäuberungen führten zum Ausschluss von Parteimitgliedern, die als unzuverlässig eingestuft wurden. Sie verbreiteten Furcht und Unsicherheit und förderten Anpassung und vorauseilenden Gehorsam. Gemäß dem Prinzip des „demokratischen Zentralismus" lag alle politische Macht bei der Parteiführung. Eine freie Diskussion war nur erlaubt, solange noch kein Parteibeschluss vorlag; war eine Entscheidung getroffen, hatte sich jeder zu fügen; innerparteiliche Opposition war strengstens verboten. Nominell wurden alle Führungsgremien gewählt. Da die Wahlvorschläge jedoch der Billigung durch die oberen Instanzen bedurften, hatten diese alle Fäden in der Hand. Alle wesentlichen Entscheidungen fielen in den kleinen Gremien des Sekretariats des Zentralkomitees (ZK) und vor allem des Politbüros. Dieses war dem Namen nach ein kollektives Führungsorgan; tatsächlich aber war der Wille des Generalsekretärs (zeitweise: Erster Sekretär) ausschlaggebend. Dieses höchste Amt in der Partei (und damit in der gesamten SBZ/DDR) hatte bis 1971 Walter Ulbricht inne.

19 Kommunistische Taktik

Das Zentralsekretariat der SED zu den Gemeindewahlen (1946):

Es ist möglich, dass die CDU und die LDP versuchen werden, aus Agitationsgründen sich stärker als bisher in der Wahlpropaganda von der SED abzugrenzen. Solchen etwaigen Versuchen, die Verant-
5 wortung für den Wiederaufbau die SED allein tragen zu lassen, ist dadurch entgegenzuwirken, dass die bisher gemeinsam durchgeführte Aufbauarbeit, die gemeinsame Verantwortung vor dem Volke und der auch in Zukunft gemeinsam zu führende Kampf
10 für die Demokratie und ihre Sicherung weiter unbeirrbar hervorgehoben werden. Sollte vom Standpunkt des christlichen Sozialismus aus im Wahlkampf gegen uns polemisiert werden, so ist sachlich und auf hohem Niveau, ohne den demokratischen
15 Charakter der CDU zu bestreiten, eindeutig der Beweis zu führen, dass die CDU eine bürgerliche Partei ist, während die SED als Partei des werktätigen Volkes auf dem Boden des wissenschaftlichen Sozialismus steht.

Unsere Haltung gegenüber der Kirche und Religion 20 wird bestimmt durch absolute Toleranz. Die Zugehörigkeit zu irgendeiner Religionsgemeinschaft ist kein Hinderungsgrund für den Beitritt zur SED. Auch die Kirche ist berufen, am demokratischen Neuaufbau Deutschlands mitzuwirken. Die Partei 25 wird durch ihre praktische Arbeit den Beweis zu liefern haben, dass sie die Freiheit der Religion und der Kultur respektiert und schützt. [...] Die Stoßrichtung des Wahlkampfes hat sich deshalb nicht gegen die anderen Parteien, sondern gegen den Nazismus 30 und die wieder erstarkende Reaktion in Deutschland zu richten. Die bisher eingehaltene Linie, auch die anderen Parteien durch gemeinsame sachliche Arbeit an das vorangetriebene Aufbauwerk zu binden, ist genauestens zu beachten. Die Stärke der SED 35 liegt in ihren vollbrachten Leistungen. Die Partei zwingt durch ihre sachliche Arbeit die anderen Parteien, sich nach dieser Aufbauarbeit auszurichten.

H. Weber (Hg), DDR. Dokumente, München 1986, S. 73, 83 f.

a) *Was bewog die SED, ihre sozialistischen Absichten herunterzuspielen? Finden sich dennoch Textstellen, in denen die Partei „die Katze aus dem Sack ließ"?*
b) *Umreißen Sie das Feindbild der SED und untersuchen Sie dessen Funktion.*

20 Bodenreform aus zweierlei Sicht

a) Aus den Erinnerungen eines KPD-Genossen:
Von unserem I. Kreissekretär der KPD, dem Genossen Ernst Puchmüller, erhielten wir den Auftrag, in Torisdorf, Kreis Schönberg, die Bodenreform durchzuführen. Ich fuhr in den ersten Oktobertagen hin,
5 um mich erst mal dort umzusehen und mit Landarbeitern und Umsiedlern zu sprechen. Torisdorf war ein Gut von etwa 400 Hektar. Es gehörte dem Junker Axel Bunger, einem eingefleischten Militaristen, der sich von „seinen" Leuten mit „Herr Haupt-
10 mann" anreden ließ. Im Dorf gab es einige klassenbewusste Landarbeiter, die uns halfen, durch individuelle Aussprachen eine Dorfversammlung vorzubereiten. […] Als Referent sprach ich über die Notwendigkeit und Bedeutung der Bodenreform
15 und erklärte das Gesetz über die Bodenreform. In der anschließenden Diskussion zeigten sich unterschiedliche Standpunkte und Unklarheiten der Versammelten. Zuerst traten die klassenbewussten Landarbeiter, wie Genosse Bruns oder der alte Krö-
20 ger, auf. Sie forderten, dass mit der Gutsherrschaft Schluss gemacht werden und die sofortige Enteignung des Gutsherrn und seine Entfernung aus dem Dorf erfolgen sollte. Einige Landarbeiter drehten und wendeten sich noch mit Meinungen: „Wer weiß,
25 wie das noch kommt, der Herr ist ja noch da und er kann ja auch wiederkommen, dann geht es uns an den Kragen." Andere meinten: „Wie sollen wir denn mit dem Land fertig werden, wenn jeder für sich wirtschaftet? Wir haben ja nichts dazu." Die Um-
30 siedler waren durch die Bank für die Bodenreform, gab sie ihnen doch eine neue Existenz. So gingen eine Zeit lang die Meinungen hin und her, bis schließlich alle ihre Zustimmung zur Aufteilung des Gutes gaben. […] Jetzt musste aber der Gutsbesitzer
35 von dem Beschluss der Versammlung offiziell unterrichtet werden. […] Als wir zu ihm gingen, kam er uns schon schreiend und schimpfend entgegen. Ich teilte ihm in knappen Worten den Beschluss mit und forderte ihn auf, der Bodenkommission unverzüg-
40 lich die Schlüssel und alle Gutsunterlagen auszuhändigen, sich bis auf weiteres in seinem Zimmer aufzuhalten und sich jeder Einmischung zu enthalten. Er versuchte uns zunächst einzuschüchtern, erklärte die Versammlung für nicht kompetent und mündliche
45 Beschlüsse könne er überhaupt nicht anerkennen.

Auf die Frage der Kompetenz antwortend, fragte ich ihn, ob er es auf eine Machtfrage ankommen lassen wolle. Dazu käme er zu spät, sie sei bereits zugunsten des werktätigen Volkes entschieden, er und seinesgleichen hätten hier für immer ausgespielt. 50

Wie wir angefangen haben. Erinnerungen, Berlin (O) 1985, S. 27 ff.

b) Der westdeutsche CDU-Politiker Hans Schlange-Schöningen über einen Besuch in Thüringen im Mai 1946:
Zu den niederdrückendsten Erlebnissen meines Aufenthalts gehörte die Besichtigung einiger großer Güter, die mir mit Stolz gezeigt wurden als kommunistische Mustersiedlungen. Diese Güter waren früher hoch intensiv, voll gefüllt mit wertvollem Vieh 5
und leisteten enorme Beiträge zur Volksernährung. Heute waren die großen Ställe leer; auf den Höfen wurden mir die Siedler vorgeführt, keine Bauern, sondern eine völlig bunt zusammengewürfelte Gesellschaft, deren Charakteristikum war, dass sie 10
früher nichts besessen hatte und jetzt zur kommunistischen Partei gehört. Jeder hatte etwa 20 Morgen Land bekommen, und zwar in lauter kleine Parzellen geteilt. Ich habe mich mit diesen Leuten mit der gebotenen Vorsicht unterhalten. Ihre völlige Un- 15
kenntnis landwirtschaftlicher Dinge war in die Augen springend. […] Aller Besitz über 400 Morgen ist in Fetzen zerrissen. Der Wald ist bis zu einer Größe von 1 ha auf diese Siedler verteilt, die nun ihr Möglichstes tun, um schnellstens die guten Stämme ab- 20
zuhauen und zu verkaufen. […] Es handelt sich eben gar nicht um Bodenreform, sondern um Vernichtung der Intelligenz, wie das in Russland der Fall war. Die größeren Bauern, d. h. die Altangesessenen, sehen diesen Vorgängen völlig apathisch zu, haben aber 25
gar nicht die Möglichkeit irgendeiner Gegenwehr und warten in dumpfer Verzweiflung nur auf den Tag, wo man auch ihnen ihren Hof nehmen wird. Heute steht das Land Thüringen ernährungsmäßig noch günstig da. […] Ich sehe voraus, dass es bei die- 30
sem wirtschaftlichen System in zwei Jahren von dem Paradestück der russischen Zone, das es heute ist, zu einem absoluten Hungerlande geworden sein wird.

Vierteljahreshefte für Zeitgeschichte. Jg. 27 (1979), S. 677

a) *Beschreiben Sie den Ablauf der Enteignung. Was bewog die Machthaber, die Durchführung der Reform nicht staatlichen Stellen, sondern der „Dorfarmut" zu übertragen.*
b) *Beide Schilderungen lassen den sozialen und politischen Standort ihrer Verfasser erkennen. Zeigen Sie dies an geeigneten Textstellen auf und prüfen Sie, ob und ggf. inwieweit die sachliche Zuverlässigkeit der Berichte dadurch beeinträchtigt wurde.*

21 Aufgabe der Schule

Aus einem Beschluss des SED-Parteivorstandes von 1949:

Die gegenwärtige Phase der gesellschaftlichen und politischen Entwicklung ist gekennzeichnet durch die Verschärfung des Kampfes um die nationale Einheit und Unabhängigkeit Deutschlands und den
5 Friedensvertrag, die Festigung der demokratischen Ordnung, die Volkskongressbewegung und die Nationale Front. Der deutschen demokratischen Schule erwächst daraus die Aufgabe, in entscheidendem Maße die Jugend zu Kämpfern für die Einheit
10 Deutschlands, einen gerechten Frieden und für ein friedliches und freundschaftliches Zusammenleben der Völker, insbesondere mit der Sowjetunion, zu erziehen. Angesichts der Verschärfung und der Unausweichlichkeit dieses Kampfes können diese Auf-
15 gaben nur erfüllt werden, wenn jeder Lehrer und Erzieher alle reaktionären und neofaschistischen, militaristischen, kriegshetzerischen, insbesondere antisowjetischen Einflüsse und Theorien, jeden Glaubens-, Völker- und Rassenhass bekämpft. [...]
20 Er ist nicht mehr der Diener einer herrschenden Minderheit, deren Interesse auf die Erhaltung der bestehenden gesellschaftlichen und kulturellen Zustände gerichtet ist, sondern er erhält seinen Auftrag von den fortschrittlichen Kräften des Volkes und dient als Volkslehrer in allen Stufen der Einheits- 25 schule den werktätigen Schichten und allen Menschen, die sich gemeinsam für den Aufbau, das Wohl und die Befreiung unseres Volkes aktiv einsetzen. Seine pädagogische Arbeit muss der Lehrer mit dem Kampf um den Aufbau einer neuen demokratischen 30 Gesellschaft verbinden. Für die Gesamtheit der Lehrer und Erzieher gilt der Grundsatz, dass ihre politische Bildung und gesellschaftliche Betätigung entsprechend ihrer beruflichen und politischen Vorbildung die unerlässliche Voraussetzung für ihre 35 fachliche Qualifikation darstellt. Die neue demokratische Schule fordert den politisch bewussten und wissenschaftlich gebildeten Lehrer. Es ist deshalb notwendig, dass sich jeder Lehrer neben einer guten Allgemeinbildung eine objektive Kenntnis des Mar- 40 xismus-Leninismus und gründliches Wissen in seinem Unterrichtsfach und in der Erziehungswissenschaft aneignet. Seine fachlich-theoretische Ausbildung muss in lebendiger Verbindung mit der Schulpraxis und der eigenen gesellschaftlichen 45 Tätigkeit erfolgen.

Dokumente der SED, Bd. 2, Berlin (O) 1951, S. 324 ff.

a) *Untersuchen Sie die Rolle, die das Wort „Kampf" und das darauf bezogene Feindbild in dieser Verlautbarung spielen. Was für eine Vorstellung von Erziehung steckt dahinter?*
b) *Vergleichen Sie die Anforderungen, die die Partei an die Lehrerinnen und Lehrer stellte, mit dem bei uns üblichen Berufsbild eines Pädagogen.*

22 Russischunterricht
1954 in Thüringen.
Russisch war Pflichtfach in allen Schulen und erste Fremdsprache. Auf den Abbildungen über der Tafel: Wilhelm Pieck und Otto Grotewohl (s. S. 29 f.).

23 Wege in die Zukunft

a) Aus dem Aufruf der KPD vom 11. Juni 1945:
Jetzt gilt es, gründlich und für immer die Lehren aus der Vergangenheit zu ziehen. Ein ganz neuer Weg muss beschritten werden. Werde sich jeder Deutsche bewusst, dass der Weg, den unser Volk bisher ging,
5 ein falscher Weg, ein Irrweg war, der in Schuld und Schande, Krieg und Verderben führte! Nicht nur der Schutt aus der Vergangenheit muss gründlich hinweggeräumt werden. Möge der Neubau Deutschlands auf solider Grundlage erfolgen, damit eine
10 dritte Wiederholung der imperialistischen Katastrophenpolitik unmöglich wird! Mit der Vernichtung des Hitlerismus gilt es gleichzeitig die Sache der Demokratisierung Deutschlands, die Sache der bürgerlich-demokratischen Umbildung, die 1848 begonnen
15 wurde, zu Ende zu führen, die feudalen Überreste völlig zu beseitigen und den reaktionären altpreußischen Militarismus mit allen seinen ökonomischen und politischen Ablegern zu vernichten.
Wir sind der Auffassung, dass der Weg, Deutschland
20 das Sowjetsystem aufzuzwingen, falsch wäre, denn dieser Weg entspricht nicht den gegenwärtigen Entwicklungsbedingungen in Deutschland. Wir sind vielmehr der Auffassung, dass die entscheidenden Interessen des deutschen Volkes in der gegenwärti-
25 gen Lage für Deutschland einen anderen Weg vorschreiben, und zwar den Weg der Aufrichtung eines antifaschistischen, demokratischen Regimes, einer parlamentarisch-demokratischen Republik mit allen demokratischen Rechten und Freiheiten für das
30 Volk. An der gegenwärtigen historischen Wende rufen wir Kommunisten alle Werktätigen, alle demokratischen und fortschrittlichen Kräfte des Volkes zu diesem großen Kampf für die demokratische Erneuerung Deutschlands, für die Wiedergeburt unse-
35 res Landes auf!

b) Aus einer Entschließung der 1. Parteikonferenz vom Januar 1949:
Die großen Aufgaben, die vor dem werktätigen Volk Deutschlands stehen, machen es erforderlich, das große historische Versäumnis der deutschen Arbeiterbewegung nachzuholen und die SED zu einer
5 Partei neuen Typus zu entwickeln. […] Die Kennzeichen einer Partei neuen Typus sind:
Die marxistisch-leninistische Partei ist die bewusste

Vorhut der Arbeiterklasse. Das heißt, sie muss eine Arbeiterpartei sein, die in erster Linie die besten Elemente der Arbeiterklasse in ihren Reihen zählt, die ständig ihr Klassenbewusstsein erhöhen. 10
Die Partei kann ihre führende Rolle als Vorhut des Proletariats nur erfüllen, wenn sie die marxistisch-leninistische Theorie beherrscht, die ihr die Einsicht in die gesellschaftlichen Entwicklungsgesetze vermittelt. Daher ist die erste Aufgabe zur Entwicklung 15 der SED zu einer Partei neuen Typus die ideologisch-politische Erziehung der Parteimitglieder und besonders der Funktionäre im Geiste des Marxismus-Leninismus. […]
Die marxistisch-leninistische Partei beruht auf dem 20 Grundsatz des demokratischen Zentralismus. Dies bedeutet die strengste Einhaltung des Prinzips der Wählbarkeit der Leitungen und Funktionäre und der Rechnungslegung der Gewählten vor den Mitgliedern. Auf dieser innerparteilichen Demokratie 25 beruht die straffe Parteidisziplin, die dem sozialistischen Bewusstsein der Mitglieder entspringt. Die Parteibeschlüsse haben ausnahmslos für alle Parteimitglieder Gültigkeit, insbesondere auch für die in Parlamenten, Regierungen, Verwaltungsorganen 30 und in den Leitungen der Massenorganisationen tätigen Parteimitglieder.
Demokratischer Zentralismus bedeutet die Entfaltung der Kritik und Selbstkritik in der Partei, die Kontrolle der konsequenten Durchführung der Be- 35 schlüsse durch die Leitungen und die Mitglieder. Die Duldung von Fraktionen und Gruppierungen innerhalb der Partei ist unvereinbar mit ihrem marxistisch-leninistischen Charakter. Die marxistisch-leninistische Partei wird durch den Kampf gegen den 40 Opportunismus gestärkt. […] Höchste Klassenwachsamkeit ist unbedingte Pflicht eines jeden Parteimitgliedes.

H. Weber (Hg.), Völker hört die Signale, München 1967, S. 242, 244f., 246f.

a) Die SED gibt sich in diesen Dokumenten teils patriotisch-versöhnungswillig, teils revolutionär-klassenkämpferisch. Setzen Sie diese Positionen zu den jeweiligen zeitgeschichtlichen Umständen in Beziehung.
b) Untersuchen Sie, wann und in welchem Maße stalinistische Prinzipien in die KPD/SED-Programmatik eindrangen.

24 | Schulung, Kontrolle, Kritik und Selbstkritik

Der 1949 aus der SBZ geflohene ehemalige hohe SED-Funktionär Wolfgang Leonhard über Kritik und Selbstkritik in der Partei:

Erst als der Dritte zu sprechen begann und damit das eigentliche Verhör beginnen musste, kam mir meine Lage richtig zu Bewusstsein. Mit diesen Apparatschiks zu diskutieren, hatte nicht den geringsten
5 Sinn. [...] Es kam jetzt nur auf eines an: Zeit zu gewinnen, um nach Jugoslawien zu kommen! Also hieß es, taktisch zu handeln. Man hatte mich diese Taktik gelehrt. Nun wandte ich sie gegen sie selber an. Ich beschloss, einige „Verfehlungen" zuzugeben
10 und mich als Zweifelnden hinzustellen. [...]
„Ich glaube, wir können jetzt zur Frage selbst übergehen." Das war Lindaus Stimme. Es war in Klein-Machnow in Berlin, Frühjahr 1949 – aber es war die gleiche Stimme und der Tonfall vom Herbst 1942 in
15 Kuschnarenkowo im fernen Baschkirien: Die Stimme des stalinistischen Apparatschiks ist überall gleich. Die Fragen prasselten auf mich nieder. „Ist es wahr, dass du parteifeindliche jugoslawische Materialien an Genossen zum Lesen gegeben hast?" „Ja."
20 Die Köpfe senkten sich. In der kurzen Pause nach meiner Antwort hatten sich alle fünf Notizen gemacht. „Ist es wahr, dass du in einem Gespräch mit einem Kursanten der Parteihochschule von zwei Typen von Funktionären gesprochen hast – von denje-
25 nigen, die im Lande illegal gekämpft hatten, und den anderen, die auf Anweisung der Partei in der Sowjetunion gewesen sind?" „Ja, aber ich habe damit ..."
„Du hast nachher Zeit, dich genauer zu äußern, vorläufig hast du nur mit Ja und Nein zu antworten."
30 „Ja." „Ist es wahr, dass du diejenigen, die in dieser Zeit im Lande selbst tätig waren, als vorbildlich hingestellt und behauptet hast, sie seien Kämpfer für eine selbständigere Politik? Hast du in diesem Zusammenhang folgende Namen erwähnt: Tito, Go-
35 mulka, Markos, Mao Tse-tung?" „Ist es wahr, dass du einem anderen Kursanten gegenüber Zweifel an der Berechtigung der Existenz sowjetischer Aktiengesellschaften in der Zone geäußert und dich über sowjetische Berater in den volksdemokratischen Ländern negativ ausgesprochen hast?" „Ja", antwor-
40 tete ich in dem Bewusstsein, dass ich sowieso nichts anderes tun konnte. Bei der letzten Frage war ich doch sehr erschrocken. Darüber hatte ich mit meinem übereifrigen Freund nicht gesprochen. Das hatte ich zwei anderen Funktionären gesagt. Die
45 hatten es gemeldet.

W. Leonhard, Die Revolution entläßt ihre Kinder, Köln 1955, S. 537 f.

a) Erläutern Sie den Begriff „sozialistisches Bewusstsein". Warum legte die SED so großen Wert darauf? Waren ihre hohen Erwartungen realistisch?
b) Erklären Sie die Verfänglichkeit der von Leonhard vertretenen Auffassungen. Welche Aufschlüsse über das politische Klima in der Partei gibt sein Bericht?

5. Die doppelte Staatsgründung

Alliierte Weststaatspläne

Als zum Jahresende 1947 auch die fünfte und vorerst letzte Außenministerkonferenz der vier Siegermächte ohne Einigung in der Deutschlandfrage auseinander gegangen war, reifte in Washington der Entschluss zu einem westlichen Alleingang. Selbst das so lange widerstrebende Frankreich, dem ein wieder erstarkendes Deutschland ein Alptraum war, fand sich schließlich, nicht ohne das Versprechen zusätzlicher amerikanischer Finanzhilfe, zu Verhandlungen bereit. Hinzugezogen wurden auch die Benelux-Staaten. Das Hauptproblem der daraus hervorgehenden Londoner Sechs-Mächte-Konferenz war es, das für die Stabilität Westeuropas als unentbehrlich angesehene westdeutsche Potential in die westliche Welt einzubinden und zugleich die Sicherheitsbedürfnisse der westlichen Nachbarn zu befriedigen. Dank entsprechenden amerikanischen Garantien stimmten schließlich alle Verhandlungspartner der Gründung eines westdeutschen Staates zu. Als der sowjetische Militärgouverneur im Alliierten Kontrollrat die von ihm verlangten Auskünfte über die Londoner Beratungen nicht erhielt, verließ er die Sitzung unter Protest. Das war das Ende der Bemühungen um eine gemeinsame Deutschlandpolitik der Kriegsverbündeten. Das offizielle Angebot einer Weststaatsgründung unterbreiteten die westlichen Militärbefehlshaber den Ministerpräsidenten der Westzonen am 1. Juli 1948 in Frankfurt. In den sog. „Frankfurter Dokumenten" forderten die Westalliierten die westdeutschen Regierungschefs auf, eine Versammlung einzuberufen, die eine demokratische Verfassung für einen westdeutschen Bundesstaat erarbeiten sollte. Zugleich machten sie klar, dass die drei Siegermächte vorerst weiterhin eine oberste Kontrollgewalt ausüben würden.

Die Sowjetunion beantwortete das westalliierte Vorgehen (zu dem auch die separate Währungsreform gehörte) mit der vollständigen Sperrung der Land- und Wasserwege nach West-Berlin. Aber ihre Rechnung, die Berliner Westsektoren aushungern und die Westmächte zum Verzicht auf ihre Staatsgründungspläne zwingen zu können, ging nicht auf. Über Nacht organisierten die Amerikaner und Briten eine „Luftbrücke" und brachten es fertig, die 2-Millionen-Bevölkerung auf dem Luftweg zu versorgen. Das Zusammenstehen während der Blockade brachte Alliierte und Deutsche einander näher und schuf ein politisches Klima, das die Westbindung der entstehenden Bundesrepublik sehr förderte. Die Blockade führte auch zur politischen Spaltung der Vier-Sektoren-Stadt. Als von der SED aufgebotene Demonstranten in eine Sitzung der im Ostsektor tagenden Gesamtberliner Stadtverordneten-Versammlung eindrangen, entschlossen sich die Westberliner Vertreter zur Trennung und zum Aufbau eines eigenen Regierungs- und Verwaltungsapparates in West-Berlin.

Erste Berlin-Krise

Die dramatischen Vorgänge in Berlin bewogen schließlich auch die Ministerpräsidenten, der Schaffung eines westdeutschen Staates zuzustimmen. Zunächst hatte es nicht danach ausgesehen. Als die Regierungschefs zum ersten Mal über die „Frankfurter Dokumente" berieten, sprach sich eine Mehrheit gegen die Staatsgründung aus; sie wollte nicht einer endgültigen politischen Spaltung Deutschlands Vorschub leisten. Weil sie andererseits nicht verkannte, dass ein Zuwachs an staatlicher Organisation und deutscher politischer Selbstbestimmung dringend erwünscht war, schlug sie den Militärgouverneuren die Schaffung einer westdeutschen Verwaltungseinheit mit staatsähnlichen Zuständigkeiten, aber ohne den Charakter eines vollwertigen Staates vor. General Lucius D. Clay, als US-Militärgouverneur die treibende Kraft für eine schnelle Staatsgründung, beschwor die deutschen Repräsentanten, die begonnene Stabilisierung Westdeutschlands nicht aufs Spiel zu setzen, und drohte mit dem Wegfall des amerikanischen Schutzes. Das blieb nicht ohne Wirkung. Als in der zweiten Ministerpräsidenten-Zusammenkunft Ernst Reuter, der Regierende (West-)Berliner Bürgermeister, seine Kollegen davor warnte, mit ihrer Verweigerungshaltung der Sowjetunion in die Hände zu spielen, wendete sich das Blatt. Man einigte sich mit den Besatzungsmächten darauf, auf die Staatsgründung hinzuarbeiten.

Für und wider die Weststaatsgründung

In der als „Parlamentarischer Rat" bezeichneten Verfassunggebenden Versammlung berieten 65 von den westdeutschen Landtagen entsprechend der Mandatsverteilung entsandte Abgeordnete über das „Grundgesetz" – eine von den Ministerpräsidenten empfohlene Benennung, die auf seinen vorläufigen Charakter hinweisen sollte. Zu seinem Präsidenten wählte der Rat Konrad Adenauer; in den Beratungen taten sich besonders Carlo Schmid (SPD) und Theodor Heuss (FDP) hervor. Wirklich schwerwiegende Kontroversen waren nicht auszufechten. Die Frage der Wirtschaftsordnung, bei der ein harter Streit zu erwarten gewesen wäre, wurde im Wesentlichen ausgeklammert; über sie sollten die Parlamentarier künftig auf dem Wege normaler Gesetzgebung entscheiden.

Parlamentarischer Rat

Das Grundgesetz

In der einzigen größeren Auseinandersetzung zwischen dem Parlamentarischen Rat und den Militärregierungen gaben die Westmächte schließlich nach: Siegreich blieb das deutsche Interesse daran, dem Bund eigene Finanzquellen zu sichern und ihn nicht zum „Kostgänger" der Bundesländer zu degradieren. So entsprach das Grundgesetz in allen wesentlichen Regelungen dem politischen Willen der großen Mehrheit des Parlamentarischen Rates. Bei der Schlussabstimmung in Bonn am 8. Mai 1949 gab es 12 Gegenstimmen. Außer dem bayerischen Landtag ratifizierten alle Länderparlamente die neue Verfassung. Sie trat am 23. Mai 1949 in Kraft. Zugleich mit der Genehmigung des Grundgesetzes verkündeten die Westmächte das „Besatzungsstatut". Sie behielten sich darin die „Ausübung der obersten Gewalt" vor, stellten aber künftige Veränderungen zugunsten deutscher Hoheitsrechte in Aussicht. Zu den von den Alliierten beanspruchten Zuständigkeiten gehörten die Außenpolitik, der Außenhandel und die Devisenwirtschaft, die Aufsicht über die Einhaltung der Verfassungsbestimmungen.

Deutsch-deutsche Entfremdung

Der Weg zum westdeutschen Teilstaat war von Sorgen und Skrupeln begleitet. Nicht nur die westdeutschen Länderchefs, auch die Öffentlichkeit konnte sich mit der politischen Auseinanderentwicklung Ost- und Westdeutschlands schwer abfinden. Für die meisten Deutschen war die nationale Einheit noch lange eine Selbstverständlichkeit von hohem Wert. Zwar hatten sich das östliche und das westliche Besatzungsgebiet seit 1945 stärker auseinander gelebt, als sich viele eingestehen mochten. Aber an der Forderung, die deutsche Einheit zu bewahren, hielten alle politischen Richtungen fest. Reale Fortschritte in der Zusammenarbeit der Ost- und Westdeutschen stellten sich allerdings nicht ein – im Gegenteil: Die offiziellen politischen Beziehungen wurden frostiger. Das zeigte sich auch bei dem ersten und einzigen Versuch der Ministerpräsidenten, über die Zonen- und Parteigrenzen hinweg ins Gespräch zu kommen. Die im Juni 1947 in München anberaumte Konferenz scheiterte, bevor sie begonnen hatte. Als die Sowjetzonen-Vertreter in der Vorbesprechung mit ihrem Antrag, auch eine politische Aussprache über die deutsche Einheit auf die Tagesordnung zu setzen, nicht durchkamen – die französische Besatzungsmacht hatte „ihren" Vertretern derartige Erörterungen verboten –, reisten sie unter Protest ab. Das hinderte aber die SED nicht daran, sich bei jeder Gelegenheit als Sachwalter der deutschen Einheit in Szene zu setzen. Sie mochte dies teils aus eigenem Antrieb tun, solange sie die Hoffnung auf Sympathiegewinne bei der westdeutschen Arbeiterschaft noch nicht aufgegeben hatte. Zugleich aber hatte sie das Spiel der Sowjetunion zu spielen, die lange an dem Ziel festhielt, Einfluss auf Gesamtdeutschland zu nehmen und, als dies misslang, zumindest die Eingliederung Westdeutschlands in das westliche Bündnissystem verhindern wollte.

Volkskongressbewegung

So zog die SED eine Reihe von Kampagnen für die deutsche Einheit auf. Die größten Ausmaße erreichte die Volkskongressbewegung. Die als gesamtdeutsch ausgegebenen „Volkskongresse" mit Tausenden von Delegierten, die auf höchst fragwürdige Weise gewählt worden waren und überwiegend aus der SBZ stammten, waren von der SED inszenierte Propaganda-Massenveranstaltungen, die beweisen sollten, dass die „Volksmassen" die deutsche Einheit wollten und die „Spalterpolitik" der westdeutschen Politiker und ihrer amerikanischen „Hintermänner" verurteilten. Sie wurden im Westen kaum beachtet. Die sowjetzonalen Machthaber benutzten sie jedoch als Wahlgremien für den „Deutschen Volksrat", eine 400-köpfige Versammlung, die nach einem zuvor von den ostzonalen Parteien und Massenorganisationen vereinbarten Verteilungsschlüssel besetzt wurde. Der Volksrat arbeitete auf der Grundlage eines SED-Entwurfes eine gesamtdeutsche Verfassung aus, die sich eng an das Weimarer Modell anlehnte und keine ausgeprägten sozialistischen Züge trug.

25 „Der Volks-
kongress
tanzt", Mirco
Szewszuk, 1948
*Erläutern Sie
Anspielungen
und Wertungen
dieser Karikatur.*

**Gründung
der DDR**

Als sich die Bundesrepublik nach den Bundestagswahlen vom August im September 1949 konstituierte, zog die SED-Führung die längst vorbereiteten Pläne aus der Schublade. Nach entsprechenden „spontanen" Kundgebungen und Forderungen der Werktätigen erklärte sich der Volksrat zur „Provisorischen Volkskammer" der DDR, setzte die bereits verabschiedete Verfassung in Kraft und wählte Wilhelm Pieck zum Staatsoberhaupt sowie Otto Grotewohl zum Ministerpräsidenten. Der von ihm gebildeten Regierung gehörten Vertreter aller Blockparteien an. Der zentrale Regierungsapparat war in Gestalt der Deutschen Wirtschaftskommission (DWK) schon seit 1947 vorhanden. Die Volkskammer-Abgeordneten übten ihr Mandat, ohne dafür von der Bevölkerung gewählt worden zu sein. So fehlte der DDR bei ihrem Gründungsakt die demokratische Legitimation. Die ersten Volkskammerwahlen fanden erst 1950 statt, und zwar aufgrund von Einheitslisten, auf deren Zusammensetzung die Wählerinnen und Wähler keinen Einfluss hatten.

26 **Ein westdeutscher Staat: Chance oder Gefahr?**

a) Aus den „Frankfurter Dokumenten" vom 1. Juli 1948:
I. In Übereinstimmung mit den Beschlüssen ihrer Regierungen autorisieren die Militärgouverneure der amerikanischen, britischen und französischen Besatzungszone in Deutschland die Ministerpräsi-
5 denten der Länder ihrer Zonen, eine Verfassunggebende Versammlung einzuberufen, die spätestens am 1. Spetember 1948 zusammentreten sollte. [...]
Die Verfassunggebende Versammlung wird eine demokratische Verfassung ausarbeiten, die für die be-
10 teiligten Länder eine Regierungsform des föderalistischen Typs schafft, die am besten geeignet ist, die gegenwärtig zerrissene deutsche Einheit wiederherzustellen, und die die Rechte der beteiligten Länder schützt, eine angemessene Zentralinstanz schafft
15 und Garantien der individuellen Rechte und Freiheiten enthält.
Wenn die Verfassung in der von der Verfassunggebenden Versammlung ausgearbeiteten Form mit diesen allgemeinen Grundsätzen nicht im Widerspruch steht, werden die Militärgouverneure ihre 20 Vorlage zur Ratifizierung genehmigen. Die Verfassunggebende Versammlung wird daraufhin aufgelöst. Die Ratifizierung in jedem beteiligten Land erfolgt durch ein Referendum, das eine einfache Mehrheit der Abstimmenden in jedem Land erfor- 25 dert, nach von jedem Land jeweils anzunehmenden Regeln und Verfahren. Sobald die Verfassung von zwei Dritteln der Länder ratifiziert ist, tritt sie in Kraft und ist für alle Länder bindend.
[...] 30
III. Die Schaffung einer verfassungsmäßigen deutschen Regierung macht eine sorgfältige Definition der Beziehungen zwischen dieser Regierung und den alliierten Behörden notwendig. Nach Ansicht der Militärgouverneure sollten diese Beziehungen auf 35 den folgenden allgemeinen Grundsätzen beruhen.
Die Militärgouverneure werden den deutschen Regierungen Befugnisse der Gesetzgebung, der Ver-

waltung und der Rechtsprechung gewähren und sich
40 solche Zuständigkeiten vorbehalten, die nötig sind,
um die Erfüllung des grundsätzlichen Zwecks der
Besatzung sicherzustellen. Solche Zuständigkeiten
sind diejenigen, welche nötig sind, um die Militärgouverneure in die Lage zu versetzen:
45 a) Deutschlands auswärtige Beziehungen vorläufig
wahrzunehmen und zu leiten; b) das Mindestmaß
der notwendigen Kontrollen über den deutschen
Außenhandel und über die innerpolitischen Richt-
nien und Maßnahmen, die den Außenhandel nach-
50 teilig beeinflussen könnten, auszuüben; [...] c) vereinbarte oder noch zu vereinbarende Kontrollen,
wie z.B. in Bezug auf die Internationale Ruhr-
behörde, Reparationen, Stand der Industrie, Dekar-
tellisierung, Abrüstung und Entmilitarisierung und
55 gewisse Formen wissenschaftlicher Forschung auszuüben; d) das Ansehen der Besatzungsstreitkräfte
zu schützen und sowohl ihre Sicherheit als auch die
Befriedigung ihrer Bedürfnisse innerhalb bestimmter, zwischen den Militärgouverneuren vereinbarter
60 Grenzen zu gewähren; e) die Beachtung der von
ihnen gebilligten Verfassungen zu sichern.
Die Militärgouverneure werden die Ausübung ihrer
vollen Machtbefugnisse wieder aufnehmen, falls ein
Notstand die Sicherheit bedroht und um nötigenfalls
65 die Beachtung der Verfassungen und des Besatzungsstatuts zu sichern.

b) Aus der Antwort der westdeutschen Ministerpräsidenten vom 10. Juli 1948:
Die Ministerpräsidenten sind davon überzeugt, dass
die Notstände, unter denen Deutschland heute leidet, nur bezwungen werden können, wenn das
deutsche Volk in die Lage versetzt wird, seine An-
5 gelegenheiten auf der jeweils möglichen höchsten
territorialen Stufe selbst zu verwalten. Sie begrüßen
es daher, dass die Besatzungsmächte entschlossen
sind, die ihrer Jurisdiktion unterstehenden Gebiets-
teile Deutschlands zu einem einheitlichen Gebiet
10 zusammenzufassen, dem von der Bevölkerung
selbst eine kraftvolle Organisation gegeben werden
soll, die es ermöglicht, die Interessen des Ganzen
zu wahren, ohne die Rechte der Länder zu gefährden. Die Ministerpräsidenten glauben jedoch, dass,
15 unbeschadet der Gewährung möglichst vollständiger Autonomie an die Bevölkerung dieses Gebie-
tes, alles vermieden werden müsste, was dem zu

schaffenden Gebilde den Charakter eines Staates
verleihen würde; sie sind darum der Ansicht, dass
auch durch das hierfür einzuschlagende Verfahren 20
zum Ausdruck kommen müsste, dass es sich lediglich um ein Provisorium handelt. [...] In Anbetracht
der bisherigen Unmöglichkeit einer Einigung der
vier Besatzungsmächte über Deutschland müssen
die Ministerpräsidenten besonderen Wert darauf 25
legen, dass bei der bevorstehenden Neuregelung
alles vermieden wird, was geeignet sein könnte, die
Spaltung zwischen West und Ost weiter zu vertiefen. [...] Für den Vorschlag der Ministerpräsidenten, von einem Volksentscheid Abstand zu neh- 30
men, waren die gleichen Erwägungen maßgebend.
Ein Volksentscheid würde dem Grundgesetz ein
Gewicht verleihen, das nur einer endgültigen Verfassung zukommen sollte. Die Ministerpräsidenten
möchten an dieser Stelle noch einmal betonen, dass 35
ihrer Meinung nach eine deutsche Verfassung erst
dann geschaffen werden kann, wenn das gesamte
deutsche Volk die Möglichkeit besitzt, sich in freier
Selbstbestimmung zu konstituieren; bis zum Eintritt
dieses Zeitpunktes können nur vorläufige organisa- 40
torische Maßnahmen getroffen werden. [...]
Mit besonderem Ernst haben die Ministerpräsidenten die Probleme geprüft, die mit der Ordnung der
Ausübung der Besatzungsherrschaft zusammenhän-
gen. Sie haben mit Genugtuung von der Absicht 45
Kenntnis genommen, die Beziehungen zu den Besatzungsmächten auf eine klare Rechtsgrundlage zu
stellen. Die Ministerpräsidenten sind jedoch der Ansicht, dass der Erlass eines Besatzungsstatuts durch
die Militärgouverneure schon vor der Aufnahme der 50
Tätigkeit der mit der Beratung des Grundgesetzes
für das Gebiet der drei Zonen beauftragten Körperschaft eine dringende Notwendigkeit ist; nur dann
wird diese eine sichere Arbeitsgrundlage haben. Sie
sind weiter der Meinung, dass in dem Besatzungssta- 55
tut deutlich zum Ausdruck kommen sollte, dass auch
die nunmehr geplanten organisatorischen Änderungen letztlich auf den Willen der Besatzungsmächte
zurückgehen, woraus sich andere Konsequenzen ergeben müssen, als wenn sie ein Akt freier Selbstbe- 60
stimmung des deutschen Volkes wären.

Th. Stammen (Hg.), Einigkeit und Recht und Freiheit, München 1965, S. 178 ff.

a) *Überlegen Sie, worin das Interesse der Westmächte bestand, den deutschen Verfassungs-*
gebern bestimmte Auflagen zu machen.
b) *Betrachten Sie die Vorbehalte der Ministerpräsidenten im Lichte der weiteren Entwicklung*
der „deutschen Frage". Wie schätzen Sie die Chancen einer deutschen Wiedervereinigung
ein, wenn es damals nicht zur Gründung der Bundesrepublik gekommen wäre?

27 Das Scheitern der Berlin-Blockade

a) Aus der amerikanischen Protestnote vom 6. Juli 1948:

Um auf keinen Fall ein Missverständnis über diesen Punkt aufkommen zu lassen, erklärt die Regierung der USA kategorisch, dass sie ihren Sektor in Berlin besetzt hält und auf freien Zugang zu ihm Anspruch
5 hat, in Ausübung eines festgelegten Rechtes, das sich von der Niederlage und Übergabe Deutschlands herleitet und in formellen Abmachungen der hauptsächlichen Alliierten bestätigt ist. Die Regierung der Vereinigten Staaten erklärt weiterhin, dass
10 keine Drohungen, kein Druck und keine Handlung sie zur Aufgabe dieser Rechte veranlassen können. Es steht zu hoffen, dass die Sowjetregierung sich über diesen Punkt keinerlei Zweifel hingibt.

b) Aus der sowjetischen Antwortnote vom 14. Juli 1948:

Die Sowjetregierung ist der Meinung, dass die gegenwärtige Lage in Berlin infolge der durch die Regierungen der USA, Großbritanniens und Frank-

reichs erfolgten Verletzung der von den vier Mächten vereinbarten Beschlüsse über Deutschland und 5 Berlin entstanden ist, die in der Durchführung einer separaten Währungsreform, in der Einführung einer besonderen Währung für die westlichen Sektoren von Berlin und in der Politik der Spaltung Deutschlands zum Ausdruck kam. […] Das Abkommen über 10 die Viermächteverwaltung von Berlin stellt einen integrierenden Bestandteil des Abkommens über die Viermächteverwaltung Deutschlands als Ganzem dar. Nachdem die USA, Großbritannien und Frankreich durch ihre Separathandlungen in den west- 15 lichen Zonen Deutschlands das System der Viermächteverwaltung Deutschlands zerstört und in Frankfurt am Main die Hauptstadt für die Regierung Westdeutschlands zu schaffen begonnen haben, haben sie damit auch die rechtliche Grundlage unter- 20 graben, die ihr Recht auf Teilnahme an der Verwaltung von Berlin sicherte.

W. Heidelmeyer/G. Hindrichs (Hg.), Die Berlin-Frage, Frankfurt 1965, S. 48 ff.

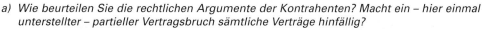

a) Wie beurteilen Sie die rechtlichen Argumente der Kontrahenten? Macht ein – hier einmal unterstellter – partieller Vertragsbruch sämtliche Verträge hinfällig?
b) Versuchen Sie eine Einschätzung der langfristigen Folgen der Berlin-Blockade.

28 Die beiden deutschen Staatsgründungen aus der Sicht der Gegner

a) Otto Grotewohl in seiner Regierungserklärung vom 12. Oktober 1949:

Die Handlungen der Regierung werden durch nichts anderes bestimmt als durch die vom Deutschen Volksrat beschlossene, vom 3. Deutschen Volkskongress bestätigte und durch die Volkskammer in Kraft
5 gesetzte Verfassung der Deutschen Demokratischen Republik. Die Regierung geht aus der ersten unabhängigen deutschen Volksbewegung hervor, sie ist damit die erste unabhängige deutsche Regierung. Durch ihre Herkunft aus dem deutschen Volke
10 selbst unterscheidet sie sich schon von der auf Grund der Bonner Verfassung errichteten westdeutschen Separatregierung. Die Bonner Verfassung ist nur die Ausführungsbestimmung des Besatzungsstatuts der westlichen Alliierten. Der in Westdeutschland er-
15 richtete Verfassungszustand ist keineswegs als der Ausdruck einer eigenen deutschen politischen Willensbildung anzuerkennen. Der westdeutsche Sonderstaat ist nicht in Bonn, sondern in London entstanden. Bonn hat nur die Londoner Empfehlungen,
20 die in Wahrheit Befehle der westlichen Alliierten waren, ausgeführt. […]

Die Westmächte haben das von ihnen feierlich unterzeichnete Abkommen gebrochen. Statt der im Potsdamer Abkommen vorgesehenen Demokratisierung, Entmilitarisierung und Entnazifizierung 25 Deutschlands sind sie bestrebt, die von ihnen besetzten Teile Deutschlands in eine Kolonie zu verwandeln, die mit den traditionellen Methoden imperialistischer Kolonialherrschaft regiert und ausgebeutet wird. […] Die von Anfang an sorgfältig konservier- 30 ten Kräfte der deutschen Reaktion, verstärkt durch den in Westdeutschland immer mehr um sich greifenden Neofaschismus, haben mit aktiver Unterstützung der Besatzungsmächte die alten Machtpositionen wieder eingenommen. 35

O. Grotewohl, Reden und Aufsätze, Bd. I, Berlin (O) 1959, S. 490 f.

b) Konrad Adenauer in einer Regierungserklärung vor dem Bundestag am 21. Oktober 1949:

Die jüngsten Vorgänge in der Ostzone und in Berlin sind kennzeichnend für den tragischen Weg des deutschen Volkes seit 1933. Sie unterstreichen mit aller Klarheit und Deutlichkeit noch einmal die Zer-

5 reißung des deutschen Gebiets in zwei Teile, in einen
östlichen Teil, bewohnt von rund 18 Millionen Deutschen, die in der Unfreiheit sowjetischer Satellitenstaaten dahinleben, und einem westlichen Teil mit
45 Millionen Einwohnern, der sich zwar noch nicht
10 im vollen Besitz der Freiheit befindet, in dem aber
die Souveränitätsrechte eines demokratischen Staates immer mehr in deutsche Hände gelegt werden
und in dem – ich hebe das auf das Nachdrücklichste
hervor – die Menschen sich der persönlichen Sicher-
15 heit und Freiheit erfreuen, ohne die ein menschenwürdiges Dasein für uns nicht denkbar ist. [...]
Es wird niemand behaupten können, dass die nunmehr geschaffene Organisation der Sowjetzone auf
dem freien Willen der Bevölkerung dieser Zone be-

ruht. Sie ist zustande gekommen auf Befehl Sowjet- 20
russlands und unter Mitwirkung einer kleinen Minderheit ihm ergebener Deutscher. [...] Das, was dort
geschieht, wird nicht von der Bevölkerung getragen
und damit legitimiert. Die Bundesrepublik stützt
sich dagegen auf die Anerkennung durch den frei 25
bekundeten Willen von rund 23 Millionen stimmbe-
rechtigter Deutscher. Die Bundesrepublik Deutschland ist somit bis zur Erreichung der deutschen Einheit insgesamt die alleinige legitimierte staatliche
Organisation des deutschen Volkes. [...] Sie erkennt 30
Erklärungen der Sowjetzone nicht als verbindlich
für das deutsche Volk an.

Verhandlungen des 1. Deutschen Bundestages, Bd. 1 (1949),
S. 207 ff.

a) *Prüfen Sie die Argumente, mit denen jeder Redner die Legitimität des eigenen und die
Unrechtmäßigkeit des anderen Staates zu erweisen sucht. Inwieweit kann hüben und drüben von einem frei bekundeten Volkswillen die Rede sein?*
b) *Worauf gründet Adenauer den Alleinvertretungsanspruch der Bundesrepublik? Äußern
Sie sich zu dessen politischen Konsequenzen.*

Zur Diskussion

Wer war schuld an der Teilung Deutschlands?

Wie konnte es vier Jahre nach Potsdam, wo sich die „Großen Drei" zur deutschen
Einheit bekannt hatten, zur „doppelten Staatsgründung" kommen? Haben die
Deutschen 1949 die staatliche Teilung als endgültig empfunden oder gar gewollt?
Wer hatte ein Interesse an der Spaltung? Waren die Deutschen in Ost und West
überhaupt aktiv beteiligt oder mussten sie sich dem Willen der Siegermächte
fügen? Und vor allem: Gab es ernsthafte Alternativen oder war die Spaltung unter
den Zwängen des Kalten Krieges letztlich unvermeidlich?

a) Der Politikwissenschaftler Hans-Peter
Schwarz über die „Konvergenz westalliierter
und westdeutscher Politik" (1980):
Wenn sich die Deutschen, soweit ihre Meinungsbil-
dung relativ frei erfolgen konnte, schließlich doch
mit eindeutiger Mehrheit für die Westbindung ent-
5 schieden haben, so aus einem doppelten, leicht ein-
sehbaren Beweggrund: Bei den Westmächten hatten
sich jene Tendenzen durchgesetzt, die den deutschen
Wünschen langfristig entgegenkamen, während sich
andererseits die Sowjetunion auf eine Linie festgelegt hatte, die für die nicht-kommunistischen Kräfte
10 in Deutschland unannehmbar war. Erst als sich die
Tendenzen der Besatzungsmächte dermaßen deutlich polarisiert hatten, war den starken deutschen
Gruppen, die eine Position der Blockfreiheit befürworteten, der Boden unter den Füßen weggezogen.
15 Spätestens im Jahre 1948 war es offenbar geworden,
dass unter jedem der maßgebenden Gesichtspunkte

den westlichen Alternativen vor den russischen der
Vorzug zu geben war. [...]
Wenn sich die deutschen Führungsgruppen und
Massen ungeachtet aller Bedenken hinsichtlich der 20
Reichseinheit entschlossen, das neu zu bauende
westdeutsche Staatsschiff im Kielwasser der amerikanischen Europapolitik zu steuern, so allen Zeug-
nissen zufolge mit in erster Linie, weil die Vereinigten Staaten die unentbehrlichen Kredite für den 25
Aufbau der westdeutschen Wirtschaft und Zugang
zum Weltmarkt gewährten, während umgekehrt die
Sowjetunion hohe Reparationen forderte und durch
ihre Ausbeutung der Sowjetzone unter Beweis
stellte, wie wenig sie gesonnen war, auf die deut- 30
schen Lebensbedürfnisse Rücksicht zu nehmen. [...]
Das amerikanisch-britische Interesse an einem
Deutschland, das wirtschaftlich wieder auf eigenen
Beinen stand, und das diesbezügliche deutsche kamen nahtlos zur Deckung. Neben das utilitäre Motiv 35

der Westbindung trat das ideologische. Mehr und mehr wurde deutlich, dass rechtsstaatliche Verhältnisse, Demokratie, Mehrparteiensystem nur im Schutz der angelsächsischen Mächte entwickelt wer-
40 den konnten, während Russland nicht mehr als die Einparteiendiktatur seiner Parteigänger zu bieten hatte. [...]
Eng mit den utilitären und den ideologischen Motiven, die für eine Westorientierung sprachen, hing ein
45 drittes zusammen: der Umstand, dass in den westlichen Siegerstaaten positive Entwürfe einer Neugliederung des europäischen Staatensystems in der Diskussion waren, während Russland allem Anschein nach nur ein brutales Hegemonialkonzept
50 verfolgte. [...] Die Deutschen konnten in der Tat darin ein echtes und glaubhaftes Zukunftsbild erkennen, das fürs Erste auch ihr durch die Teilung frustriertes Nationalgefühl tröstete: Man hatte zwar vorerst die nationale Einheit verloren, doch tat sich
55 dafür die lockende Perspektive der europäischen Einigung auf.

H.-P. Schwarz, Vom Reich zur Bundesrepublik, 2. Aufl. Stuttgart 1980, S. 688 f.

b) Der Historiker Christoph Kleßmann über die „Gründerjahre der beiden deutschen Staaten" (1982):
Die Sowjetunion hat zwar nicht einseitig die Spaltung verursacht, aber auch nichts unterlassen, was sie förderte. Bereits mit der Schaffung der SED wurde die politisch stärkste gesamtdeutsche Kraft,
5 die Sozialdemokratie, ausgeschaltet. Dahinter steckte möglicherweise eine gravierende Fehleinschätzung durch die Sowjets. Die negative gesamt-

deutsche Wirkung war jedoch eindeutig. Die Absetzung der CDU-Vorsitzenden Kaiser und Lemmer rief einen ähnlichen Effekt für die größte bürgerli- 10 che Partei hervor. Die Blockade Berlins schließlich mobilisierte alle Ängste vor der Sowjetunion und schweißte die erst im Entstehen begriffene westliche Allianz fester zusammen. [...] Dass andererseits auch Briten und Amerikaner nur wenig zum Abbau 15 des ständigen Misstrauens der Sowjetunion taten und somit zunächst zögernd und primär aus ökonomischen Gründen, seit 1947 aber mit Vorbedacht und gezielt den Spaltungsprozess förderten, ist ebenfalls nicht zu übersehen. 20
So unausweichlich die Teilung dem rückschauenden Beobachter erscheint, so wenig sollte doch der Historiker das außerordentlich komplexe außen- und innenpolitische Beziehungsgeflecht aus den Augen verlieren, in das sie eingebettet ist. Die Teilung lässt 25 sich nicht nur aus dem Kalten Krieg als weltpolitischer Determinante ableiten, sondern sie war auch das Ergebnis sehr eindeutiger innenpolitischer Prioritätensetzungen. So wenig die ostdeutschen Politiker eine andere als die östliche außenpolitische und 30 gesellschaftliche Option realisieren konnten – wie sie Ackermann 1946 mit seinem „besonderen deutschen Weg zum Sozialismus" formuliert hatte –, so wenig wollten die maßgeblichen westdeutschen politischen Gruppen und die Mehrheit der Bevölkerung 35 das Risiko eingehen, wenigstens den Versuch einer Kompromisslösung zu wagen, die auf der Basis neutralistischer Überlegungen hätte stattfinden müssen.

C. Kleßmann, Die doppelte Staatsgründung, Bonn 1982, S. 298 f.

a) Wie verteilen sich in den Augen der beiden Verfasser der deutsche und der alliierte Anteil an der deutschen Teilung?
b) Was versteht man unter einer „neutralistischen Lösung" der deutschen Frage? Warum hatte sie nach allgemeiner Einschätzung so gut wie keine Erfolgschancen?

1. 1918 und 1945: Vergleichen Sie die Situation der Deutschen nach den beiden Weltkriegen.
2. Markieren Sie die deutschlandpolitischen Positionen der Siegermächte.
3. Woraus resultierte die wirtschaftliche Not der Nachkriegszeit? Wie wurde sie überwunden?
4. Wie beurteilen Sie das Konzept und die Folgen der Entnazifizierung? Ließ sich auf diese Weise die NS-Vergangenheit „bewältigen"?
5. Zeichnen Sie den Weg der deutschen Kommunisten zur alleinigen politischen Macht in der SBZ/DDR nach.
6. Umreißen Sie die wirtschaftlichen und sozialen Auswirkungen der Währungsreform.
7. Warum setzte sich in Westdeutschland die Marktwirtschaft durch?
8. Erörtern Sie die Gründe, die 1948/49 für oder gegen einen westdeutschen Teilstaat sprachen.
9. Untersuchen Sie die Hintergründe der ostdeutschen Staatsgründung: War diese mehr eine Reaktion auf die Entstehung der Bundesrepublik oder der Schlusspunkt einer langen, planmäßig gesteuerten Entwicklung?

Das geteilte Deutschland (1949–1990)

1. Die „alte" Bundesrepublik

Die meisten Deutschen heute empfinden die fast 50-jährige Geschichte der Bundesrepublik als eine Zeit großer Erfolge und Fortschritte. Kaum jemals zuvor erlebten die Deutschen eine so lange Friedensepoche; nie gab es mehr wirtschaftlichen Wohlstand, nie größere soziale Sicherheit. Nach langen Zeiten größter gesellschaftlicher Ungleichheit und autoritärer Staats- und Regierungsformen und 16 Jahre nach dem Untergang der Weimarer Republik und der Errichtung der Nazi-Diktatur entstand in Westdeutschland eine demokratische Staats- und Gesellschaftsordnung, die sich nach und nach fest einwurzelte und heute als außerordentlich stabil gelten kann; sie gewährleistet die Grund- und Menschenrechte, eröffnet den meisten Menschen viele Lebenschancen, ermöglicht allen Bürgerinnen und Bürgern eine Teilnahme an der politischen Willensbildung.

Die Älteren wussten und wissen diese Errungenschaften besonders zu schätzen; sie haben die trostlosen Kriegs- und Nachkriegsjahre nicht vergessen. Die Jüngeren wuchsen in einen hohen Lebensstandard hinein und waren vielfach geneigt, ihn für selbstverständlich zu halten. Zwischen den 60er und 70er Jahren bahnte sich ein Bewusstseinswandel an. Der Stolz und die Selbstzufriedenheit vieler Älterer mit dem in harten Aufbaujahren Erreichten vermochte viele junge Menschen immer weniger zu überzeugen; sie suchten nach neuen Zielen und Werten jenseits des materiellen Wohlergehens. Begonnen von der Protestgeneration der Außerparlamentarischen Opposition (APO) in den späten 60er Jahren, fortgeführt von den „neuen sozialen" und alternativen Bewegungen der 70er und 80er Jahre (Umwelt-, Friedens-, Frauenbewegung), wuchs die Kritik an der Eltern- und Großelterngeneration und den von ihnen geschaffenen Verhältnissen. Wo die Älteren Gelungenes und Bewahrenswertes sahen, erblickten die Jüngeren Defizite und Veränderungsbedarf. Wer hat Recht: der (meist ältere) Optimist, der mit Dankbarkeit und Genugtuung auf die letzten 40 Jahre zurückblickt und auf deren geradlinige Fortsetzung hofft, oder der (oft jüngere) Skeptiker und Kritiker, der viele Versäumnisse, Mängel, Ungerechtigkeiten sieht und gründliche Reformen herbeiwünscht?

1949–1963	Bundeskanzlerschaft Konrad Adenauers (CDU) an der Spitze bürgerlicher Koalitionsregierungen
1951	Die Bundesrepublik wird Gründungsmitglied der Europäischen Gemeinschaft für Kohle und Stahl (Montanunion).
1952	Das Lastenausgleichsgesetz regelt die Entschädigung für Heimatvertriebene und andere Kriegsgeschädigte.
	Im Wiedergutmachungsvertrag mit Israel verpflichtet sich die Bundesrepublik zu einer Zahlung von 3,45 Milliarden DM.
1954	Pariser Verträge: Beendigung des Besatzungsregimes; Beitritt der Bundesrepublik zur NATO; Europäisches Statut für das Saarland
1955	Mit dem Inkrafttreten der Pariser Verträge erhält die Bundesrepublik die volle Souveränität.
	Bonn und Moskau nehmen diplomatische Beziehungen auf.
1956	Das Bundesverfassungsgericht verbietet die KPD.
	Einführung der allgemeinen Wehrpflicht
1957	Die Einführung der „dynamischen Altersrente" sichert den Rentenempfängern den Anschluss an die allgemeine Einkommensentwicklung.

Das Saarland wird in die Bundesrepublik eingegliedert.

Mit den 5 Partnerländern der EGKS gründet die Bundesrepublik in den „Römischen Verträgen" die „Europäische Wirtschaftsgemeinschaft" (EWG).

1958–61	Zweite Berlin-Krise
1959	Im „Godesberger Programm" vollzieht die SPD den Übergang von der Arbeiter- zur Volkspartei.
1961	Das Bundessozialhilfegesetz begründet einen Rechtsanspruch auf öffentliche Hilfe in sozialen Notlagen.
1963	Deutsch-französischer Freundschaftsvertrag
1963–66	CDU/CSU/FDP-Regierungen unter Bundeskanzler Ludwig Erhard (CDU)
1965	Die Bundesrepublik und Israel nehmen diplomatische Beziehungen auf.
1966–68	Die Studentenbewegung und die Außerparlamentarische Opposition erreichen ihren Höhepunkt.
1966–69	Große Koalition zwischen den Unionsparteien und der SPD: Bundeskanzler Kurt-Georg Kiesinger (CDU), Vizekanzler Willy Brandt (SPD)
1967	Das „Stabilitätsgesetz" ermächtigt die Bundesregierung zu wirtschaftlichen Steuerungsmaßnahmen
1969–74	Sozial-liberale Koalitionsregierung mit Willy Brandt (SPD) als Bundes- und Walter Scheel (FDP) als Vizekanzler
1970	Die „neue Ostpolitik": Gewaltverzichts- und Grenzregelungsverträge mit der Sowjetunion und Polen
1973	Die Bundesrepublik wird (zusammen mit der DDR) Mitglied der UNO.
1974–82	Sozial-liberale Koalition unter Bundeskanzler Helmut Schmidt (SPD) und Vizekanzler Hans-Dietrich Genscher (FDP)
	Als Folge zweier Ölpreiserhöhungen und weltweiter Krisenerscheinungen erlebt die Wirtschaft der Bundesrepublik einen Konjunktureinbruch (Stagflation).
1976	Einführung der paritätischen Mitbestimmung in größeren Wirtschaftsunternehmen
1977	Ehe- und Familienrechtsreform: Die rechtliche Gleichstellung der Frau wird gesetzlich verankert.
	Höhepunkt des Terrors der „Rote Armee Fraktion" (RAF)
1978	Die Zahl der Ausländer in Deutschland überschreitet die 4-Millionen-Marke.
1980	Aus der Umweltschutz-Bewegung geht die Bundespartei „Die Grünen" hervor.
1981	Höhepunkt der Demonstrationen gegen die Stationierung neuer US-Raketen
1982	Die sozial-liberale Koalition zerbricht; Helmut Kohl (CDU) wird Kanzler einer Unions/FDP-Regierung (Vizekanzler Genscher).
1984	Die Arbeitslosigkeit übersteigt erstmals die 2-Millionen-Grenze.
1989	Wahlerfolge der rechtsradikalen „Republikaner" in Berlin und bei den Europawahlen
1986	Die Bundesregierung errichtet ein Bundesumweltministerium.
	Chemieunfall in Basel und Verseuchung des Rheins
1989	Atomkraftgegner erzwingen den Verzicht auf den Bau einer Wiederaufbereitungsanlage in Wackersdorf (Bayern).

1.1 Etappen der Entwicklung

Sozialer Wandel

In den 40 Jahren der „alten" Bundesrepublik veränderte sich das Leben der (West-) Deutschen stürmischer und gründlicher als jemals in einem vergleichbaren Zeitraum der deutschen Geschichte zuvor. Zwischen 1949 und 1990 verwandelte sich die Bundesrepublik von einem Industrieland mit immer noch beträchtlichem agrarwirtschaftlichem Anteil in eine industrielle Dienstleistungsgesellschaft; in dieser war die Zahl der Arbeitsplätze im produzierenden Sektor niedriger als in den Dienstleistungsberufen und der Anteil der Landwirtschaft am Sozialprodukt sank fast bis zur Bedeutungslosigkeit. Dank einer unaufhörlich steigenden Produktivität wuchsen die durchschnittlichen Arbeitseinkommen auf etwa das Vierfache und die Bundesdeutschen erreichten einen Lebensstandard, der zu den höchsten in der Welt gehört. Gleichzeitig ging die durchschnittliche Wochen- und auch Lebensarbeitszeit der Arbeitnehmer um mehr als ein Viertel zurück. Diese Entwicklung war auch in nahezu allen Industrieländern zu beobachten (während sich die Lebensverhältnisse in den Entwicklungsländern relativ verschlechterten).

Politische Stabilität

Zur wirtschaftlich-sozialen Blüte trat eine dauerhafte politische Stabilität hinzu. Im Unterschied zur Weimarer Republik, die eine „Demokratie ohne Demokraten" gewesen war, fand der demokratisch-parlamentarische Rechts- und Verfassungsstaat in der Bevölkerung allgemeine Zustimmung. Die preußisch-deutsche Tradition einer Bewunderung des starken Staates wich dem Ideal einer „Bürgergesellschaft" westlicher Prägung, in der die Rechte und Entfaltungsmöglichkeiten des Einzelnen vor den Ansprüchen der „Obrigkeit" rangierten. Eine sich auf alle Lebensbereiche erstreckende „Verwestlichung" und Liberalisierung der deutschen Nachkriegsgesellschaft verdrängte die überkommenen Verhaltensmuster der Pflichterfüllung und Unterordnung zugunsten der Selbstbestimmung und Selbstverwirklichung der auf ihr Lebensglück pochenden Individuen. Konkurrenzdenken und Durchsetzungsvermögen, Eigeninitiative und Erfolgsorientierung wurden zu weithin anerkannten Leitwerten. Auch die Parteiendemokratie, in der die Parteien die ausschlaggebenden Schaltstellen im Verfassungssystem bilden, fand, wenngleich nicht ohne mitunter heftige Vorbehalte, durchweg Anerkennung. Seit den 60er Jahren war ein beachtliches politisches Engagement vieler Menschen, besonders jüngerer und besser gebildeter, zu beobachten.

Auswärtige Beziehungen

Auch außenpolitisch unterschied sich die Geschichte der Bundesrepublik nachhaltig von der Weimarer Zeit. War damals das Verhältnis zu den Siegermächten, namentlich zu Frankreich, von Verbitterung und Revisionsabsichten geprägt, so zeichneten sich die auswärtigen Beziehungen der Bonner Republik durch ihre vollständige Eingliederung in das westliche Bündnissystem aus. Die Bundesregierungen taten sich als besonders eifrige und loyale Partner der atlantischen Allianz und als treibende Kraft der (west-)europäischen Einigung hervor. Dagegen blieb ihr Verhältnis zum kommunistischen Osteuropa, einschließlich der DDR, lange eisig, weil sie sich nicht ohne weiteres mit den Gebietsverlusten von 1945 und schon gar nicht mit der deutschen Teilung abfinden wollten. Es dauerte bis in die späten 60er Jahre, ehe sich die Bonner Politik aus der Erstarrung des Kalten Krieges zu lösen und mit den scheinbar unabänderlichen Gegebenheiten der kommunistischen Regime einzurichten begann. Das Ziel einer deutschen Wiedervereinigung, in den 50er und 60er Jahren für die meisten Westdeutschen noch eine reale und erwünschte Aussicht, verlor mit dem Fortgang der Zeit und dem Heranwachsen einer neuen Generation ständig an Leuchtkraft. Während die DDR-Bürger nach wie vor ihren Blick und ihre Hoffnung auf die Bundesrepublik richteten, schwand die Anteilnahme der Bundesdeutschen an den Zuständen im „anderen Deutschland" zusehends dahin.

Es ist häufiger Brauch, die Geschichte unseres Staates nach den Regierungszeiten seiner Kanzler zu gliedern. So vordergründig dieser Ansatz auf den ersten Blick erscheinen mag – schließlich richten sich wirtschaftliche, gesellschaftliche, kulturelle Entwicklungen nicht vornehmlich nach den Namen der in Bonn Regierenden –, so viel lässt sich dennoch damit erschließen. Politische Mehrheitsverhältnisse wirken sich nicht nur in der Gesetzgebung, den Regierungsaktivitäten oder der auswärtigen Politik aus; sie sind auch Ausdruck allgemeiner Stimmungen und insoweit Spiegel gesamtgesellschaftlicher Trends. In diesem Sinne richtet sich der folgende Überblick an den Bonner Regierungskoalitionen aus. Das ist sinnvoll, solange man dabei nicht vergisst, dass es tiefer greifende, längerfristige Entwicklungsabläufe gab und gibt, für die andere Einschnitte maßgebend sind.

Zur Periodisierung der Geschichte der Bundesrepublik

1.1.1 Die Ära Adenauer (1949–1963)

Die 14 Regierungsjahre Adenauers bilden eine Einheit nicht nur, weil eine starke Persönlichkeit im Kanzleramt der Bonner Politik ihren Stempel aufdrückte. Ihre Unverwechselbarkeit erhielten die „Fünfzigerjahre" auch aus den spezifischen Problemlagen, wie sie aus der Situation einer Nachkriegs- und Nach-Hitler-Gesellschaft, der Gewöhnung an die Demokratie, dem Vorrang des materiellen Wiederaufbaus oder den Herausforderungen des Kalten Krieges hervorgingen. Damals wurden Grundlagen gelegt, die bis heute maßgebend blieben, und politische und kulturelle Richtungen eingeschlagen, die Kritiker als „restaurativ" einstuften und mit denen sich viele später Heranwachsende nicht anzufreunden vermochten.

Die Einbindung des jungen Bonner Staates in das westliche Bündnis, die Unterstellung unter den militärischen Schutz der USA und die Versöhnung mit Frankreich werden von vielen als bedeutende staatsmännische Leistungen des ersten Bundeskanzlers anerkannt. Ohne Zweifel war diese sicherheitspolitische Abschirmung gegen eine als bedrohlich empfundene Sowjetunion eine wesentliche Voraussetzung für die günstige wirtschaftliche und innenpolitische Entwicklung der westdeutschen Demokratie. Dank den erheblichen deutschen Gegenleistungen, insbesondere beim Aufbau der Bundeswehr, ging sie außerdem mit der schrittweisen Wiedererlangung deutscher Souveränität einher. Adenauers Politik der Westintegration und Remilitarisierung stieß bei der sozialdemokratischen Opposition auf entschiedene Ablehnung; diese sah darin eine Preisgabe der nationalen Interessen und die unwiderrufliche Absage an eine Wiedervereinigung. Die Wahlerfolge der Union 1953 und 1957 bestätigten jedoch, dass eine deutliche Wählermehrheit der adenauerschen Politik zustimmte. Die SPD zog daraus schließlich die Konsequenz und trug seit ihrem Godesberger Reform-Programm von 1959 die „Entscheidung für den Westen" mit.

Westbindung

Zum hohen Ansehen der Adenauer-Regierungen trug nicht minder stark die glänzende wirtschaftliche Entwicklung bei, die, angetrieben von einem inländischen wie weltweiten Nachfrageboom, anfangs der 50er Jahre einsetzte und bald ein atemberaubendes Tempo erreichte. Die Arbeitslosigkeit, noch 1950 bedrohlich hoch, verwandelte sich in einen Arbeitskräftemangel; schon Ende der 50er Jahre mussten ausländische „Gastarbeiter" die Lücken füllen. Der Devisen bringende Export wuchs sprunghaft an, die jährlichen Zuwachs- und Investitionsraten erreichten schwindelnde Höhen, die Arbeitseinkommen stiegen unaufhörlich. Die 50er Jahre blieben im kollektiven Gedächtnis als die Zeit eines unglaublichen Aufstiegs aus trister Armseligkeit zu gediegenem Lebensstandard haften. Verglichen mit den 70er und 80er Jahren waren die Arbeitszeiten aber noch immer lang, die Löhne niedrig und die Ansprüche an Freizeit und Konsum bescheiden.

„Wirtschaftswunder"

Sozialer Friede   Das „Wirtschaftswunder" wäre ohne die Leistungsbereitschaft und das Einverständnis der großen Bevölkerungsmehrheit mit den bestehenden wirtschaftlichen
und gesellschaftlichen Verhältnissen kaum möglich gewesen. Das System der
Marktwirtschaft wurde nach und nach immer stärker sozial abgefedert. Die Eingliederung der Millionen von Ostvertriebenen, die kaum mehr als ihr berufliches
Können und ihren Arbeitswillen gerettet hatten, verlief nahezu reibungslos. Das
Lastenausgleichsgesetz von 1952 belastete die Vermögensbesitzer, die den Krieg
unbeschadet überstanden hatten, mit einer 50-prozentigen, in Raten zahlbaren
Abgabe; aus diesem Fonds erhielten die Vertriebenen und Ausgebombten eine
Entschädigung, die die verlorene Habe zwar nicht im Entferntesten ersetzen, aber
eine Starthilfe für den Neuanfang sein konnte. Ein zweiter sozialpolitischer Mei-
lenstein der Adenauer-Zeit war die Rentenreform von 1957 (s. S. 81). Dank dem
bahnbrechenden Prinzip der „dynamischen Rente", das die fortlaufende Anpassung der Altersrenten an das allgemeine Einkommensniveau festschrieb, wurden
auch die alten Menschen zu Teilhabern des wirtschaftlichen Fortschritts, von dem
sie zuvor weitgehend ausgeschlossen waren.

Kanzler-   Adenauers Regierungspraxis erhielt schon bald die Benennung „Kanzlerdemo-
demokratie   kratie". Bis auf die letzten Jahre seiner Kanzlerschaft, in denen sich sein hohes
Alter bemerkbar machte, pflegte er einen ziemlich autoritären Führungsstil, dem
sich seine Partei, aber auch die meisten Minister seiner Koalitionskabinette in der
Regel fügten. Wichtige Entscheidungen fielen außerhalb der dafür zuständigen
Gremien. Insofern war seine Regierungszeit der Pflege einer demokratischen politischen Kultur nicht immer förderlich. Allerdings taten sich auch viele seiner Zeitgenossen damit schwer; ihre überwiegend autoritäre Prägung aus ihrer Jugend-
zeit ließ sich nicht so ohne weiteres von heute auf morgen abstreifen.

Jahre der   Geist und Kultur der Ade-
Restauration?   nauer-Zeit stehen bis heute im
Geruch der Restauration und
einer gewissen Spießbürger-
lichkeit. Die Lehrpläne der
Schulen, der vorherrschende
Literatur- und Kunstge-
schmack, das Theaterleben,
die Filmproduktion mit ihren
sentimental-kitschigen Hei-
mat-, Fürsten- oder Arztfilmen
– alles folgte konventionellen
Mustern. Spötter sprachen
vom „motorisierten Bieder-
meier". Die Flucht aus der Gegenwart zeigte sich auch im
Verhältnis zur NS-Vergangenheit. Zwar waren Historiker
und Publizisten bemüht, deren Ursachen und Wirkungen
schonungslos aufzudecken;
aber die meisten Deutschen
zogen es vor, solche Dinge zu
verdrängen.

29 Wahlplakat von 1957
Welche Wahlkampfstrategie wird hier erkennbar?

1.1.2 Die Regierungszeit Erhards und der Großen Koalition (1963–1969)

Obwohl Ludwig Erhard, dessen Wahl zum Bundeskanzler sein Vorgänger vergeblich zu verhindern trachtete, nach seiner Wiederwahl 1965 das „Ende der Nachkriegszeit" verkündete, bedeutete seine Kanzlerschaft keinen Neuanfang. Außenpolitisch geriet Bonn in Schwierigkeiten, weil es sich im Streit zwischen den „Gaullisten" und „Atlantikern", die entweder die Anlehnung an Frankreich oder die USA suchten, zu keinem klaren Kurs durchrang. Ein Debakel erlebte es im Nahen Osten, als es mit der Aufnahme diplomatischer Beziehungen zu Israel einen Bruch mit den meisten arabischen Staaten auslöste, ohne dafür die Anerkennung der Israelis zu finden, die die Einstellung der zur Kenntnis der Öffentlichkeit gelangten geheimen deutschen Waffenlieferungen nicht verschmerzen mochten. Auch die Ostpolitik, in die Erhards Außenminister Gerhard Schröder (CDU) Bewegung zu bringen versuchte, kam nicht voran, weil man vor der vom Osten verlangten Anerkennung des Status quo zurückschreckte. Der Mobilisierung einer kritischen politischen Öffentlichkeit, die demokratische Reformen einforderte, begegnete Erhard mit Unverständnis. Dass er einen aufmüpfigen Bühnenautor wie Rolf Hochhuth als „Pinscher" verächtlich zu machen suchte, vergiftete das politische Klima. Als er die leichte wirtschaftliche Rezession 1966 mit „Maßhalte"-Appellen in den Griff bekommen wollte, fand er auch in der eigenen Partei wenig Zustimmung. Hinter seinem Rücken einigte sich eine Mehrheit der Unionspartei mit der der langen Opposition überdrüssigen SPD und zwang den glücklosen Kanzler zum Amtsverzicht. Sein Nachfolger wurde der baden-württembergische Ministerpräsident Kurt Georg Kiesinger (CDU), Außenminister und Vizekanzler der SPD-Vorsitzende und Berliner Regierende Bürgermeister Willy Brandt.

Ludwig Erhard – Kanzler ohne Fortune

Die neue Regierung nutzte ihre überwältigende parlamentarische Mehrheit, um mit bemerkenswerter Effizienz eine Reihe von Reformvorhaben durchzubringen. Das „Stabilitätsgesetz" von 1967 stattete die Bundesregierung mit einem steuer- und haushaltsrechtlichen Instrumentarium zur wirtschaftspolitischen Globalsteuerung aus. Der Wirtschaftsminister Karl Schiller (SPD) und der Finanzminister Franz Josef Strauß (CSU) brachten Arbeitgeber und Gewerkschaften in der „Konzertierten Aktion" an einen Tisch und bewogen sie jedenfalls für einige Jahre, mit ihren Tarifvereinbarungen der gesamtwirtschaftlichen Entwicklung Rechnung zu tragen. Den Streit um die „Notstandsverfassung" beendeten die Regierungsparteien, indem sie für den Fall innerer und äußerer Staatskrisen in das Grundgesetz Regelungen einfügten, die der Regierung zusätzliche Handlungsvollmachten gaben, ohne aber die parlamentarischen Mitwirkungs- und Kontrollbefugnisse ernsthaft zu beeinträchtigen. Damit entfielen die bis dahin gültigen Vorbehaltsrechte der Alliierten.

Die Große Koalition

Der Konflikt um die Notstandsverfassung brachte die Anstrengungen der APO auf ihren Höhepunkt. Diese Protestbewegung, die sich hauptsächlich auf die seit 1966/67 rebellierenden Studenten, dazu auf linksliberale Intellektuelle sowie linke gewerkschaftliche Gruppen stützte, sah in der Großen Koalition, vor allem aber in deren Gesetzesvorlagen für die Notstandsverfassung den Versuch angeblich reaktionärer Kräfte, jedwede Opposition mundtot zu machen und die Demokratie auszuhöhlen. Die Utopie einer Gesellschaft ohne autoritäre Zwänge brachte die APO in eine fundamentale Gegnerschaft zu den Trägern der bestehenden Ordnung, dem so genannten „Establishment". Hier standen sich nicht nur zwei Generationen gegenüber, sondern auch zwei grundverschiedene Lebensformen und politische Kulturen. Auch wenn die APO nach der Verabschiedung der Notstandsgesetze ihren Schwung verlor und schließlich auslief: Die von ihr ausgehenden

Außerparlamentarische Opposition (APO)

Denkanstöße und neuen politischen Erfahrungen wirkten fort und veränderten langfristig das Gesicht unseres Landes. Einen Teil der Impulse nahm die sozial-liberale Koalition auf, die nach den Bundestagswahlen von 1969 die Große Koalition ablöste.

1.1.3 Die sozial-liberale Koalition (1969–1982)

Die SPD/FDP-Koalition begann ihre Regierungszeit unter dem Bundeskanzler Willy Brandt mit der außenpolitischen Öffnung nach Osten und dem innenpolitischen Motto „Mehr Demokratie wagen"; sie endete 1982 mit der Abwahl ihres Kanzlers Helmut Schmidt (SPD), dem der Koalitionspartner FDP wegen unüberwindlicher Meinungsverschiedenheiten bei der Bekämpfung der Wirtschafts- und Finanzkrise das Bündnis aufkündigte. Dazwischen lagen die Ost- und Deutschlandverträge, die eine lange Periode feindseliger Ost-West-Konfrontation beendeten; der überraschende Rücktritt Brandts, auf dem Höhepunkt seiner Erfolge; eine Verlangsamung des wirtschaftlichen Wachstums, die von steigender Arbeitslosigkeit begleitet war; die Bürger- und Protestbewegung, vornehmlich der jungen Generation, gegen Atomkraftwerke, Wettrüsten und Umweltzerstörung; die Eskalation eines blindwütigen Terrorismus.

Sozialer Wandel

Zwischen den späten 60er und den 80er Jahren veränderte sich die Bundesrepublik in beispiellosem Tempo. Die nach dem Krieg aufgewachsene junge Generation entfremdete sich den Wertvorstellungen und Lebensmustern ihrer Eltern und Großeltern. Sie suchte nach persönlicher Selbstverwirklichung und demokratischer Mitbestimmung, stellte kritische Fragen nach der Rolle der Älteren im Nationalsozialismus, setzte sich ein für soziale Chancengleichheit und Gerechtigkeit im eigenen Land, Solidarität mit der Dritten Welt und behutsamen Umgang mit der Natur. Viele Jüngere engagierten sich in den Bürgerinitiativen und den „neuen sozialen Bewegungen" und unterstützten die 1980 gegründete Partei „Die Grünen", die eine Alternative zu den bestehenden Parteien sein wollte.
Fanatiker wie Ulrike Meinhof, Andreas Baader oder Gudrun Ensslin glaubten eine neue Ordnung mit Gewalt herbeiführen zu müssen und verrannten sich in einen Terrorismus, der vor Entführungen, Erpressungen und Morden nicht zurückschreckte. Der Staat reagierte mit Härte und Entschlossenheit; er schloss alle vom Öffentlichen Dienst aus, deren Verfassungstreue zweifelhaft war, und schränkte die Rechte von Angeklagten, Verteidigern und Häftlingen ein. Die öffentliche Sicherheit rangierte vor den individuellen Schutzrechten. Niemals vorher oder nachher erreichte die Polarisation in der westdeutschen Gesellschaft eine solche Schärfe wie in den 70er Jahren.

Bürgergesellschaft: Dieser aus den angelsächsischen Ländern übernommene Begriff (civil society) ist das Gegenstück zu der vom Staat gelenkten Gesellschaft, wie sie beispielsweise in den absolutistischen Monarchien des 17. bis 19. Jahrhunderts oder in den diktatorischen Regimen des 20. Jahrhunderts begegnet. Die „civil society" entstammt den Selbstverwaltungstraditionen, die es auch in Deutschland, aber vor allem in den westlichen Demokratien (und ihren Vorformen) gab. Ihre heutige Bedeutung empfing sie zum einen aus den Individualisierungs- und Pluralisierungstendenzen moderner Wohlstandsgesellschaften, zum andern aus den Bürgerbewegungen, die die sie betreffenden Angelegenheiten nicht einer fernen Staatsmacht überlassen, sondern selbst in die Hand nehmen wollen. Die „Bürgergesellschaft" steht der Gemeindedemokratie (amerikanisch: grass roots democracy) nahe: Sie existiert im überschaubaren Nahbereich, will die Zuständigkeiten des Staates und seiner Bürokratie möglichst beschneiden und die Eigenverantwortung der je Betroffenen stärken. Sie orientiert sich am Ideal des aktiven, mündigen Bürgers.

Die sozial-liberale Koalition war mit einem Reformprogramm angetreten, das mehr Mitbestimmung, Chancengleichheit, Liberalität zum Ziel hatte. Ein neues Betriebsverfassungsgesetz (1972) sollte den Arbeitnehmern mehr Mitspracherechte verschaffen, das Mitbestimmungsgesetz (1976) in allen Unternehmen mit über 2000 Beschäftigten die paritätische Vertretung der Arbeitnehmer in den Aufsichtsräten sichern. Am Ende war keiner zufrieden: die Unternehmer nicht, weil sie sich in ihrer Entscheidungsfreiheit beschnitten sahen; die Arbeitnehmer nicht, weil in Pattsituationen doch wieder die Stimme des Vorsitzenden als des Vertreters der Anteilseigner den Ausschlag gab.

Innenpolitische Reformen

Eine ganze Reihe neuer Gesetze bescherte unterschiedlichen Gruppen beträchtliche soziale Verbesserungen: das Bundesausbildungs-Förderungs-Gesetz (BAFöG) vielen Studierenden und Schüler/innen, die ihre Ausbildung nicht mit Mitteln der Eltern finanzieren konnten; das Schlechtwettergeld den Bauarbeitern; die Einführung der flexiblen Altersgrenze beim Eintritt in den Ruhestand allen Beschäftigten ab 60 (Frauen) bzw. 63 (Männer); die Erhöhung des Arbeitslosengeldes auf 68% des letzten Arbeitsverdienstes (statt 55% vorher) allen, die ihren Arbeitsplatz verloren hatten. Aber diese Gesetze belasteten die öffentlichen Kassen und als die Wirtschaftskonjunktur zu lahmen begann, wuchsen die Schulden von Bund, Ländern und Gemeinden. Seit 1973 waren nur noch kostenneutrale Reformen machbar. Dazu gehörte die Neufassung des Familienrechts (1977). Es schrieb die rechtliche Gleichheit der Ehepartner vor und verpflichtete beide zur Haushaltsführung und Kinderbetreuung. Fortan konnte der Mann seiner Ehefrau nicht mehr, wie es bis dahin geltendes Recht war, die Aufnahme einer außerhäuslichen Berufstätigkeit verbieten. Dagegen scheiterte eine Novellierung des Paragraphen 218, die den Schwangerschaftsabbruch in den ersten Monaten legalisierte (Fristenlösung). Das Bundesverfassungsgericht erklärte diese Regelung für verfassungswidrig und schrieb den Gesetzgebern eine „Indikationslösung" (Schwangerschaftsabbruch nur bei zwingenden medizinischen, kriminologischen [etwa bei Vergewaltigung] oder sozialen Gründen) vor.

Während der innenpolitische Reformelan des sozial-liberalen Regierungsbündnisses nach einigen Jahren durch leere Kassen gebremst wurde und ein wesentlicher Teil der politischen Arbeit der Regierung Schmidt/Genscher (1974–82) im Krisenmanagement bestand, gelang in der Ost- und Deutschlandpolitik ein wirklicher Durchbruch. So wie es Adenauers bleibende Leistung war, die Bundesrepublik fest in der westlichen Allianz zu verankern, war es Brandts historisches Verdienst, die Entspannung und Verständigung mit den kommunistischen Ostblockländern herbeigeführt zu haben. Mit der Respektierung der 1945 entstandenen Grenzen, insbesondere der Oder-Neiße-Linie, und einem grundsätzlichen Gewaltverzicht gab er der Sowjetunion, Polen und der Tschechoslowakei die Sicherheitsgarantien, ohne die eine Normalisierung der Beziehungen nicht denkbar war. Auch gegenüber der DDR brach die Brandt/Scheel-Regierung mit den Grundsätzen, die seit Adenauer gegolten, sich schließlich aber als untauglich erwiesen hatten, die Einheit der deutschen Nation zu fördern. Im Grundlagenvertrag von 1972 erhielt die DDR endlich die lang erstrebte Anerkennung als zweiter deutscher Staat, musste dafür aber in eine Verstärkung der nachbarschaftlichen Kontakte einwilligen. So wie die SPD in den 50er Jahren die Westintegration zu vereiteln suchte, stellte sich jetzt die Union der neuen Ost- und Deutschlandpolitik in den Weg. Sie sah darin einen verfassungswidrigen Ausverkauf der deutschen Interessen, musste sich aber in einem von der bayerischen CSU-Regierung angestrengten Prozess vom Bundesverfassungsgericht belehren lassen, dass die Entspannungspolitik gegenüber dem Osten mit dem Grundgesetz im Einklang stand. Die Unionsparteien fanden sich damit ab und machten sich schließlich den neuen ostpolitischen Kurs zu eigen.

Ost- und Deutschlandpolitik

1.1.4 Die Ära Kohl (seit 1982)

Außen- und Sicherheits- politik

Als der Bundeskanzler Helmut Schmidt 1982 durch ein konstruktives Misstrau- ensvotum gestürzt wurde und dem CDU-Vorsitzenden und Oppositionsführer Helmut Kohl Platz machen musste, bedeutete dies keinen einschneidenden Rich- tungswechsel. In der Ost- und Deutschlandpolitik setzte die neue Regierung Kohl/Genscher den Kurs der Verständigung und Friedenssicherung fort. Nur in ihrer Entschlossenheit, die vom US-Präsidenten Reagan betriebene Aufrüstung mitzutragen und die von der NATO beschlossene Aufstellung neuer Mittel- streckenraketen in Zentraleuropa voranzutreiben, übertraf sie ihre Vorgängerin. Dagegen war sie sich, wie die Regierung Schmidt, mit der DDR-Führung unter Erich Honecker in dem Bestreben einig, die Zunahme der Ost-West-Spannungen nicht auf die deutsch-deutschen Beziehungen durchschlagen zu lassen.

Wirtschafts- probleme

Erhebliche Sorgen bereitete anfangs die schon die schmidtschen Regierungsjahre überschattende Wirtschaftsflaute. Sie war nicht allein auf eine vorübergehende Konjunkturschwäche zurückzuführen, sondern hing insbesondere mit den vom raschen technologischen Wandel erzwungenen Umstellungsbelastungen und dem wachsenden Konkurrenzdruck des Auslandes, vor allem der ostasiatischen Länder zusammen. Die bürgerliche Mitte-Rechts-Regierung suchte ihr mit dem alt- liberalen Konzept einer Stärkung der privatwirtschaftlichen Marktkräfte zu begeg- nen; staatliche Arbeitsbeschaffungsprogramme, wie sie vor allem die Gewerk- schaften forderten, passten nicht zu dieser Linie. Dank einer weltweiten wirt- schaftlichen Erholung entspannte sich die Lage seit 1984/85. Aber die Arbeits- losenzahl blieb hoch und nach einer kurzen Phase der Verlangsamung wuchs der öffentliche Schuldenberg erneut in bedrohlicher Beschleunigung. Die schon unter Schmidt unvermeidlich gewordenen Einsparungen bei den öffentlichen Sozial- leistungen fanden eine verstärkte Fortsetzung. Zugleich zog der Finanzminister die Steuer- und Abgabenschraube weiter an.

Politikver- drossenheit?

Obwohl die Kohl-Regierungen sich viel Kritik gefallen lassen mussten und die SPD in den Landtagswahlen ständig zulegte und schließlich eine Mehrheit im Bundes- rat errang, gewann die bürgerliche Mitte alle Bundestagswahlen zwischen 1983 und 1990. Wie sein Vorbild Adenauer verstand sich auch Kohl auf die Behauptung seiner Macht; Nebenbuhlern in der eigenen Partei ließ er keine Chance und nach- dem sein Hauptrivale Franz Josef Strauß als Kanzlerkandidat 1980 gescheitert war und sich auf sein Münchener Ministerpräsidenten-Amt zurückgezogen hatte (er starb 1988), gab es niemanden mehr, der Kohls Autorität in Frage stellen konnte. Auch die SPD fand nicht zu einer überzeugenden Linie, mit der sie den erfahrenen Wahlkämpfer Kohl aus dem Bundeskanzleramt hätte verdrängen können. Eine Ko- alition mit den „Grünen", die 1983 zum ersten Mal in den Bundestag einzogen, kam vorerst für beide Seiten nicht in Frage.
Die Grünen profitierten zu einem Teil von der allgemeinen Unzufriedenheit mit den etablierten Parteien. Viele Bürgerinnen und Bürger verübelten diesen die Selbstbedienungsmentalität, mit der sie beträchtliche Summen aus Steuergel- dern in ihre Kassen leiteten, aber auch ihren Hang, ihre Mitglieder mit einträgli- chen Posten zu versehen und im Zweifelsfall das richtige Parteibuch über die per- sönliche Tüchtigkeit zu stellen. Die Politik- und Parteienverdrossenheit schlug sich im Rückgang der durchschnittlichen Wahlbeteiligung (der vor allem den beiden großen Volksparteien schadete), aber wohl auch im Erstarken rechtsradikaler Strö- mungen nieder; 1989 zogen „Republikaner" ins West-Berliner Abgeordnetenhaus und in das Europäische Parlament ein.

30 **Das Adenauer-Programm: Sicherheit im Westbündnis – Wohlstand für alle**

a) Aus Adenauers Abschiedsrede vor dem Bundestag (1963):

Es ist wahr, meine Damen und Herren: Jedes Volk bedarf einer Staatsform und bedarf auch innerhalb dieser Staatsform einer gewissen Lenkung. Aber wir sind uns doch gerade in diesen Zeiten der Not, die
5 hinter uns liegen, darüber klar geworden, dass ohne das Mitgehen des Volkes, ohne dass das Volk mit handelt, ohne dass das Volk mit die Last auf sich nimmt, ohne dass das Volk sich müht weiterzukommen, der Erfolg für jedes Parlament und jede Regie-
10 rung versagt bleibt. Und darum bin ich stolz auf das deutsche Volk – ich darf das wohl auch mit dem Blick über unsere Grenzen hinaus heute sagen –: Ich bin stolz auf das, was das deutsche Volk in dieser verhältnismäßig kurzen Spanne Zeit geleistet hat. Wir
15 Deutschen dürfen unser Haupt wieder aufrecht tragen, denn wir sind eingetreten in den Bund der freien Nationen und sind im Bund der freien Nationen ein willkommenes Mitglied geworden. […]
Eine Lösung der deutschen Frage ist nicht möglich
20 allein zwischen uns und dem Gegner, der uns bedrückt; eine Lösung dieser Frage ist nur möglich mit Hilfe unserer Freunde. Und wir danken Gott, dass wir wieder Freunde in der Welt gefunden haben. Wenn Sie sich vorstellen, meine Damen und Herren,
25 wir hätten diese Freunde nicht wieder gefunden; was wäre in der Zwischenzeit aus Deutschland geworden oder was würde jetzt aus Deutschland! Gerade diese Freundschaft in Europa, außerhalb Europas, mit den Vereinigten Staaten, mit allen freien Völkern der
30 Welt gibt uns erst ein Recht, mit Sicherheit zu erwarten, dass eines Tages auch die Wiedervereinigung in Freiheit erfolgen wird. […]
Gerade für ein geschlagenes Volk, wie wir es waren, nach einem Krieg, der von Deutschen vom Zaun ge-
35 brochen war, ist die Stetigkeit in der Politik eine Grundbedingung. Nichts, meine Damen und Herren, ist dem Ansehen eines Volkes und namentlich unserem Volke nach alledem, was hinter uns liegt, abträglicher als der Ruf der Unstetigkeit. Die Stetig-
40 keit in der Politik ist die Voraussetzung für das Ansehen eines Volkes.

K. Adenauer, Reden 1917–1967, Stuttgart 1975, S. 453 ff.

b) Wirtschaftsminister Ludwig Erhard auf dem CDU-Bundesparteitag 1961:

Bleiben wir aber zunächst mit beiden Füßen auf der Erde und packen wir die Aufgabe so an, wie die Zeit sie uns stellt. Wenn der Parteitag vor den Bundestagswahlen 1957 unter dem Zeichen „Wohlstand für alle" stand und darüber das Ziel „Eigentum für je-
5 den" aufleuchtete, so bedeutete das selbstverständlich kein Vier-Jahres-Programm kommunistischer Prägung, sondern ein Bekenntnis des guten Willens, den Weg der Befreiung des Individuums auch über die immer breitere Streuung frei verfügbaren Eigen-
10 tums zu beschreiten. […]
Der Begriff der Volksaktie stammt wohlverstanden nicht von der Opposition, sondern entspringt unserem politischen Wollen, der allenthalben unentbehrlichen Konzentration des Produktivkapitals
15 eine Dekonzentration des Eigentums entgegenzusetzen und für die Zukunft auch im Bereich privater Aktiengesellschaften bei der Zuteilung von Bezugsrechten und bei Neu-Emissionen dahin zu streben,
20 einem breiten Publikum in kleinen Stückelungen Beteiligungsmöglichkeiten zu eröffnen. Wir sind willens, alle Arten und Formen der privaten Spartätigkeit zu fördern; aber wir lehnen die sozialistische Methode der Vermögensenteig-
25 nung zum Zwecke machthungriger Einflussnahme auf die private Wirtschaft durch Massenkollektive, die am Ende zu deren Beherrschung führen müsste, mit Entschiedenheit ab. […]
Wohlstand und Eigentum sind keine letzten und ab-
30 soluten Werte, aber sie verhelfen dem Staatsbürger zu der inneren Bereicherung, die aus dem Erlebnis der Persönlichkeit und der menschlichen Würde fließt. Wir hätten unser Leben vertan und unsere Verantwortung vor Gott und den Menschen gewiss
35 nicht erfüllt, wenn uns am Ende unserer Tage nichts anderes zu sagen bliebe, als dass wir gut gelebt und auch Besitz erlangt hätten. Solches Wissen aber lässt uns nicht die Hände in den Schoß legen und darüber die Erfüllung unserer politischen Aufgabe in dieser
40 Welt vergessen.

Protokoll des 10. Bundesparteitages der CDU 1961 in Köln, Hamburg 1961, S. 151 f.

a) Charakterisieren Sie Adenauers Demokratieverständnis. Stellen Sie eine Beziehung zum Schlagwort „Kanzlerdemokratie" her.
b) Worin sieht Erhard den Sinn einer breiten Eigentumsstreuung?

31 Die SPD-Opposition lenkt ein

Aus der Bundestagsrede des stellvertretenden SPD-Vorsitzenden Herbert Wehner vom 30. Juni 1960

Der Herr Bundesverteidigungsminister Strauß hat vor einigen Tagen in Schleswig gesagt, eine angestrebte gemeinsame Außenpolitik von Regierung und Opposition sei eine Frage von großer politischer
5 Bedeutung, denn sie würde nicht nur der jetzt amtierenden Regierung, sondern auch künftigen Regierungen auf lange Sicht die politische Freundschaft der Verbündeten garantieren. Kurz darauf hat er in Erlangen von vier Voraussetzungen für eine gemein-
10 same Außenpolitik gesprochen. […] Die vier Voraussetzungen […] sind:
a) Die Sozialdemokraten müssten gemeinsam mit der CDU anerkennen, dass die europäische Einheit und die atlantische Allianz Voraussetzungen für die
15 Erhaltung der Freiheit und für die Erlangung der deutschen Wiedervereinigung sind. b) Die SPD müsse sich von der alten These distanzieren, dass die Wiedervereinigung nur möglich sei, wenn die Bundesrepublik aus der NATO und aus den europäi-
20 schen Bündnissystemen ausscheide. c) Die Sozialdemokraten müssten nicht nur in Worten, sondern auch in der Tat bereit sein, mit den Unionsparteien die Lasten und Bürden der Landesverteidigung zu tragen, gleichgültig wer in der Regierungsverant-
25 wortung und wer in der Opposition steht. […] d) Die Sozialdemokraten müssten den Begriff des Selbstbestimmungsrechts für ganz Deutschland, d. h. nach freien Wahlen für die Wiedervereinigung, uneingeschränkt anerkennen. […]
30 Zu a) Die SPD geht davon aus, dass das europäische und atlantische Vertragssystem, dem die Bundesrepublik angehört, Grundlage und Rahmen für alle Bemühungen der deutschen Außen- und Wiederver-

einigungspolitik ist. Zu b) Die SPD hat nicht gefordert und beabsichtigt nicht, das Ausscheiden der 35 Bundesrepublik aus den Vertrags- und Bündnisverpflichtungen zu betreiben. […] Zu c) Die SPD bekennt sich in Wort und Tat zur Verteidigung der freiheitlichen demokratischen Grundrechte und der Grundordnung und bejaht die Landesverteidigung. 40 […] Zu d) berufe ich mich auf den Wortlaut des Beschlusses, den der Bundestag am 1. Oktober 1958 einstimmig, mit den Stimmen der Sozialdemokraten, in Berlin gefasst hat. Er lautet: Der Deutsche Bundestag erwartet die Wiederherstellung der staatli- 45 chen Einheit Deutschlands von einem unmittelbaren freien Willensentschluss des gesamten deutschen Volkes in seinen heute noch getrennten Teilen. […]
Nach unserer Ansicht jedenfalls sind die Zeichen 50 der Zeit so zu deuten: nicht Selbstzerfleischung, sondern Miteinanderwirken im Rahmen des demokratischen Ganzen, wenn auch in sachlicher innenpolitischer Gegnerschaft. Innenpolitische Gegnerschaft belebt die Demokratie. Aber ein Feindverhältnis, 55 wie es von manchen gesucht und angestrebt wird, tötet schließlich die Demokratie, so harmlos das auch anfangen mag. Das geteilte Deutschland – meine Damen und Herren, ich will Sie damit nicht belehren, Sie wissen das wahrscheinlich zum größten Teil 60 selbst – kann nicht unheilbar miteinander verfeindete christliche Demokraten und Sozialdemokraten ertragen.

Verhandlungen des 3. deutschen Bundestages, Bd. 46, Bonn
1960, S. 7056 f.

> a) Erörtern Sie Wehners These vom grundsätzlichen Unterschied zwischen einer Gegnerschaft in innen- und in außenpolitischen Dingen.
> b) Was bewog die SPD, sich dem außenpolitischen Kurs der Adenauer-Regierung anzuschließen? Überdenken Sie die Folgen dieser Kehrtwende.

32 Die Adenauer-Ära in der Sicht der Opposition

Der Sozialdemokrat Günter Markscheffel (1963):

Für uns ist Konrad Adenauer ein politischer Gegner. Er genießt unseren Respekt als der Mann, dessen Zähigkeit im Amt des Bundeskanzlers dazu führte, dass der westliche Teil Deutschlands, die Bundes-
5 republik, Aufnahme in die Gemeinschaft der freien Völker fand. Aber niemand vermag zu sagen, ob der Bundeskanzler Dr. Adenauer dieses Ziel im Wissen

um dessen Begrenztheit ansteuerte. […] Auch weiß niemand, ob er die Vision einer geeinten deutschen Nation in einem Staate hatte oder ob er glaubte, 10 nichts anderes formen zu können als das, was heute die Bundesrepublik ist. Andere nicht weniger bedeutende Männer, ein Kurt Schumacher, ein Ernst Reuter und mit diesen die Deutsche Sozialdemokratie, hatten die Ziele der deutschen Politik weiter gesteckt. Ihre Politik war von Anfang an auf das ganze Deutschland gerichtet. [...]

Das Positive an Adenauer ist sein Sinn für die Vereinfachung und das Erkennen des Möglichen. Hier war er, besonders als Bundeskanzler, Meister. Er nennt sich selbst einen christlichen Politiker, aber es ist charakteristisch für ihn, dass er in seiner großen Abschiedsrede vor der CSU in München als die hervorragendsten christlichen Eigenschaften nicht die Wahrheitsliebe und die Demut, sondern die Klugheit bezeichnete. Konrad Adenauers Klugheit manifestierte sich lange Jahre in der richtigen Einschätzung der Bedürfnisse früherer Kriegsgegner Deutschlands und späterer Bundesgenossen der Bundesrepublik. [...] In dieser Zeit entstand auch das von Adenauer geprägte Wort: „Keine Experimente!", jener politische Wegweiser in den Stillstand und die Zementierung des einmal Gegebenen. Es mag sein, dass viele Deutsche dem scheidenden Bundeskanzler gerade wegen dieses Wortes gefolgt sind. [...] Man sollte niemandem daraus einen Vorwurf machen, denn die Sehnsucht nach Ruhe war nach einem so fürchterlichen Zusammenbruch, wie ihn unser Volk 1945 erlebte, durchaus legitim. Eine andere Frage ist es, ob eine Staatsführung ihre Pflicht erfüllt, wenn sie nicht mehr tut, als ein Volk in diesem Wunsch zu bestätigen.

SPD-Pressedienst P/XVIII/195

a) Welche Versäumnisse werden der adenauerschen Politik vorgeworfen? Nehmen Sie dazu Stellung.

b) Auch Kritiker sind in ihrer Zeit befangen. Können Sie solche zeittypischen (Vor-)Urteile ausmachen?

33 Bringen die Notstandsgesetze der Großen Koalition die Demokratie in Gefahr?

a) Aus der Begründung der Gesetzesvorlage im Bundestag durch den Ausschussvorsitzenden Lenz (CDU/CSU):

Es ist nicht wahr, dass dieser Entwurf den Weg zur Diktatur bereitet. Der vorliegende Entwurf hält unter parlamentarischen und rechtsstaatlichen Gesichtspunkten jeden Vergleich mit jeder Vorsorgeregelung für den Notfall aus, die es auf der Welt gibt. Es ist nicht wahr, dass durch diesen Entwurf den gewerkschaftlichen Rechten der Boden entzogen wird. Im Gegenteil, der Entwurf verankert das bestehende Arbeitskampfrecht ausdrücklich in der Verfassung. Es ist nicht wahr, dass durch diesen Entwurf die staatsbürgerlichen Freiheiten beseitigt werden. Meinungsfreiheit, Pressefreiheit, Vereins- und Versammlungsfreiheit werden durch den Entwurf nicht berührt. Auch soweit die Freizügigkeit, das Recht der Berufswahl und das Recht auf Eigentum einschränkbar gemacht werden, bleiben diese Grundrechte dem einseitigen Zugriff der Bundesregierung entzogen. Es ist nicht wahr, dass durch diese Vorlage der Bürgerkrieg vorbereitet wird. Sowohl bei der Formulierung des staatsbürgerlichen Widerstandsrechts als auch bei der Möglichkeit der Bundesregierung, im äußersten Notfall Truppen gegen militärisch bewaffnete Aufständische einzusetzen, hat der Rechtsausschuss sich bemüht klarzustellen, dass dies nur die ultima ratio, das letzte Mittel sein dürfe, wenn alle anderen Mittel versagt haben. [...]

Dieser Entwurf, meine Damen und Herren, ist kein Freibrief für Abenteuer oder für einseitige Aktionen. Er ist aber auch kein Pappschwert. Er verweigert nicht Parlament und Regierung Vollmachten, deren sie bedürfen, die freiheitlichen, demokratischen und rechtsstaatlichen Grundlagen unserer Republik zu erhalten. Dieses Gesetz ist notwendig, um die alliierten Vorbehaltsrechte zum Erlöschen zu bringen, auf Grund derer die Drei Mächte noch heute die oberste Staatsgewalt in der Bundesrepublik übernehmen können. Dieses Gesetz ist notwendig, um die lebensnotwendige Versorgung der Bevölkerung und der Streitkräfte und den Schutz der Bevölkerung im Verteidigungsfall sicherzustellen, soweit dies unter den Bedingungen moderner militärischer Konflikte überhaupt möglich ist. Dieses Gesetz ist notwendig, um der Zusammenfassung der Hilfsmittel von Bund und Ländern bei Naturkatastrophen und schweren Unglücksfällen die Rechtsgrundlage zu geben. Dieses Gesetz ist notwendig, um von innen drohende Gefahren für die demokratische Verfassungsordnung unserer Bundesrepublik abzuwehren, von welcher Seite und mit welchen Mitteln sie auch kommen mögen.

Verhandlungen des 5. Deutschen Bundestages, Bd. 69, Bonn 1968, S. 834 f.

b) Aus einer Rede von Hans-Jürgen Krahl, Vorstandsmitglied des Sozialistischen Deutschen Studentenbundes, auf einer Kundgebung des DGB am 27. Mai 1968:

Die Demokratie in Deutschland ist am Ende; die Notstandsgesetze stehen vor ihrer endgültigen Verabschiedung. Trotz der massenhaften Proteste aus den Reihen der Arbeiter, Studenten und Schüler,
5 trotz der massiven Demonstrationen der APO in den letzten Jahren sind dieser Staat und seine Bundestagsabgeordneten entschlossen, unsere letzten spärlichen demokratischen Rechtsansprüche in diesem Land auszulöschen. Gegen alle diejenigen – Ar-
10 beiter oder Studenten –, die es künftig wagen werden, ihre Interessen selbst zu vertreten, werden Zwang und Terror das legale Gesetz des Handelns der Staatsgewalt bestimmen. Angesichts dieser Drohung hat sich in den Betrieben, an den Universitäten
15 und Schulen seit dem Tag der Zweiten Lesung vor mehr als einer Woche eine erste Streikwelle manifestiert, die den Widerstandswillen der Bevölkerung demonstrierte. [...] Es war allerdings voraussehbar, dass die konzertierte Aktion auf Dauer nicht ausrei-
20 chen würde, die Krisenentwicklung der Wirtschaft zu bremsen und die Arbeiter zum Streikverzicht anzuhalten. Dazu bedurfte es stärkerer Zwangsmittel; die Große Koalition entschloss sich also, die Notstandsgesetzgebung beschleunigt zu betreiben. Sie
25 liefert das terroristische Instrument für eine offene Wirtschaftskrise, in der die Arbeiter notfalls mit brutaler Gewalt niedergehalten werden und die aufbegehrenden Studenten einer von oben betriebenen Hochschulreform unterworfen werden, in der die
30 Universität zu einer Ausbildungskaserne für Fachidioten wird, in der die Studenten nicht wissen sollen, zu welchen politischen und wirtschaftlichen Zwecken diese wissenschaftliche Forschung eingesetzt wird. Die konzertierte Aktion war der Anfang,

34 Demonstration in Bonn 1968
Nehmen Sie Stellung zu den auf den Transparenten artikulierten Ängsten.

die Notstandsgesetze bilden das vorläufige Ende ei- 35
ner Entwicklung, in der sich eine undemokratische Staatsgewalt die Mittel schuf, die Bedürfnisse der Massen zu unterdrücken. Die Geschichte, nicht zuletzt die der Deutschen, hat uns mehrfach gelehrt, dass der einzige Ausweg der kapitalistischen Wirt- 40
schaftsordnung aus der Krise in der offenen Gewalt des Faschismus besteht. [...] Wir haben nur eine einzige Antwort auf die Notstandsgesetze zu geben: Wenn Staat und Bundestag die Demokratie vernichten, dann hat das Volk das Recht und die Pflicht, auf 45
die Straße zu gehen und für die Demokratie zu kämpfen.

D. Claussen/R. Dermitzel (Hg.), Universität und Widerstand, Frankfurt 1968, S. 36 ff.

a) *Überprüfen Sie die Argumente der Regierungskoalition anhand der 1968 eingefügten oder neu formulierten Grundgesetz-Artikel 9,3 (3); 10,2 (2); 11,2; 12,2/3; 12 a; 20,4; 53 a; 80 a; 87 a,2–4; 91; 115 a–l.*
b) *Womit bringen Sie die Argumentationsmuster und den Sprachstil der APO in Verbindung? Wie kommt Krahl dazu, Bundestag und Bundesregierung als „undemokratisch" abzustempeln?*

35 **Globalsteuerung: Das wirtschaftspolitische Rezept der Großen Koalition**
Aus dem Jahresbericht der Bundesregierung 1967:

Ein noch so funktionsfähiger Wettbewerb reicht aber allein nicht aus, um die genannten vier gesamtwirtschaftlichen Ziele (Stabilität des Preisniveaus, hoher Beschäftigungsstand, außenwirtschaftliches Gleichgewicht, stetiges und angemessenes Wirt- 5
schaftswachstum) gleichzeitig in befriedigendem Maße zu erreichen. Die marktwirtschaftliche Ordnung kann nur reibungslos funktionieren, wenn sie

ergänzt wird durch bewusste Konjunkturpolitik (systematische Globalsteuerung der gesamtwirtschaftlichen Entwicklung) und Strukturpolitik. Die Globalsteuerung hat dabei nichts zu tun mit einer diri-
gistischen Lenkung des Wirtschaftsablaufs durch
marktwidrige Einzeleingriffe. [...]
Die Bemühungen der Bundesregierung um eine
konzertierte Aktion [...] zielen auf eine freiwillige
Kooperation der Beteiligten ab. Es geht darum, die
Grundlinien der staatlichen Politik mit dem autono-
men Verhalten der Gruppen abzustimmen. [...] Dieser Dialog wird geführt mit dem Ziel, gesamtwirtschaftliche Orientierungsdaten [...] für ein aufeinander abgestimmtes Verhalten zu erarbeiten. Diese
gesamtwirtschaftlichen Orientierungsdaten sind naturgemäß keine Leitlinien für Einzelentscheidungen

und sie haben auch keinerlei rechtsverbindlichen
Charakter; sie sind vielmehr Informationen über die
gesamtwirtschaftlichen Zusammenhänge und die
Konsequenzen der eigenen Entscheidungen. Durch
die Beratungen in der konzertierten Aktion begreifen Unternehmerverbände und Gewerkschaften
einander mehr. [...] Mit der neuen rationalen Wirtschaftspolitik der Bundesregierung wird in der Bundesrepublik der Weg beschritten von einer konventionellen zur aufgeklärten Marktwirtschaft, einer
Wirtschaftsordnung, mit der die dynamischen und
ordnenden Kräfte der Marktwirtschaft voll zur Geltung gebracht, aber auch ihre Grenzen beachtet werden.

Jahresbericht der Bundesregierung 1967, Bonn 1967, S. 138 ff.

*a) Worin sah die Große Koalition die Mängel der von ihr als „konventionell" bezeichneten
erhardschen Wirtschaftspolitik?*
b) Erörtern Sie die Grenzen der „Globalsteuerung".

---

36 **Das Programm der sozial-liberalen Koalition**
Aus der Regierungserklärung von Bundeskanzler Brandt (1969):

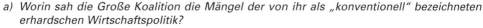

Wir wollen mehr Demokratie wagen. Wir werden
unsere Arbeitsweise öffnen und dem kritischen Bedürfnis nach Information Genüge tun. Wir werden
darauf hinwirken, dass nicht nur durch Anhörungen
im Bundestag, sondern auch durch ständige Füh-
lungnahme mit den repräsentativen Gruppen unseres Volkes und durch eine umfassende Unterrich-
tung über die Regierungspolitik jeder Bürger die
Möglichkeit erhält, an der Reform von Staat und
Gesellschaft mitzuwirken.
Wir wenden uns an die im Frieden nachgewachsenen
Generationen, die nicht mit den Hypotheken der
Älteren belastet sind und belastet werden dürfen;
jene jungen Menschen, die uns beim Wort nehmen
wollen – und sollen. Diese jungen Menschen müssen
aber verstehen, dass auch sie gegenüber Staat und
Gesellschaft Verpflichtungen haben. Wir werden
dem hohen Hause ein Gesetz unterbreiten, wodurch
das aktive Wahlalter von 21 auf 18, das passive von
25 auf 21 Jahre herabgesetzt wird. Wir werden auch
die Volljährigkeitsgrenze überprüfen. Mitbestimmung, Mitverantwortung in den verschiedenen Bereichen unserer Gesellschaft wird eine bewegende

Kraft der kommenden Jahre sein. Wir können nicht
die perfekte Demokratie schaffen. Wir wollen eine
Gesellschaft, die mehr Freiheit bietet und mehr Mitverantwortung fordert. [...]
Bildung und Ausbildung, Wissenschaft und Forschung stehen an der Spitze der Reformen, die es bei
uns vorzunehmen gilt. [...] Die Bundesregierung
wird in den Grenzen ihrer Möglichkeiten zu einem
Gesamtbildungsplan beitragen. Das Ziel ist die Erziehung eines kritischen, urteilsfähigen Bürgers, der
imstande ist, durch einen permanenten Lernprozess
die Bedingungen seiner sozialen Existenz zu erkennen und sich ihnen entsprechend zu verhalten. Die
Schule der Nation ist die Schule. Wir brauchen das
10. Schuljahr und wir brauchen einen möglichst hohen Anteil von Menschen in unserer Gesellschaft,
der eine differenzierte Schulausbildung bis zum 18.
Lebensjahr erhält. Die Bildungsplanung muss entscheidend dazu beitragen, die soziale Demokratie zu
verwirklichen.

Verhandlungen des 6. Deutschen Bundestages, Bd. 71, Bonn
1970, S. 20 ff.

*a) Welche Merkmale einer demokratischen Ordnung stellt Brandt heraus? Inwieweit reagiert
er auf Zeitströmungen und worin bestand die Neuartigkeit seines Programms?*
b) Erörtern Sie den Zusammenhang zwischen Bildungsförderung und „sozialer Demokratie".

37 **Terrorismus 1977**

a) Chronik der Ereignisse

7. April	In Karlsruhe erschießt ein RAF-Kommando Generalbundesanwalt Siegfried Buback, seinen Fahrer und einen Justizbeamten.
29. April	Das Oberlandesgericht Stuttgart verurteilt Andreas Baader, Gudrun Ensslin und Jan-Carl Raspe wegen vierfachen Mordes zu lebenslänglicher Haft.
30. Juli	Susanne Albrecht ermordet zusammen mit zwei RAF-Mitgliedern den Vorstandsvorsitzenden der Dresdner Bank, Jürgen Ponto.
5. September	RAF-Mitglieder entführen den Präsidenten des Arbeitgeberverbandes, Hanns-Martin Schleyer, und erschießen dabei den Fahrer und drei Polizisten. Die Entführer verlangen die Freilassung von 11 RAF-Häftlingen.
29. September	Der Bundestag verabschiedet das „Kontaktsperre-Gesetz", das eine zeitweilige vollständige Isolation von Gefangenen ermöglicht.
13. Oktober	Vier Palästinenser entführen eine Lufthansamaschine mit 87 Geiseln. Sie erschießen den Flugkapitän und fordern die Freilassung der inhaftierten RAF-Terroristen.
18. Oktober	Eine Spezialeinheit des Bundesgrenzschutzes stürmt das entführte Flugzeug in Mogadischu (Somalia), befreit die Geiseln und erschießt drei Entführer. Im Gefängnis Stammheim werden Baader, Ensslin und Raspe tot aufgefunden. Die Staatsanwaltschaft erkennt auf Selbstmord.
19. Oktober	In Mülhausen (Elsass) findet die Polizei die Leiche Schleyers im Kofferraum eines Autos.

b) Mit dem Foto des entführten Arbeitgeberpräsidenten Hanns-Martin Schleyer versuchte die RAF die Bundesregierung zu erpressen.

c) Aus dem „Nachruf" eines anonymen Terrorismus-Sympathisanten auf die Ermordung des Generalbundesanwalts Buback (1977):

Meine unmittelbare Reaktion, meine „Betroffenheit" nach dem Abschuss von Buback ist schnell geschildert: Ich konnte und wollte (und will) eine klammheimliche Freude nicht verhehlen. Ich habe diesen Typ oft hetzen hören, ich weiß, dass er bei der ⁵ Verfolgung, Kriminalisierung, Folterung von Linken eine herausragende Rolle spielte. […] Ehrlich, ich bedauere es ein wenig, dass wir dieses Gesicht nun nicht mehr in das kleine rot-schwarze Verbrecheralbum aufnehmen können, das wir nach der Revolu- ¹⁰ tion herausgeben werden, um der meistgesuchten und meistgehassten Vertreter der alten Welt habhaft zu werden und sie zur öffentlichen Vernehmung vorzuführen. […] Ich habe auch über eine Zeit hinweg (wie so viele von uns) die Aktionen der bewaffneten ¹⁵ Kämpfer goutiert; ich, der ich als Zivilist noch nie eine Knarre in der Hand hatte, eine Bombe habe hochgehen lassen. Ich habe mich schon ein bisschen dran aufgegeilt, wenn mal wieder was hochging und die ganze kapitalistische Schickeria samt ihren ²⁰ Schergen in Aufruhr versetzt war. Sachen, die ich im Tagtraum auch mal gern täte, aber wo ich mich nicht getraut habe sie zu tun.

P. Brückner (Hg), Die Mescalero-Affaire, Hannover 1977, S. 24f.

d) Willy Brandt in einem Aufruf an die Terrorismus-Sympathisanten (1977):

Ich frage die Sympathisanten direkt: Sind Sie von Sinnen? Oder was sind Sie? Wissen Sie nicht, die Sie politisch zu denken vorgeben, dass Sie, statt mehr Freiheit und mehr Gerechtigkeit für die breiten
5 Schichten in diesem Lande zu schaffen, die Geschäfte der finsteren Reaktion, ja der Neo-Nazis betreiben? Dass Sie das Bewusstsein der Bevölkerung über den Rand hinausbomben, hinter dem es nur noch den Abgrund von Chaos, Polizeistaat oder Dik-
10 tatur gibt? Oder wollen Sie genau das? Ich fordere Antwort, jedenfalls eine solche, die Sie sich selbst geben. Sie mögen es schick finden, in verborgenen Hinterzimmern von der Revolution zu schwätzen. Aber ich nenne es nicht schick, sondern feige und
15 verbrecherisch, für seine Überzeugung nicht öffentlich einzustehen, sondern andere wie in Gangsterfilmen auszuhalten und zu unterstützen.

Vorwärts vom 6. September 1977

e) Das RAF-Mitglied Werner Lotze nach seiner Festnahme im Juni 1990:

Ich habe die Bundesrepublik als einen imperialistischen Staat gesehen. Als einen Staat, dessen Reichtum darauf beruht, dass die Länder in der Dritten Welt ausgeplündert werden. Die Kriege in Vietnam,
5 in Afrika habe ich als Mittel gesehen, mit denen der Imperialismus seinen Wohlstand aufrechterhält. Ich habe die Gesellschaft in der BRD als unmoralisch empfunden. Nicht nur irgendwelche staatlichen Strukturen haben in meinen Augen Verbrechen be-
10 gangen, sondern auch die Bevölkerung, indem sie diesen Reichtum akzeptiert und versucht, darin zu leben und sich selber immer wieder zu bereichern. […] Zum Schluss ist es nur noch Hass gewesen, in letzter Konsequenz auch Hass auf die Menschen.
15 […] Ich war der Meinung, ich muss den Staat zerstören. […]
Ich habe ja mit der RAF ein Ziel verfolgt. Das war eine konkrete Gesellschaftsform, die charakterisiert

wird durch Stichworte wie: keine Kriege, keine Armut, Gerechtigkeit, soziale Gleichheit. Auf dem 20
Wege dahin habe ich geglaubt, dass es gerechtfertigt ist, dass es notwendig ist, Menschen zu töten. […]
So, wie die Politik der RAF angelegt war, konnte sie nie gewinnen. Sie war immer moralisch falsch, weil es von Anfang an den Widerspruch zwischen Ziel 25
und Mitteln gab. […] Die Vorstellung von einer besseren Gesellschaft habe ich immer noch. Aber ich habe erst mal keine Rezepte mehr.

Die Zeit. 23. November 1990, S. 17ff.

f) Bundeskanzler Helmut Schmidt vor dem Bundestag am 20. Oktober 1977:

Unmittelbar nach der Entführung Dr. Schleyers habe ich […] die drei Maximen, die unser Handeln bestimmen sollten, folgendermaßen umrissen:
1. Dr. Schleyer lebend zu befreien; zu einem späteren Zeitpunkt war es selbstverständlich, dass dies 5
ebenso galt für die als Geiseln genommenen 82 Passagiere und 5 Besatzungsmitglieder in dem entführten Lufthansa-Flugzeug.
2. die Täter zu ergreifen und vor Gericht zu stellen.
3. die Fähigkeit des Staates, seine Bürger gegen Ge- 10
fahren zu schützen, zu sichern und das Vertrauen der Bürger, aber auch das Vertrauen der Menschen außerhalb der Bundesrepublik Deutschland in diese Schutzfunktion unseres Staates zu wahren. […] Jedermann kann erkennen, dass es kaum vorstellbar 15
erscheinen konnte und erscheinen kann, alle drei Maximen zugleich, durch eigenes Handeln und durch eigenes Unterlassen, in die Wirklichkeit zu übertragen. Vielmehr war von Anfang an klar, […] dass die Erfüllung jeder einzelnen der drei Maximen 20
nach menschlicher Voraussicht die Erfüllung der übrigen Maximen einschränken oder gar gefährden musste. In dieser unausweichlichen Gewissheit hatten wir unsere Entscheidungen zu treffen. Unausweichlich befanden wir uns damit im Bereich von 25
Schuld und Versäumnis.

Frankfurter Allgemeine Zeitung, 21. Oktober 1977, S. 5

a) Von welchen politischen Vorstellungen ließen sich die Terroristen und ihre Sympathisanten leiten? Diskutieren Sie die Beweggründe.
b) Diskutieren Sie das Dilemma, in das der Staat durch die Entführung geriet.

38 **Politische Perspektiven der 80er Jahre**

a) Aus dem Regierungsprogramm der Regierung Kohl/Genscher von 1987:

Erstens. Wir wollen das Wertebewusstsein schärfen, insbesondere den Sinn für den Zusammenhang von

Freiheit und Verantwortung. Das für uns gültige Wertesystem, wesentlich durch Christentum und Aufklärung geprägt, gründet auf der Einzigartigkeit 5
jedes Menschen, auf der Achtung vor dem Leben,

der Menschenwürde und der persönlichen Freiheit. Wie bedeutsam diese Werte bleiben, zeigt uns die aktuelle Diskussion über Ethik der Forschung und
10 Schutz des menschlichen Lebens. Auch die Wahrung des inneren Friedens ist im Kern eine Frage der Freiheit und ihres verantwortungsvollen Gebrauchs. Zweitens. Wir wollen in einer leistungsstarken Wirtschaft sozialen Halt geben und so die Freiheit mate-
15 riell stützen. Nur wenn die Prinzipien der Sozialen Marktwirtschaft angewendet werden, können auf die Dauer Wirtschaft gedeihen und soziale Sicherheit bestehen. Damit müssen sich Leistungswille und Kreativität verbinden. Dann können wir den An-
20 schluss an die Weltspitze halten, neue Arbeitsplätze schaffen und den sozial Schwächeren zur Seite stehen. Am Herzen müssen uns insbesondere jene liegen, die keine machtvollen Verbände und Fürsprecher haben. Drittens. Wir wollen, dass die Bürger in
25 einer menschengerechten Lebens-Umwelt Geborgenheit erfahren und mehr Freiheitschancen erhalten. Vor allem wollen wir menschliche Bindungen erhalten und stärken. Das betrifft die Familie ebenso wie das Verhältnis zwischen den Generationen und –
30 in einem weiteren Sinn – die Verbundenheit mit der Heimat, wie etwa die Bodenständigkeit, gerade auch im ländlichen Raum. Familienförderung und so verstandene Agrarpolitik, aber auch der Schutz der natürlichen Lebensgrundlagen weisen weit über die
35 materielle Dimension hinaus. Viertens. Wir wollen, dass alle Deutschen eines Tages wieder durch gemeinsame Freiheit in einer europäischen Friedensordnung vereint sind. Deutschlandpolitik heißt für uns außerdem Menschen zueinander bringen, weil
40 sie zusammengehören. Deshalb müssen wir das Bewusstsein für die Einheit unserer deutschen Nation stets wach halten. Dazu gehört die Treue zu Berlin. Unser Standort ist und bleibt die freie Welt; denn die Freiheit ist der Kern der deutschen Frage. [...]

b) Aus dem Programm der Grünen zum „Umbau der Industriegesellschaft", beschlossen auf der Bundesversammlung 1986 in Hannover:

Der Umbau der Wirtschaft, den wir mit dem vorgelegten Programm konkret einfordern, beinhaltet entscheidende Weichenstellungen zur Umkehr der herrschenden Entwicklungslogik in Richtung auf eine humane wirtschaftliche Zukunft. Wir Grünen 5 setzen uns für eine neue Wirtschaftsordnung und Wirtschaftsweise ein, die ihrer Verantwortung gegenüber den Lebensbedürfnissen der Menschen hier und in der Dritten Welt, sowohl der jetzt lebenden als auch der zukünftigen Generationen, gerecht 10 wird. Diese Wirtschaftsweise muss daher

– ökologisch sein, weil die unvermeidbaren Eingriffe der menschlichen Produktion in die Natur in einer Art und Weise erfolgen müssen, die die Gesetzmäßigkeiten des Naturhaushalts unserer Erde 15 berücksichtigt und die Natur, unsere Lebensgrundlage, schützt;

– sozial, weil die Art der Arbeit und die Verteilung ihrer Produkte die Grundlage sein muss für eine real gleichberechtigte Persönlichkeitsentfaltung 20 aller Gesellschaftsmitglieder;

– basisdemokratisch, weil die sozialen und kulturellen Lebens- und Arbeitsinteressen der Menschen nur dann zur vollen Geltung kommen können, wenn die Selbstbestimmung der Belegschaften 25 und demokratische Übereinkünfte über den Wirtschaftsablauf ausgebaut werden und an die Stelle von privat- oder staatswirtschaftlicher Verfügungsmacht und Fremdbestimmung treten.

Zur Verwirklichung einer ökologischen, sozialen 30 und basisdemokratischen Wirtschaft haben sich sowohl die kapitalistischen als auch die sog. realsozialistischen Gesellschaftssysteme als untauglich erwiesen: Beide Systeme sind Varianten einer entfremdeten Fabrik- und Bürogesellschaft, die die Ausbeu- 35 tung von Menschen und Natur zur Grundlage hat.

Verhandlungen des 11. Deutschen Bundestages, Sitzung vom 18. März 1987, S. 51 f.

Bundesgeschäftsstelle der Grünen (Hg.), Programm zum Umbau der Industriegesellschaft, Bonn 1986, S. 3 f.

> *a) Inwieweit kann Kohls Regierungsprogramm konservativ genannt werden?*
> *b) Vergegenwärtigen Sie sich die Konsequenzen des von den Grünen geforderten wirtschaftlichen Umbaus. Wo sehen Sie Vorzüge und Chancen, wo Mängel und Hindernisse?*

Zu 39

> *a) Stellen Sie Bezüge her zwischen der politischen Lage zur Zeit des Wahltermins und dem Abschneiden der Parteien.*
> *b) Versuchen Sie allgemeine Trends zu ermitteln im Hinblick auf a) die Stabilität und Instabilität der Parteien-Wählerschaften; b) das Gewicht der Volksparteien; c) die Reaktion der Wähler auf die wiederholten Koalitionswechsel der FDP.*

39 **Bundestagswahlergebnisse 1949–1994 (Stimmanteile in %)**

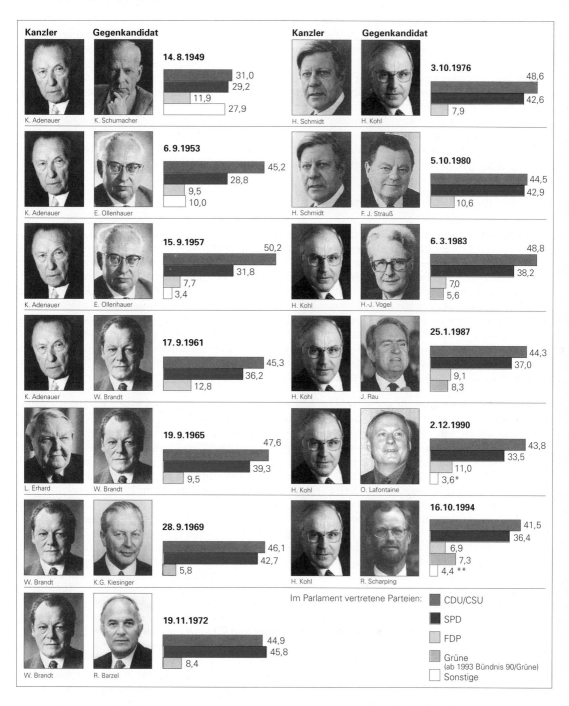

Kanzler   Gegenkandidat

14. 8.1949

K. Adenauer   K. Schumacher

31,0
29,2
11,9
27,9

6. 9.1953

K. Adenauer   E. Ollenhauer

45,2
28,8
9,5
10,0

15. 9.1957

K. Adenauer   E. Ollenhauer

50,2
31,8
7,7
3,4

17. 9.1961

K. Adenauer   W. Brandt

45,3
36,2
12,8

19. 9.1965

L. Erhard   W. Brandt

47,6
39,3
9,5

28. 9.1969

W. Brandt   K.G. Kiesinger

46,1
42,7
5,8

19.11.1972

W. Brandt   R. Barzel

44,9
45,8
8,4

Kanzler   Gegenkandidat

3.10.1976

H. Schmidt   H. Kohl

48,6
42,6
7,9

5.10.1980

H. Schmidt   F. J. Strauß

44,5
42,9
10,6

6. 3.1983

H. Kohl   H.-J. Vogel

48,8
38,2
7,0
5,6

25. 1.1987

H. Kohl   J. Rau

44,3
37,0
9,1
8,3

2.12.1990

H. Kohl   O. Lafontaine

43,8
33,5
11,0
3,6*

16.10.1994

H. Kohl   R. Scharping

41,5
36,4
6,9
7,3
4,4 **

Im Parlament vertretene Parteien:

- CDU/CSU
- SPD
- FDP
- Grüne (ab 1993 Bündnis 90/Grüne)
- Sonstige

* Die Grünen in Westdeutschland schafften 1990 nicht den Einzug ins Parlament. Bündnis 90/Grüne in Ostdeutschland und PDS zogen aufgrund einer Sonderregelung ins Parlament ein, obwohl sie die 5%-Hürde nur im Wahlgebiet Ost übersprungen.
** Da es 1994 der PDS gelang, drei Direktmandate zu gewinnen, konnte sie ins Parlament einziehen, obwohl sie weniger als 5% der Stimmen erhalten hatte.

1.2 „Bonn ist nicht Weimar": politische Kultur und politisches System

„Bonn ist nicht Weimar" – dieser Titel eines Mitte der 50er Jahre erschienenen Buches eines Schweizer Journalisten wurde bald zum geflügelten Wort. Es drückte die Erleichterung und Genugtuung darüber aus, dass der Bonner Demokratie das traurige Schicksal der ersten deutschen Republik allem Anschein nach erspart bleiben würde. Die Voraussetzungen dafür schienen gut: Eine große Mehrheit war sich in der Bejahung der demokratischen Staatsform und in dem Willen einig, sie zu bewahren und gegen alle Gegner zu schützen; Revanchegedanken und Dolchstoßlegenden, die das politische Klima von Weimar so vergiftet hatten, fanden nach der totalen Niederlage des „Dritten Reiches" keinen Widerhall; eine günstige wirtschaftliche Entwicklung sicherte den sozialen Frieden.

1.2.1 Die politische Kultur

„Ohne mich"

Der Schock der NS-Zeit saß tief. Die Exzesse des Hitler-Regimes hatten das Führerprinzip und die Gehorsamsmoral, den Militarismus und den Ultra-Nationalismus – Einstellungen, die auch schon vor 1933 viele Deutsche in ihren Bann gezogen hatten – vollständig entzaubert. Viele wollten überhaupt nichts mehr mit Politik zu tun haben, gefielen sich in einer Ohne-mich-Haltung. Eine tiefe Skepsis gegenüber allen politischen Heilslehren und Weltanschauungen breitete sich aus, eine Absage an den Mythos der „Gemeinschaft" und an jene Staatsgläubigkeit, der der Staat als höchster sittlicher Wert gegolten hatte, dem sich der Einzelne unterzuordnen habe. Fortan lernten es die Westdeutschen, der Macht und den Mächtigen zu misstrauen und das Private für wichtiger zu halten. Der Soziologe Helmut Schelsky sprach von einer „skeptischen Generation".

Wandel der Eliten

Es kam dieser neuen Einstellung sehr zugute, dass zwei zuvor politisch einflussreiche und verhaltensprägende Schichten ihre Bedeutung nahezu völlig einbüßten: der ostelbische Adel und das Militär. Beide hatten in der Weimarer Republik ihren Teil dazu beigetragen, dass die parlamentarische Demokratie nicht zu Kräften kam. Nach dem Verlust ihres umfangreichen Besitzes in Ostdeutschland fehlte den „Junkern" die Grundlage ihrer bisherigen Ausnahmestellung und Macht. Nicht wenige waren den Gestapo-Verfolgungen nach dem 20. Juli 1944 zum Opfer gefallen. Wer sich in das westliche Nachkriegsdeutschland retten konnte, musste zumeist ebenso beim Nullpunkt anfangen wie die Masse der anderen Vertriebenen. Allenfalls die häufig weit gespannten verwandtschaftlichen und gesellschaftlichen Beziehungen mochten hier und dort gewisse Vorteile verschaffen. Aber das hohe Sozialprestige von früher ließ sich in der von den Kriegs- und Nachkriegswirren durchgeschüttelten (west-)deutschen Gesellschaft nicht wiederherstellen. Die Berufsoffiziere waren auch seit der Schaffung der Bundeswehr 1956 weder willens noch in der Lage, das einstige Sozialprestige zurückzugewinnen. Als „Staatsbürger in Uniform" hatten sie nie eine Möglichkeit und auch nicht den Ehrgeiz, ihren Weimarer Vorgängern nachzueifern und einen „Staat im Staate" zu bilden. Außerhalb des Dienstes trugen sie lieber Zivilkleidung.

Kontinuität der Eliten

Die Beamten- und Richterschaft sowie die Führungskräfte in der Wirtschaft überstanden den Umbruch von 1945 bis auf wenige Ausnahmen unbeschadet. Die Versuche der westlichen Siegermächte, namentlich der USA, das Berufsbeamtentum abzuschaffen, liefen sich an der deutschen Beamtenlobby tot. Der Parlamentarische Rat schrieb das Beamtentum auf Lebenszeit verfassungsrechtlich fest und gewährte sogar denen, die nach dem Kriege ihre Ämter verloren hatten, einen

Anspruch auf Wiedereinstellung. Nur wenige mussten auf Dauer wegen ihrer NS-Verstrickung aus dem öffentlichen Dienst ausscheiden. Selbst die Richter, die an den NS-Unrechtsurteilen beteiligt gewesen waren, blieben unangetastet, sofern sie nicht eine vorzeitige Pensionierung (mit staatlichen Bezügen bis zum Lebensende) vorzogen. Eine entschiedene politische Säuberung fand nicht statt. Auch die alten Besitzverhältnisse und Unternehmensformen im Bergbau, in der Industrie, im Bank- und Versicherungswesen wurden nach einer Übergangszeit, in der die Betriebe politisch Belasteter unter Treuhandverwaltung standen, wiederhergestellt. Selbst die von den Besatzungsmächten in den ersten Nachkriegsjahren durchgesetzte Entflechtung großer Kartelle und Konzerne hatte nicht lange Bestand. Nach und nach kam es wieder zu Kapitalkonzentrationen und Unternehmenszusammenschlüssen und die Kapitalbesitzer und das Management der Großwirtschaft wurden zu einem Machtfaktor, den jede Bundesregierung in Rechnung stellen musste.

Mit der äußeren und inneren Anerkennung einer politischen und moralischen (Mit-)Schuld an den Triumphen und Greueln des Hitler-Reiches taten sich viele der Betroffenen schwer. In den 50er Jahren standen der wirtschaftliche Wiederaufbau und der Antikommunismus des Kalten Krieges so im Vordergrund, dass die Abrechnung mit der nationalsozialistischen Vergangenheit weithin verdrängt wurde. Der Psychologe Alexander Mitscherlich sprach von der „Unfähigkeit zu trauern" Erst mit der späten Einrichtung der „Zentralstelle für die Erfassung nationalsozialistischer Verbrechen" 1958 in Ludwigsburg kam die Aufspürung und Verfolgung nationalsozialistischer Straftaten wieder in Gang. Aber die Anteilnahme der deutschen Öffentlichkeit an den nunmehr anlaufenden Prozessen, etwa gegen die Wachmannschaften der Vernichtungslager Auschwitz oder Treblinka, blieb mäßig. Auch bedurfte es mehrerer Anläufe des Bundestages, bis sich dessen Mehrheit schließlich 1979 dazu durchrang, die Verjährung für Mord, damit auch für NS-Verbrechen, vollständig aufzuheben. Viele hätten lieber einen Schlussstrich gezogen und die Auseinandersetzung mit dem Nationalsozialismus für beendet erklärt.

Schatten der NS-Vergangenheit

Auch der Holocaust, der millionenfache Mord an den europäischen Juden, wurde von nicht wenigen beiseite geschoben, von den Unbelehrbaren sogar bagatellisiert oder geleugnet. Das von der Adenauer-Regierung mit Israel und jüdischen Organisationen 1952 abgeschlossene Wiedergutmachungsabkommen, das deutsche Zahlungen in Höhe von 3,45 Milliarden DM vorsah, stieß bei vielen auf Unverständnis und Ablehnung; selbst Kabinettsmitglieder hielten den Betrag für viel zu hoch. Obwohl bis weit in die 80er Jahre nie mehr als 30 000 Juden in der Bundesrepublik ansässig waren, hielt sich eine – nur selten offen geäußerte – antijüdische Einstellung; Untersuchungen ergaben einen Anteil von etwa 15% aller Westdeutschen mit deutlich antisemitischer Mentalität.

Antisemitismus

Trotz solcher dunklen Flecken auf dem politischen Profil mancher Bundesbürger hatten nationale Großmachtträume bei den meisten wenig Chancen. Sie waren mit ihrer Existenz im Windschatten der Weltpolitik durchaus einverstanden; wirtschaftliche Erfolge auf dem Weltmarkt waren ihnen lieber. Rechtsparteien, die diese machtpolitische Enthaltsamkeit beklagten und für eine selbstbewusstere, energischere Vertretung der nationalen Interessen warben – wie zwischen 1966 und 1969 die Nationaldemokratische Partei (NPD), seit den späten 80er Jahren die „Republikaner" oder die „Deutsche Volksunion" (DVU) –, fanden wenig Beachtung. Allenfalls wirtschaftspolitische Richtungskämpfe in der Europäischen Gemeinschaft (EG) riefen gelegentlich Proteste einzelner Interessengruppen (Landwirtschaft, Stahlbranche, Schiffsbau) hervor, die von „Bonn" mehr außenpolitische Durchsetzungskraft einforderten.

Machtvergessenheit?

Wohlstand als stabilisierende Kraft

Vor allem erwies sich der 40 Jahre lang stetig steigende Wohlstand als ein Polster, das alle der Demokratie gefährlichen Stöße auffing. In ihrer gesamten Geschichte blieb die „alte" Bundesrepublik von den erbitterten Verteilungskämpfen und den Wirtschaftskatastrophen verschont, die der Weimarer Ordnung so zugesetzt hatten. Das Hineinwachsen in die Demokratie verband sich für die meisten Bundesbürger mit der angenehmen Erfahrung ständigen wirtschaftlichen Fortschritts und komfortabler sozialer Sicherheit. Das Wirtschaftswunder war für viele der überzeugendste Beweis, dass man mit der Demokratie auf dem richtigen Wege war. Demokratie und soziale Marktwirtschaft gehörten anscheinend unauflöslich zusammen. Die durch den allgemein steigenden Wohlstand ermöglichte Angleichung der Lebensformen – die die gleichzeitig eher zu- als abnehmenden beträchtlichen Unterschiede in den Einkommens- und Vermögensverhältnissen verdeckten – trug maßgeblich zum Eindruck einer „Egalisierung" der bundesdeutschen Gesellschaft bei – ein für die Demokratie ganz unentbehrliches Ferment. Die früher jederzeit spür- und sichtbaren Abstände zwischen Arm und Reich, Oben und Unten verschwanden zeitweilig hinter dem Oberflächenbild einer „nivellierten Mittelstandsgesellschaft" (H. Schelsky). Der soziale Neid – eine wichtige Triebfeder innenpolitischer Konflikte – fand wenig Nahrung: Solange es den meisten Menschen ständig besser ging, störte es sie wenig, dass andere noch viel mehr hatten.

Die DDR als abschreckendes Gegenbild

Zur Anziehungskraft der westdeutschen Demokratie trug nicht zuletzt das Gegenmodell der sozialistischen Länder im Osten bei. Die wirtschaftliche Armseligkeit, die Beschränkungen der Reisefreiheit, die Reglementierung aller Lebensbereiche, der politische Gesinnungsdruck – diese und andere Krebsschäden des DDR-Lebens verliehen der eigenen Gesellschaftsordnung zusätzlichen Glanz.

Der Antikommunismus war bis in die 60er Jahre eine wichtige Klammer für das politische Selbstverständnis der Westdeutschen. So sehr er die Zustimmung zu den westlichen Werten stärkte, so groß war auch die Gefahr, dass er für die Mängel der eigenen Seite blind machte. Hier setzte in den 60er Jahren die „Neue Linke" an. Ihre Parteigänger, hauptsächlich Studenten und andere Intellektuelle, die die Sozialdemokratie für verbürgerlicht hielten, wollten einen humanen Marxismus verwirklichen, der die stalinistischen Verunstaltungen vermied. Sie unterzogen die Staats- und Gesellschaftsordnung der Bundesrepublik einer radikalen Kritik und klagten, unter Berufung auf das Grundgesetz, die endliche Verwirklichung seiner demokratischen Versprechungen ein. Doch blieb dieser radikaldemokratische Neomarxismus, von einer kurzen Blütezeit während der Studentenbewegung abgesehen, eine Randerscheinung, deren Utopien die Wählermehrheit nicht ernst nahm. Er bewirkte aber doch einen starken Rückgang des Antikommunismus.

1.2.2 Die Verfassungsordnung

Politische Stabilität

Dem Bonner Grundgesetz war vom Parlamentarischen Rat die Aufgabe zugedacht, die Gebrechen der Weimarer Verfassung zu vermeiden und eine Wiederkehr des Nationalsozialismus zu verhüten. Die starke Stellung des Kanzlers, der die Richtlinien der Politik zu bestimmen hat und nur durch ein „konstruktives Misstrauensvotum", d. h. die Wahl eines Nachfolgers, gestürzt werden kann, hat politisch stabile, langlebige Regierungen möglich gemacht. Die politisch schwache Ausstattung des Bundespräsidenten-Amtes – die schlechten Weimarer Erfahrungen mit dem „Ersatz-Kaiser" Hindenburg hatten die Verfassungsgeber abgeschreckt – zwang die Amtsinhaber, die fehlende politische durch geistige Führerschaft wettzumachen. Dass der Souverän Volk am politischen Entscheidungsprozess fast nur in den Wahlen zu den Volksvertretungen teilnehmen darf,

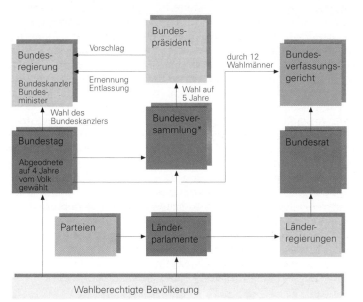

40 Die Verfassungsordnung der Bundesrepublik Deutschland *Nennen Sie die in diesem Schema sichtbar werdenden Verfassungsprinzipien.*

ist ebenfalls eine verfassungspolitische Antwort auf die vermeintlich schlechten Erfahrungen mit der Weimarer Verfassung, die Volksbegehren und Volksentscheide sowie die Volkswahl des Reichspräsidenten vorsah. Das Votum des Parlamentarischen Rates für die repräsentative Demokratie stößt mitunter auf Kritik. Der Einbau von Elementen unmittelbarer (plebiszitärer) Demokratie, so ist hier die Erwartung, verspreche mehr politische Partizipation und damit einen Gewinn für die demokratische Ordnung.

Der Wiederkehr nationalsozialistischer oder anderer totalitärer Regime schob das Grundgesetz mehrere Riegel vor. Dazu zählen vor allem: die Grundrechte, die den Einzelnen gegen staatliche Willkür schützen und unmittelbar geltendes Recht darstellen; die Unaufhebbarkeit der in den Artikeln 1, 20, 79 (3) verankerten Verfassungsgrundsätze: Diese erklären die Würde des Menschen zur obersten Norm, schreiben den demokratischen, rechts-, sozial- und bundesstaatlichen Charakter der Bundesrepublik fest und garantieren die Existenz von Bundesländern samt deren Mitwirkung an der Bundesgesetzgebung; die Verbotsandrohung für alle Parteien, die nicht auf dem Boden des Grundgesetzes stehen; schließlich das generelle Verbot der Beteiligung an Angriffskriegen.

Schutz gegen Verfassungsfeinde

Zu den wichtigsten Neuerungen des Grundgesetzes gehört die Errichtung des Bundesverfassungsgerichtes. Dieses zum Hüter der Verfassung bestellte oberste Gericht hat mit einer Fülle von Entscheidungen das politische Gesicht der Bundesrepublik maßgebend mitgeformt. Wo Regierung oder Parlament nicht weiter wussten, grundlegende politische Differenzen sich nicht beilegen ließen oder die Verfassungsmäßigkeit von Gesetzen und Verträgen strittig war, fiel die letzte Entscheidung den Bundesverfassungsrichtern zu. Deren Urteilsfindung war selbstredend an Recht und Gesetz gebunden, musste aber häufig auch politische Überlegungen einbeziehen. Solche Verrechtlichung der Politik ist nicht unproblematisch, weil sie oft von einer Politisierung des Rechts nicht zu trennen ist.

Rechtswesen

Verwaltung   Auch die Verwaltung steht nicht im Ruf besonderer Bürgernähe oder Beliebtheit. Die meisten betrachten sie als notwendiges Übel, dessen Sachverstand unentbehrlich, dessen bürokratische Schwerfälligkeit aber ein Ärgernis ist. „Regierung vergeht, Verwaltung besteht": Die Minister kommen und gehen und sind in ihren Ressorts durchaus nicht immer Fachleute; es sind die Ministerialbeamten, die die Kompetenz und Kontinuität der Regierungsarbeit verbürgen und denen es obliegt, die allgemeinen Weisungen der Politiker in rechtsförmiges und sachgemäßes staatliches Handeln umzusetzen. Das einstmals unantastbare Gebot der politischen Neutralität der Verwaltung ist im Parteienstaat zu einer Fiktion geworden. Die meisten leitenden Positionen werden auf dem Wege der Ämterpatronage vergeben. Das politische Gewicht der Verwaltung ist nicht zuletzt auch deswegen beträchtlich, weil die Angehörigen des öffentlichen Dienstes in allen deutschen Parlamenten weit überproportional vertreten sind. Die Versuche der Besatzungsmächte, die Unvereinbarkeit von Beamtenstatus und politischem Mandat in das deutsche Verfassungsrecht hineinzuschreiben, scheiterten am Widerspruch der Beamtenlobby, die schon im Parlamentarischen Rat nicht zu überstimmen war. Allerdings untersteht die öffentliche Verwaltung einer strengen Kontrolle: Übergeordnete Dienststellen, Parlamente, Rechnungshöfe, Verwaltungsgerichte bilden zusammen mit den beschwerdefreudigen Bürgern und den Medien eine Kontrollinstanz, die rechtswidriges Verhalten der Verwaltung erheblich erschwert.

Föderalismus   Der bundesstaatliche Aufbau gehört zu den tragenden Pfeilern unserer Verfassungsordnung. Er entspricht einer festen Tradition der deutschen Geschichte, die nur in der Weimarer Republik eine gemäßigte und im nationalsozialistischen Staat eine vollständige Unterbrechung erfuhr. Auch im Parlamentarischen Rat bestand, mit Ausnahme der zwei KPD-Abgeordneten, Einigkeit darüber, dass eine einheitsstaatliche Ausrichtung des zu errichtenden Staates nicht in Frage käme.
Allerdings sind die heutigen Bundesländer – abgesehen von Bayern, den Hansestädten Hamburg und Bremen sowie (seit 1990) Sachsen – nach dem Ersten oder Zweiten Weltkrieg entstandene Neubildungen, die sich weder auf ein gemeinsames geschichtliches Erbe noch auf eine landsmannschaftliche Geschlossenheit berufen können. Sie sind aus historisch älteren Territorien zusammengefügte oder von größeren staatlichen Einheiten abgetrennte Gebietskörperschaften, deren Gemeinsamkeiten hauptsächlich wirtschaftsräumlicher oder administrativer Art sind. Das schließt die Ausbildung neuer regionaler Zusammengehörigkeitsgefühle nicht aus – auch wenn alte Grenzen immer wieder durchschimmern.
Im Laufe der über 40 Jahre Bundesrepublik mussten die Länder eine unaufhörliche Schrumpfung ihrer Zuständigkeiten hinnehmen. Viele öffentliche Aufgaben

---

Repräsentative und plebiszitäre Demokratie: Repräsentativ heißt eine Demokratie, in der die staatliche Gewalt zwar vom Volk ausgeht, aber von diesem nicht unmittelbar, sondern durch gewählte Vertreter (Repräsentanten) ausgeübt wird. Die plebiszitäre Demokratie (lat. plebis scitum = Volksbeschluss) begegnet in zwei Formen: als unmittelbare Machtausübung durch die Volksversammlung (wie im antiken Athen oder heute in Schweizer Gemeinde- und Kantonsversammlungen) und als in Abstimmungen über Grundsatzfragen erfolgende Artikulation des Volkswillens. Die direkte Demokratie kann nur in kleineren, hinlänglich überschaubaren Gemeinwesen funktionieren, in denen alle Aktivbürger den Versammlungsort in angemessener Zeit erreichen können. Diese müssen zudem über viel freie Zeit für die politischen Geschäfte verfügen. Dieser Umstand macht heute jede unmittelbare Demokratie unmöglich und begründet die Unentbehrlichkeit der repräsentativen Demokratie. Heutige Befürworter der plebiszitären Demokratie träumen darum auch nicht von einer Wiederkehr altathenischer Zustände; sie plädieren vor allem für die Wiedereinführung von Volksentscheiden (wie in der Weimarer Republik) und für die direkte Wahl des Bundespräsidenten (statt durch die Bundesversammlung). Die plebiszitäre ist insoweit nur eine Ergänzung der repräsentativen Demokratie.

sind heute nur noch großräumig zu bewältigen und verlangen eine Zusammenfassung aller Kräfte. So entwickelte sich in der Zusammenarbeit der Länder untereinander sowie der Länder mit dem Bund ein „kooperativer Föderalismus". Selbst die Bereiche, die seit jeher Ländersache waren – Bildungswesen, Polizei, regionale Raumplanung und Strukturförderung –, funktionieren nicht mehr ohne länderübergreifende Regelungen. So mehren sich die Stimmen, die eine Neugliederung des Bundesgebietes in weniger und zumeist größere Länder empfehlen. Aber bislang kam es zu keinen Veränderungen. Ein von den Landesregierungen Berlins und Brandenburgs 1996 vereinbarter Fusionsvertrag scheiterte, weil die Brandenburgische Bevölkerung sich in einer Abstimmung mit knapper Mehrheit dagegen entschied.

Die Gemeinden leiden an einer chronischen Überlastung. Als die unterste Ebene in unserem drei- bzw. vierstufigen Staatsaufbau haben sie viele Pflichten (sog. Auftragsverwaltung), aber vergleichsweise wenig Entscheidungsspielräume. Sie müssen viele kostenträchtige Leistungen aufbringen – wie das Schulwesen, die Sozialhilfe, die Ausländerbetreuung –, über deren Bedingungen das Land oder der Bund entscheidet. So wuchs die Verschuldung der meisten Gemeinden noch bedrohlicher als die von Bund und Ländern.

Gemeinden

Die Gemeinden sind die politischen Körperschaften, mit denen der Bürger am häufigsten in Berührung kommt. Die Chance, auf ihre Politik Einfluss zu nehmen, ist weit größer als in der Landes- und Bundespolitik. Seit je waren die Kommunen Pflanzstätten des Bürger- und Gemeinsinns. Wenn irgendwo in Deutschland, so haben sich hier am ehesten demokratische Verhaltensweisen herausbilden können. Nirgendwo sonst sind Beratung, Entscheidung und Ausführung, Legislative, Exekutive und Verwaltung so eng miteinander verknüpft. Hier allein haben nicht parteimäßige Zusammenschlüsse wie Bürgerbewegungen und Wählerinitiativen, ja selbst unabhängige Einzelne Chancen, in die Volksvertretungen zu gelangen. Insoweit mag die Gemeindedemokratie die lebendigste aller Demokratieformen darstellen. In ihr können freilich auch Vetternwirtschaft, Filz und Proporzdenken besonders gut gedeihen.

1.2.3 Der Parteienstaat

Unter allen politischen Kräften in der Bundesrepublik waren und sind die Parteien die weitaus wichtigsten und einflussreichsten. Insofern trifft die Bezeichnung „Parteienstaat" den Charakter unseres politischen Systems am besten. Das Grundgesetz erklärt sie zu wichtigen Trägern des politischen Lebens und verleiht ihnen eine Art Bestandsgarantie und einen Anspruch auf staatliche Förderung. Die Parteien selbst haben diesen Rahmen extensiv ausgefüllt und sich im „Parteiengesetz" Funktionen auf den Leib geschrieben, die einer politischen Allzuständigkeit nahe kommen. Hinter diesem großen Anspruch bleibt ihr Ansehen in der (west-)deutschen Öffentlichkeit deutlich zurück. Zwar entwickelte sich nach 1945 nie jene Skepsis und Verachtung gegenüber dem „Parteiwesen", die das demokratische Leben der Weimarer Republik so belastet hatten. Wirklich populär sind die Parteien dennoch bis heute nicht geworden und die – mitunter recht scharfe – Kritik an ihrem Politikstil, ihrer Machtbesessenheit, ihrer Führungsschwäche verstummte nie ganz.

Die verfassungstreuen Parteien zogen – im Unterschied zur Weimarer Republik – stets so viele Wähler an, dass der politische Extremismus von rechts oder links nie eine ernsthafte Chance erhielt. Trotz aller Rivalitäten bestanden zwischen den im

Das Parteiensystem

Bundestag vertretenen Parteien, von den Anfangsjahren abgesehen, so viele Gemeinsamkeiten, dass sie alle wechselseitig koalitionsfähig waren. Das erleichterte
die Regierungsbildung und sorgte in der Regel für klare Mehrheiten. Dazu trug
auch das Wahlrecht bei. Die erstmals bei den Bundestagswahlen von 1953 ange-
wandte Fünf-Prozent-Klausel versperrte den Splitterparteien den Einzug in die Parlamente.

Volksparteien Die Stabilität und Elastizität des westdeutschen Parteiensystems war auch dem
Trend zur Volkspartei zu verdanken. Im Kaiserreich und in der Weimarer Republik
waren die größeren Parteien ausnahmslos Weltanschauungs-, Interessen- und
Klassenparteien gewesen, die einseitig die Belange bestimmter Bevölkerungsgruppen vertraten und sich von fest umrissenen Prinzipien und Überzeugungen
leiten ließen; zu Kompromissen mit den politischen Gegnern fanden sie sich nur
selten bereit. Nach 1945 entstand auch in Westdeutschland allmählich der Typ der
Volkspartei, wie er etwa in den Vereinigten Staaten seit jeher üblich war. Die Volkspartei wandte sich an alle sozialen Schichten und ihr Programm war so weit gefasst, dass viele Anschauungen darin Platz hatten. Die CDU ging in dieser Entwicklung voran; seit ihrer Gründung versuchte sie Arbeitnehmer wie Arbeitgeber,
Selbständige und abhängig Beschäftigte, Katholiken und Protestanten, Stadt- und
Landbewohner, Akademiker und Volksschüler, national und europäisch Denkende
anzusprechen. Die SPD folgte ihr 1959 mit dem Godesberger Programm; in diesem kam der Marxismus gar nicht mehr vor und aus der Klassenpartei der Arbeiter wurde dem Anspruch nach eine Partei aller Volksschichten, tatsächlich wohl
eine Partei der Arbeitnehmer. Am schwersten tat sich die FDP. Auch sie betonte
ihre Offenheit für alle Bevölkerungskreise; doch blieb sie wohl im Ganzen die Partei der Wirtschaftsmanager und freiberuflichen Akademiker sowie der höheren
Beamten.

Sozialmilieus Der Trend zur Volkspartei entsprach dem allgemeinen gesellschaftlichen Wandel.
Die weitgehende Angleichung der Lebensverhältnisse innerhalb der Konsumge-
sellschaft, die beträchtliche räumliche und soziale Mobilität und die Individualisierung der Lebensstile bewirkten eine Aufweichung, wenn nicht gar Auflösung
der alten Klassen- und Schichtenprägungen. Das drückte sich zunehmend auch im
Wählerverhalten aus. In den ersten Jahrzehnten der Bundesrepublik konnten sich
die großen Parteien noch weitgehend auf feste Wählerstämme verlassen; diese
hielten ihnen die Treue, weil ihre Lebensumwelt, ihr Sozialmilieu feste Einstellungen und Loyalitäten hervorbrachte, denen sich der Einzelne anpasste. Seit den
70er Jahren wuchs die Zahl der „Wechselwähler". Diese empfanden wenig oder
keine Bindungen zu ihren sozialen Herkunftsgruppen und deren traditionellen politischen Sympathien; sie trafen ihre Wahlentscheidungen von Mal zu Mal, je nach
ihren eigenen Vorstellungen und den Vorteilen, die sie sich von dieser oder jener
Stimmabgabe versprachen.

Parteipolitische Trotz diesem Dahinschwinden der alten Sozialmilieus blieben bestimmte soziale
Trennungs- Grundorientierungen und politische Sympathien in der Wählerschaft wirksam.
linien Die SPD galt vornehmlich als Vertretung der Arbeitnehmer, die FDP fand besonders bei den wirtschaftlich Selbständigen Widerhall, die Grünen sprachen die Jüngeren mit höherer Bildung an, die Union war bei Bauern, dem unteren Mittelstand,
generell bei Katholiken beliebt. Die klassischen Gegnerschaften zwischen Linken
und Rechten, Fortschrittlichen und Konservativen, Weltbürgern und Nationalisten
verschwanden durchaus nicht. Wohl aber wurden sie seit den 70er Jahren durch
neuartige Wertorientierungen ergänzt oder überlagert: Jetzt gab es Materialisten
und Postmaterialisten, ökonomisch und ökologisch Denkende, Leistungsbeses-
sene und nach Selbstverwirklichung Suchende.

Gemessen an den Wahlergebnissen und Regierungsbeteiligungen war die CDU **CDU**
bislang die mit Abstand erfolgreichste Partei. Sie verstand es, eine sozial sehr ge-
mischte Wählerschaft an sich zu binden und einen mittleren Kurs zu steuern, der
Arbeitgeber wie Arbeitnehmer, Wohlhabende und wenig Begüterte, Menschen
mit hohem und niedrigem Bildungsstand zufrieden stellte. Lange kam sie mit
einer vergleichsweise lockeren Organisation und bescheidenen Mitgliederzahl
(Höchststand 1983 mit 735 000) zurecht. Der erste hauptamtliche Generalsekretär
wurde erst 1967 berufen, ein offizielles Grundsatzprogramm ließ bis 1978 auf sich
warten. Starke Vorsitzende wie Adenauer (1950–66) und Kohl (seit 1973) gaben
den Ton an und ließen parteiinterne Richtungs- und Machtkämpfe kaum zur Entfaltung kommen.

Die CSU, die auf Bayern beschränkte Schwesterpartei, musste den Spagat voll- **CSU**
bringen, zugleich auf Landes- und auf Bundesebene zu agieren. Gestützt auf einen
großen, treuen, bodenständigen Wählerstamm, dem sie vielfach absolute Mehrheiten verdankte, stand sie für eine stärker konservative, nationale und zugleich
bayrisch-föderalistische Politik. Unter der unbestrittenen Führung ihres langjährigen Vorsitzenden Franz Josef Strauß (1961–88) war sie stets auf ihre Eigenständigkeit gegenüber der CDU bedacht. Wiederholt drohte sie mit der Aufkündigung der
Fraktionsgemeinschaft im Bundestag, auf die sie freilich genauso angewiesen war
wie ihre größere Partnerin. 1980 setzte sie die Nominierung ihres Vorsitzenden
zum gemeinsamen Kanzlerkandidaten der Union durch. Strauß' Niederlage gegen
Helmut Schmidt bereitete dem bayrischen Führungsanspruch indes ein baldiges
Ende.

Die SPD ist nicht nur die traditionsreichste aller heutigen Bundesparteien; sie ver-
fügt auch über die meisten Mitglieder und den am besten ausgebauten Parteiap- **SPD**
parat. Ihr innerparteiliches Leben ist bewegter als das der anderen Parteien (die
Grünen ausgenommen) und auch die Zusammengehörigkeitsgefühle der „Genossen" dürften besonders intensiv sein.
Als die SPD in den 50er Jahren in Gefahr geriet, als ewige Opposition und Nein-
Sager-Partei abgestempelt zu werden, setzte der Reformflügel um Brandt, Wehner
und Erler einen Richtungswechsel durch, der im Godesberger Programm von
1959 besiegelt wurde. Die damit vollzogene Abwendung von den marxistischen
Dogmen des Klassenkampfes, des Gemeineigentums und der Planwirtschaft und
das Bekenntnis zur Marktwirtschaft und zur Westintegration erbrachten die erhofften Resultate. Die Partei öffnete sich neuen Mitgliederschichten, vor allem unter Angestellten und Akademikern, und gewann im Mitte-Links-Spektrum so viele
zusätzliche Wähler, dass sie 1966 innerhalb der Großen Koalition Regierungspar-
tei wurde und 1969 mit Willy Brandt den ersten sozialdemokratischen Bundeskanzler stellte. Damit erhielt sie auch im Bund jenen Wählerzuspruch, den sie in
den Gemeinde- und Landes-
wahlen seit je bekommen
hatte. Mit dem für viele Sozialdemokraten schockieren-
den Rücktritt der Integrations-
figur Willy Brandt vom Amt
des Bundeskanzlers 1974 und

41 Frauenquoten
In der SPD gilt heute die Quoten-
regelung: Mindestens 40% aller Mandate sind für Frauen zu reservieren.
*Diskutieren Sie die Vor- und Nachteile
solcher Quotenregelungen.*

der Nachfolge Helmut Schmidts (1974–82) begann der innerparteiliche Konsens zu zerbröckeln. Der linke Flügel, der schon die Große Koalition verwünscht und unterdes aus den Reihen der radikaldemokratischen „Achtundsechziger" Zulauf bekommen hatte, stellte sich offen gegen die schmidtsche Politik des angeblichen „Sozialabbaus" und des NATO-„Doppelbeschlusses", der die Aufstellung weiterer US-Raketen vorsah, falls die Sowjetunion nicht den jüngst erfolgten Ausbau ihrer Raketenstellungen rückgängig machte. Diese innerparteiliche Zwietracht trug nicht unwesentlich zum Sturz des zweiten und vorerst letzten SPD-Kanzlers bei. Die Partei brauchte lange, um aus ihren Streitigkeiten herauszukommen. In vier Bundestagswahlen zwischen 1983 und 1994 blieben vier SPD-Kanzlerkandidaten erfolglos. Uneinig war sich die Partei, ob sie eine Rot-Grün-Koalition anstreben sollte. Rivalitäten in der Parteispitze hörten nie ganz auf und förderten nicht das Vertrauen der Wähler.

FDP

Die FDP war stets die kleinste der drei bis 1983 die Bundespolitik unter sich ausmachenden Fraktionen, aber am häufigsten an der Regierungsbildung beteiligt. Ihr Trumpf war ihre Rolle als Mehrheitsbeschafferin in „rechten" wie „linken" Koalitionen. Dahinter blieb ihr politisches Gewicht in den Bundesländern auffallend zurück. Die Offenheit nach links wie rechts war eine Stärke und Schwäche zugleich. Sie verschaffte den Liberalen in den Regierungsbündnissen mehr Ämter und Einfluss, als es ihrer numerischen Stärke entsprach. Sie belastete sie aber auch mit dem Stigma der Umfaller-Partei, die ihr Mäntelchen nach dem Winde hängte. Dass es der 1980 auf Bundesebene gegründeten Partei „Die Grünen" schon drei Jahre später gelang, in den Bundestag einzuziehen, war eine Sensation. Die Partei gefiel sich vorerst in der Rolle einer Fundamental-Opposition. Bis zum Ende der „alten" Bundesrepublik gelangte sie zwar in die meisten Länderparlamente; aber nur in Hessen und kurzzeitig in (West-)Berlin brachte sie es als Juniorpartner der SPD zu einer Regierungsbeteiligung.

Grüne

Die Grünen gewannen einen Großteil ihrer Mitglieder und Wähler aus linken Gruppen sowie den „Neuen sozialen Bewegungen", die für den Umweltschutz, die vollständige Abrüstung, die Stilllegung der Kernkraftwerke oder die Gleichstellung der Frauen eintraten. Ihre Anhänger waren überwiegend junge Leute, oft mit hohen Bildungsabschlüssen, darunter viele Frauen. Die Parität der Geschlechter wurde zu einem streng beachteten Grundprinzip des Parteilebens. Die Grünen verstanden sich als Gegenmodell zu den „Altparteien". Um eine „Verbonzung" der Amts- und Mandatsträger zu verhindern, sollte jeder Gewählte seine Funktion nur eine Zeit lang ausüben und dann zugunsten eines anderen Parteimitgliedes zurücktreten („Rotation"); er sollte an die Aufträge der „Basis" gebunden sein und bei Nichterfüllung seiner Aufgaben abgewählt werden können. Solche Bestimmungen erwiesen sich als große Erschwerung der parlamentarischen Arbeit; sie wurden darum später fallen gelassen. Beibehalten aber wurde die Unvereinbarkeit von Führungsamt in der Partei und Abgeordnetenmandat.
Fatale Auswirkungen hatten auch die jahrelangen Richtungs- und Flügelkämpfe. „Fundamentalisten" und „Realisten", sozialistische Gesellschaftsveränderer und konservative Umweltschützer, Radikale und Gemäßigte waren heillos zerstritten; das lähmte die Partei und schadete ihrem Ansehen in der Öffentlichkeit. Erst mit dem Austritt der vehementesten Verfechter eines fundamentalistischen Kurses trat Anfang der 90er Jahre eine Normalisierung ein. Die Partei gab ihre prinzipielle Opposition auf und strebte Regierungsverantwortung in einer rotgrünen Koalition an. Das gelang ihr in einigen Bundesländern. 1993 schlossen sich die Grünen mit der aus der DDR-Bürgerbewegung hervorgegangenen politischen Vereinigung „Bündnis 90" zusammen und bildeten fortan die neue Partei „Bündnis 90/Die Grünen".

Neben diesen dauerhaft oder zeitweilig im Bundestag vertretenen Parteien gab es **Kleine Parteien**
seit 1949 – als der alliierte Lizenzierungszwang fortfiel – eine Vielzahl kleiner und
kleinster politischer Gruppierungen, von denen die meisten nur kurz bestanden.
Seit der Einführung der Fünf-Prozent-Klausel 1953 hatten die kleinen Parteien nur
noch bei Kommunalwahlen, ausnahmsweise auch bei Landtagswahlen, eine geringe Chance. Eine wirkliche politische Bedeutung erlangten allenfalls die extremistischen Organisationen; ihr Auftreten und ihre Parolen beschäftigten die
Öffentlichkeit auch unabhängig von den Wahlergebnissen.

Die radikale Linke, bis zum Parteiverbot von 1956 hauptsächlich durch die KPD **Die radikale**
vertreten, hatte in den Zeiten des Kalten Krieges wenig Chancen. Auch als sie im **Linke**
Entspannungsklima der 60er Jahre und dank den Aktivitäten der APO und der Studentenbewegung 1966–68 einen gewissen Auftrieb erhielt, blieb ihre politische
Resonanz gering. Sie verzettelte sich in fruchtlosen ideologischen Grundsatzdebatten. Der Terrorismus der Baader-Meinhof-Gruppe und der RAF, der die Bundesrepublik in den 70er Jahren mit seinen mörderischen Anschlägen erschreckte,
mochte zwar ursprünglich von linken Utopien angestoßen worden sein. Er war
aber stets nur die Sache einer verschwindend kleinen Minderheit und hatte nie die
Aussicht, als politische Alternative ernst genommen zu werden.

Der Rechtsextremismus trug ein völlig anderes Gesicht. Sieht man von der sog. **Rechts-**
„Neuen Rechten" ab, die in den 80er Jahren in der publizistischen Szene von sich **extremismus**
reden machte, so zeigte sich das rechtsradikale Lager durchweg als rückwärts gewandt. Seine Führer bauten vor allem auf die Enttäuschungen und Ressentiments
derer, die sich benachteiligt fühlten. Dazu zählten zum einen die ehemaligen Nazis, die nach 1945 einen beruflichen und sozialen Abstieg hatten hinnehmen müssen; zum andern solche, die in wirtschaftlichen Krisenzeiten – wie 1966/67 oder
seit den späten 80er Jahren – ihr Heil von einem autoritären Staat und einer Politik des nationalen Egoismus erhofften. Manche dieser Zukurzgekommenen sehnten sich nach einer Wiederkehr des „Dritten Reiches", dessen Erfolge sie verklärten und dessen Verbrechen sie leugneten; andere empfanden eher konservativ,
konnten sich mit dem liberalen Lebensstil der „offenen Gesellschaft" nicht anfreunden und sahen in der supranationalen Bündnis- und Europapolitik aller Bundesregierungen seit Adenauer einen Verrat an den nationalen deutschen Lebensinteressen.
Der Rechtsextremismus war stets ein Nutznießer wirtschaftlicher und gesellschaftlicher Krisenstimmungen. Die 1952 wegen Verfassungsfeindlichkeit vom
Bundesverfassungsgericht verbotene Sozialistische Reichspartei (SRP) profitierte
von den Startschwierigkeiten der Marktwirtschaft mit ihrer hohen Arbeitslosigkeit.
Die Nationaldemokratische Partei Deutschlands (NPD), die zwischen 1966 und
1969 den größten Zuspruch fand, beeindruckte viele, die sich von der Rezession
jener Jahre bedroht fühlten. Die „Republikaner" errangen nach Jahren der Bedeutungslosigkeit ihre ersten Erfolge, als seit 1989 der ausländische Konkurrenzdruck wuchs und die Arbeitsplätze knapp wurden. Jedes Mal machte die rechte
Propaganda Sündenböcke namhaft, gegen die sich der Zorn mobilisieren ließ:
1949–52 waren es die Siegermächte und die deutschen „Erfüllungspolitiker";
1966–69 die „Linken", die die bürgerliche Ordnung und Wohlanständigkeit „untergruben"; in den frühen 90ern die Ausländer, die den Deutschen die „Arbeit
wegnahmen". Die Diffamierung der „Feinde" verband sich mit dem Appell an die
alten Tugenden: Härte gegen sich und andere, Gehorsam und Disziplin, Kameradschaft und Soldatentum, Nationalstolz und Elitebewusstsein. Seit dem Verbot der
SRP hütete man sich, die demokratische Verfassungsordnung frontal anzugreifen.
Aber den Anhängern gab man zu verstehen, dass der machtbewusste, autoritäre,
die demokratische Gleichheit verachtende Staat das Ziel war.

42 Die Bundesrepublik: ein freiheitlich-demokratischer Verfassungsstaat?

a) Aus Urteilen des Bundesverfassungsgerichts von 1952 und 1956:
1952: So lässt sich die freiheitliche demokratische Grundordnung als eine Ordnung bestimmen, die unter Ausschluss jeglicher Gewalt- und Willkürherrschaft eine rechtsstaatliche Herrschaftsordnung auf
5 der Grundlage der Selbstbestimmung des Volkes nach dem Willen der jeweiligen Mehrheit und der Freiheit und Gleichheit darstellt. Zu den grundlegenden Prinzipien dieser Ordnung sind mindestens zu rechnen: die Achtung vor den im Grundgesetz
10 konkretisierten Menschenrechten, vor allem vor dem Recht der Persönlichkeit auf Leben und freie Entfaltung; die Volkssouveränität; die Gewaltenteilung; die Verantwortlichkeit der Regierung; die Gesetzmäßigkeit der Verwaltung; die Unabhängigkeit
15 der Gerichte; das Mehrparteienprinzip und die Chancengleichheit für alle Parteien mit dem Recht auf verfassungsmäßige Bildung und Ausübung einer Opposition.

1956: Wenn als ein leitendes Prinzip aller staatlichen
20 Maßnahmen der Fortschritt zu „sozialer Gerechtigkeit" aufgestellt wird, [...] so ist auch das ein der konkreten Ausgestaltung in hohem Maße fähiges und bedürftiges Prinzip. Was jeweils praktisch zu geschehen hat, wird also in ständiger Auseinanderset
25 zung aller an der Gestaltung des sozialen Lebens beteiligten Menschen und Gruppen ermittelt. Aber es erschöpft sich nicht darin. Im Ringen um die Macht spielt sich gleichzeitig ein Prozess der Klärung und Wandlung dieser Vorstellungen ab. Die schließlich
30 erreichten Entscheidungen werden gewiss stets mehr den Wünschen und Interessen der einen oder anderen Gruppe oder sozialen Schicht entsprechen; die Tendenz der Ordnung und die in ihr angelegte Möglichkeit der freien Auseinandersetzung zwi
35 schen allen realen und geistigen Kräften wirkt aber in Richtung auf Ausgleich und Schonung der Interessen aller. [...] In die schließlich erreichte Mehrheitsentscheidung ist immer auch die geistige Arbeit und die Kritik der oppositionellen Minderheit einge
40 gangen. Weil Unzufriedenheit und Kritik mannigfache, selbst drastische Ausdrucksmöglichkeiten besitzen, zwingt die Einsicht in die Labilität ihrer Posi

tion die Mehrheit selbst, die Interessen der Minderheit grundsätzlich zu berücksichtigen.

Entscheidungen des Bundesverfassungsgerichts, Bd. 2, S. 13; Bd. 5, S. 198 ff.

b) Der Philosoph und Soziologe Jürgen Habermas über den „Wert der Mehrheitsregel" (1983):
[...] Trotzdem halten wir an der von Minderheiten respektierten Mehrheitsentscheidung als dem Königsweg der demokratischen Willensbildung fest. Daran will auch heute niemand ernstlich rütteln. Aber bestimmte *minimale* Voraussetzungen müssen
5 erfüllt sein, wenn die Mehrheitsregel ihre legitimierende Kraft behalten soll. So darf es keine geborenen Minderheiten geben, beispielsweise auf Grund gespaltener kultureller Überlieferungen und Identitäten. Ebenso wenig darf die Mehrheit irreversible
10 Entscheidungen treffen. Die Mehrheitsregel funktioniert nur in bestimmten Kontexten überzeugend. Ihr Wert muss sich an der Idee messen lassen, wie weit sich die Entscheidungen, die sie unter Bedingungen knapper Zeit und begrenzter Information
15 ermöglicht, von den idealen Ergebnissen eines diskursiv erzielten Einverständnisses oder eines präsumptiv gerechten Kompromisses entfernen. [...]
Es ist an der Zeit, ohne Nachgiebigkeit klarzumachen, in welchem Sinne ziviler Ungehorsam berech
20 tigt ist. Das ist etwas anderes als ein Aufruf zu zivilem Ungehorsam. Die Entscheidung, ein solches Risiko einzugehen, muss jeder für sich selber treffen. Das „Recht" auf zivilen Ungehorsam bleibt aus guten Gründen in der Schwebe zwischen Legitimität
25 und Legalität. Aber der Rechtsstaat, der zivilen Ungehorsam als gemeines Verbrechen denunziert und verfolgt, gerät auf die schiefe Ebene eines autoritären Legalismus. Die von Juristen ausgegebene, von Journalisten verbreitete, von Politikern aufge
30 nommene Parole, Gesetz ist Gesetz, Nötigung ist Nötigung, entspringt derselben Mentalität wie die Überzeugung jenes ehemaligen NS-Marinerichters, der meinte, dass, was einmal Recht war, auch Recht bleiben müsse. [...]
35

J. Habermas, Ziviler Ungehorsam – Testfall für den demokratischen Rechtsstaat, in: Die neue Unübersichtlichkeit, Frankfurt 1985, S. 95–97

---

a) *Überprüfen Sie die Aussage der Bundesverfassungsrichter, die demokratische Mehrheit berücksichtige auch die Interessen der Minderheit an Beispielen aus der Geschichte der Bundesrepublik.*
b) *Diskutieren Sie das Recht auf zivilen Ungehorsam. Wo liegen sein guter Sinn und seine Grenzen? Was unterscheidet Legitimität von Legalität?*

43 „Radikale" im Öffentlichen Dienst?

a) Aus dem Beschluss der Regierungschefs des Bundes und der Länder vom 28. Januar 1972:
Nach den Beamtengesetzen in Bund und Ländern darf in das Beamtenverhältnis nur berufen werden, wer die Gewähr dafür bietet, dass er jederzeit für die freiheitliche demokratische Grundordnung im Sinne
5 des Grundgesetzes eintritt; sind Beamte verpflichtet, sich aktiv innerhalb und außerhalb des Dienstes für die Erhaltung dieser Grundordnung einzusetzen. Es handelt sich hierbei um zwingende Vorschriften. Jeder Einzelfall muss für sich geprüft und entschieden
10 werden. Von folgenden Grundsätzen ist dabei auszugehen: 1. Ein Bewerber, der verfassungsfeindliche Aktivitäten entwickelt, wird nicht in den öffentlichen Dienst eingestellt. 2. Gehört ein Bewerber einer Organisation an, die verfassungsfeindliche
15 Ziele verfolgt, so begründet diese Mitgliedschaft Zweifel daran, ob er jederzeit für die freiheitliche demokratische Grundordnung eintreten wird. Diese Zweifel rechtfertigen in der Regel eine Ablehnung des Einstellungsantrages.

Gemeinsames Amtsblatt des Landes Baden-Württemberg, 21 (1973), S. 950

b) Der Journalist Theo Sommer:
Schließlich aber geht es um die Auswirkungen der Überprüfungspraxis, die indirekten Folgekosten des Staatsschutzes, wie er derzeit im deutschen Südwesten praktiziert wird. Es sind zwei. Erstens: Die staat-
5 liche Schnüffelei fördert das Duckmäusertum. Zwei-
tens: Sie gefährdet die Meinungsfreiheit und die Lehrfreiheit.
Duckmäusertum – wie anders soll man es benennen, was sich an vielen Universitäten tagtäglich manifes-
10 tiert? Gewisse Prüfungsthemen werden plötzlich nicht mehr gewünscht; ein Student, der über Marx gearbeitet hat, bittet, doch lieber über Popper geprüft zu werden; Titel von Zulassungsarbeiten werden ins Neutrale umfrisiert – man hat ja erlebt, dass
15 derlei Dinge später zu Bedenken Anlass gaben. [...] Die Bereitschaft zu Asta-Kandidaturen lässt nach – auch solche Tätigkeit hatte die Obrigkeit als verdächtig eingestuft. [...]
Ministerpräsident Filbinger unterschreibt in einer
20 Referenten-Entgegnung an die hundert protestierenden Professoren einen Satz, der eine eng verstandene Verfassungstreue über die Freiheit der Lehre stellt: „Ein verfassungswidriges Handeln liegt dann vor, wenn in der Form der Lehre Ansichten, die ge-
25 gen die genannten Verfassungsprinzipien gerichtet sind, befürwortend oder gar propagandistisch verbreitet werden" – als ob Lehrmeinungen über unsere Verfassungswirklichkeit von vornherein auf ein zustimmendes oder neutrales Urteil zum Grundge-
30 setz festgenagelt werden dürften. Da wird die Grenze zwischen wissenschaftlicher Meinung und politischer Agitation auf gefährliche Weise verwischt.

Th. Sommer, Eine Demokratie von Duckmäusern? in: Die Zeit vom 13. Juni 1975

> a) Warum erregte der sog. „Radikalenerlass" von 1972 derartig großes Aufsehen? Erläutern Sie seinen zeitgeschichtlichen Hintergrund.
> b) Lässt sich der „Radikalenerlass" als Anschlag auf den demokratischen Rechtsstaat deuten? Diskutieren Sie die Grenze zwischen dem Selbstschutz des Staates vor verfassungsfeindlicher Unterwanderung und demokratiewidriger Gesinnungsschnüffelei.

44 Rechtliche Grundlagen politischer Parteien

a) Grundgesetz, Art. 21:
(1) Die Parteien wirken bei der politischen Willensbildung des Volkes mit. Ihre Gründung ist frei. Ihre innere Ordnung muss demokratischen Grundsätzen entsprechen. Sie müssen über die Herkunft und Ver-
5 wendung ihrer Mittel sowie über ihr Vermögen öffentlich Rechenschaft geben.
(2) Parteien, die nach ihren Zielen oder dem Verhalten ihrer Anhänger darauf ausgehen, die freiheitliche demokratische Grundordnung zu beeinträchti-
gen oder zu beseitigen oder den Bestand der Bun- 10 desrepublik Deutschland zu gefährden, sind verfassungswidrig. Über die Frage der Verfassungswidrigkeit entscheidet das Bundesverfassungsgericht.

b) Aus dem „Gesetz über die politischen Parteien" (1967):
[...] § 2. Begriff der Partei
(1) Parteien sind Vereinigungen von Bürgern, die dauernd oder für längere Zeit für den Bereich des

Bundes oder eines Landes auf die politische Wil-
5 lensbildung Einfluss nehmen und an der Vertretung
des Volkes im Deutschen Bundestag oder einem
Landtag mitwirken wollen, wenn sie nach dem Gesamtbild der tatsächlichen Verhältnisse, insbesondere nach Umfang und Festigkeit ihrer Organi-
10 sation, nach der Zahl ihrer Mitglieder und nach
ihrem Hervortreten in der Öffentlichkeit, eine aus-

reichende Gewähr für die Ernsthaftigkeit dieser
Zielsetzung bieten. Mitglieder einer Partei können
nur natürliche Personen sein.
(2) Eine Vereinigung verliert ihre Rechtsstellung 15
als Partei, wenn sie sechs Jahre lang weder an einer
Bundestagswahl noch an einer Landtagswahl mit
eigenen Wahlvorschlägen teilgenommen hat.

Bundesgesetzblatt, Jg. 1989, Teil I, S. 327

a) *Vergleichen Sie die Bestimmungen der Merkmale von Parteien in den beiden Texten. Inwiefern und mit welcher Absicht geht das Parteiengesetz über den verfassungsrechtlichen
Rahmen hinaus?*
b) *Wie grenzt der Gesetzgeber die Parteien von anderen Organisationen ab, die ebenfalls politische Zwecke verfolgen?*

45 | Parteien unter der Lupe der Statistik

a) Wahlentscheidung 1987 nach Berufspositionen und Bildungsabschlüssen (in v. H.)

	End-ergebnis	Befragte insges.	untere Angest./ Beamte	höhere Angest./ Beamte	Land-wirte	Selb-ständige	Arbeiter	Bildung untere	höhere
CDU/CSU	44,3	43,9	48,1	49,6	63,6	54,0	38,7	44,6	39,7
SPD	37,0	41,8	40,9	24,4	27,3	23,9	53,4	46,9	21,9
FDP	9,1	6,2	5,8	13,8	9,1	11,5	2,4	4,4	13,9
Grüne	8,3	7,3	5,2	11,4	–	10,6	4,6	3,6	22,5
NPD	0,6	0,3	–	–	–	–	0,7	0,4	–

H. U. Brinkmann, Wahlverhalten der „neuen Mittelschicht" in der Bundesrepublik, in: Aus Politik und Zeitgeschichte, B 30–31/1988, S. 26

b) Lebensstil und Parteiidentifikation (in v. H.):

	Anteil an der Bevölk.	CDU/ CSU	SPD	FDP	Grüne	keine Identi-fikation
Der gehobene Konservative	11	46	15	1	1	37
Der aufgeschlossene und anpassungsfähige Normalbürger	25	35	25	1	1	38
Der pflichtorientierte, konventions-bestimmte Arbeitnehmer	11	22	38	3	1	35
Der integrierte ältere Mensch	11	45	21	–	–	35
Der isolierte alte Mensch	4	41	25	1	–	33
Der unauffällige, eher passive Arbeitnehmer	13	23	24	2	1	50
Der postmateriell-linksalternativ eingestellte jüngere Mensch	5	1	6	–	39	54
Der linksliberale integrierte Postmaterialist	10	6	31	3	11	49
Der aufstiegsorientierte jüngere Mensch	10	17	22	2	1	58

(Die Daten wurden gemäß der Selbsteinschätzung der Befragten ermittelt.)

P. Gluchowski, Lebensstile und Wandel der Wählerschaft in der Bundesrepublik, in: Aus Politik und Zeitgeschichte, B 12/1987, S. 21 ff.

c) Sozialmilieu und Parteiidentifikation (in v. H.):

Milieu	Anteil an der Bevölk.	CDU/ CSU	SPD	FDP	Grüne	keine Angabe
Konservativ gehobenes	10	5,9	1,7	1,3	0,1	1,0
Kleinbürgerliches	29	16,0	8,4	1,1	0,3	3,2
Traditionelles Arbeiter-	9	3,1	4,7	0,1	0,1	1,0
Traditionsloses Arbeiter-	8	2,5	4,0	0,1	0,5	0,9
Aufstiegsorientiertes	21	8,4	8,4	1,3	0,8	2,1
Technokratisch-liberales	11	4,0	4,3	1,1	0,8	0,8
Hedonistisches	8	1,3	3,4	0,1	2,2	1,0
Alternatives/linkes	4	0,5	1,8	0,1	1,3	0,3
Summe	100	41,7	36,7	5,2	6,1	10,3

(Die Daten wurden aufgrund von Interviews und „objektiven" sozialen Merkmalen – Beruf, Einkommen, Bildungsabschluss usw. – ermittelt.)

SINUS, Planungsdaten für die SPD, Bonn 1984, S. 62

d) Spendenaufkommen der Parteien (in Tausend DM):

	1981	1983	1985	1987	1989
CDU/CSU	28 000	57 400	31 800	45 200	60 500
SPD	8 200	11 700	15 200	21 000	25 600
FDP	10 500	13 400	9 800	13 000	15 000
Grüne	600	2 200	8 600	11 800	12 200

Bundestagsdrucksache 11/6885 (1990)

a) Entwerfen Sie die Sozialprofile des typischen Unions-, SPD-, FDP- und Grünen-Wählers. Stellen Sie Beziehungen zu den politischen Programmen der Parteien her.
b) Was verrät das Spendenaufkommen über die Anhänger der Parteien? Erläutern Sie die Schwankungen der Beträge.

46 Gewerkschaften und Streikrecht

a) Schreiben des Bundeskanzlers Adenauer an den DGB-Vorsitzenden Hans Böckler wegen der Ankündigung eines Streiks für die Einführung der Mitbestimmung (1950):

Mit Besorgnis erfüllt mich die Ankündigung der IG Metall über die Durchführung einer Urabstimmung in den Eisen schaffenden Betrieben. Das Rechtsbe-
5 wusstsein und die Rechtsordnung haben den Arbei-
tern das Streikrecht in allen Fragen des Tarifvertra-
ges zugestanden. Der angekündigte Streik geht aber über diesen Rahmen hinaus. Ein solcher Streik könnte nur das Ziel haben, die Entscheidung der frei gewählten Volksvertretung durch die Androhung
10 oder Herbeiführung wirtschaftlicher Schäden, die alle treffen, in die Richtung gewerkschaftlicher Wünsche zu drängen. Ich befürchte, dass damit ein

Weg beschritten wird, der letztlich zu einem Konflikt mit der staatsrechtlichen Grundordnung führen kann. 15

b) Aus der Antwort Böcklers, 1950:

Die deutschen Gewerkschaften sind der Ansicht, dass die allgemeine politische Entwicklung in der Welt mit aller Deutlichkeit zeigt, dass nur durch eine lebendige soziale Ordnung der Vermassung und dem Totalitarismus Einhalt geboten werden kann. 5
Sie sind weiterhin der Meinung, dass es für die De-
mokratie in Deutschland lebenswichtig ist, dass sie nicht nur auf den politischen Bereich beschränkt bleibt, sondern ihre sinngemäße Ergänzung auch durch die Einführung demokratischer Grundsätze in 10 der Wirtschaftsführung und Wirtschaftsgestaltung

erhält. Den Beweis für ihre Auffassung sehen die deutschen Gewerkschaften in der Tatsache des Missbrauchs wirtschaftlicher Macht zu politischen
15 Zwecken in der Vergangenheit und in der traurigen Folgeerscheinung dieses Missbrauchs, nämlich Krieg und Zerstörung. [...] In Ihrem Schreiben haben Sie die Auffassung vertreten, dass das Rechtsbewusstsein und die Rechtsordnung den Arbeitern das
20 Streikrecht nur in Fragen des Tarifvertrages zugestanden haben. Ich kann dieser Ihrer Ansicht nicht beipflichten. In diesem Zusammenhang möchte ich

auf Art. 9, Abs. 3 des Grundgesetzes verweisen, in dem den Arbeitnehmern das Koalitionsrecht eingeräumt wird zur Wahrung und Förderung der Ar- 25
beits- und Wirtschaftsbedingungen. Es wird also den Arbeitern nicht nur das Recht zugestanden, sich zu vereinigen zur Regelung der Lohn- und Arbeitsbedingungen, sondern auch um ihren Auffassungen und ihren Interessen entsprechende Wirtschaftsbe- 30
dingungen zu gestalten.

Th. Pirker, Die blinde Macht, Bd. 1, München 1960, S. 188 f.

> a) *Charakterisieren Sie das unterschiedliche Verständnis von Demokratie, das in dem Brief-*
> *wechsel zum Ausdruck kommt. Wem geben Sie Recht?*
> b) *Böckler behauptet, Wirtschaftsdemokratie könne „Totalitarismus" und „Vermassung" ver-*
> *hindern. Stellen Sie diese Begriffe in den zeitgeschichtlichen Zusammenhang von 1950*
> *und nehmen Sie zu Böcklers Ansicht Stellung.*

47 Gewerkschaftsprogramme im historischen Wandel

a) Wirtschaftspolitische Grundsätze von 1949:
I. Eine Wirtschaftspolitik, die unter Wahrung der Würde freier Menschen die volle Beschäftigung aller Arbeitswilligen, den zweckmäßigsten Einsatz aller volkswirtschaftlichen Produktivkräfte und die
5 Deckung des volkswirtschaftlich wichtigen Bedarfs sichert. II. Mitbestimmung der organisierten Arbeitnehmer in allen personellen, wirtschaftlichen und sozialen Fragen der Wirtschaftsführung und Wirtschaftsgestaltung. III. Überführung der Schlüs-
10 selindustrien in Gemeineigentum, insbesondere des Bergbaues, der Eisen- und Stahlindustrie, der Großchemie, der Energiewirtschaft, der wichtigen Verkehrseinrichtungen und der Kreditinstitute. IV. Soziale Gerechtigkeit durch angemessene Be-
15 teiligung aller Werktätigen am volkswirtschaftlichen Gesamtertrag und Gewährung eines ausreichenden Lebensunterhaltes für die infolge Alters, Invalidität oder Krankheit nicht Arbeitsfähigen. – Eine solche wirtschaftspolitische Willensbildung und Wirt-
20 schaftsführung verlangt eine zentrale volkswirtschaftliche Planung, damit nicht private Selbstsucht über die Notwendigkeiten der Gesamtwirtschaft triumphiert.

b) Grundsatzprogramm von 1981:
Als Selbsthilfe- und Kampforganisation bieten die Gewerkschaften ihren Mitgliedern Schutz vor den Folgen der wirtschaftlichen und gesellschaftlichen Unterlegenheit. Als soziale und gesellschaftliche
5 Bewegung haben sie die Aufgabe, die Ursachen der wirtschaftlichen Abhängigkeit und gesellschaft-

lichen Unterlegenheit der Arbeitnehmer zu beseitigen. [...] Die Unsicherheit der Arbeitsplätze, die Ungerechtigkeit der Einkommens- und Vermögensverteilung, die Ungleichheit der Bildungschancen 10
und die Abhängigkeit von Wirtschaftsmacht sind nicht überwunden. Dazu sind weitere Belastungen aus der zunehmenden Verschlechterung der Umweltbedingungen sowie der Intensivierung der Arbeit vor allem durch die an Kapitalinteressen ausge- 15
richtete Anwendung neuer Technologien und neuer Formen der Arbeitsorganisation gekommen. [...] Der DGB wendet sich insbesondere an die arbeitende Jugend und fordert sie auf, an den Zielen der

48 Demonstration der IG-Metall 1989 in Hamburg

20 Gewerkschaftsbewegung mitzuwirken. Der DGB unterstützt die Jugend tatkräftig. Im DGB kämpfen Männer und Frauen gemeinsam in gewerkschaftlicher Tradition für die wirtschaftliche und gesellschaftliche Gleichberechtigung der Frauen. [...] Zur 25 Verwirklichung der Gleichberechtigung sind Veränderungen der Arbeitswelt und der gesellschaftlichen Infrastruktur notwendig. Der DGB setzt sich gemeinsam mit den ausländischen Arbeitnehmern für die Beseitigung ihrer besonderen wirtschaftlichen, 30 sozialen und kulturellen Benachteiligung mit dem Ziel ein, ihre Gleichberechtigung zu verwirklichen.

c) Aktionsprogramm von 1988:
Es gibt Möglichkeiten und Chancen, die Vollbeschäftigung wiederzugewinnen, technischen und sozialen Fortschritt miteinander zu verknüpfen, die Arbeitsbedingungen weiter zu humanisieren, die 5 Chancengleichheit der Geschlechter zu verwirklichen, den Wohlstand gerecht zu verteilen und unsere Umwelt zu schützen. [...] Stärker als andere Organisationen sind die Gewerkschaften bei der Vertretung von Arbeitnehmerinteressen auf den

Rückhalt und die Mobilisierung ihrer Mitgliedschaft 10 angewiesen. Die Erhaltung und Stärkung der zahlenmäßigen und organisatorischen Kraft der unter dem Dach des DGB zusammengeschlossenen Gewerkschaften ist deshalb zentrale Vorbedingung für die Durchsetzung unserer Ziele. Dazu gehört auch 15 die stärkere Einbeziehung derjenigen Arbeitnehmergruppen, die in den Gewerkschaften bisher noch unzureichend vertreten sind. Im Betrieb und am Arbeitsplatz werden Arbeitsplatzgefährdung, inhumane Arbeitsbedingungen und zahlreiche Aspekte 20 sozialer Ungerechtigkeit am unmittelbarsten erfahren. Wir wollen die Mitbestimmungs- und Mitgestaltungsmöglichkeiten ausschöpfen und weiter ausbauen. Die Zielsetzungen, die wir auf der betrieblichen Ebene anstreben, können wir nur erreichen, 25 wenn die Belegschaften umfassend informiert und aufgeklärt sind und wenn sie bereit sind, sich gemeinsam für die Gestaltung ihrer Arbeits- und Lebensbedingungen einzusetzen.

M. Schneider, Kleine Geschichte der Gewerkschaften, Bonn 1989, S. 457 ff.

a) *Wie lauteten die Dauerthemen, wann und wo wurden neue Ansätze sichtbar? Vergleichen Sie die Äußerungen zur Rolle der Frau sowie zur Mobilisierung der Mitglieder.*
b) *Die Gewerkschaften behaupten einen Zusammenhang von wirtschaftlicher Mitbestimmung und Demokratisierung. Erläutern Sie die diesbezügliche Argumentation des DGB und entwickeln Sie eine eigene Meinung dazu.*

49 Dürfen sich die Kirchen in die Politik einmischen?

a) Der katholische Bischof Joseph Höffner (1947):
An sich mischt sich die Kirche in die Angelegenheiten der politischen Parteien nicht ein. Wenn man also den Idealfall voraussetzt, dass in einem Staat alle Parteien die sittliche Weltordnung und die 5 Rechte der Kirche anerkennen, so ist es völlig in das Belieben der Katholiken gestellt, welcher Partei sie sich anschließen wollen. Sofern jedoch eine Partei Ziele verfolgt, die dem Sittengesetz und der göttlichen Offenbarung widerstreiten, ist dem Katholiken 10 die Teilnahme untersagt. In Zeiten religiösen und sittlichen Zerfalls könnte es sogar geschehen, dass keine einzige Partei den christlichen Anforderungen völlig gerecht wird. Heute wird z. B. das natürliche Sittengesetz von allen nichtchristlichen Weltan- 15 schauungen entweder gänzlich oder teilweise abgelehnt oder doch in vielen Fragen in einem Sinne aus-

gelegt, der dem katholischen Denken widerspricht. Es ist leicht begreiflich, dass in solcher Lage die Katholiken es für empfehlenswert oder gar für notwendig erachten, sich selber zu einer Partei zusammen- 20 zuschließen oder doch gemeinsam mit den nichtkatholischen Christen eine Partei zu bilden. [...] Die aktive Mitarbeit der Geistlichen in den Parteien, auch in den Parteien der Katholiken, ist abzulehnen. Es ist nicht Aufgabe der Kirche und ihrer Priester, 25 konkrete politische Entscheidungen zu treffen und in die Tagespolitik einzugreifen, sondern durch religiöse Schulung und Gewissensbildung die ewigen naturrechtlichen Grundsätze jeder Politik in die Herzen der Katholiken zu senken. 30

J. Höffner, Kirche und Partei, in: Trierer Theologische Zeitschrift, Jg. 56 (1947), S. 357 ff.

b) Der evangelisch-lutherische Landesbischof Hans Lilje (1956):

Es ist ein unvollziehbarer Gedanke, dass die Kirche in der Öffentlichkeit schweigen könnte. Es gibt keinen erkennbaren Grund, warum das Zeugnis von dem Willen Gottes gerade vor einem so wichtigen
5 Lebensgebiet wie der Politik Halt machen sollte. [...] Politik besteht ja nicht nur aus einer Reihe von Einzelfragen der politischen Technik. Es ist ganz selbstverständlich, dass die Kirche nicht den Ehrgeiz haben kann, in allen möglichen Einzelentscheidungen
10 der Tagespolitik, wie etwa der Festsetzung einer Biersteuer, herumzudebattieren. [...] Aber das vordergründige Geschäft der Tagespolitik steht nicht allein, hinter ihm gibt es noch ein anderes tieferes und umfassenderes Verständnis von Politik. [...] Die Po-
15 litik in ihrem edlen und großen Sinn ist nicht die Routine eines Spezialisten für geheimnisvolle Einzelfragen, sondern die hohe Kunst, das Zusammenleben der Menschen zu ordnen. Wie könnte aber im Ernst von dem Zusammenleben der Menschen ge-
20 sprochen werden, ohne dass dabei fortgesetzt die Frage nach Gottes ewigen und heiligen Ordnungen auftauchte? [...] Es kann niemals das Ziel der Kirche sein, so etwas wie eine klerikalistische Politik zu treiben. Die Aufgabe der Christenheit im politischen
25 Leben wird nicht dadurch gelöst, dass der gesamte Bereich des öffentlichen Lebens unter kirchliche Bevormundung gerät. Es gibt Menschen, die an diesem Punkt einer gewissen Nervosität verfallen sind und die Besorgnis hegen, die Kirche könne versuchen, auf politische Weise zur Macht zu gelangen. 30 Diese Sorge muss man nachdrücklich widerlegen. [...] Es sind vor allem zwei Aufgaben, die für die Christenheit wichtig sind. Die erste ist diagnostischer Art. Die Christenheit muss aufdecken, welches die Gründe der offenkundigen politischen Ka- 35 lamität sind, in der sich die Welt, vor allem Deutschland, heute befindet. [...] Die Christenheit hat aber zweitens eine positive Aufgabe; sie hat ein stellvertretendes Denken zu leisten. [...] Ein Beispiel möge das erläutern. Eine der Grundordnungen 40 Gottes in der Welt ist die Familie. Die Christenheit kann sich mit keiner Lösung unserer sozialen Probleme, etwa des Flüchtlingsproblems oder des Arbeitsproblems, zufrieden geben, die nicht auf die Zusammenführung und das Zusammenbleiben der 45 Familien ausgerichtet ist. Sie tut ihre Schuldigkeit nicht, wenn sie nicht mit allen ihr zur Verfügung stehenden Mitteln prüfend, mahnend, warnend darauf hinweist, dass alle sozialen Lösungsversuche, durch die weiterhin Familien auseinandergerissen oder am 50 Zusammenkommen gehindert werden, die Zerstörung unseres sozialen Lebens in allen sozialen Bereichen weiter vorantreiben.

H. Lilje, Kirche und Welt, München 1956, S. 44 ff.

> a) Beide Theologen ziehen eine klare Trennungslinie zwischen der Tagespolitik und den großen politischen Anliegen. Wo liegt diese Grenze?
> b) Stellen Sie die Begründungen für die Teilnahme der Kirchen am politischen Leben zusammen. Kennen Sie gegenteilige Auffassungen?

Zur Diskussion

Versagen die Parteien?

Seit Jahren müssen sich unsere politischen Parteien viel Kritik gefallen lassen. Das scheint eine alte deutsche Tradition zu sein. Aber die Stoßrichtung hat sich geändert. War man während der Weimarer Republik und hier und dort auch noch nach 1945 geneigt, das Parteiwesen als solches, die Parteilichkeit und den Parteienstreit, zu verwerfen und ihm das Staatsganze und das Gemeinwohl entgegenzustellen, haben die meisten Bundesbürger heute den Parteienstaat als angemessene Form der Demokratie akzeptiert. Die Ein-Partei-Systeme totalitärer Diktaturen waren eine deutliche Lehre. Die viel berufene Parteienverdrossenheit unserer Tage rührt vielfach aus dem Empfinden, unsere Parteien seien nicht demokratisch genug, sie blieben hinter den idealen Ansprüchen eines wirklich demokratischen Gemeinwesens zurück.

a) Der Rechtswissenschaftler Hans Herbert von Arnim:

Die Kritik an den politischen Parteien lässt sich auf vier Hauptpunkte zurückführen:
1. Das Volk komme nicht zu Wort, sondern werde durch die politischen Parteien ersetzt, die aber ihrer-
5 seits ihrer Funktion als Sprachrohr des Volkes nicht gerecht würden. Frage also: Entmündigen die Parteien das Volk? 2. Die Parteien versagten vor der Lösung dringender Gemeinschaftsaufgaben. Frage also: Haben die Parteien ein Defizit an Problem-
10 lösungskompetenz oder besteht gar parteilich bedingtes „Staatsversagen"? 3. Die Parteien höhlten den verfassungsrechtlichen Grundsatz der Gewaltenteilung aus; das habe schädliche Rückwirkungen auf die Funktionsfähigkeit des ganzen Systems.
15 Frage also: Stellen sich die Parteien als Monopolmächte dar? 4. In den Parteien dominiere das Eigeninteresse an Macht, Posten und Geld. Frage also: Beuten die Parteien den Staat aus? [...]
(Zu 3) Der parteipolitische Einfluss verändert auch
20 dann, wenn er nicht von einer Partei allein ausgeht, die Motivations- und Denkweise und damit auch die Art der Willensbildung insgesamt. Wem es primär auf Mehrheiten, Bündnisse, Macht, Positionen und Versorgung ankommt, der ist innerlich anders einge-
25 stellt und gelangt oft auch zu anderen Ergebnissen als der, dem es um sachliche Richtigkeit geht. [...] Wer immer nur besorgt ist, ob den Mächtigen genehm ist, was er geistig produziert, dem droht allmählich sein sachorientierter Denkstil abhanden zu
30 kommen. Gerade der aber ist die Basis für die rationale Bewältigung unserer Gemeinschaftsprobleme.

H. H. von Arnim, Ist die Kritik an den politischen Parteien berechtigt? in: Aus Politik und Zeitgeschichte, B 11/1993, S. 14 ff.

b) Der Politikwissenschaftler Peter Haungs:

Zweifellos gab und gibt es gute Gründe für die Verankerung der Parteien in der Verfassung. [...] Bedenklich war jedoch die Neigung der Parteien, den Artikel 21 GG, dessen präzise Formulierungen zudem überwiegend kontrollierenden Charakter ha- 5 ben, als „Privilegierung" im Sinne eines Monopolanspruchs auf politische Willensbildung auszulegen. Faktisch bestand ein solches Monopol natürlich zu keinem Zeitpunkt: Es genügt, an Interessenverbände und den zunehmenden politischen Einfluss 10 der Medien zu erinnern. Aber hoheitliches Gebaren und behördenähnliche Verhaltensweisen (auf der sicheren Basis staatlicher Subventionen) konnten solche Missverständnisse auslösen. Sie dürften, was man unter diesem Aspekt nur begrüßen kann – an- 15 gesichts von Bürgerinitiativen und Protestbewegungen gegenstandslos geworden sein. [...] Insgesamt fällt es schwer, die Gründe für die heftige Kritik an der Parteiendemokratie der Bundesrepublik oder für die „Verdrossenheit" über sie in den tatsächli- 20 chen Verhältnissen zu finden. Es sind wohl eher besonders anspruchsvolle, wenig realistische Maßstäbe, die zwangsläufig zur Feststellung von Defiziten und entsprechenden Frustrationen führen und andererseits auch zu ebenso übertriebenen Hoff- 25 nungen auf Parteien „neuen Typs". [...] Die Parteien müssen akzeptieren, dass sie in Demokratien strengen, manchmal etwas schizophrenen Maßstäben unterworfen werden. Aber ein Appell zu etwas mehr – durch historische oder internationale Umsicht ange- 30 leitete – Realitätsnähe und Differenzierung des Urteils ist doch wohl angebracht.

P. Haungs, Taugen die Verhältnisse nichts oder die Maßstäbe? in: Das Parlament, 37/38 (1986), S. 1 f.

a) Von Arnim behauptet einen Gegensatz zwischen Parteilichkeit und Sachlichkeit. Wie denken Sie darüber?

b) Die beiden Verfasser verwenden unterschiedliche Urteilsmaßstäbe. Kennzeichnen Sie diese und äußern Sie sich zu deren Vorzügen und Schwächen. Kennen Sie weitere Kriterien?

1. Nennen Sie Merkmale unserer Verfassungsordnung. Welche davon waren oder sind politisch umstritten?

2. Welche Vorzüge, welche Mängel sehen Sie in der politischen Kultur der Bundesrepublik?

3. Welche Kritik übte die APO an der Staats- und Gesellschaftsordnung der 60er Jahre? Wie sahen ihre Alternativen aus?

4. Wann und wie zeigten sich in der Geschichte der Bundesrepublik rechtsextremistische Strömungen? Wie suchten sie Anhänger und Wähler zu gewinnen?

5. Was versteht man unter „Pluralismus"? Verdient das politische System der Bundesrepublik diese Bezeichnung?

6. Diskutieren Sie die Stärken und Schwächen der bundesdeutschen Volksparteien.

7. Wie sehen Sie das Verhältnis von Parteien und Verbänden in der Bundesrepublik?

8. Charakterisieren Sie die politische Rolle der Kirchen in unserem Land.

1.3 Die Soziale Marktwirtschaft – eine Erfolgsbilanz?

Zu keiner Zeit, auch nicht in der langen Aufschwungphase des Kaiserreiches zwischen 1896 und 1914, wuchs das Sozialprodukt in Deutschland derart stürmisch wie in der Bundesrepublik zwischen 1952 und 1973. Die meisten, vor allem die älteren Bundesbürger, waren mit dem Erreichten hochzufrieden; aber es gab auch kritische Stimmen. War alles Gold, was glänzte?

Markt- statt Zwangs-wirtschaft

Wesentliche Weichenstellungen erfolgten gleich nach der Währungsreform und lange vor der Gründung der Bundesrepublik. Das auf Drängen Ludwig Erhards am 24. Juni 1948 vom Frankfurter Wirtschaftsrat beschlossene „Leitsätzegesetz" hob große Teile der Zwangsbewirtschaftung auf, lockerte die Preisbindung für die meisten Waren und Dienstleistungen und begründete damit das System des offenen Wettbewerbs. Zum Schutz der wirtschaftlich Schwächeren blieben Festpreise für den Grundbedarf – Grundnahrungsmittel, Wohnung, Energie, Verkehrsmittel – eine Zeit lang bestehen. Die neue, von vielen mit Skepsis verfolgte Wirtschaftspolitik hatte eine schwierige Anfangsphase durchzustehen. Die Lebenshaltungskosten stiegen im ersten Halbjahr um 14%, während die Löhne eingefroren blieben und die Arbeitslosigkeit zunahm. Die Importe lagen weit über den Exporten, so dass der Devisenmangel bedrohlich wurde. Aber spätestens 1952 war die Krise überwunden: Die Produktion kam in Schwung, die Preise blieben stabil, die Arbeitslosen verschwanden, die Ausfuhr übertraf die Einfuhr.

Staatliche Wirtschafts-förderung

Gemäß den Leitgedanken des Wirtschaftsliberalismus war die Adenauer-Regierung bestrebt, der Wirtschaft freie Bahn zu verschaffen und die staatlichen Kontrollen und Eingriffe auf ein Mindestmaß zu beschränken. Dennoch übte der Staat Einfluss. Ein wichtiges Mittel dafür war die Steuergesetzgebung. Sie gab den Unternehmen die Möglichkeit, große Teile ihrer Investitionsausgaben von der Steuerschuld abzuziehen, d.h. das Betriebsvermögen auf Kosten der Allgemeinheit (die auf die Steuereinnahmen verzichtete) zu vermehren. Wie schon bei der Währungsreform entschieden sich die Regierenden in den Aufbaujahren für eine kräftige Begünstigung der Kapitalbesitzer und Unternehmer. Nicht ohne Erfolg setzten sie darauf, dass die Förderung der Arbeitgeber im Endeffekt allen zugute käme – in Form von sicheren Arbeitsplätzen, Produktionssteigerungen, wachsender Kaufkraft. Dabei nahmen sie in Kauf, dass die Vermögensverteilung höchst ungleich verlief, so dass die Selbständigen binnen weniger Jahre einen Vorsprung gewannen, der sich in der Folgezeit ständig weiter ausbauen ließ und den zu verkürzen die abhängig Beschäftigten keine Chance hatten.

Tafel 1 Georg Baselitz: „Orangenesser II", 1981 (Öl auf Leinwand, 146x114 cm).
Baselitz, geboren 1938, wird zur Kunstrichtung der „Neuen Wilden" gezählt, die an den Expressionismus anknüpfen.
Versuchen Sie eine Deutung des tatsächlich vom Maler auf den Kopf gestellten Bildes.

Tafel 2 Sigmar Polke: „Entartete Kunst", 1983 (Tafelbild, 200x300 cm).
Das Tafelbild basiert auf einer Photographie einer Warteschlange im Hamburg des Jahres 1938 vor der „Lehrschau" „Entartete Kunst", in der die Nationalsozialisten weltbekannte Vertreter der modernen Malerei und Plastik zu verunglimpfen suchten.
In grobkörniger Rasterung bringt Polke die Photographie auf die Leinwand, die mit herunterrinnendem gelb-violettem Lack bestrichen wurde. Dabei hat der Künstler bewusst mit giftigen Farbpigmenten gearbeitet.
Versuchen Sie, Bezüge herzustellen zwischen dem Thema und der Gestaltung des Werkes und dem Prozess seiner Produktion.
Vergleichen Sie beide Werke unter ästhetisch-politischen Gesichtspunkten mit den in der DDR entstandenen Farbtafeln 3 und 4 (vor Seite 161).

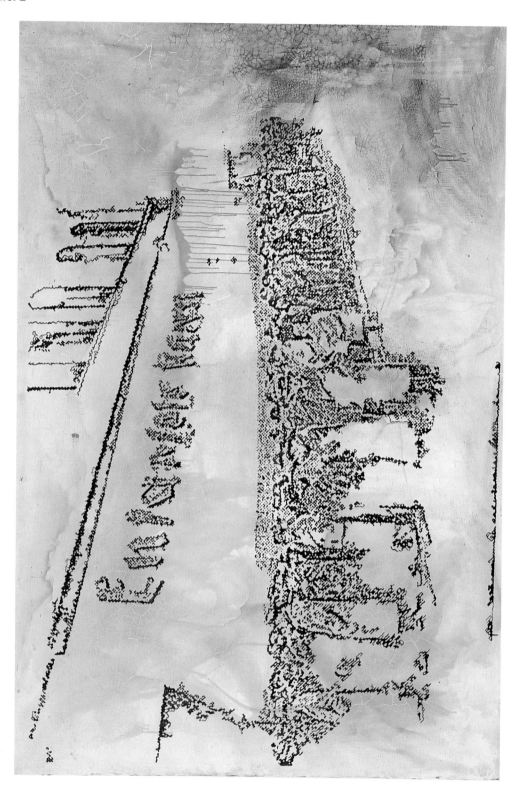

Bis zu den ersten Wachstumsstörungen in der Rezession von 1966/67 regte sich kaum jemand darüber auf. Im Gegenteil: Die Arbeitnehmer, im Tarifpoker von den Gewerkschaften vertreten, waren mit den ihnen gewährten Einkommenszuwächsen so zufrieden, dass sie die ungleiche Vermögensentwicklung kaum beachteten. Die jährlichen Tarifverhandlungen erfreuten beide Seiten, der Arbeitsfriede blieb ungefährdet. Das war auch eine Folge der seit den späten 50er Jahren zu verzeichnenden Hoch-, ja Überbeschäftigung, die den Arbeitnehmern eine starke Verhandlungsposition verschaffte. **Sozialer Friede**

Im Übrigen verstärkten die Regierungsparteien, zusammen mit der SPD, nach und nach die soziale Komponente, die in den Anfangsjahren eher schwach entwickelt war. Den größten Fortschritt markierte die Rentenreform von 1957. Sie verschaffte den Rentenempfängern, die bis dahin mit am Rande des Existenzminimums liegenden Altersrenten hatten auskommen müssen, einen angemessenen Anteil am allgemeinen wirtschaftlichen Fortschritt. Hatten sich die Altersbezüge zuvor nach den während der Berufstätigkeit eingezahlten Beiträgen gerichtet („Versicherungsprinzip"), wurden sie fortan an die durchschnittlichen Einkommen der im Erwerbsleben stehenden jüngeren Generationen gekoppelt. Deren laufende Beitragszahlungen finanzierten die Renten der Ruheständler. Die neue „dynamische Rente" verwirklichte den „Generationenvertrag": Die Jüngeren kamen für den Lebensunterhalt der Älteren auf (von denen sie als Kinder und Jugendliche aufgezogen worden waren) und vertrauten darauf, dass die Nachfolgenden sie später in gleicher Weise unterstützten. Mit der „dynamischen Rente", deren Sätze Jahr für Jahr der allgemeinen Lohnentwicklung angepasst wurden, verschwand oder linderte sich die zuvor weit verbreitete Altersarmut. **Soziale Sicherung**

Die öffentliche Kontrolle und Eindämmung wirtschaftlicher Macht sollte der dritte Pfeiler der erhardschen „Sozialen Marktwirtschaft" werden. Nach langem Hin und Her, in dem die Unternehmerverbände sich erfolgreich als Bremser betätigten, verabschiedete der Bundestag 1957 das „Gesetz gegen Wettbewerbsbeschränkungen" (Kartellgesetz). Es verbot generell Beeinträchtigungen des wirtschaftlichen Wettbewerbs (wie sie insbesondere durch Preis- und Vertriebsabsprachen zwischen Unternehmen der gleichen Branche – Kartelle – sowie durch Preisbindungen seitens der Produzenten verursacht werden). Da das Gesetz aber zugleich zahlreiche Ausnahmen zuließ – etwa zur Stützung des Außenhandels, zur Bewältigung von Krisensituationen, zur Erleichterung von Strukturveränderungen –, blieb es ziemlich wirkungslos. Die Bundesregierungen selbst unterstützten kartellartige Zusammenschlüsse, wo sie sich wirtschaftliche Vorteile versprachen – so als die Regierung der Großen Koalition 1968 auf dem Höhepunkt der Krise des Kohlebergbaus (infolge der Konkurrenz des damals noch billigen Erdöls) die Gründung der Ruhrkohle-AG vorantrieb, der alle größeren Unternehmen um der besseren Vermarktungschancen willen beitraten. Auch die im Gesetz vorgeschriebene Überprüfung der Zusammenschlüsse von Unternehmen mit mehr als 20 Prozent Marktanteil verlief ausgesprochen großzügig. Keine Bundesbehörde konnte es sich leisten, durch Fusionsverbote die Wettbewerbsfähigkeit deutscher Firmen auf dem Weltmarkt, von der zumeist viele Arbeitsplätze abhingen, ernsthaft zu schmälern. So nahm die Konzentrationsdichte der westdeutschen Wirtschaft ständig zu. Da gleichzeitig auch deren internationale Verflechtung, in Form multinationaler Konzerne, wuchs, schwanden die Möglichkeiten, aber auch der politische Wille zu einer konsequenten Anti-Kartell-Politik zusehends dahin. **Kontrolle wirtschaftlicher Macht**

Aber auch die „Kontrolle von unten und innen", mittels einer Mitbestimmung der Arbeitnehmer, kam über zaghafte Ansätze im Allgemeinen nicht hinaus. Die Mitbestimmung war ein klassisches Ziel der Arbeiterbewegung, vor allem der Ge- **Wirtschaftliche Mitbestimmung** werkschaften. In der Montanindustrie – deren gesamtwirtschaftliche Bedeutung seit den 60er Jahren freilich stark zurückging – wurde sie bereits 1951 gesetzlich verankert. Das Gesetz sah eine paritätische Besetzung der Aufsichtsräte mit Vertretern der Kapitaleigner und der Arbeitnehmer vor, außerdem die Besetzung des Arbeitsdirektor-Postens im Vorstand mit einer Person, die das Vertrauen der Arbeitnehmerseite besaß. Eine erhebliche Benachteiligung der Beschäftigten aber bedeutete die Regelung, dass im Falle einer Nichteinigung in den Leitungsgremien die Stimme eines durch die Kapitaleigner gewählten neutralen Mitgliedes den Ausschlag gab. Auch das Betriebsverfassungsgesetz von 1952 (novelliert 1972) schrieb zwar einen Ein-Drittel-Anteil der Arbeitnehmer in den Aufsichtsräten vor; zugleich aber beschränkte es die Mitwirkungsrechte der von den Beschäftigten gewählten Betriebsräte auf soziale und personelle Fragen; zu den wirtschaftlichen Angelegenheiten war der Betriebsrat lediglich zu informieren und anzuhören. Schließlich vollzog auch das Mitbestimmungsgesetz von 1976, das für alle Unternehmen mit mehr als 2000 Beschäftigten galt, nicht den entscheidenden Schritt. Es unterhöhlte die Vorschrift der paritätischen Besetzung der Aufsichtsräte durch zwei Einschränkungen: Es rechnete die leitenden Angestellten der Arbeitnehmerseite zu und gab dem Vorsitzenden, der nicht gegen die Stimmen der Kapitalseigner gewählt werden durfte, bei Stimmengleichheit eine zusätzliche Stimme.

Internationale Wirtschaftsverflechtungen

Das Wohl und Wehe der westdeutschen Wirtschaft hing stets in hohem Maße von ihrer Rolle auf dem Weltmarkt ab. Ohne die durchweg beträchtlichen Exporterlöse der deutschen Industrie wäre das „Wirtschaftswunder" nicht geglückt. In den 80er Jahren war jeder fünfte Arbeitsplatz in der Bundesrepublik direkt oder indirekt vom Außenhandel abhängig; jede vierte Mark wurde im Ausland verdient. Teils auf Drängen der USA, teils aus eigenem Interesse hob die Bundesregierung 1961 die letzten verbliebenen Import- und Exportbeschränkungen auf, nachdem sie schon zuvor mit dem Beitritt zum GATT (General Agreement on Tariffs and Trade) allen Partnerländern die „Meistbegünstigung" zugestanden und 1958 die volle Konvertibilität der DM (den freien Umtausch in alle Währungen) eingeführt hatte. Bis in die 80er Jahre schnitten die deutschen Anbieter auf dem Weltmarkt besonders gut ab: Die Nachfrage war groß, deutsche Waren hatten einen vorzüglichen Ruf, dank der Unterbewertung der D-Mark im bis 1973 bestehenden System fester Wechselkurse konnten deutsche Firmen ihre Erzeugnisse preiswert anbieten. Der Umschwung begann in den 70er Jahren. Die enorme Verteuerung des Erdöls ließ die Auslandsnachfrage schrumpfen; der Übergang zu flexiblen Wechselkursen erzwang mehrere DM-Aufwertungen, sodass westdeutsche Waren im Ausland teurer wurden; die schnelle Industrialisierung in vielen Ländern, besonders in Ostasien, die sich auf einem extrem niedrigen Lohnniveau vollzog, verschärfte den Wettbewerb. Da zudem einige Industriebranchen, in denen die Bundesrepublik führend war – wie die Schwerindustrie, der Maschinen-, Automobil- und Schiffsbau, die Chemo- und Elektroindustrie – an relativer Bedeutung zurückgingen, die neuen Wachstumssektoren (wie die Mikroelektronik, die Bio- und Gentechnik) aber in der Bundesrepublik nicht so schnell vorankamen wie in anderen Ländern (vor allem Japan und USA), erlitt die deutsche Exportwirtschaft Einbußen. Hinzu kam, dass die hohen Produktions- und Arbeitskosten in Deutschland (infolge hoher Löhne und Sozialabgaben, kurzer Arbeitszeiten und steigender Umweltauflagen) Preise ergaben, die von den Billiglohnländern spielend unterboten wurden.

Die Bundesrepublik in der Weltwirtschaftsordnung

Nicht vergessen werden darf dabei, dass die langjährigen hohen Gewinne der westdeutschen Wirtschaft auch den günstigen Rohstoffpreisen zu verdanken waren. Das weltweite Verhältnis zwischen den Industrie- und den Rohstoffpreisen war seit langem zugunsten der Industrieländer verzerrt. Diese nutzten ihre wirtschaftliche Überlegenheit, um den armen Entwicklungsländern, die auf den Verkauf ihrer Rohstoffe angewiesen waren, vergleichsweise niedrige Preise aufzuzwingen. Davon profitierte auch die Bundesrepublik. Sie gehörte zwar stets zu den Staaten mit dem höchsten Entwicklungshilfe-Aufkommen. Zugleich aber stand sie auch in der vordersten Front derer (zusammen mit den USA), die alle Sondervorteile für die Rohstoffländer ablehnten.

Das Erfolgsrezept Erhards bestand hauptsächlich darin, der Wirtschaft freien Lauf zu lassen und in Krisenzeiten auf ihre Selbstheilungskräfte zu bauen. Das ging so lange gut, wie die weltweite Hochkonjunktur andauerte. Als 1966 der erste Rückschlag eintrat, richtete Erhard, der nunmehrige Bundeskanzler, Maßhalte-Appelle an alle Betroffenen. Sein Sturz führte zur Bildung der Großen Koalition. Diese entschied sich für eine Politik globaler staatlicher Wirtschaftssteuerung (s. S. 56 f.). In Anlehnung an die Theorien des britischen Wirtschaftswissenschaftlers Keynes (1883–1946), der den Regierungen geraten hatte, in Krisenzeiten die Wirtschaft mit öffentlichen Mitteln anzukurbeln und dafür auch eine höhere Staatsverschuldung in Kauf zu nehmen, brachte sie 1967 das Stabilitätsgesetz auf den Weg. Dieses ermächtigte die Bundesregierung, mittels kurzfristiger Steuersenkungen oder -erhöhungen sowie der Ausweitung oder Verminderung der öffentlichen Ausgaben – was entweder die Aufnahme von Schulden oder die Bildung von Rücklagen bedeutete – in das Wirtschaftsgeschehen einzugreifen. Der Staat übernahm die wirtschaftspolitische Verantwortung dafür, dass die vier Grundziele – Wirtschaftswachstum, hoher Beschäftigungsstand, Preisstabilität, außenwirtschaftliches Gleichgewicht (das „magische Viereck") – gleichgewichtig realisiert wurden. Die Öffentlichkeit war beeindruckt, als der von dem Wirtschaftsminister Karl Schiller (SPD) angekündigte „Aufschwung nach Maß" tatsächlich schnell eintrat.

Staatliche Wirtschaftspolitik zwischen Abstinenz und Intervention

Doch zeigte sich bei der neuerlichen und diesmal ernsteren Wirtschaftsflaute seit 1973, dass die staatlichen Mittel begrenzt waren. Die von außen kommende drastische Verteuerung der Energiepreise, aber auch der letztlich normale Übergang von einem ungewöhnlich langen und intensiven Nachkriegsboom in ein viel langsameres Entwicklungstempo waren Vorgänge, die sich politischer Beeinflussung weitgehend entzogen. Es gelang weder, die hohe Inflationsrate herabzudrücken – auch sie war zu einem erheblichen Teil von außen, nämlich durch den Verfall des US-Dollars infolge des Vietnamkrieges, „importiert" –, noch die Arbeitslosigkeit wirksam zu bekämpfen (1975 wurde die 1-Million-Grenze überschritten). Arbeitsbeschaffungsprogramme, für die der Bund Milliarden von Steuergeldern aufwendete, blieben ohne nachhaltigen Erfolg. Die durch die enormen Produktivitäts- und Rationalisierungsfortschritte sowie das beginnende Computer-Zeitalter überflüssig gewordenen Arbeitsplätze ließen sich so lange nicht zurückgewinnen, wie die politische Mehrheit an den Prinzipien der Marktwirtschaft festhielt und es ablehnte, die Grundsätze der Rentabilität und Wettbe-

Stagflation der 70er Jahre

Stagflation: Sprachliche Neubildung der 70er Jahre durch Zusammenziehung der Begriffe Stagnation und Inflation. Damals wurde die alte Erfahrungsregel, Stagnation und Inflation träten nie gleichzeitig auf, außer Kraft gesetzt. Die bis dahin gültigen wirtschaftspolitischen Rezepte (die auch beim von der Großen Koalition angewandten Konzept der Globalsteuerung Pate gestanden hatten) – die Stagnation durch vermehrten Geldumlauf vertreiben, die Inflation durch Abschöpfung der Kaufkraft bremsen – griffen plötzlich nicht mehr. Zweierlei war neu: Die Geldentwertung (Inflation) war nur zum Teil hausgemacht, in der Hauptsache war sie durch die Dollarschwäche verursacht und insoweit nicht mit innerstaatlichen Mitteln in den Griff zu bekommen. Die Stagnation war weniger eine Folge konjunktureller Schwankungen als das Ergebnis eines tief greifenden strukturellen Wandels (vor allem des Vordringens der Computer-Technologie); darum war ihr mit den üblichen konjunkturpolitischen Instrumenten (verstärkte öffentliche Nachfrage, Steuersenkungen u. Ä.) nicht beizukommen.

werbsfähigkeit außer Kraft zu setzen. Dazu war keine der großen im Bundestag vertretenen Parteien bereit. Nur die Grünen hielten den Abschied von der Marktwirtschaft zunächst für geboten und machbar. Sie standen jedoch lange in aussichtsloser Minderheit. Später revidierten sie ihren Standpunkt.

Öffentliche Verschuldung

Die wirtschaftlichen Schwierigkeiten seit den 70er Jahren, die großenteils eine Strukturanpassungskrise waren, lösten einen Anstieg der öffentlichen Verschuldung aus, der sich seitdem nicht wieder bremsen ließ. Das schadete der Währungsstabilität, engte den finanziellen Handlungsspielraum von Bund, Ländern und Gemeinden bedrohlich ein und belastete spätere Generationen. Die Steuer- und Abgabenlast wurde ständig drückender. Dennoch ließ sich das in 30 Jahren erarbeitete hohe Niveau der Sozialleistungen nicht halten. Es tat sich eine Schere auf zwischen dem Wunsch der SPD, das soziale Netz nicht anzutasten, und der Forderung von CDU/CSU und FDP, die Sozialleistungsquote zu senken und mit dem dadurch frei werdenden Kapital der Privatwirtschaft neue Wachstumsimpulse zu geben. Die Sozialdemokraten setzten auf eine Stärkung der Nachfrageseite durch Erhaltung der Massenkaufkraft, die Freien und die Christ-Demokraten bevorzugten eine Förderung der Angebotsseite durch Senkung der Steuerlasten und Lohnnebenkosten. An diesem Dilemma zerbrach 1982 die SPD/FDP-Koalition.

„Entstaatlichung" der Wirtschaft

Die neue Kohl/Genscher-Regierung suchte ihr Heil in einer „Entstaatlichung" der Wirtschaft. Die Post und teilweise auch die Eisenbahn, in Deutschland seit je Staatsmonopole, wurden in privatwirtschaftliche Unternehmen umgewandelt. Die staatlichen Rundfunk- und Fernsehanstalten bekamen Konkurrenz von privaten Gesellschaften. Auch die regionale und kommunale Energieversorgung, die Müllentsorgung und andere öffentliche Serviceleistungen sollten auf lange Sicht von privaten Anbietern übernommen werden. Hinter dieser Privatisierungspolitik stand die Erwartung, private Unternehmen könnten effektiver und kostengünstiger wirtschaften, aber auch die Hoffnung auf eine Entlastung der öffentlichen Kassen. Dennoch kletterte auch unter der Unions/FDP-Koalition die „Staatsquote", der Anteil der öffentlichen Hand am volkswirtschaftlichen Gesamtumsatz in Form von Einnahmen, Ausgaben und Anleihen, stetig in die Höhe. Die Sozialausgaben stiegen 1993 erstmals über die 1-Billion-DM-Grenze; das entsprach einem Anteil von 34% des Bruttosozialproduktes und ein Drittel davon stammte aus Steuergeldern. Die Ankündigung des Bundeskanzlers Kohl zu Beginn seiner Amtszeit, die Steuern und Staatsschulden zu senken und Subventionen einzusparen, blieb im Wesentlichen unerfüllt. Der Rückgang der öffentlichen Einnahmen infolge der Wirtschaftsflaute, seit 1990 insbesondere die Kosten der deutschen Vereinigung und die steigenden Ausgaben im Sozialbereich, ließen steuerliche Entlastungen

---

Angebots- und Nachfrageorientierung: Zwei wirtschaftspolitische Konzepte, die einander zwar nicht völlig widersprechen, aber auch nicht ohne weiteres auf einen Nenner zu bringen sind. Theoretisch stehen Angebot und Nachfrage in einem Komplementärverhältnis, das im Idealfall ein Gleichgewicht bildet. In der Praxis vollzieht sich eine Art Pendelbewegung. Wird die Angebotsseite begünstigt (etwa durch Steuererleichterungen oder niedrige Lohnkosten), erhöht sich ihre Gewinne, und zwar zu Lasten der Nachfrageseite. Findet diese die günstigeren Bedingungen vor (etwa bei starker Konkurrenz unter den Anbietern oder bei hohen Einkommen), kann sie niedrigere Einkaufspreise erzwingen, natürlich zu Lasten der Anbieter. In diesem Kräftespiel entstehen stets auch gegenläufige Effekte: Starke Anbieter schwächen auf Dauer die Kaufkraft der Abnehmer und bringen sich dadurch um ihre Kundschaft; eine starke Nachfrage treibt auf Dauer die Preise hoch und mindert dadurch die eigene Kaufkraft. Die staatliche Wirtschaftspolitik muss zwar stets beide Seiten im Auge haben, kann aber gleichwohl mehr die eine oder mehr die andere Seite stützen. Bürgerlich-konservative Regierungen neigen eher zu einer Bevorzugung der Angebotswirtschaft, sozialistische setzen sich lieber für eine Stärkung der Massenkaufkraft ein.

oder eine Verminderung der öffentlichen Neuverschuldung nicht zu. Auch der Abbau der Subventionen kam nicht voran. Einmal erreichte Besitzstände ließen sich nur schwer in Frage stellen und die Parteien scheuten sich, ihre jeweiligen Anhänger durch Kürzung der Zuwendungen zu verprellen.

Die Mitgliedschaft der Bundesrepublik in den europäischen Institutionen von der **Europäisierung**
EGKS bis zur EU griff und greift in ständig wachsendem Maße in die Wirtschaftsabläufe ein. Viele wirtschaftspolitische Zuständigkeiten wanderten von Bonn nach Brüssel. Während einerseits die innergemeinschaftlichen Wirtschaftsbeziehungen und damit auch die Markt- und Gewinnchancen der deutschen Wirtschaft kräftig zunahmen, wuchs andererseits der Zwang, sich den Gemeinschaftsbelangen auch da unterzuordnen, wo dies mit eigenen wirtschaftlichen Nachteilen verbunden ist. Der Gemeinsame Agrarmarkt machte der deutschen Landwirtschaft sehr zu schaffen, weil sie der Konkurrenz aus Frankreich, Dänemark oder den Niederlanden schutzlos ausgeliefert wurde. Die zu Schutz- und Abschließungsmaßnahmen tendierende Außenhandelspolitik der Europäischen Gemeinschaft (seit 1994 Union) verstieß gegen die am Freihandel orientierten Interessen der deutschen Industrie. Die deutschen Finanzbeiträge waren fast immer die höchsten innerhalb der EG und kamen großenteils Subventions- und Strukturverbesserungsmaßnahmen zugute, die der deutschen Wirtschaft unmittelbar wenig einbrachten. Aber ungeachtet solcher kleinen Mängel war und ist sich die große Mehrheit der westdeutschen Wirtschaft der großen Vorteile des gemeinsamen europäischen Marktes voll bewusst.

50 **Die westdeutsche Wirtschaft in Zahlen**

a) Durchschnittliche jährliche Zuwachsraten des Bruttoinlandsproduktes 1948–1990 (Die unterschiedlichen Zeitintervalle erklären sich aus den ungleichmäßigen Konjunkturzyklen):

1948–1953:	8,2%	1967–1970:	5,0%	1983–1986:	2,2%
1954–1957:	7,9%	1971–1974:	3,1%	1987–1990:	3,4%
1958–1962:	5,5%	1975–1978:	2,4%		
1963–1966:	4,4%	1979–1982:	1,0%		

G. Ambrosius, Das Wirtschaftssystem, in: W. Benz (Hg), Die Bundesrepublik Deutschland, Bd. 1, Frankfurt 1983, S. 243; Statistisches Bundesamt (Hg), Datenreport 1992, Bonn 1992. S. 267

b) Entstehung des Sozialprodukts nach Wirtschaftsbereichen 1950–1990 (in v. H.):

	1950	1960	1970	1980	1990
Primärer Sektor					
Land- und Forstwirtschaft	9,1	5,5	3,9	2,2	1,5
Sekundärer Sektor	44,5	53,5	57,6	44,8	38,7
Energiewirtschaft und Bergbau	6,0	4,8	4,2	3,5	2,5
Verarbeitendes Gewerbe	31,4	41,2	46,0	34,3	30,9
Baugewerbe	7,1	7,5	7,4	7,0	5,3
Tertiärer Sektor	46,4	40,9	38,7	53,0	56,3
Handel und Verkehr	20,7	19,8	18,8	15,8	14,3
Dienstleistungen	12,3	11,9	11,7	23,2	29,2
Staat	10,5	7,4	7,0	12,0	10,4
Private Haushalte	3,1	1,8	1,2	2,0	2,4

Statistisches Jahrbuch der Bundesrepublik Deutschland, Jg. 1984, S. 540 f., 1989, S. 545 f., 1996, S. 647 ff.

c) Erwerbstätige nach Wirtschaftsbereichen 1950–1990 (in v. H.):

	1950	1960	1970	1980	1990
Land- und Forstwirtschaft	24,6	13,7	8,5	5,2	3,4
Produzierendes Gewerbe	42,9	47,9	48,9	43,4	39,8
Handel und Verkehr	15,6	18,3	17,9	18,7	18,7
Dienstleistungsunternehmen	6,7	9,1	11,0	14,7	18,5
Staat/private Haushalte	10,2	11,0	13,6	18,0	19,6

Datenreport 1992, S. 269

d) Erwerbstätige nach Netto-Einkommensgruppen in v. H. (1988):

Monats-Eink.	Selbständige	Beamte	Angestellte	Arbeiter	Insgesamt
Unter 600 DM	3,4	9,3	6,6	8,6	7,5
600–1000	4,3	2,3	4,9	5,2	4,7
1000–1200	4,3	1,7	4,2	4,9	4,2
1200–1400	3,2	2,5	5,6	7,2	5,8
1400–1800	8,7	9,6	17,2	24,2	18,7
1800–2200	14,0	14,9	19,0	28,9	22,3
2200–3000	18,2	24,6	20,4	18,0	19,7
3000–4000	14,8	21,1	12,3	2,5	9,3
über 4000	29,2	14,0	9,8	0,4	7,8

Statistisches Jahrbuch 1989, S. 97

e) Preisindizes für die Lebenshaltung aller Privathaushalte (1985 = 100)
(Die willkürlich ausgewählten Jahre stellen Stichproben dar):

1962:	41,1	1980:	82,8	1984:	98,0	1988:	101,4
1970:	50,4	1982:	92,6	1986:	99,9	1990:	107,0

Datenreport 1992, S. 355

f) Arbeitslosenquoten 1950–1990 (in v. H. aller Erwerbstätigen):

1950:	10,4	1965:	0,7	1980:	3,8
1955:	5,2	1970:	0,7	1985:	8,0
1960:	1,2	1975:	4,8	1990:	7,2

Ambrosius, S. 254; Datenreport 1992, S. 105

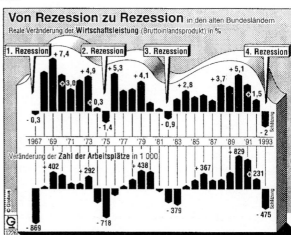

51 Die wirtschaftliche Entwicklung in den alten
Bundesländern 1967-1993

g) Warenausfuhr und -einfuhr der Bundesrepublik 1950–1990:

| | insgesamt in Mrd. DM | | in v. H. des Bruttosozialprodukts | |
	Einfuhr	Ausfuhr	Einfuhr	Ausfuhr
1950	11,4	8,4	11,6	8,5
1955	24,5	25,7	13,5	14,2
1960	42,7	47,9	14,1	15,8
1965	70,4	71,7	15,3	15,6
1970	109,6	125,3	16,0	18,3
1975	184,3	221,6	17,8	21,4
1980	341,4	350,3	22,9	23,5
1985	463,8	537,2	25,1	29,1
1990	550,6	642,8	22,7	26,5

Ambrosius, S. 262; Datenreport 1992, S. 280

a) *In welchen Zeiten fanden die größten Veränderungen statt? Erläutern Sie diese Veränderungen und versuchen Sie sie zu erklären.*
b) *Wo finden sich die auffälligsten Abweichungen von den allgemeinen Trends? Erörtern Sie deren zeitgeschichtliche Hintergründe.*
c) *Wann ging es den Bundesbürgern wirtschaftlich am besten? Diskutieren Sie die verschiedenartigen Gesichtspunkte, unter denen man diese Frage betrachten kann.*
d) *Versuchen Sie, die Statistiken in Diagramme umzusetzen.*

52 Darf es in der Sozialen Marktwirtschaft Kartelle geben?

a) Bundeswirtschaftsminister Erhard zum Entwurf des „Gesetzes gegen Wettbewerbsbeschränkungen" (1955):
Kartelle sind in einer Marktwirtschaft nach der inneren Logik dieses Systems artwidrige Fremdkörper. Wer den staatlichen Dirigismus als Lenkungsinstrument im wirtschaftlichen Leben ablehnt, kann
5 nicht zugleich die kollektive Steuerung der Wirtschaft durch Kartelle gutheißen oder gar als nützlich und notwendig erachten. […] Abgesehen davon, dass der vorliegende Gesetzentwurf nicht dem in diesem Zusammenhang so viel kritisierten Denk-
10 modell der vollständigen Konkurrenz entspricht, sondern die Möglichkeit von Konditionen-, Export- und Rationalisierungskartellen durchaus einräumt, ja ich sogar meinen möchte, dass in dieser Vorlage sozusagen schon zu viele Köche den Brei etwas ver-
15 dorben haben, stehe ich grundsätzlich auf dem Standpunkt, dass eine sinnvolle Wirtschaftspolitik in jedem Falle einer klaren theoretischen Grundlegung bedarf und sich nicht an verschwommenen und wechselnden Vorstellungen des Augenblicks orien-
20 tieren darf. Das heißt mit anderen Worten: Wer den Wettbewerb als Ordnungselement der Wirtschaft anerkennt, kann dieses Prinzip nicht da und dort aus Opportunismus und Zweckmäßigkeit willkürlich ablehnen, heute bejahen und morgen verwerfen und

dabei noch stolz wähnen, dass solche Richtungslo- 25
sigkeit Wirklichkeitsnähe verrate. […] Der Missbrauch liegt nicht in dem Handeln und Verhalten der Kartelle, sondern er liegt bereits in ihrer Existenz und beruht darauf, dass mit der Einrichtung des Kartells der Wettbewerb eingeschränkt oder unter- 30
bunden, dass mit der Preisbindung aber die volkswirtschaftliche Funktion des Preises außer Kraft gesetzt und die Volkswirtschaft ihres unentbehrlichen Steuerungsmittels beraubt wird.
Verhandlungen des 2. Deutschen Bundestages, S. 4203 ff.

b) Kritik des Bundesverbandes der Deutschen Industrie (1958):
Die zahlreichen Erleichterungen im nunmehr geltenden „Gesetz gegen Wettbewerbsbeschränkungen" vermögen nicht darüber hinwegzutäuschen, dass das Gesetz tief einschneidende Staatseingriffe in die unternehmerische Freiheit auslöst und um- 5
ständliche und zeitraubende Verfahren mit sich bringt – selbst für diejenigen Formen der unternehmerischen Zusammenarbeit, die auch nach Ansicht der Entwurfsurheber volkswirtschaftlich nützlich und deshalb nur dem Anmelde- oder Widerspruchs- 10
verfahren unterworfen sind. Als Beispiel sei der Weg zur Realisierung eines rechtsgültigen Normungs- oder Typisierungskartells dargestellt. Es ist all-

gemein anerkannt, dass Normung und Typisierung
15 wesentliche Möglichkeiten zur Erhöhung der Produktivität und zur besseren Verbraucherversorgung
bieten. Die Verwirklichung von Normungs- und Ty-
pisierungskartellen ist aber in ein Prokrustesbett
von Verfahrensvorschriften gezwängt, die den Ent-
20 schluss der Unternehmer, sich dem volkswirtschaftlich nützlichen Ziel der Gemeinschaftsrationalisie-
rung zuzuwenden, sehr zu hemmen geeignet sind.
[…] Hiernach kann man ermessen, wie schwierig
erst das Verfahren für erlaubnispflichtige Kartelle
25 sein wird! Hinzu kommen die zahlreichen Aufsichts-
und Eingriffsbefugnisse der Kartellbehörden, nachdem ein Kartell rechtswirksam geworden ist. Das alles kann sich zu einem umfassenden System staatli-

cher Einmischung, Bevormundung und Lenkung
entwickeln. […]   30
Zusammenfassend muss man nach Abschluss des
siebenjährigen Ringens um das Kartellgesetz feststellen: Dieses Gesetz steht zwar unter dem Leitgedanken „Wettbewerb und Freiheit"; das Verbots-
bzw. Genehmigungsprinzip muss aber zwangsläufig 35
zu einem verstärkten staatlichen Interventionismus
führen. Neoliberalismus und Neosozialismus vereinen sich daher in der praktischen Auswirkung letztlich dahin, die freie unternehmerische Betätigung
zugunsten des Staates und neuer Bürokratie weiter- 40
hin einzuschränken.

BDI-Jahresbericht 1957/58, S. 151 f.

a) Erhard lehnte Kartelle in jeder Form grundsätzlich ab. Wie kam es, dass das schließlich ver-
abschiedete Gesetz und vor allem die spätere Praxis so stark von der erhardschen Linie ab-
wichen?
b) Hatte der BDI Recht, wenn er den Staat und die Bürokratie als die Hauptnutznießer des Kar-
tellgesetzes bezeichnete?

53 Soziale Auswirkungen des technischen Fortschritts
Aus einer wirtschaftswissenschaftlichen Betriebsuntersuchung von 1962:

In zehn ausgewählten Betrieben waren vor Einführung der technischen Neuerungen 29 200 Personen und zum Umstellungszeitpunkt – bei erhöhter
Produktion – 55 000 Personen beschäftigt. Wäre die
5 Produktion nicht erweitert worden und hätten die
Betriebe die Rationalisierungsmaßnahmen dennoch
durchgeführt, so wären nur noch 14 100 Personen erforderlich gewesen. Die zehn Betriebe hätten andererseits, um den gegenwärtigen Ausstoß zu errei-
10 chen, bei Anwendung der alten Produktionsmetho-
den 138 000 Arbeitskräfte einsetzen müssen. Die
Produktivitätssteigerungen bei den einzelnen Ar-
beitsgängen betrugen zwischen 10 und 500 Prozent;
vereinzelt waren sie noch höher.
15 In fast allen der untersuchten Betriebe hat sich der
Anteil der ungelernten Arbeiter stark verringert.
Dagegen nahm der Anteil der angelernten Arbeiter
in nahezu allen untersuchten Fällen zu, weil an me-
chanisierten Arbeitsplätzen im Allgemeinen vorwie-
20 gend angelernte Kräfte benötigt werden. Der Anteil
der Facharbeiter im unmittelbaren Produktionsbe-
reich hat sich ebenfalls verringert. […] In der War-
tung und Instandhaltung ist bei gleichzeitig größe-

rem Arbeitsanfall eine starke Zunahme der Zahl der
Facharbeiter festgestellt worden. […] In den Büros 25
sind die Veränderungen teilweise noch einschneidender als in der Produktion. Auffallend ist die stark
verringerte Bedeutung der mittleren Angestellten
im Verwaltungsbereich. […]
Was den Wandel der Arbeitsbedingungen und Ar- 30
beitsverhältnisse angeht, so ergibt sich fast überall
eine geringere körperlich-muskuläre Beanspruchung. Dagegen hat sich die geistig-nervliche Belastung überwiegend erhöht. Als wichtigste Ursachen
hierfür werden angegeben: 35
a) die vervielfachte Arbeitsgeschwindigkeit der
neuen Anlagen;
b) als Folge des kontinuierlichen Fertigungsablaufs
die erhöhte Wachsamkeit und größere Konzentra-
tion;   40
c) die erhöhte Verantwortung wegen des größeren
Wertes der modernen Aggregate;
d) die Gleichförmigkeit der Arbeit bei elektronisch
gesteuerten Anlagen mit ihrer stark nervlichen Be-
lastung.   45

Der Arbeitgeber, Köln 1963, Nr. 1/2, S. 14 f.

a) Der Bericht beschreibt eine Reihe von Umschichtungen unter den Beschäftigten. Welche
Gründe gab es dafür und wie sahen die Konsequenzen für die Arbeitnehmer aus?
b) Wie ging die Wirtschaft in den 50er Jahren mit den Rationalisierungsfolgen um? Was hat
sich in dieser Hinsicht seitdem verändert?

54 Was tun gegen die Wirtschaftsflaute?

a) Aus dem Memorandum „Konzept für eine Überwindung der Wachstumsschwäche und zur Bekämpfung der Arbeitslosigkeit" des Wirtschaftsministers Graf Lambsdorff (FDP) von 1982:

Die gegenwärtig besonders deutliche Vertrauenskrise ist nicht kurzfristig entstanden. Sie muss im Zusammenhang mit tiefer greifenden gesamtwirtschaftlichen Veränderungen gesehen werden. […]
5 Es handelt sich hierbei vor allem um:
einen gravierenden Rückgang der gesamtwirtschaftlichen Investitionsquote (Anteil der Anlageinvestitionen am Bruttosozialprodukt) von durchschnittlich 24,1 Prozent in den sechziger Jahren auf durch-
10 schnittlich 20,8 Prozent in der zweiten Hälfte der siebziger Jahre; die Ursachen hierfür dürften nicht zuletzt in der schon seit längerem tendenziell sinkenden Kapitalrendite der gewerblichen Wirtschaft […] liegen;
15 den besonders in der ersten Hälfte der siebziger Jahre entstandenen starken Anstieg der Staatsquote (Anteil aller öffentlichen Ausgaben einschl. Sozialversicherung am BSP) um über 10 Prozent-Punkte von rund 39 auf 49,5 Prozent […]; dieser strukturelle
20 Anstieg des Staatsanteils am Sozialprodukt ist ausschließlich zustande gekommen durch die überaus expansive Entwicklung der laufenden Ausgaben zwischen 1970 und 1975, insbesondere für den öffentlichen Dienst, die Sozialleistungen und auch die
25 Subventionen an Unternehmen; […]
den tendenziellen Anstieg der Abgabenquote (Anteil der Steuer- und Sozialabgaben am BSP) in den siebziger Jahren um 5 Prozent-Punkte von knapp 36 auf rund 41 Prozent;
30 den tendenziellen Anstieg der Kreditfinanzierungsquote der öffentlichen Haushalte (Anteil der öffentlichen Defizite am BSP) seit Ende der sechziger Jahre um rund 5 Prozent-Punkte; […]
Diese fundamentalen gesamtwirtschaftlichen Ver-
35 änderungen haben […] wesentlich dazu beigetragen, die Anpassungsfähigkeit der deutschen Wirtschaft an binnenwirtschaftliche und weltweite Marktänderungen zu schwächen;
die frühere Eigendynamik und das Selbstvertrauen
40 der deutschen Wirtschaft zu erschüttern;
die Unternehmen in ihren Investitionsdispositionen zu verunsichern und die Bereitstellung von Risikokapital zu mindern. […]
Wirkliche Erfolge bei der Lösung der Beschäfti-
45 gungsprobleme und bei der Konsolidierung der öffentlichen Finanzen können nur erreicht werden, wenn es gelingt, einen hinreichend starken und über

längere Zeit anhaltenden Wachstumsprozess zu erreichen. […] Ein solcher Wachstumsprozess kann nur auf der Grundlage einer breit angelegten priva- 50 ten Investitionstätigkeit erreicht und gesichert werden. […] Wer bei einer solchen Politik den – in der Sache vordergründigen – Vorwurf einer „sozialen Unausgewogenheit" oder einer Politik „zu Lasten des kleinen Mannes" macht, dem kann und muss 55 entgegengehalten werden, dass nur eine solche Politik in der Lage ist, die wirtschaftliche Grundlage unseres bisherigen Wohlstandes zu sichern und die Wachstums- und Beschäftigungskrise allmählich und schrittweise zu überwinden. Die notwendigen Kor- 60 rekturen müssen auch vor dem Hintergrund des außerordentlich starken Anstiegs der Sozialleistungsquote in den letzten beiden Jahrzehnten gesehen werden. Die schlimmste soziale Unausgewogenheit wäre eine andauernde Arbeitslosigkeit von 2 65 Millionen Erwerbsfähigen oder gar noch mehr. […]
Ansatzpunkte für konkrete steuerpolitische Maßnahmen:
1. Schrittweise Abschaffung der Gewerbesteuer; […] 70
2. Partielle Entlastung des gewerblich genutzten Vermögens von der Vermögensteuer; […]
3. Entlastung der Lohn- und Einkommensbezieher vor allem durch Abflachung der Tarifkurve im extrem steilen mittleren Progressionsteil; 75
4. Steuerliche Anreize für Investitionen und Anlage in Risikokapital; […]
5. Anhebung der Mehrwertsteuer zum Ausgleich für investitions- und arbeitsplatzfördernde Steuerentlastungen. 80

K. Bölling, Die letzten 30 Tage des Kanzlers Helmut Schmidt, Reinbek 1982, S. 123 ff.

b) Aus dem Jahresgutachten 1982/83 des Sachverständigenrates der Bundesregierung:

In der Bundesrepublik hat sich die Wirtschaft auch 1982 nicht aus der hartnäckigen Stockung lösen können, in der sie sich seit 1980 befindet. […] Statt zu der erwarteten allmählichen Erholung ist es vom Frühjahr an zu einem Rückgang der wirtschaftlichen 5 Aktivität gekommen. Dabei wirkte zusammen, dass der zuvor starke Anstieg der Auslandsaufträge umschlug und die Binnennachfrage schwach blieb. […] Für eine Belebung der wirtschaftlichen Aktivität, vor allem der Investitionstätigkeit, hätte die Aus- 10 sicht auf bessere Erträge hinzukommen müssen. Die Lohnrunde, die angesichts der zunehmenden Beschäftigungsprobleme und der vorangegangenen Verschlechterung der Ertragslage mit durchschnitt-

15 lich 4 v. H. etwas geringere Tarifanhebungen als im
Jahr davor brachte, bot für eine allmähliche Erholung der Unternehmensgewinne auch Raum. Die
unerwartete Abschwächung der Nachfrage hat diesen jedoch geschmälert. [...]
20 Die Finanzpolitik sah sich vor die Aufgabe gestellt,
Maßnahmen einzuleiten, die einen Abbau der hohen staatlichen Defizite auf mittlere Sicht gewährleisten, die Ausgabenstruktur zugunsten der öffentlichen Investitionen ändern und darüber hinaus die
25 private Investitionstätigkeit verstärkt fördern sollten. [...] Die Verschlechterung der Beschäftigungs-
lage veranlasste die Bundesregierung im Frühjahr

1982, zusätzlich eine befristete Investitionszulage in
Höhe von 10 v. H. der Anschaffungskosten von Aus-
rüstungsgütern und Betriebsgebäuden zu beschlie- 30
ßen. [...] Die Auseinandersetzungen um den angemessenen Kurs der Finanzpolitik hatten damit jedoch kein Ende, zumal bald offenkundig wurde, wie
hoch das Haushaltsdefizit weiterhin sein würde. Der
lang anhaltende Streit um Art und Umfang zusätz- 35
licher Maßnahmen verunsicherte Investoren und
Konsumenten weiter.

Bundestagsdrucksache 9/2118, S. 1 ff.

a) *Worauf spitzte der FDP-Politiker Lambsdorff seine Kritik an der vorausgegangenen Wirt-*
schaftspolitik zu? Inwiefern verrät sein Memorandum eine liberale Sichtweise? Wie dürfte
die Reaktion des Koalitionspartners SPD ausgefallen sein?
b) *Vergleichen Sie die Hauptbefunde der beiden Diagnosen. Prüfen Sie deren Stichhaltigkeit*
im Lichte der weiteren wirtschaftlichen Entwicklung bis heute.

55 Wirtschaftspolitik in der Ära Kohl

a) Bundeskanzler Kohl in der Regierungserklärung vom 18. März 1987:
Wir halten an der Sozialen Marktwirtschaft fest;
denn in dieser Wirtschafts- und Gesellschaftsordnung können Freiheit und Selbstverantwortung in
Solidarität mit dem Nächsten und in Übereinstim-
5 mung mit dem Gemeinwohl gelebt werden. [...]
Mehr Beschäftigung und nachhaltige Verringerung
der Arbeitslosigkeit bleiben eine zentrale Aufgabe
unserer Politik. Unverschuldet arbeitslos zu sein, damit darf sich unsere Gesellschaft niemals abfinden.
10 [...] Wir werden den erfolgreichen Kurs der Verbesserung der wirtschaftlichen Rahmenbedingungen
fortsetzen. Eine offensive Strategie zur Stärkung der
Wachstumskräfte führt auch zu mehr Beschäftigung.
Am Markt vorbei können dauerhafte Arbeitsplätze
15 weder geschaffen noch gesichert werden. Staatliche
Planung – das haben wir ja erlebt – kann den Markt
nicht ersetzen. Der Staat ist und bleibt aber gefordert, bei schwierigen strukturpolitischen Anpas-
sungsprozessen Hilfe zu leisten. Die Bundesregie-
20 rung hat dies in den zurückliegenden Jahren getan.
Ich denke dabei an Kohle, Stahl und Werften.
Wir werden weiterhin unseren Einfluss in der Europäischen Gemeinschaft geltend machen, um faire
Wettbewerbsbedingungen durchzusetzen, die nicht
25 durch Subventionen verzerrt werden. Unsere Stahl-
unternehmen und die deutschen Werften wird die
Bundesregierung in dieser schwierigen Phase weiter

unterstützen, auch um die sozialen Folgen des Struk-
turwandels, vor allem an der Ruhr und an der Saar,
aufzufangen. Sie wird sich dementsprechend dafür 30
einsetzen, dass das Programm zur Förderung von
Ersatzarbeitsplätzen an Stahlstandorten verlängert
wird. Auch die sozialen Hilfen für Stahlarbeiter im
Rahmen des Montanunionvertrags werden verbessert. Kurzarbeitergeld für Stahlarbeiter kann künftig 35
für 36 Monate gezahlt werden. [...]
Meine Damen und Herren, ich sehe zugleich mit
Sorge, dass die wirtschaftliche Entwicklung in einzelnen Bundesländern und Regionen sehr unterschiedlich verläuft. Deshalb hilft die Bundesregie- 40
rung mit der Gemeinschaftsaufgabe „Verbesserung
der regionalen Wirtschaftsstruktur" beim Abbau regionaler Ungleichgewichte. Sie unterstützt auch z. B.
die norddeutschen Küstenländer bei der Lösung ihrer schwerwiegenden Probleme im Gefolge der 45
weltweiten Schiffbaukrise. Wenn andere Regionen
ähnlich hart vom Strukturwandel einzelner Branchen betroffen sind, werden wir zusammen mit den
einzelnen betroffenen Bundesländern die dafür notwendigen Mittel zeitlich befristet bereitstellen. Es ist 50
für uns selbstverständlich, dass die Zonenrandförde-
rung fortgesetzt wird.

11. Deutscher Bundestag, 4. Sitzung, S. 54 f.

b) Aus dem Jahresgutachten 1989/90 des Sachverständigenrats:

In der Bundesrepublik Deutschland wie in nahezu allen Industrieländern hatte man erkannt, dass die in den siebziger Jahren zeitweise betriebene geld- und finanzpolitische Expansion nicht die erwarteten
5 Wirkungen hatte, weil die Arbeitslosigkeit größtenteils entweder strukturell bedingt war oder sich zu einem Strukturproblem verfestigt hatte. Als wirtschaftspolitische Alternative bot sich die Verbesserung der Angebotsbedingungen an, insbesondere
10 der Investitionsbedingungen. Diese Konzeption umfasst im Kern drei Teile;

– Eindämmung der Inflation und Reduzierung der Budgetdefizite zur Wiederherstellung der Handlungsfähigkeit des Staates und zur Wiedergewin
15 nung des Vertrauens von Investoren und Konsumenten;

– Abbau von Hemmnissen und Regelungen, die die wirtschaftlichen Aktivitäten erschweren, verteuern oder in eine unproduktive Richtung führen;
20 hierzu gehören die Senkung der Besteuerung sowie der Abbau von staatlichen Eingriffen und Regulierungen auf den Geldmärkten;

– Verbesserung der Funktionsfähigkeit des Arbeitsmarktes; insbesondere durch die Rückführung der Lohnsteigerungsrate auf die gesamtwirtschaftli 25 che Produktivitätsentwicklung und die Differenzierung der Lohnrelationen, soweit Maßnahmen zur Förderung der Mobilität, Flexibilität und Qualifikation des Arbeitskräfteangebots nicht ausreichen. […] 30

Die Bilanz der Finanzpolitik der achtziger Jahre ist im Ganzen positiv. Das „Gesetz der wachsenden Staatsausgaben" verlor zumindest vorübergehend seine Gültigkeit; damit wurden das Kapitalangebot für produktive Investitionen vergrößert, eine nach 35 haltige Senkung der Abgabensätze begonnen und das Vertrauen in die Handlungsfähigkeit des Staates gestärkt. Negativ fällt dagegen die Bilanz hinsichtlich der qualitativen Konsolidierung aus, die eine wachsstumsfreundliche Umgestaltung der Ausga 40 benstruktur zum Ziel haben sollte. Bei der Steuerreform wäre eine stärkere wachstums- und beschäftigungspolitische Orientierung wünschenswert gewesen.

Sachverständigenrat zur Begutachtung der gesamtwirtschaftlichen Entwicklung, Jahresgutachten 1989/90, Ziffer 13 ff., 159

a) Sehen Sie Unterschiede zwischen den wirtschaftspolitischen Maßnahmen der Regierungen Schmidt (1974–82) und Kohl (seit 1982)? Wie hielten sie es mit den Subventionen? Inwieweit trugen sie dem Strukturwandel Rechnung?

b) Der Sachverständigenrat bescheinigte der Kohl-Regierung eine Reihe wirtschaftspolitischer Erfolge. Erläutern Sie die Gründe, die er dafür nennt, und achten Sie darauf, welche Rolle er dabei der Weltwirtschaft zuweist.

Zur Diskussion

Der Sozialstaat im Widerstreit

Das „soziale Netz" in der Bundesrepublik genießt wegen seiner Leistungsfähigkeit, Stabilität und Großzügigkeit weltweit hohes Ansehen. Zwischen den 50er und den 70er Jahren wurde seine Angebotspalette ständig erweitert und verbessert. Das war möglich, solange die Wirtschaft blühte und die sozialen Kosten mühelos aufbringen konnte. Als der lange Boom aber in den 70er Jahren zu Ende ging und der zu verteilende Gewinn schrumpfte, wurde die Finanzierung der Sozialausgaben zum Problem. Ein Streit um die Grenzen des Sozialstaates begann.

a) Der Wirtschaftswissenschaftler Heinz Lampert (1988):

Bei der Beurteilung der derzeitigen Sozialleistungsquoten sollte berücksichtigt werden, dass diese Quote seit vielen Jahren zu einem erheblichen Teil durch die Ausgaben für die Bekämpfung der Ar
5 beitslosigkeit und ihre Folgekosten verursacht ist und dass nicht zuletzt die Sozialleistungen ein we

sentlicher Grund dafür sein dürften, dass die seit Jahren anhaltende Millionenarbeitslosigkeit den sozialen Frieden nicht merklich beeinträchtigt hat. Die häufig zu hörende Forderung nach einer „Wende der 10 Sozialpolitik" und einer „Erneuerung der Marktwirtschaft" ist als Aufforderung zu einer systematischen Überprüfung der Wirtschafts- und Sozialordnung in Bezug auf die Ordnungskonformität der

15 eingesetzten Instrumente und zur Suche nach Möglichkeiten der Erhöhung der wirtschaftlichen Effizienz ohne Preisgabe bestimmter sozialer Schutznormen nicht nur berechtigt, sondern auch rational. Die
Vertreter dieser Forderung überschätzten jedoch
20 das Gewicht, das der Tarifautonomie, dem Kündigungsschutz, anderen Schutznormen und den Sozialleistungen bzw. Sozialabgaben als Ursachen der Arbeitslosigkeit zukommt – abgesehen davon, dass ein
Abbau von Sozialleistungen bei Unterbeschäftigung
25 rezessive Tendenzen verstärken könnte. Effizient
kann eine Wende der Sozialpolitik im Sinne nicht
eines Abbaues, sondern eines Umbaues der Sozialpolitik sein, der darauf hinausläuft, dass das sozial
Erstrebte unter geringerer Vergeudung volkswirt-
30 schaftlicher Ressourcen auch tatsächlich erreicht
und gehalten werden kann.

H. Lampert, Die Soziale Marktwirtschaft in der Bundesrepublik Deutschland, in: Aus Politik und Zeitgeschichte, B 17/88
(1988), S. 12 f.

b) Die Sozialwissenschaftler Hermann Albeck,
Volker Meinhardt, Heinz Vortmann (1990):
Es ist immer wieder deutlich geworden, wie wichtig
eine gedeihliche wirtschaftliche Entwicklung für
eine gedeihliche Entwicklung des Sozialstaates ist.
Man muss aber auch umgekehrt danach fragen, wie
5 die staatliche Sozialpolitik ihrerseits auf die wirtschaftliche Entwicklung wirkt. Man kann zwar im
Allgemeinen davon ausgehen, dass soziale Schutz-
maßnahmen die Gesundheit, Leistungsfähigkeit und
soziale Zufriedenheit der Menschen verbessern und
10 insoweit günstige Voraussetzungen für das wirtschaftliche Geschehen schaffen. Der Sozialstaat
kann aber auch so konstruiert sein, dass er die wirtschaftliche Entwicklung belastet. Gerade das wird in
jüngerer Zeit immer häufiger als Kritik vorgebracht.
15 Wir wollen im Folgenden drei Kritikpunkte heraus-
greifen, die allesamt auf den Vorwurf hinauslaufen,
der Sozialstaat sei im Hinblick auf seine ökonomischen Auswirkungen falsch konstruiert:
– Das Sozialsystem funktioniert nur, solange es
20   wirtschaftlich aufwärts geht; in Zeiten der Wachstumsschwäche wird es nicht mehr finanzierbar
  (Schlagwort: Schönwettersystem).
– Das Sozialsystem ist beschäftigungsfeindlich, weil
  es die Arbeitsnachfrage bremst (Schlagwort: Be-
25   schäftigungsbremse).

– Das Sozialsystem ist instabil, weil es einseitig auf
  Ausgabenexpansion drängt (Schlagwort: Anspruchsspirale). [...]
„Beschäftigungsbremse": Dahinter steht der wichtige Sachverhalt, dass die Beschäftigung eines Ar- 30
beitnehmers für den Arbeitgeber immer teurer geworden ist. Zu den Beschäftigungskosten zählen
nämlich nicht nur Bruttolohn bzw. Bruttogehalt,
sondern auch die Arbeitgeberbeiträge zur Sozialversicherung und die zusätzlichen Sozialleistungen des 35
Betriebs, die häufig in Tarifverträgen oder durch Be-
triebsvereinbarungen zwischen Geschäftsleitung
und Betriebsrat festgelegt sind. Diese Personalne-
benkosten sind in der Vergangenheit regelmäßig ra-
scher gestiegen als die Bruttolöhne; sie sind heute 40
teilweise so hoch wie diese und gelegentlich noch
höher. Da die Betriebe möglichst kostengünstig produzieren wollen und aus Konkurrenzgründen auch
müssen, üben die steigenden Beschäftigungskosten
einen starken Anreiz aus, Arbeitskräfte durch Ma- 45
schinen zu ersetzen und auch sonst möglichst spar-
sam mit Personal umzugehen. Die Bremswirkung
auf die Arbeitsnachfrage wird verstärkt, wenn der
Arbeitgeber damit rechnen muss, dass er infolge von
Kündigungsschutzregeln einmal eingestellte Arbeit- 50
nehmer nur schwer wieder entlassen kann. [...]
„Anspruchsspirale": Diese Kritik hat einen richtigen
und wichtigen Kern. Sie führt die starke Ausweitung
der Sozialausgaben auf ein fehlgesteuertes Interesse
an höheren Sozialleistungen zurück. Der Mangel 55
wird darin gesehen, dass wegen der Konstruktion
des Sicherungssystems der Einzelne für sich vor allem den Nutzen höherer Leistungen sieht, aber die
Kosten wenig beachtet, weil diese gleichsam anonym
auf alle Beitrags- und Steuerzahler umgelegt wer- 60
den. [...] Wenn der Einzelne weiß, dass ihn das Nehmen von Leistungen unmittelbar nichts kostet, ver-
hält er sich sorgloser; er will mehr von diesen Leistungen haben, als er verlangt hätte, wenn er
unmittelbar dafür hätte bezahlen müssen. [...] Aus 65
dem Phänomen der „Anspruchsspirale" ergibt sich,
dass das System der sozialen Sicherung selbst einer
Sicherung gegen übermäßige Beanspruchung bedarf.

Der Sozialstaat (Informationen zur politischen Bildung 215).
Bonn 1990, S. 37 f.

a) Wo im „sozialen Netz" sehen die Autoren Reformbedarf?
b) Warum kommt für beide eine grundsätzliche Änderung des Systems nicht in Frage?

1.4 Gesellschaft im Wandel

Es gibt viele Begriffe, mit denen Publizisten und Sozialwissenschaftler versuchen, unsere Gesellschaft zu charakterisieren. Mit dem viel zitierten Schlagwort „nivellierte Mittelstandsgesellschaft" rückte der Soziologe Helmut Schelsky die Erfahrung in den Mittelpunkt, dass die Stände- und Klassengesellschaft der ersten Jahrhunderthälfte einer Ordnung Platz gemacht habe, für die die Angleichung der Lebensverhältnisse typisch sei. Ihm widersprachen linke Sozialwissenschaftler, die dies für eine Oberflächenerscheinung hielten, unter der die krassen sozialen Ungleichheiten noch immer fortbestünden. Anfangs der 60er Jahre stellte der Soziologe Ralf Dahrendorf die offene, liberale „Bürgergesellschaft" (s. S. 50) als das wichtigste Resultat der Nachkriegsentwicklung heraus. In den 70er Jahren kam die Rede von der „post-industriellen" Gesellschaft auf, in der der Dienstleistungs- den produzierenden Sektor überflügelt habe. Zehn Jahre später erregte Ulrich Becks Theorie der „Risikogesellschaft" Aufsehen, die auf die mancherlei Krisenerscheinungen ökologischer und sozialer Art verwies. Daneben geisterten viele andere Reiz- und Modewörter herum: Konsum-, Wegwerf- und Überflussgesellschaft; Wettbewerbs- und Ellenbogengesellschaft; Leistungs- und Lerngesellschaft; Freizeit- und Erlebnisgesellschaft; Auto- und Fernsehgesellschaft; pluralistische, individualistische, multikulturelle Gesellschaft. Fast jeder dieser Begriffe traf etwas Richtiges, aber wohl keiner war imstande, die ganze Wirklichkeit einzufangen.

Seit 1945 vollzog sich der gesellschaftliche Wandel mit einer Rasanz, die geschichtlich beispiellos ist. Das war eine weltweite Erscheinung, besonders in den Industrieländern. Es veränderten sich die technischen und wirtschaftlichen Lebensumstände, die wissenschaftlichen Erkenntnisse und kulturellen Ausdrucksformen, aber auch die sozialen Beziehungen, die Denkweisen und Wertvorstellungen, die Lebensgepflogenheiten und Glückserwartungen. Was generationenlang gegolten hatte, verlor schnell an Verbindlichkeit: die christlichen Glaubensinhalte und religiösen Bindungen; die „bürgerliche" Moral und Lebensführung; die nationalen und patriotischen Werte; das soziale Herkunftsmilieu, Nachbarschaft und Heimat; Ehe und Familie. Die Frage nach der eigenen Zugehörigkeit und dem Sinn des Daseins, früher von Staat und Kirche, Elternhaus und Schule, Philosophie und Kunst mehr oder minder endgültig beantwortet, blieb für viele jetzt offen. Den beträchtlich erweiterten Freiheitsräumen standen Schwierigkeiten der Orientierung in einer unübersichtlich gewordenen Welt gegenüber, die frühere Generationen so nicht erlebt haben dürften.

Dimensionen des Wandels

Individualisierung und Pluralisierung: Diese in der heutigen Soziologie viel benutzten Begriffe bezeichnen zwei eng miteinander zusammenhängende Vorgänge: die Erhebung der individuell-persönlichen Lebensführung, die sich nicht bestimmten gesellschaftlichen Verhaltensregeln verpflichtet fühlt, zu einem obersten Leitwert; und das Verschwinden allgemein verbindlicher Normen, Wertüberzeugungen, Lebensstile zugunsten einer Vielzahl (Pluralität) von Angeboten der Daseinsgestaltung und Sinnfindung. Individualisierung stellt einen Gegenpol zu einer Lebensform dar, in der sich der Einzelne in ein größeres Ganzes – die Familie, das Arbeitsteam, eine politische Partei, eine Glaubensgemeinschaft, die Nation – einfügt und seine persönlichen Interessen, zumindest ein Stück weit, zurückstellt. Eine pluralistische, „offene" Gesellschaft steht im Gegensatz zur „geschlossenen" Gesellschaft. Herrscht dort die freie Konkurrenz unterschiedlicher Vorstellungen vom richtigen Leben, gibt es in der geschlossenen Gesellschaft Instanzen – die Kirche, den Staat, die Weltanschauung, die Partei –, die verbindlich vorgeben, was man zu glauben und wie man zu leben hat, und die die Einhaltung ihrer Vorschriften gegebenenfalls auch gewaltsam erzwingen.

1.4.1 Die Generationen

Demographische Revolution

Seit den mittleren 60er Jahren vollzieht sich eine tief greifende Umschichtung im Altersaufbau der westdeutschen Bevölkerung. Die Menschen erreichen im Durchschnitt ein beträchtlich höheres Lebensalter. Die Zahl der Geburten ging stark zurück und führte 1972 erstmals zu einem Defizit: Es starben mehr Menschen als geboren wurden. Die Folgen drohen dramatisch zu werden: Immer weniger jüngeren Menschen werden immer mehr ältere Menschen gegenüberstehen. Waren 1950 in der Bundesrepublik 28% aller Einwohner unter 18 Jahre alt und 9% über 65, so bot sich 1988 ein fast umgekehrtes Bild: 18% Jugendliche, 15% Alte.

Ursachen des Bevölkerungswandels

Die Gründe für diese Entwicklung sind vielfältig. Dass die Menschen älter werden, verdanken sie vor allem dem durchweg besseren Lebensstandard und den Fortschritten der Medizin. Wer nicht einer schweren Krankheit erliegt oder mit seiner Gesundheit Raubbau betreibt (häufigste Todesursachen heute: Kreislauferkrankungen und Krebs), hat gute Aussichten, 80 Jahre und älter zu werden, Frauen mehr als Männer. Der Geburtenrückgang ist teils auf die besseren Verhütungsmethoden zurückzuführen (sog. „Pillenknick"), teils auf veränderte Lebensplanungen, vor allem der Frauen. Das früher wichtige Motiv, in Kindern wirtschaftliche Hilfskräfte oder Stützen für das Alter zu haben, hat nahezu jede Bedeutung verloren. Berufskarrieren oder der Anspruch auf Selbstverwirklichung traten dem durchaus noch verbreiteten Kinderwunsch von Ehepaaren, insbesondere der Frauen, immer häufiger in den Weg. Schließlich ließen auch die allgemein gestiegenen Erwartungen an die richtige Betreuung und Erziehung von Kindern eine größere Zahl von Kindern als unvernünftig erscheinen. Es war nicht in erster Linie die (nur leicht ansteigende) Zahl von kinderlosen Ehen, die die Nachwuchszahlen sinken ließ, sondern die Beschränkung der meisten Elternpaare auf ein bis höchstens zwei Kinder.

Folgen der demographischen Veränderungen

Die Auswirkungen des demographischen Wandels stellten sich für die Betroffenen unterschiedlich dar. Die gestiegene Lebenserwartung bescherte „gewonnene Jahre", einen Zuwachs an Lebenserfüllung. Der Ruhestand weitete sich zu einer langen Lebensspanne aus, die viele Chancen eröffnete. Abgesehen von den Hochbetagten (den über Achtzigjährigen), gab es zunehmend mehr vitale und aktive alte Menschen, die das Geschenk des längeren Lebens voll zu nutzen verstanden.

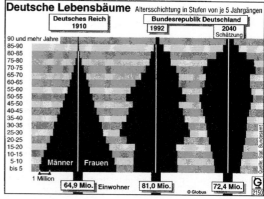

56 Generationenvertrag: „Den trägst du … wenn du groß bist!" Karikatur 12. Juni 1986
Erörtern Sie anhand der Karikatur und des Schaubildes die Problematik der zukünftigen Altersversorgung.

Das früher beherrschende Bild vom gebrechlichen Alter wandelte sich gründlich. Andererseits schuf die lange Altersphase beträchtliche Probleme. Die steigenden Aufwendungen für die Alterssicherung mussten von dem kleiner werdenden Bevölkerungsteil der Jüngeren aufgebracht werden. Die seit Jahren wachsenden Sozialabgaben hingen nicht zuletzt damit zusammen. Kritisch wird die Lage erst nach der Jahrtausendwende werden. Bis jetzt wurden die vermehrten Aufwendungen für die alten Menschen weitgehend durch die im Vergleich zu früher fühlbar verringerten Ausgaben für die Heranwachsenden wettgemacht.

Junge Menschen früher und heute

So wie das Leben der alten Menschen veränderte sich auch das der jungen in den letzten Jahrzehnten besonders stark: Die Dauer und die Anforderungen der Schul- und Berufsausbildung nahmen deutlich zu; die wachsende Verknappung der Arbeitsplätze seit den 70er Jahren erschwerte häufig den Berufseinstieg und minderte die Karrierechancen; es entstand eine eigene jugendliche Kultur und Lebenswelt, die sich deutlich von der Welt der Erwachsenen abhob.

Erweiterte Horizonte

Seit den 60er Jahren erhielten immer mehr junge Menschen die Möglichkeit einer längeren und besseren Schulbildung. Die Volks- bzw. Hauptschule, die noch in den 50er Jahren fast 90 Prozent jedes Jahrgangs aufgenommen hatte, wurde allmählich zur „Restschule"; zwei Drittel und mehr aller Kinder und Jugendlichen besuchten in den 80er und 90er Jahren die Realschule oder das Gymnasium. Die damit verbundene längere Freistellung von beruflicher Erwerbsarbeit – die sich für rund ein Drittel der jungen Leute durch das Studium noch weiter ausdehnte – veränderte den Erfahrungshorizont und Lebensstil der jungen Generation. Sie konnte Interessen und Fähigkeiten ausbilden, die ihren Eltern vielfach verschlossen geblieben waren, und auf Reisen und dank vielfältigen Kommunikationsmöglichkeiten eine Weltkenntnis erwerben, die ihren Blick weitete. Dabei stiegen unvermeidlich die Ansprüche an die Lebensqualität, die frühere Generationen sich nie hätten träumen lassen.

Jugendarbeitslosigkeit

Der Wohlstand hatte freilich auch eine Kehrseite. Als Ende der 70er Jahre die starken Geburtsjahrgänge in das Berufsalter eintraten, gleichzeitig aber die Wirtschaft lahmte, wurden Ausbildungsplätze knapp. Mit Mühe gelang es zwar dem Staat und den Berufsverbänden, schließlich den meisten eine Lehrstelle zu verschaffen; aber viele junge Menschen mussten mit nichtgewünschten Berufen vorliebnehmen und am Ende der Ausbildung wartete auf manchen die Arbeitslosigkeit. Sie blieb seitdem ein alarmierendes Problem. Zur Hauptproblemgruppe unter den zahlreichen jugendlichen Arbeitslosen wurden die, die keine abgeschlossene Ausbildung vorweisen konnten; aber auch Hochschulabsolventen fanden vielfach keine Stelle, die ihrem Ausbildungsniveau entsprach.

Generation/Generationenkonflikt: Generationen sind zum einen familial-biologische Personengruppen, deren Zusammengehörigkeit auf dem gemeinsamen Platz in der Abstammungsfolge Großeltern – Eltern – Kinder – Enkel usw. beruht. Diese Art von Generationsverband ist immer an die Blutsverwandtschaft gebunden und im Wesentlichen nur für die Stellung innerhalb der Familie (etwa beim Erbrecht) bedeutsam.
Unter Generationen im kulturell-sozialen Sinn versteht man Gruppen von Altersgenossen, deren Gemeinsamkeit zwar in der ungefähren Gleichaltrigkeit gründet, aber vor allem durch die relativ ähnlichen Lebensschicksale und -erfahrungen geprägt ist, die aus den zeitgeschichtlichen Ereignissen und Entwicklungen hervorgingen. Dabei scheinen nach allem, was man weiß, vor allem die Eindrücke und Erfahrungen in der besonders empfänglichen Jugend- und frühen Erwachsenenphase eine das ganze weitere Leben bestimmende Ausstrahlungskraft zu haben. Insofern empfinden und verarbeiten Angehörige verschiedener Generationen die gleichen zeitgenössischen Vorgänge in unterschiedlicher Weise. Das erklärt die Missverständnisse, Vorurteile, Auseinandersetzungen, die mit einer gewissen Unvermeidlichkeit das Zusammenleben der Generationen erschweren.

Jugendkultur   Die Ausbildung einer eigenen Jugendkultur geht in die Zeit des „Wandervogels"
und der „Jugendbewegung" zurück, die vor und nach dem Ersten Weltkrieg ihren
Höhepunkt erlebten. Die erste Nachkriegszeit mit ihrem täglichen Kampf ums
Überleben gab der Jugend wenig Gelegenheit, einen eigenen Lebensstil auszu-
bilden. Schelsky nannte sie die „skeptische Generation": junge Leute, die die Welt
nicht verbessern wollten, sondern sie illusionslos so nahmen, wie sie ist, und die
darum kein Bedürfnis hatten, sich von den Älteren zu unterscheiden oder sich mit
ihnen kritisch auseinanderzusetzen. Als sich das Leben in den 50er Jahren nor-
malisierte, kam die Jugend als eine eigene Daseinsform wieder zur Geltung. Es
war vor allem die damals schnell an Bedeutung gewinnende Freizeitkultur, in der
sich das jugendliche Bedürfnis nach Erlebnissen, Geselligkeit, Selbsterfahrung,
Begegnung mit dem anderen Geschlecht am stärksten entfalten konnte. Das Radio, das Kino, die Gaststätte, der Tanzsaal (erst in den späten 60ern von der Dis-
kothek abgelöst), die motorisierte Mobilität gaben dem jugendlichen Leben seinen
besonderen Reiz. Zu einem wichtigen Medium wurde die Musik. Die sentimentale
„Schnulze" und der kesse „Schlager", die noch die 50er Jahre prägten, wurden
hoffnungslos altmodisch – und befriedigten nur noch den (belächelten) Ge-
schmack der stehen gebliebenen Älteren –, als seit den frühen 60er Jahren die
„Beatles" und Elvis Presley, später die Rockgruppe der „Rolling Stones" und
schließlich Michael Jackson mit immer lauter und aggressiver werdenden Tönen
und immer heftigeren und ekstatischeren Bewegungen Millionen jugendlicher En-
thusiasten in ihren Bann zogen. Die Rockszene wurde geradezu zum Identifika-
tionsmerkmal vieler junger Menschen.

Generations-   Die Ansichten, Lebensgefühle und Wertvorstellungen älterer und jüngerer Men-
konflikte   schen drifteten zusehends auseinander. Ein Vorspiel waren die „Halbstarken-Kra-
walle" der späten 50er Jahre. Junge Leute erprobten ihre Männlichkeit und Unabhängigkeit, indem sie Straßenpassanten provozierten, die nächtliche Ruhe stör-
ten oder sich mit der Polizei prügelten. Sie fanden später viele Nachfolger:
lederbekleidete Rocker, bizarr aufgemachte Punks, alkoholisierte Hooligans. Sie
alle trotzten den herrschenden Ordnungs- und Moralvorstellungen und wollten
sich und ihrer Umwelt beweisen, dass sie mit der von den Erwachsenen geschaffenen Gesellschaft nichts gemein hatten. Ihr Protest erschöpfte sich aber zumeist
in der Verweigerung; eine eigene Vision einer besseren Welt hatten sie nicht anzubieten. Damit unterschieden sie sich zutiefst von der 1968er-Bewegung. Die jungen Leute, die sich hier engagierten – hauptsächlich Studentinnen und Studenten
aus liberal-bildungsbürgerlichen Elternhäusern –, fühlten sich als Wegbereiter einer neuen Gesellschaft, die die ihrer Eltern gründlich umkrempeln sollte. Unter
Berufung auf neomarxistische Gedankengänge, wie sie insbesondere in der „Kritischen Theorie" der Frankfurter Schule (Horkheimer, Adorno, Marcuse, Habermas)
entwickelt worden waren, empörten sich die jungen Leute vor allem über die Mitschuld der Älteren am Nationalsozialismus, über deren angebliche Fixierung auf
Lebensstandard und Wohlstandsmehrung, über die Ausbeutung der Dritten Welt,
über ihre „verklemmt-spießige" (Sexual-)Moral. Manche schockierten die Öffentlichkeit mit ihrem – wirklichen oder zur Schau gestellten – ungenierten Sexualle-
ben, mit der Verachtung aller „bürgerlichen" Werte wie Ordnung, Fleiß und Sau-
berkeit, mit dem Leben in Wohngemeinschaften statt in Familien und der „antiau-
toritären" Erziehung ihrer Kinder. Seit 1968 war der Graben zwischen den
Generationen tiefer denn je.
Die Jugend der 70er Jahre vermied zwar zumeist die herausfordernd-revolu-
tionären Töne, mit denen Rudi Dutschke und andere studentische Rebellen das
„Establishment" schockiert hatten. Um so beharrlicher traten ihre Wortführer in
den „Neuen sozialen Bewegungen" für ihre Ziele ein, mit denen sie das Bewusstsein und Verhalten ihrer Zeitgenossen zu verändern trachteten. Mit ihren Aktio-

nen für den Schutz der natürlichen Umwelt und für die Rechte der Frau, gegen Kernkraftwerke und Raketenstationen brachten sie große Teile der Öffentlichkeit, darunter viele ältere Menschen, gegen sich auf. Besonders große Entrüstung provozierten die betont Alternativen, die Hippies, Gammler, Punks, die aus der Gesellschaft „ausgestiegen" waren und mit ihrer totalen Verweigerungshaltung die öffentliche Toleranzbereitschaft auf eine harte Probe stellten.

Indes waren alle diese auffälligen Gruppen stets nur eine Minderheit der jungen Generation. Die meisten jungen Leute passten sich den Anforderungen der Erwachsenenwelt an und lebten, lernten und arbeiteten, wie es für einen normalen Lebens- und Berufsweg zweckdienlich war. Nicht wenige machten sich die Maßstäbe der Erfolgs- und Wohlstandsgesellschaft geradezu übermäßig zu eigen und hatten nichts anderes im Sinn, als so schnell wie möglich viel Geld zu verdienen und das Leben zu genießen – wie die „Popper" oder „Yuppies", die ihren Luxus und elitären Dünkel recht selbstgefällig zur Schau stellten. Was für die Gesellschaft der 70er und 80er Jahre im Ganzen galt, traf auch auf die Jugend zu: Fast alles war erlaubt, allgemein verbindliche Lebensstile gab es kaum noch, Pluralität und Individualität standen hoch im Kurs.

Vielfalt der Lebensstile

57 Generationsprofile

a) Sozial-ökonomische Merkmale (in v. H.):

	18–29 Jahre	30–59 Jahre	60 Jahre und älter
Volksschule	36	62	76
mittlere Reife	32	22	15
Abitur	32	16	9
Arbeiterschicht	26	31	39
Mittelschicht	71	66	58
Oberschicht	3	4	3

b) Einstellungen zur Demokratie (in v. H.):

	18–29 Jahre	30–59 Jahre	60 Jahre und älter
Sehr zufrieden	23	27	31
einigermaßen zufrieden	67	65	62
nicht zufrieden	11	8	7
Leute wie ich haben keinen Einfluss darauf, was die Regierung tut	60	65	73
Ich finde, dass es sich lohnt, sich für unseren Staat einzusetzen	73	82	81
Es genügt, wenn man regelmäßig zur Wahl geht; mehr braucht man in einer Demokratie nicht zu tun	26	34	47
Ich bin gegen eine Diktatur; aber eine starke Hand müsste doch wieder Ordnung in unseren Staat bringen	33	46	68
Alles in allem kann man darauf vertrauen, dass der Staat das Richtige für die Bürger tut	47	60	70

R. Stadié, Grunddaten zum politischen Verhalten älterer Menschen, in: Aus Politik und Zeitgeschichte, B 48/86, S. 22, 28

c) Christian Graf von Krockow als Vertreter der Flakhelfer-Generation (1979):

Ich gehöre – Jahrgang 1927 – zur sogenannten Flakhelfergeneration. Sie war alt genug, um den Krieg, die Macht und den Fall des Dritten Reiches bewusst mitzuerleben; sie war jung genug, um neu anzufan-
5 gen. Zuerst also: der dumpfe, doch überwältigende Sog einer ungeheuren, ungeheuerlichen Maschinerie. Sie dröhnte vom Pathos. Sie schien unzerstörbar. Und plötzlich ging sie vollständig und jämmerlich entzwei. Dann: Elend zwar und ein sehr buchstäbli-
10 cher Kampf ums Dasein. Aber zugleich: eine, nein die neue Welt, von Lucky Strike über Glenn Miller und Hollywood bis Hemingway und Thornton Wilder. Auch Deutsches selbstverständlich, von Heinrich Heine bis Thomas Mann, überhaupt Literatur,
15 Philosophie, Kunst .[…] Bei alledem: der erst kaum bemerkte, dann um so bemerkenswertere materielle Aufstieg oder Wiederaufstieg, über alle ursprünglichen Erwartungen weit hinaus.
Aus dieser doppelten, im Kontrast geschärften
20 Grunderfahrung lassen sich, bei allen Unterschieden oder sogar Gegensätzen im Einzelnen, typische Einstellungen und Verhaltensweisen meiner Generation ableiten. Das betrifft zunächst einmal das Verhältnis zu Sachwerten. Wir wissen, dass Wohlstand
25 nicht selbstverständlich ist, nicht einmal das Dach über dem Kopf, etwas Wärme im Winter, ein halbwegs gefüllter Magen. Vielleicht erwarten wir insgeheim, dass irgendwann einmal das so mühsam Errungene wieder verschwindet. […] Im Zweifelsfall
30 werden wir das Wirtschaftssystem, mit dem wir aufgestiegen sind, zwar kritisieren und korrigieren – um es gegen seine Selbstgefährdungen zu schützen –, aber wir werden es gegen noch unerfahrene Utopien wie gegen die sehr real erfahrene bürokratische
35 Zwangsverwaltung des Mangels verteidigen.
Wir schätzen die Leistung: „Von nichts kommt nichts." Oder geht es nur um den Erfolg? Jedenfalls dürfte unser Sinn für Solidarität eher unterentwickelt sein. […] Wenn uns heute an jungen Leuten
40 etwas besonders gefällt, dann die Unbefangenheit, mit der sie durch Europa und die Welt trampen.

C. Graf von Krockow, Das Missverhältnis der Erfahrungen, in:
C. Richter (Hg), Die überflüssige Generation, Königstein 1979,
S. 205 ff.

d) Michael Sontheimer als Vertreter der „alternativen" Generation (1989):

Ende der siebziger Jahre war es, als auf einmal allenthalben das Schlagwort „alternativ" die Runde zu machen begann: alternative Projekte, alternative Kultur, alternative Listen – die Alternativbewegung.
5 Sehr vereinfacht wollten wir, die Akteure der entstehenden alternativen Szene, damals dreierlei: anders leben, anders arbeiten, eine andere Politik. […] Die Emanzipationsdebatte, die Gruppenerfahrungen Zehntausender von Wohngemeinschaften in
10 Stadt und Land hatten die Ziele des „Anders leben" bereits benannt: Solidarität statt Isolation und Konkurrenz, Demokratie statt Hierarchie; menschliche Beziehungen, in denen das Sein wichtiger ist als das Haben. […] Alternativ sein hieß damals und heißt
15 auch heute: nicht mehr auf die Revolution warten, sondern Gegenmodelle aufbauen; sich nicht in der Kritik der herrschenden Verhältnisse erschöpfen, sondern ihnen Keimzellen einer gerechten, menschlichen und freien Gesellschaft entgegensetzen. […]
20 Die Alternativen vermochten nicht einzusehen, warum die Freiheit der Waren und des Kapitals nicht auch die Freiheit der Individuen und der Ideen bedeuten soll, warum ein politisches System, das sich auf Gleichheit und Vernunft beruft, die Menschen
25 der Dritten Welt und die Natur gleichermaßen systematisch und rücksichtslos ausbeuten kann. „Small is beautiful" lautete eine entscheidende Erkenntnis, mit der man dem „more, bigger, faster", dem Technikwahn und dem sinnentleerten Materialismus der
30 westlichen Industriegesellschaften entgegentrat. […] Die für uns Junge durchaus bittere Erfahrung war, dass die Generation unserer Eltern in Brokdorf oder Gorleben nicht auftauchte. […] Unsere Eltern, die Wiederaufbaugeneration, nahm uns nicht ernst,
35 konnte kaum unsere Fragen und unser Unbehagen aufnehmen. Ich fürchte auch, der größte Teil dieser Generation, die ihre politische Sozialisation in den Nachkriegsjahren erfahren hat, wird sich vielleicht nie eingestehen können, welches trostlose Erbe in
40 Form von vergifteten Flüssen, Äckern und Wäldern, überquellenden Sondermülldeponien und über Jahrtausende strahlenden radioaktiven Abfällen sie ihren Kindern und Enkeln überlassen wird. […]

M. Sontheimer, Alles anders, aber wie? in: W. Bleek/H. Maull
(Hg), Ein ganz normaler Staat? München 1989, S. 185 ff.

a) Rekonstruieren Sie die Grunderfahrungen, die für die „Flakhelfer-" und die „alternative" Generation prägend waren. Welche Stärken und Schwächen erwuchsen daraus?
b) Wie beurteilen die beiden Zeitzeugen die jeweils anderen Generationen? Empfinden Sie diese Urteile als zutreffend?
c) Versuchen Sie den Daten einige wichtige Entwicklungslinien in der Abfolge der Generationen abzugewinnen. Sehen Sie die Entwicklung eher positiv oder eher negativ?

58 Die „Achtundsechziger" und das Establishment

a) „Unsere APO, menschlich betrachtet" (1968):
Eine luxuriöse Generation hat man sie genannt; das
Wort ist mir zu vieldeutig, zu schillernd, um das Phänomen zu fassen, aber sicher ist, dass ihr Lebensge-
fühl, diese skurrile Mischung aus Heiterkeit und
5 Aggressivität, nicht ohne unsere Wohlstandsgesellschaft denkbar ist. Obwohl sie gegen die Konsum-
form der Gesellschaft im Überfluss protestierten,
bleiben sie doch zunächst einmal deren Geschöpfe
und Kreationen. [...] Es sind Revolutionäre der Pro-
10 sperität.
Das Zweite, das ins Auge fällt, ist ihre soziale Herkunft. In Gesprächen stellt sich bald heraus, dass
ihre beredtsten Vertreter fast durchweg Kinder aus
wohlhabenden Bürgerhäusern sind. [...] Kinder aus
15 Bauernhäusern, aus dem Handwerk, der breiten
Schicht der Unterprivilegierten fehlen. Von daher
bekommt ihr revolutionärer Anspruch, die Arbeiter aus den Zwängen des Kapitalismus befreien zu
wollen, den Zug ins Romantische und kraus Ver-
20 stiegene. [...] Zivilcourage muss man ihnen attestie-
ren. Keine Institution ist ihnen zu mächtig – pro-
minente Schriftsteller, kapitale Verleger, etablierte
Staatsmänner, von der Justiz und Polizei ganz zu
schweigen: je stabiler die Macht, umso stolzer der
25 Stil der Provokation.

Die Zeit vom 18. Oktober 1968

b) Der Studentenführer Rudi Dutschke im Fern-
sehinterview mit Günter Gaus (1967):
Gaus: Der Unterschied zwischen Ihrer Generation,
Herr Dutschke, Sie sind Jahrgang 1940, und der Generation der heute Vierzig- bis Fünfzigjährigen
scheint mir darin zu bestehen, dass Sie, die Jüngeren,
5 die aus den vergangenen Jahrzehnten gewonnene
Einsicht in die Verbrauchtheit der Ideologien nicht
besitzen. Sie sind ideologiefähig. Akzeptieren Sie
diesen Generationsunterschied?
Dutschke: Ich werde ihn nicht als Generationsunter-
10 schied begreifen, ich würde sagen, es sind verschie-
dene Grunderfahrungen. Aber das ist nun nicht
ohne weiteres ein Generationsunterschied. Grunderfahrungen können verschieden verarbeitet werden. [...] Vor 1914 gab es sicherlich auch eine

Grunderfahrung, aber die wendete sich nicht gegen 15
die politischen Institutionen. Wir wenden uns gegen
diese.
Gaus: Ich behaupte nun aber, dass jede ideologisch
geprägte Politik in unserer heutigen Zeit, in unseren
Industriestaaten im Grunde menschenfeindlich ist. 20
Sie zwingt den Menschen auf eine vorgezeichnete
Bahn, der er folgen muss, damit es den späteren
Menschen einmal besser geht.
Dutschke: Nein, es wird nichts vorgezeichnet. Das
Vorzeichnen ist ja gerade das Kennzeichen der etab- 25
lierten Institutionen, die den Menschen zwingen et-
was anzunehmen. Unser Ausgangspunkt ist Selbst-
organisation der eigenen Interessen und Bedürf-
nisse. [...]
Gaus: Warum treten Sie aus der Politik nicht aus? 30
[...] Warum sagen Sie nicht: Wir können es nicht ändern, lass es doch laufen!
Dutschke: Wir können es ändern. Wir sind nicht
hoffnungslose Idioten der Geschichte, die unfähig
sind, ihr eigenes Schicksal in die Hand zu nehmen. 35
Das haben sie uns jahrhundertelang eingeredet.
Viele geschichtliche Zeichen deuten darauf hin,
dass die Geschichte einfach nicht ein ewiger Kreisel
ist, wo nur immer das Negative triumphieren muss.
Warum sollen wir vor dieser geschichtlichen Mög- 40
lichkeit Halt machen und sagen: Steigen wir aus,
wir schaffen es doch nicht. Irgendwann geht es mit
dieser Welt zu Ende. Ganz im Gegenteil. Wir können eine Welt gestalten, wie sie die Welt noch nie
gesehen hat, eine Welt, die sich auszeichnet, keinen 45
Krieg mehr zu kennen, keinen Hunger mehr zu
haben, und zwar in der ganzen Welt. Das ist unsere
geschichtliche Möglichkeit – und da aussteigen? Ich
bin kein Berufspolitiker, aber wir sind Menschen,
die nicht wollen, dass diese Welt diesen Weg geht, 50
darum werden wir kämpfen und haben wir angefangen zu kämpfen.

R. Dutschke, Mein langer Marsch, Reinbek 1980, S. 49, 52

---

a) *Was unterschied die APO-Generation von den Alternativen, was verband sie miteinander?
Führen Sie die Unterschiede und Gemeinsamkeiten auf zeitgenössische Ereignisse und Erfahrungen zurück.*
b) *Ein Gegner der APO nannte sie die „Wiedertäufer der Wohlstandsgesellschaft". Diskutieren Sie die Bedeutung und die Berechtigung dieser Charakterisierung.*

a) links: Tanzstunde 1952

b) rechts:
Rock´n'Roll 1958

59 Jugend im Wandel der Zeit.
Die Soziologie unterscheidet
die aufeinander folgenden
Generationen nach bestimmten
typischen Merkmalen; diese
finden sich zwar bei vielen, aber
selbstverständlich nicht bei allen
Jugendlichen einer Epoche oder
einer Generation.

c) Studentendemonstration
1968 in West-Berlin

d) Landkommune 1973

e) „Punks" vor den Resten der Berliner Mauer

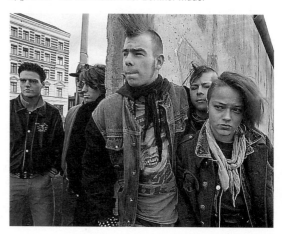

60 **Alltagserfahrungen arbeitsloser Jugendlicher**

Ein 18-jähriger nach 7-monatiger Arbeitslosigkeit:

Das war schlimm. Das heißt, am Anfang ging's ja noch, da hab ich Geld gekriegt von meiner Mutter; aber mit der Zeit, da war mir das halt zu wenig und
5 da hab ich noch die Nacht über geschlafen, tagsüber bin ich dann zu Hause geblieben, habe gelesen, bin in die Stadt rein, hab ein bißchen gebummelt da und dann – tagsüber hast du nicht gewusst, was du machen sollst. Dann bin ich abends immer fortgeblie-
10 ben, mit so ein paar anderen, die auch arbeitslos waren. Dann waren wir nachts immer unterwegs und haben tagsüber geschlafen, weil's uns langweilig war.

Ein 19-jähriger ungelernter Arbeiter, seit einem Jahr arbeitslos:

Tagsüber hab ich früher im Geschäft kein Bier getrunken, nur außerhalb der Arbeitszeiten. Jetzt trink ich tagsüber schon mal ab und zu ein Fläschchen
5 Bier; und wenn ich am Tag vorher viel getrunken hab, dann bin ich kaputt, dann schlaf ich bis Zwölfe, dann hab ich sowieso keine Lust mehr, dann bleib ich vielleicht zu Hause oder geh abends noch mal weg, nachsehn, was läuft [...], was trinken, lustig sein
10 oder vielleicht unter Kumpels oder mit anderen eine Schlägerei kriegen.

Ein 18-jähriger mit Berufsausbildung, zu Hause lebend:

Also mir macht's wenig aus. Das macht meiner Mutter mehr aus wie mir. Die freut sich halt immer, weil ich halt nichts zu arbeiten hab. Das Gegenteil mein ich natürlich. Fragt immer, warum und wieso: Gott,
5 mir macht's wenig aus. Mich belastet es eigentlich wenig [...], nur meine Mutter tut sich dagegen wehren. Also die tobt halt rum, nicht gerade toben, aber der gefällt es halt nicht. Mein Vater, der hat es hingenommen, der sagt da nicht viel.

Ein arbeitsloser Akademiker:

Es ist schon so, dass ich mich, ja, mich gar nicht so ohne weiteres getraue, so Leute von früher zu besuchen. Es macht mir selber sehr viel aus, dass ich arbeitslos bin. Es ist auch so was wie ein äußerer
5 Druck ein bißchen, weil die Leute von vorher, die sind alle erfolgreich irgendwie und hatten auch sofort nach dem Studium eine Stelle gehabt.

SINUS-Institut, Die verunsicherte Generation, Opladen 1983, S. 109 ff.

> a) *Was fällt Ihnen an der Sprachform der in mündlicher Rede entstandenen Texte auf? Welche Stimmungen und Gefühle sind spürbar?*
> b) *Wie wirkt sich Arbeitslosigkeit aus: im Umgang mit der freien Zeit; im Familienkreis; in sozialen Kontakten?*

61 **Jugendmilieus und Jugendkulturen**

a) Der Rockstar Udo Lindenberg (geb. 1946) im Rückblick auf die Elvis-Presley-Zeit:

Damals, 1957, ich war elf, schoss aus dem Radio Elvis Presley, und die ersten Takte verbannten meine bisherigen Lieblingslieder „Ave Maria", „Was hat der Hans mit der Grete getan", „Der lachende Va-
5 gabund" und sogar „Marina" schlagartig aus meinem Frischlingsherzen. Worum es ging, verstand ich nicht, aber dieser Schluckaufgesang und die elektrisierende Musik rockten mich durch. [...] Nachdem ich dann auch noch diesen Film gesehen habe, in
10 dem Elvis als ziemlich schmales Kerlchen in einem Klub auf die Bühne springt und den bulligen Klubbesitzer ansingt: „If you're looking for trouble, look straight into my face", verband ich mit dem deutschen Lied- und Schlagergut mehr und mehr Alp-
15 träume. Das hat sich bis heute nicht geändert.

[...] Er hat uns gegen unsere Eltern, denen ja sonst alles gehört, etwas Eigenes gegeben. Bis jetzt hatten wir immer nur zu hören bekommen: „Dafür bist du noch zu jung." Mit Elvis in den Ohren konnten wir zurückbrüllen: „Dafür seid ihr schon zu alt." Wo 20 kam dieses Dynamit her? Wo gab's noch mehr davon? So kriegte ich durch Elvis auch Bill Haley mit, den es schon vorher gab, und bald hatte ich eine Sammlung von Platten mit „Amigeheul" und „Negermusik" und meine Oma fiel in Ohnmacht. Ich 25 weiß auch noch, wie schwierig es war, den Schlacker-Schlotter-Gummibein-Tanz mit Schleuderdame zu lernen.

G. Eisenberg/H.-J. Linke (Hg.), Fuffziger Jahre, Gießen 1980, S. 235

b) Popper

Samstagabend, halb acht. Popper-Party in Hamburg-Pöseldorf. Draußen parken schnittige Mofas. Drinnen ist man unter sich: gepflegte Herrschaften zwischen zwölf und siebzehn Jahren, eine formierte Ge-
5 sellschaft distinguierter Nachwuchs-Snobs. Lauter Kopien von Mode- und Werbefotos, eine so glatt wie die andere. Die Popper – ihr Name ist ein Gegenbegriff zu Rocker – trinken Sekt und rauchen Filterzigaretten. Dunhill oder Astor etwa, keinesfalls selbst
10 gedrehte. […] Die jungen Herrschaften auf der Pöseldorfer Party können das Popper-Evangelium runterbeten, alle kennen sie seine Glaubensartikel, alle halten sie ein. Andernfalls droht Missachtung und Bann. „Wenn ich hier mit einem Typ im Parka
15 ankäme und wenn der obendrein noch lange fettige Haare hätte – da wäre ich doch sofort out", sagt Marc, 15. Er bekennt, schon ein bisschen leiser: „Im tieferen Sinne ist das beschissen. Aber man will ja dazugehören." […] Wie gnadenlos Popper mit Mit-
20 schülern umspringen, denen der Popper-Knigge noch ein Buch mit sieben Siegeln ist, hatte mir kichernd der Gymnasiast Tim, 13, erzählt: „Wenn ein Typ vom Land mit ollen Klamotten zu uns in die Schule kommt, wird der erst mal total fertig ge-
25 macht. Alle sagen: ‚Oh, guck mal, Salamander-Schuhe. 17,50 Mark, was? Willste mit deiner Hose zelten gehen? Und der schicke Fiorucci-Parka, ha-ha-ha!' Der wird dann ganz rot." Britta, 13, hatte hinzugefügt: „Und eines Tages hatte der dann auch
30 College-Schuhe und einen V-Pullover an." Wie es sich gehört. Robert, 14, sagt: „Man will zeigen, dass die Eltern Geld haben […]."
Wenn ein paar Popper zusammenstehen, zeigen sie ihre neuen Kleider vor und prahlen damit, was sie
35 gekostet haben. Wer nicht in ganz bestimmten „in"-Boutiquen kauft, der wird nicht für voll genommen. Pascal kühl: „Die anderen sind praktisch alle Prolos. Wir wollen zeigen, dass wir was Besseres sind."

R. Wolf in Zeit-Magazin vom 14. März 1980

c) Punks 1994 im Zeitungsinterview:

Frage: Was ist die Ideologie oder die Vorstellung, aus dem das Ganze wächst?
Timo: Wirklich schwer zu beantworten, weil, dazu ist es wieder zu individuell. In erster Linie geht es um

ein selbstbestimmtes Leben. Was sich da jeder raus- 5
zieht, ist was anderes. Jeder unterliegt anderer Beeinflussung. Jeder wächst anders in die Szene rein. Es gibt Leute, die sich sehr stark politisch engagieren. Für andere Leute ist Spaß das Wichtigste.
Ole: Für mich ist es auch noch das Gefühl, nicht zur 10
Gesellschaft dazuzugehören, nicht dazugehören zu können und nicht zu wollen.
Frage: Warum eigentlich nicht? Was stört Sie so an der Gesellschaft?
Timo: O Gott, da kann ich ja weit ausholen. Hier 15
sind doch alle nur am Abbezahlen ihrer Kredite und erarbeiten sich irgendwelche Statussymbole. Keine Nähe untereinander. Mit Menschlichkeit oder Selbstverwirklichung läuft hier nicht viel. Der normale Weg ist: Elternhaus, Kindergarten, Schule, 20
dann studieren oder gleich einen Job lernen. Ich möchte nicht einen Job haben, nur damit ich dem Arbeitsmarkt zur Verfügung stehe und die Kohle ranschaffe, die ich zum Leben brauche, aber nach fünf Jahren unglücklich bin. Und ich das vierzig oder 25
fünfzig Jahre tue, dann ins Rentenalter komme. Ich hätte nicht viel vom Leben.
Björn: Man versucht die Planung abzuschaffen und zu sagen: Ja, ich lebe im Hier und Jetzt. Und jetzt habe ich meinen Spaß. […]   30
Frage: Was würde denn Ihre Gruppe sagen, wenn sie, sagen wir mal, in irgendeinem Vorort von Hannover die Möglichkeit bekäme, eine Kommunalverwaltung aufzubauen. Wie würden Sie das machen wollen?   35
Ole: Das ist eine gute Frage. Ich laber jetzt einfach mal so los, dann können wir uns ja korrigieren. Also, für mich wäre es wichtig, dass alle Leute mitreden können und die Freiheit haben, Sachen zu entscheiden, auch an den Arbeitsstellen. Dass es halt nicht so 40
ist wie sonst immer: Da ist der Direktor und da ist der Meister und der Vorarbeiter. Man könnte das vielleicht jetzt pauschal so als „politischen Anarchismus" oder „Syndikalismus" oder so was in der Richtung bezeichnen. Es wird ja auch schon versucht, das 45
im kleinen Kreis durchzuziehen, zum Beispiel in besetzten Häusern. Und das vielleicht so aufs Große zu übertragen. Kein Klassensystem eben. Jeder macht, wozu er lustig ist, und kann sich verwirklichen.

Die Zeit vom 19. August 1994, S. 7

> *a)* In Jugendkulturen drücken sich auch Vorstellungen vom „richtigen", lebenswerten Leben aus. Was schwebte den hier zu Wort gekommenen jungen Menschen vor? Warum nehmen andere, etwa ältere Menschen daran Anstoß?
> *b)* Worin sehen Sie die Bedeutung von Jugendkulturen für die Jugendlichen selbst? Kennen Sie noch weitere Richtungen?

1.4.2 Frauen und Männer

Das Grundgesetz schreibt die Gleichberechtigung der Geschlechter vor. Aber es dauerte bis 1976, ehe der Bundestag das Bürgerliche Gesetzbuch (BGB) dahingehend änderte, dass die allgemeine Gleichheitsnorm nun auch innerhalb der Familie wirksam wurde. Fortan war die Ehefrau nicht mehr, wie bisher, allein zur Haushaltsführung verpflichtet, sondern beide Ehepartner waren gleichermaßen für die Hausarbeit und die Kindererziehung zuständig. Die Frauen bekamen ein Recht auf außerhäusliche Berufstätigkeit, ohne dass die Ehemänner dies verbieten durften (was sie bis dahin gekonnt hatten). Schließlich entfiel auch der „Stichentscheid", der den Männern als den „Haushaltsvorständen" bis dahin zugestanden hatte, wenn sich die Ehepartner in Haushalts- und Erziehungsfragen nicht einigen konnten.

Gleichberechtigung – Norm und Wirklichkeit

Diese überfällige Familienrechtsreform war ein wichtiger Fortschritt, aber noch immer nicht die endgültige Vollendung auf dem langen Wege zur Gleichberechtigung der Frau. Deren Benachteiligung hatte in Deutschland – und anderswo – eine lange Tradition. Vor allem seit der Durchsetzung des „bürgerlichen" Familienmodells im 19. Jahrhundert war die patriarchalische Ordnung fest gegründet. Die Frau wurde auf die Rolle der Gattin, Mutter und Hausfrau festgelegt und aus dem öffentlichen Leben fern gehalten. Ehe und Mutterschaft galten als die eigentliche Bestimmung des weiblichen Geschlechts. Eine Berufstätigkeit außerhalb des Hauses wurde nur unverheirateten Frauen zugebilligt, es sei denn, sie war, wie in vielen Arbeiterhaushalten, für den Lebensunterhalt der Familie unerlässlich. Aber auch Arbeiterfrauen zogen sich, sobald es wirtschaftlich möglich war, ganz auf den Haushalt zurück – was nicht zuletzt auch eine Frage des Ansehens war. Das Patriarchat beruhte in hohem Maße auf dem Glauben an die natürliche Wesensverschiedenheit der Geschlechter. Danach gab es typische weibliche oder männliche Eigenschaften, Fähigkeiten, Denkweisen, Interessen und daraus leitete sich eine unumstößliche Arbeits-, Kompetenz- und Rollenverteilung ab. Von den rechtlichen und politischen Errungenschaften der bürgerlichen Revolutionen seit 1776 blieben die Frauen weitgehend ausgeschlossen. Erst kurz vor dem Ersten Weltkrieg erhielten sie in Deutschland den Zugang zum Universitätsstudium, erst mit der Novemberrevolution 1918 das Wahlrecht.

Patriarchalische Ordnung

62 Die „Mütter des Grundgesetzes".
Lediglich vier der 65 Mitglieder des Parlamentarischen Rates waren Frauen: (v. l.) Friederike Nadig (SPD), Elisabeth Selbert (SPD), Helene Weber (CDU) und Helene Wessel (Zentrum). An der Durchsetzung des Gleichberechtigungsartikels (Grundgesetz Artikel 3, Absatz 2) war die Notarin und Anwältin Elisabeth Selbert in besonderem Maße beteiligt.
Die Weimarer Verfassung hatte den Frauen lediglich „dieselben staatsbürgerlichen Rechte und Pflichten" (Art. 109) zuerkannt, der nationalsozialistische Staat eine Politik der Zurückdrängung der Frauen aus dem beruflichen und öffentlichen Leben betrieben. Auch nach 1945 dauerte es noch 45 Jahre, ehe der Art. 3, Abs. 2 den Zusatz erhielt: „Der Staat fördert die tatsächliche Durchsetzung der Gleichberechtigung von Frauen und Männern und wirkt auf die Beseitigung bestehender Nachteile hin."

Dimensionen der Benachteiligung

Die seit 1918 nicht mehr bestrittene rechtliche Gleichheit der Frauen führte aber noch nicht zu ihrer tatsächlichen Gleichstellung. Das zeigte sich in vielen Lebensbereichen:

– Mädchen und junge Frauen erhielten lange eine durchweg schlechtere Schul- und Berufsausbildung als ihre männlichen Altersgenossen. Da Töchter in der Sicht ihrer Eltern, aber zumeist auch nach ihrer eigenen Lebensplanung eines Tages heiraten würden, erschien eine lange und qualifizierte Ausbildung als unnütze Vergeudung von Zeit und Geld. Auch eine Erwerbstätigkeit galt nur als kurze Zwischenphase bis zur Eheschließung, so dass es reichte, als ungelernte (und entsprechend schlecht bezahlte) Kraft tätig zu sein.

– Auch die längerzeitig berufstätigen Frauen – vor 1945 hauptsächlich Arbeiterfrauen, seitdem viele andere und immer mehr – mussten sich durchweg mit untergeordneten, schlecht bezahlten Arbeitsplätzen zufrieden geben. Das lag teils an ihrer schlechten Ausbildung, teils an ihren Hausfrauen- und Mutterpflichten, die die volle Konzentration auf einen Beruf nicht zuließen.

– Diese Doppelbelastung durch Beruf und Familie war das schwerwiegendste Handicap, das den Frauen zugemutet wurde. Da sich an der überkommenen Rollenverteilung – die eine ausgiebige Mitarbeit des Mannes im Haushalt und bei der Kinderbetreuung nicht vorsah – lange nichts oder nur wenig änderte, blieb den meisten Frauen nichts anderes übrig, als um der Ehe und Familie willen den eigenen beruflichen Erfolg und Aufstieg hintanzustellen.

– Das wirkte sich in der Hierarchie und Postenverteilung am Arbeitsplatz für die Frauen nachteilig aus. Auch wo sie gleiche Befähigungen und Leistungen wie die männlichen Kollegen aufzuweisen hatten, zogen sie im Wettbewerb um die Beförderungsstellen zumeist den Kürzeren. Die althergebrachten Geschlechterklischees waren zählebig, man traute Frauen häufig keine Führungsqualitäten zu und viele Männer wollten ihre Privilegien nicht aufgeben.

63 Internationaler Frauentag, Frankfurt 1982.
Der Frauentag geht auf Bestrebungen in den USA seit 1858 zurück. 1911 demonstrierten anlässlich des ersten Internationalen Frauentages, den die sozialistischen Parteien organisierten, in Deutschland, Österreich, Dänemark und der Schweiz über eine Million Frauen für das Frauenwahlrecht.
Diskutieren Sie die Wirksamkeit solcher Aktionen.

Seit den späten 60er Jahren drangen diese Ungerechtigkeiten immer stärker ins allgemeine Bewusstsein ein. Keine politische Partei und keine gesellschaftliche Gruppe konnte sich dem Verlangen nach gründlicher Abhilfe verschließen, kein vernünftiger Mensch den großen Emanzipationsbedarf der Frauen leugnen. Aber wie immer war es von der prinzipiellen Einsicht bis zur konkreten Umsetzung in die Lebenspraxis ein langer Schritt. Was wurde erreicht?

Fortschritte in der Gleichstellung?

- Die größten Fortschritte gelangen im Bildungswesen. Mädchen und Frauen zogen in knapp zwei Jahrzehnten in Gymnasien mit ihren männlichen Altersgenossen gleich, in den Hochschulen stellten sie zwei Fünftel aller Studierenden. Allerdings erhielten sich die traditionellen Unterschiede bei den Studienrichtungen: In den naturwissenschaftlich-technischen Disziplinen überwogen bei weitem die männlichen, in den sprachlich-literarischen die weiblichen Studierenden; das gleiche Bild ergab sich in den Berufsschulen: junge Frauen in den sozialpflegerischen, junge Männer in den technisch-produktionsnahen Berufsfeldern.
- Die Erwerbstätigenquote der Frauen, gerade auch der verheirateten ohne Kinder und mit Kindern, stieg ständig an. Waren 1969 45% aller Frauen im erwerbsfähigen Alter (15 bis 60) berufstätig, lag dieser Anteil 1989 bei 60%. Das war freilich gegenüber den Männern (82,5%) noch immer ein deutlicher Rückstand. Noch wichtiger aber war die Tatsache, dass die Arbeitseinkommen der Frauen noch immer weit hinter denen der Männer zurückblieben. 1988 verdienten weibliche Angestellte knapp zwei Drittel, Industriearbeiterinnen sieben Zehntel der durchschnittlichen Entgelte ihrer männlichen Kollegen. Frauen waren häufiger arbeitslos als Männer.
- An den Gründen dafür hatte sich wenig geändert. Frauen gelangten nach wie vor selten in die höheren Positionen. Während in den 80er Jahren mehr als die Hälfte aller Lehrkräfte an Schulen Frauen waren, lag nur ein Fünftel aller Schulleitungen in weiblichen Händen. Einem Studentinnen-Anteil von nahezu der Hälfte aller Studierenden stand eine Frauenquote von 3% bei den höchstdotierten Professorenstellen gegenüber. Großen Nachholbedarf hatten die Frauen auch in der Politik. Unter den Mitgliedern der größeren Parteien fand sich etwa ein Drittel Frauen (bei den Grünen mehr, bei der FDP weniger); aber im 1990 gewählten Bundestag waren sie nur mit einem Fünftel vertreten. Um dieses Missverhältnis zu beseitigen, führten die SPD und die Grünen sog. „Frauenquoten" ein: In der SPD müssen seitdem mindestens 40 Prozent aller Parteiämter und Wahlmandate mit Frauen besetzt sein, bei den Grünen die Hälfte.
- Im Öffentlichen Dienst sorgen vielerorts „Frauenbeauftragte" oder „Gleichstellungsämter" für eine vermehrte Einstellung von Frauen. Liegen gleichrangige Bewerbungen vor, erhalten Frauen den Vorzug. Solche Quotierung ist umstritten: Sie scheint zwar der wirksamste Weg zu sein, um den Rückstand der Frauen zu verringern; Kritiker verweisen darauf, dass sie die Chancengleichheit der Männer beeinträchtige.

Feminismus: Eine Richtung der Frauenbewegung, die von einem Dualismus der Geschlechter ausgeht und die die in der bisherigen Geschichte vorherrschende Dominanz der Männer (Patriarchat) beseitigen will. Feministinnen betonen die besondere weibliche Wesensart, die der männlichen völlig gleichwertig – manche behaupten: als die überlegene – gegenüberstehe. Sie versprechen sich von der Durchsetzung weiblicher Werte und Lebenswelten eine Bereicherung für die gesamte menschliche Gattung. Radikale Feministinnen reden von einer Ablösung der Männer- durch eine Frauenherrschaft (Matriarchat), gemäßigte denken an eine wechselseitige Ergänzung der Geschlechter. Ihre besondere Aufmerksamkeit gilt dem Abbau der Vernachlässigung und Benachteiligung weiblicher Eigenschaften, Denkweisen, Leistungen in allen Lebensbereichen. Es gibt eine feministische Literaturwissenschaft oder Theologie, die es sich zur Aufgabe machen, die verfälschte, verdrängte oder unterschätzte Rolle von Frauen sichtbar zu machen und die jahrhundertealten Defizite zu überwinden.

**Frauen-
bewegung**

Ein wichtiger Anteil an der Veränderung der Geschlechterrollen und des Ge-
schlechterverhältnisses kam der Frauenbewegung zu. Organisierte Bestrebungen,
den Frauen zu mehr Gleichberechtigung zu verhelfen, gab es schon seit der Revolution von 1848/49. Aber noch bis in die 1960er Jahre verstand sich die Frauenbewegung als ein Verbund von Frauenvereinigungen, dem es vor allem um fami-
lien-, bildungs- und arbeitsrechtliche Reformen im Sinne des im Grundgesetz nie-
dergelegten Gleichheitsgebotes ging. Anfang der 70er Jahre formierte sich die
„neue Frauenbewegung" und sie trat ungleich fordernder und kämpferischer auf.
Sie begnügte sich nicht mehr damit, den Vorsprung der Männer nach und nach zu
verkleinern, im Übrigen aber das fortzuführen, was die Männer begonnen hatten.
Stattdessen übten sie grundsätzliche Kritik am „Patriarchat" und stellten der
„Männerwelt" ihre „Frauenwelt" entgegen. So nahm die Frauenbewegung „feministische" Züge an.

**Rückkehr des
bürgerlichen
Familien-
modells**

Die „Frauenfrage" war eng mit dem Wandel der Familie verknüpft. Diese hatte
sich in den Nöten der Kriegs- und Nachkriegszeit durchweg als eine zuverlässige
Hilfs- und Solidargemeinschaft bewährt. Die Hauptlast trugen die Frauen, die
ohne ihre zum Militär eingezogenen, im Krieg gefallenen, in Kriegsgefangenschaft
geratenen Männer zurechtkommen mussten. Das war ein großer, wenn auch un-
beabsichtigter Schritt der „Emanzipation". Als sich aber die Verhältnisse in den
50er Jahren normalisierten, erlebten die alten Familien- und Frauenleitbilder ihren
Wiederaufstieg. Die Ehemänner und Väter bezogen erneut ihre Positionen als
„Ernährer" und Haushaltsvorstände; die Ehefrauen und Mütter verstanden sich
wieder als Hausfrauen, die ihre Hauptaufgabe im Wohl der Familie sahen. Zwei bis
drei Kinder waren weithin üblich.

**Familien
in der Krise?**

Das änderte sich in den 60er Jahren. Die Geburtenzahlen gingen sprunghaft
zurück. Immer mehr verheiratete Frauen nahmen eine Berufstätigkeit auf, sei es
weil die wachsenden Konsumansprüche ein zweites Einkommen wünschenswert
machten, sei es weil die Frauen verstärkt nach Sozialkontakten und Selbstverwirklichung verlangten. Dank höheren Bildungsabschlüssen und besseren Berufs-
qualifikationen wurden immer mehr Frauen von der finanziellen Versorgung
durch eine Ehe unabhängig. Seit den 70er Jahren schnellte die Zahl der Eheschei-
dungen in die Höhe. Hatte die Scheidungsquote in den 50er Jahren zwischen 10
und 15 Prozent aller Ehen gelegen, ging Ende der 80er Jahre bereits jede dritte Ehe
in die Brüche. 70% der Scheidungsverfahren gingen von den Frauen aus; sie waren eigenständiger, selbstbewusster, anspruchsvoller geworden. Auch die Bereitschaft, überhaupt eine Ehe einzugehen, sank spürbar. Waren 1975 noch drei Fünftel der Männer und vier Fünftel der Frauen im Alter zwischen 25 und 30 Jahren ver-
heiratet, so waren diese Quoten 1985 bereits auf 41 bzw. 62 Prozent gesunken. Die
„Singles" waren nicht grundsätzlich einer festen Partnerschaft abgeneigt, scheuten aber eine lebenslange Bindung. Nicht-eheliche Lebensgemeinschaften,
zunächst misstrauisch oder naserümpfend als „wilde Ehe" betrachtet, breiteten
sich schnell aus und fanden schließlich auch die allgemeine gesellschaftliche Anerkennung. Die herkömmliche Ehe blieb zwar rechtlich privilegiert (etwa im Steu-
errecht), büßte aber an sozialer Stabilität beträchtlich ein. 1988 waren 13 Prozent
aller Familien mit Kindern Ein-Eltern-Familien, überwiegend von allein erziehen-
den Müttern betreut. Die wachsende Zahl von „Scheidungswaisen" schuf neue
menschliche und pädagogische Probleme. Auffällig war auch der Anstieg der
„unehelichen" Geburten. Mit der im neuen Familienrecht verankerten vollständigen rechtlichen Gleichheit „unehelicher Kinder" war für viele Elternpaare der
Druck zu heiraten entfallen.

64   **Die Ungleichheit der Geschlechter in Zahlen**

a) Frauenerwerbstätigkeit (in v. H., die Stichjahre wurden so ausgewählt, dass langfristige Veränderungen erkennbar werden):

	Anteil an allen Erwerbstätigen	Anteil an allen Frauen im Erwerbsalter (15–65)	Arbeitslosenquote Frauen	Männer
1950	35,6	–	11,5	10,8
1960	37,1	47,2	1,3	1,3
1972	36,5	47,6	1,4	1,0
1980	37,3	50,2	5,2	3,0
1984	38,1	51,7	10,2	8,5
1989	38,9	55,5	9,4	6,9

G. Helwig/H. M. Nickel (Hg), Frauen in Deutschland 1945–1992, Bonn 1993, S. 259

b) Löhne und Gehälter (in DM):

	Industriearbeiter/innen: Bruttostundenlohn Männer	Frauen	Frauenlohn in v. H. des Monatslohnes des Mannes	Angestellte Ind./Handel Monatsgehalt Männer	Frauen	Frauengehalt in v. H. des Männer-Gehalts
1950	1,42	0,86	60	–	–	–
1960	2,90	1,87	64	723	404	56
1972	7,92	5,51	69	1857	1137	61
1980	14,16	10,25	72	3421	2202	64
1984	16,59	12,00	72	3996	2544	64
1989	20,09	14,76	73	4824	3108	64

Helwig/Nickel, a. a. O., S. 272

c) Anteil von Mädchen/Frauen in höheren Bildungsanstalten:

	1960	1965	1970	1975	1980	1985	1989
Gymnasien (Oberstufe)	36,5	37,8	41,4	46,4	49,4	49,9	50,5
Universitäten	27,9	30,9	30,8	35,8	38,3	40,3	40,9
Universitätsexamina (ohne Lehramt)	15,3	14,5	15,3	18,4	28,3	32,9	36,9

Bundesminister für Wissenschaft und Bildung (Hg), Grund- und Strukturdaten, Bonn 1971, 1981, 1991

d) Auffassungen über die ideale Rollenverteilung zwischen den Geschlechtern in 7 EG-Staaten 1987 (in v. H.):

	volle Gleichheit	partielle Gleichheit	tradition. Verteilung	Vorlieben der Männer berufstätige Ehefrau	Hausfrau
Dänemark	53	26	12	58	23
Großbritannien	48	31	18	50	40
Frankreich	45	28	24	53	41
Belgien	34	30	25	50	35
Bundesrepublik	26	34	32	31	58
Italien	42	31	25	51	43
Niederlande	43	28	23	42	40

EG-Kommission, Women in Europe, in: Supplement 26, Brüssel 1988

e) Reaktionen auf die Behauptung „Politik ist Männersache" (in v. H.):

	Frauen				Männer			
	1966	1974	1984	1987	1966	1974	1984	1987
Ich stimme zu	32	28	14	25	44	31	24	28
Ich stimme nicht zu	51	65	76	65	42	62	67	57
Unentschieden	17	7	10	10	14	7	9	15

Helwig/Nickel, a. a. O., S. 323

> a) *Arbeiten Sie die sich in den Tabellen abzeichnenden Entwicklungstendenzen heraus und versuchen Sie Bezüge zu den politischen, gesellschaftlichen und wirtschaftlichen Veränderungen in der Bundesrepublik herzustellen.*
> b) *Warum haperte es mit der Gleichstellung der Frau? Worauf sind die leichten Fortschritte in den meisten Bereichen zurückzuführen?*

65 Altes und neues Familienrecht

a) BGB in der bis 1977 gültigen Fassung

§ 1355. Der Ehe- und Familienname ist der Name des Mannes. Die Frau ist berechtigt, durch Erklärung gegenüber dem Standesbeamten dem Namen des Mannes ihren Mädchennamen hinzuzufügen; die Erklärung muss öffentlich beglaubigt werden.

§ 1356. Die Frau führt den Haushalt in eigener Verantwortung. Sie ist berechtigt, erwerbstätig zu sein, soweit dies mit ihren Pflichten in Ehe und Familie vereinbar ist. Jeder Ehegatte ist verpflichtet, im Beruf oder Geschäft des anderen Ehegatten mitzuarbeiten, soweit dies nach den Verhältnissen, in denen die Ehegatten leben, üblich ist.

§ 1357. Die Frau ist berechtigt, Geschäfte, die innerhalb ihres häuslichen Wirkungskreises liegen, mit Wirkung für den Mann zu besorgen. Aus Rechtsgeschäften, die sie innerhalb dieses Wirkungskreises vornimmt, wird der Mann berechtigt und verpflichtet. [...] Der Mann kann die Berechtigung der Frau, Geschäfte mit Wirkung für ihn zu besorgen, beschränken oder ausschließen; besteht für die Beschränkung oder Ausschließung kein ausreichender Grund, so hat das Vormundschaftsgericht sie auf Antrag der Frau aufzuheben.

b) BGB in der seit 1977 gültigen Fassung:

§ 1355. Die Ehegatten führen einen gemeinsamen Familiennamen (Ehenamen). Zum Ehenamen können die Ehegatten bei der Eheschließung durch Erklärung gegenüber dem Standesbeamten den Geburtsnamen des Mannes oder den Geburtsnamen der Frau bestimmen. Treffen sie keine Bestimmung, so ist Ehename der Geburtsname des Mannes. [...] Ein Ehegatte, dessen Geburtsname nicht Ehename wird, kann durch Erklärung gegenüber dem Standesbeamten dem Ehenamen seinen Geburtsnamen oder den zur Zeit der Eheschließung geführten Namen voranstellen. [...]

§ 1356. Die Ehegatten regeln die Haushaltsführung im gegenseitigen Einvernehmen. Ist die Haushaltsführung einem der Ehegatten überlassen, so leitet dieser den Haushalt in eigener Verantwortung. Beide Ehegatten sind berechtigt, erwerbstätig zu sein. Bei der Wahl und Ausübung einer Erwerbstätigkeit haben sie auf die Belange des anderen Ehegatten und der Familie die gebotene Rücksicht zu nehmen.

§ 1357. Jeder Ehegatte ist berechtigt, Geschäfte zur angemessenen Deckung des Lebensbedarfs der Familie mit Wirkung auch für den anderen Ehegatten zu besorgen. Durch solche Geschäfte werden beide Ehegatten berechtigt und verpflichtet. [...] Ein Ehegatte kann die Berechtigung des anderen Ehegatten, Geschäfte mit Wirkung für ihn zu besorgen, beschränken oder ausschließen; besteht für die Beschränkung oder Ausschließung kein ausreichender Grund, so hat das Vormundschaftsgericht sie auf Antrag aufzuheben.

BGB, München 1973, 18. Auflage und 1980 21. Auflage

> a) *Erklären Sie die Begriffe „Hausfrauen-" und „Partnerehe" und setzen Sie sie zu den beiden BGB-Fassungen in Beziehung.*
> b) *Erörtern Sie die Auswirkungen dieser Gesetzesänderungen auf die tatsächlichen Verhältnisse in den Familien.*

66 Die Entdeckung der „neuen Frau"
Aus dem Erfolgsbuch der amerikanischen Feministin Betty Friedan, „Der Weiblichkeitswahn" (1966):

Zuerst einmal muss eine Frau unmissverständlich „Nein" zum Hausfrauenleitbild sagen. Das heißt natürlich nicht, dass sie sich von ihrem Mann scheiden lassen, die Kinder verlassen und ihr Zuhause
5 aufgeben soll. Sie braucht sich nicht zwischen Ehe und Beruf zu entscheiden. […] Es bedarf nur eines neuen Lebensplans, der auf das ganze Leben als Frau bezogen sein muss.
Der erste Schritt dabei ist, die Hausarbeit als das an-
10 zusehen, was sie ist – kein Beruf, sondern etwas, das so schnell und so gut als möglich erledigt werden muss. […] Dann kann sie Staubsauger und Geschirrspülmaschine und alle anderen automatischen Geräte und sogar den fix und fertigen Kartoffelbrei
15 aus der Tüte als das nehmen, was sie wirklich wert sind – ein Mittel, um Zeit zu sparen, die auf eine mehr schöpferische Tätigkeit verwendet werden kann. Der zweite und vielleicht schwierigste Schritt für diejenigen, die das Produkt der sexusgeleiteten
20 Erziehung sind, besteht darin, die Ehe als das zu sehen, was sie wirklich ist, und den vom Weiblichkeitswahn verhängten Schleier der Über-Glorifizierung beiseite zu ziehen. Viele Frauen, mit denen ich sprach, waren, solange sie Ehe und Mutterschaft als
25 die letzte Erfüllung ihres Lebens ansahen, merkwürdig unzufrieden mit ihren Männern und ständig gereizt mit ihren Kindern. Als sie aber begannen, ihre jeweiligen Fähigkeiten für ein eigenes Ziel in der Gesellschaft einzusetzen, sprachen sie nicht nur von
30 einem neuen Gefühl von „Lebendigkeit" oder „Aus-

gefülltsein", sondern auch davon, dass sie eine neue, wenn auch schwer zu definierende Einstellung zu ihren Männern und Kindern hätten. […]
Eine Frau, die kein eigenes Ziel in der Gesellschaft hat, die nicht an die Zukunft denken darf, weil sie 35 nichts tut, um in der Zukunft eine wirkliche Identität zu haben, wird in der Gegenwart immer verzweifelt sein, wie viel „Freistunden" sie sich auch immer gönnen mag. Selbst eine sehr junge Frau muss sich heute zuerst als ein menschliches Wesen betrachten, nicht 40 als eine Mutter, die viel Zeit hat, und muss sich je nach ihren Fähigkeiten einen Lebensplan aufstellen, sie muss ein Engagement gegenüber der Gesellschaft eingehen, das sich mit ihren Pflichten als Ehefrau und Mutter vereinbaren lässt. Wie für einen 45 Mann führt auch für eine Frau der einzige Weg zu sich selbst über schöpferische Arbeit. Es gibt keinen anderen Weg. Aber ein „Job", irgendein „Job", ist nicht die Lösung; er könnte sich sogar auch wie ein Gefängnis auswirken. Frauen, die sich nicht nach 50 einer Beschäftigung umsehen, die ihren tatsächlichen Fähigkeiten entspricht, die ihre ernsthaftes Studium und Ausbildung erfordernden Interessen verkümmern lassen, die mit zwanzig oder vierzig einen „Job" annehmen, um „ein bisschen mitzuverdie- 55 nen" oder die Zeit totzuschlagen, werden ebenso gewiss wie diejenigen, die im Hausfrauengefängnis bleiben, keine Zukunft haben.

B. Friedan, Der Weiblichkeitswahn, Reinbek 1966, S. 221 ff.

a) Worin besteht der „Weiblichkeitswahn"? Welchen Frauentyp mit welchem sozialen Hintergrund mag die Verfasserin vor Augen gehabt haben?
b) Was heißt, in erster Linie ein „menschliches Wissen" und dann erst Ehefrau und Mutter sein? Was steht hinter der Vorstellung, nur ein ernsthafter Beruf gewähre Selbstverwirklichung und Identitätsfindung?

67 Ein „Aktionsrat zur Befreiung der Frauen"
Die Westberliner Studentin Helke Sander auf einer Delegiertenkonferenz des Sozialistischen Deutschen Studentenbundes (SDS) im September 1968:

Die Trennung zwischen Privatleben und gesellschaftlichem Leben wirft die Frau immer zurück in den individuell auszutragenden Konflikt ihrer Isolation. Sie wird immer noch für das Privatleben, für die
5 Familie erzogen, die ihrerseits von Produktionsbedingungen abhängig ist, die wir bekämpfen. Die Rollenerziehung, das anerzogene Minderwertigkeitsge-

fühl, der Widerspruch zwischen ihren eigenen Erwartungen und den Ansprüchen der Gesellschaft erzeugen das ständige schlechte Gewissen, den an sie 10 gestellten Forderungen nicht gerecht zu werden bzw. zwischen Alternativen wählen zu müssen, die in jedem Fall einen Verzicht auf vitale Bedürfnisse bedeuten.

15 Frauen suchen ihre Identität. Durch Beteiligung an Kampagnen, die ihre Konflikte nicht unmittelbar berühren, können sie sie nicht erlangen. Das wäre Scheinemanzipation. Sie können sie nur erlangen, wenn die ins Privatleben verdrängten gesellschaftli- 20 chen Konflikte artikuliert werden, damit sich dadurch die Frauen solidarisieren und politisieren. [...] Die Frauen, die heute studieren können, haben es nicht so sehr der bürgerlichen Emanzipationsbewegung zu verdanken, sondern vielmehr ökonomi- 25 schen Notwendigkeiten [...]. Es sind eben jene privilegierten Frauen, die die Erfahrung gemacht haben, dass der bürgerliche Weg zur Emanzipation der falsche war, dass sie sich mit den Mitteln des Konkurrenzkampfes nicht emanzipieren können. [...] 30 Diese Frauen merken spätestens, wenn sie Kinder bekommen, dass ihnen alle ihre Privilegien nichts nützen. Sie sind am ehesten in der Lage, den Abfallhaufen des gesellschaftlichen Lebens ans Licht zu ziehen, was gleichbedeutend damit ist, den Klassen-

kampf auch in die Ehe zu tragen und in die Verhält- 35 nisse. Dabei übernimmt der Mann die objektive Rolle des Ausbeuters oder Klassenfeindes, die er subjektiv natürlich nicht will, da sie ihm ja auch wiederum nur aufgezwungen wird von einer Leistungsgesellschaft, die ihm ein bestimmtes Rollenverhal- 40 ten auferlegt.

Die Konsequenz, die sich daraus für den Aktionsrat zur Befreiung der Frau ergab, ist folgende: Wir können die gesellschaftliche Unterdrückung der Frauen nicht individuell lösen. Wir können damit nicht auf 45 Zeiten nach der Revolution warten, da eine nur politisch-ökonomische Revolution die Verdrängung des Privatlebens nicht aufhebt, was in allen sozialistischen Ländern bewiesen ist. Wir streben Lebensbedingungen an, die das Konkurrenzverhältnis zwi- 50 schen Mann und Frau aufheben.

Che, Schah, Shit, Reinbek 1986, S. 275 ff.

a) Worin soll der „bürgerliche Weg zur Emanzipation" bestehen? Wie unterscheidet er sich vom klassenkämpferisch-revolutionären? Greifen Sie auch auf Betty Friedan zurück.
b) Setzen Sie sich mit der hier vertretenen Behauptung auseinander, die Leistungs- und Konkurrenzgesellschaft sei schuld an der „gesellschaftlichen Unterdrückung der Frauen".

68 Frauen- und Männerrolle in der Werbung und in der Karikatur.
Diskutieren Sie die Geschlechtsrollen-Klischees, die in diesen Bildern zum Ausdruck kommen.

69 Was wird aus der Familie?

a) Haushaltstypen in der Bundesrepublik (in v. H.):

	1972	1982	1985
Ein-Personen-Haushalte	26	31	34
Mehr-Personen-Haushalte			
a) Nichteheliche Lebensgemeinschaften	1	2	3
b) Eltern ohne Kinder	23	22	23
c) Eltern mit Kindern			
Ein-Eltern-Familien	6	6	7
Vollständige Familien	44	39	33

C. Höhn/R. Schulz, Bericht zur demographischen Lage in der Bundesrepublik, in: Zeitschrift für Bevölkerungswissenschaft, Jg. 13 (1987), S. 137 ff.

b) Frauen und Männer in nichtehelichen Lebensgemeinschaften:

Alter		1972 Anzahl	Anteil an Gesamtbev. in v. H.	1982 Anzahl	Anteil an Gesamtbev. in v. H.	1972 = 100
18–35	m	40 700	0,5	324 400	3,8	797
	w	40 800	0,5	348 800	4,4	855
36–55	m	30 900	0,4	115 400	1,4	373
	w	42 300	0,6	91 400	1,1	216
56 u. älter	m	64 900	1,1	75 700	1,4	117
	w	53 400	0,6	75 300	0,8	141

R. Peuckert, Familienformen im sozialen Wandel, Opladen 1991, S. 53

c) Uneheliche Geburten in europäischen Ländern (in v. H. aller Geburten):

	1960	1970	1980	1990
Großbritannien	5,2	8,0	11,5	27,9
Dänemark	7,8	11,0	33,2	46,1
Irland	1,6	2,7	5,0	14,5
Frankreich	6,1	6,4	11,4	28,2
Bundesrepublik	6,1	5,5	7,6	10,5
Spanien	2,3	1,4	3,9	8,3
Italien	2,4	2,2	4,0	6,3
Griechenland	1,2	1,1	1,5	2,1

R. Hettlage, Familienreport, München 1992, S. 126

d) Scheidungshäufigkeit in europäischen Ländern (bezogen auf je 100 Ehen):

	1970	1980	1985	1970 = 100
Schweden	23	42	45	196
Frankreich	11	22	31	282
Schweiz	15	27	30	200
Bundesrepublik	15	23	30	200
Tschechoslowakei	22	27	29	133

R. Hettlage, a. a. O., S. 165

> *a) Stellen Sie Beziehungen zwischen der Zahl unehelicher Kinder sowie der Ehescheidungen und den religiösen und sozialen Verhältnissen in den verschiedenen europäischen Ländern her. Wo ordnen Sie die Bundesrepublik ein?*
> *b) Arbeiten Sie die Entwicklungstrends heraus und versuchen Sie sie zu erklären.*

1.4.3 Die Arbeits- und Berufswelt

Von der Produktions- zur Dienstleistungsgesellschaft

Wie in allen fortgeschrittenen Industrieländern vollzog sich auch in der Bundesrepublik, hier vor allem seit den 60er Jahren, ein Übergang von der produktionsorientierten Industrie- zur industriellen Dienstleistungsgesellschaft. In diesem Prozess schrumpfte der landwirtschaftliche (primäre) Sektor fast bis zur Bedeutungslosigkeit zusammen. Hatte er während der Weimarer Republik noch fast ein Drittel und in den 50er Jahren immerhin noch ein knappes Viertel aller Erwerbstätigen aufgenommen, so erreichte er 1990 einen Beschäftigtenanteil von gerade noch 3,6 Prozent. Der gewerblich-industrielle (sekundäre) Sektor hielt im gleichen Zeitraum zwar seinen Anteil von gut 40% nahezu unverändert, wurde aber am Ende dieser Periode deutlich vom Dienstleistungssektor (tertiär) überholt. Dessen Beschäftigtenquote kletterte von 28% im Jahre 1925 über 33% 1950 auf 56% zu Beginn der 90er Jahre. Trotz dieser Umschichtungen bei den Arbeitskräften nahm die Produktion im primären und sekundären Sektor stetig und kräftig zu. Dass es zu diesem kolossalen Wachstum der Produktivität kam, lag wiederum am tertiären Sektor. Von hier wurde die Produktion vorbereitet, organisiert, geleitet, kontrolliert, vermarktet und mit dem nötigen „Humankapital" versorgt.

Wandlungen in der Berufsstruktur

Der wirtschaftliche Wandel veränderte auch die Berufsstrukturen. Der Anteil der Selbständigen, vor allem der Landwirte, ging deutlich zurück. Waren 1950 noch 16% aller Erwerbstätigen selbständig, betrug deren Quote 1989 nur noch 9%. Von den 5 Millionen selbständigen Bauern im Jahre 1950 waren vier Jahrzehnte später noch 860 000 übrig geblieben. Das Heer der Angestellten nahm – von 16 auf 42% – rasant zu; auch die Zahl der Beamten wuchs kräftig, von 3,8 auf 6,6% (was einer absoluten Zahl von 1,8 Millionen entsprach). Die Arbeiter-Anteile gingen leicht zurück und lagen 1989 bei 38,5%. Hinter diesen Zahlen verbergen sich markante Unterschiede in den Arbeitsbedingungen, Einkommen und Lebenslagen.

Selbständige

Die Selbständigen (ohne die Landwirte) waren zu allen Zeiten der Bundesrepublik die bei weitem am besten verdienende Berufsgruppe. Ihr Durchschnittseinkommen betrug 1988 fast das Dreifache der nächst erfolgreichen Gruppe der Beamten. Allerdings arbeiteten sie dafür in der Regel auch merklich länger als die Nichtselbständigen und ihr Risiko des wirtschaftlichen Scheiterns war ungleich größer. Der Einkommensvorsprung der Selbständigen vergrößerte sich im Laufe der Jahre ständig. Freilich war die Gruppe der Selbständigen außerordentlich un-

 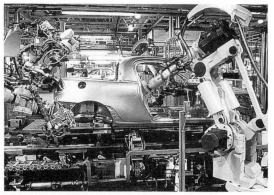

70 Bandmontage des Fahrgestells im Hanomag-Werk in Hannover-Linden, um 1925, und bei Opel 1994.
Beschreiben Sie die technischen Veränderungen der industriellen Produktion und erörtern Sie deren soziale Auswirkungen.

gleichartig zusammengesetzt: Neben milliardenschweren Unternehmern oder ärztlichen Spitzenverdienern zählte auch der kleine Kioskpächter dazu. Charakteristisch war die hohe Fluktuation; viele Neugründungen und Konkurse lassen erkennen, wie nahe hier Erfolg und Scheitern beieinander lagen.

Landwirte

Nirgends waren die Veränderungen einschneidender als in der Landwirtschaft. Sie verlor besonders viele lohnabhängige Arbeitskräfte und musste sich zunehmend mehr auf Familienangehörige stützen. Extrem lange Arbeitszeiten bei oft harten Arbeitsbedingungen waren das Los vieler Bauern – auch wenn die Mechanisierung gegenüber früheren Zeiten große Erleichterungen mit sich brachte. Dank hohen staatlichen Subventionen konnten die westdeutschen Landwirte trotz ihrer Wettbewerbsnachteile bis in die 70er Jahre mit dem allgemeinen Einkommenszuwachs Schritt halten. Seitdem fielen sie langsam zurück, was zu einer neuen Welle des „Höfesterbens" führte. Die sinkenden Erträge und der harte Wettbewerb auf dem EG-Agrarmarkt erzeugten in der bäuerlichen Bevölkerung viel Missstimmung und häufig das Gefühl, von den Politikern im Stich gelassen zu werden.

Beamte

Die Beamten, deren Zahl zum Ärger vieler Bundesbürger, allen Sparsamkeits-Beteuerungen der Politiker zum Trotz, ständig zunahm, befanden sich in einem ewigen Zwiespalt. Sie führten notorisch Klage über ihre Einkommensrückstände gegenüber den in der Qualifikation vergleichbaren Beschäftigten in der „freien Wirtschaft", mussten sich aber regelmäßig ihre Privilegien – die Unkündbarkeit, die großzügige Altersversorgung, die Beihilfe des Dienstherren in Krankheits- und anderen Notfällen – vorhalten lassen. Der Leistungsdruck, unter dem sie arbeiteten, blieb nach allgemeinem Eindruck deutlich hinter dem in der Privatwirtschaft oder den freien Berufen Üblichen zurück. Das Ansehen der „Bürokratie" in der öffentlichen Meinung war ausnahmslos schlecht: Starre Dienst- und Laufbahnvorschriften, mangelnde Flexibilität, fehlende Initiativ- und Verantwortungsfreude zählten zu den überall zu hörenden Vorwürfen. Die kritische Frage, ob das – typisch deutsche – Berufsbeamtentum heute noch zeitgemäß sei oder nicht besser dem Angestelltenstatus angeglichen werden sollte, wurde in den letzten Jahren immer häufiger und vernehmlicher laut. Die Beamten verfügten jedoch über eine sehr effiziente Lobby und konnten sich bislang aller Angriffe erfolgreich erwehren.

Angestellte

Die Angestellten bildeten so wie die Selbständigen eine völlig buntscheckige Berufsgruppe. Zu ihnen zählte die kleine Verkäuferin genauso wie der Vorstandssprecher der Deutschen Bank. Sie verkörperten am stärksten die moderne Dienstleistungsgesellschaft, der ein hohes Maß von Expertenwissen, Mobilität, Lern- und Anpassungsfähigkeit abverlangt wird. Aber die Qualifikationsunterschiede waren enorm: Die leitenden Angestellten sind Spitzenverdiener, mit entsprechendem Horizont und Leistungswillen, aber auch Selbstbewusstsein und Anspruchsdenken; die „ausführende Dienstleistungsschicht" der Bürokräfte, kaufmännischen Angestellten, Krankenpfleger oder Lagerverwalter hat sich unterzuordnen und als „Rädchen im Getriebe" reibungslos zu funktionieren. Obwohl arbeits- und versicherungsrechtlich die ehemals beträchtlichen Unterschiede zwischen Angestellte und Arbeitern so gut wie ganz eingeebnet wurden, empfanden sich beide Gruppen bis heute doch als durchaus ungleich. Besonders die Angestellten legten stets großen Wert auf einen Abstand zu den Arbeitern; die sog. „Kragengrenze" – hier der weiße Kragen des nicht handarbeitenden Angestellten, dort der blaue des Arbeiters, der oft nicht umhinkam, sich bei der Arbeit schmutzig zu machen – spielte lange eine große Rolle. Gewisse gesellschaftliche Grenzlinien hielten sich bis in die Gegenwart, etwa beim Heiratsverhalten: Angestellte heiraten bevorzugt Angestellte und Arbeiter suchen ihre Ehepartner am liebsten in Arbeiterkreisen.

Arbeiter   Die Arbeiter erlebten seit dem Zweiten Weltkrieg einen bemerkenswerten kollektiven sozialen Aufstieg, den man als „Entproletarisierung" bezeichnet hat. Die beiden Hauptmerkmale ihrer früheren Klassenlage – Eigentumslosigkeit und chronische Unsicherheit ihrer wirtschaftlichen Existenz – verschwanden: Im Zuge des allgemeinen wirtschaftlichen Aufstiegs wurde für sie nicht nur der Erwerb eines
Fernsehapparates, einer Geschirrspülmaschine oder eines Autos zu einer Selbstverständlichkeit; auch der Kauf einer Eigentumswohnung, das eigene Wohnhaus,
der Besitz von Wertpapieren waren keine Ausnahme mehr. Ein „soziales Netz"
schützte gegen die Lebensrisiken, die früheren Arbeitergenerationen so oft Not
und Elend gebracht hatten. Dank den ständig wachsenden Einkommen glich sich
der Lebensstandard und Lebensstil von Arbeiterfamilien immer mehr dem der
ehemals „höheren" Schichten an. Das Arbeitermilieu früherer Tage löste sich bis
auf wenige Reste auf: Die geschlossenen Arbeiterwohnbezirke verschwanden mit
dem Wechsel der Generationen und der allgemeinen Mobilität; die spezifische Ar-
beiterkultur mit ihren Gaststätten, Schrebergärten, Vereinen verlor im Zeitalter der
Massenmedien, des perfekten Freizeitangebotes, der Reiselust ihren Wurzelbo-
den. Zwar blieben Arbeiterkinder unter den Abiturienten und Studierenden noch
immer stark unterrepräsentiert. Aber die für die Arbeiterschaft früher typische
Scheu gegenüber der höheren Bildung ging sehr zurück.
Die seit je bestehenden Unterschiede innerhalb der Arbeiterklasse behielten ihre
Wichtigkeit. Im Wesentlichen gab es drei Gruppen: die hoch qualifizierte, mit Lei-
tungs- und Kontrollaufgaben betraute sog. „Arbeiter-Elite"; die Facharbeiter, die
eine abgeschlossene Berufsausbildung vorzuweisen hatten; und die An- und Ungelernten. Während die beiden oberen Gruppen in vielerlei Hinsicht der „Mittelschicht" nahe standen, ihr insbesondere auch in der Aufstiegsmentalität ähnelten
(also beispielsweise ihre Kinder auf weiterführende Schulen schickten und sich
selbst beruflich fortbildeten), blieben die An- und Ungelernten überwiegend den
alten Verhaltensmustern verhaftet: Sie gaben sich in der Regel mit dem untergeordneten Status zufrieden und waren selten geneigt, um ferner zukünftiger Le-
bensziele willen auf gegenwärtigen Konsum und Lebensgenuss zu verzichten. Sie
bezahlten diesen mangelnden Ehrgeiz nicht nur mit einem niedrigeren Lebens-
Einkommen, sondern auch mit dem größeren Risiko, arbeitslos zu werden.

Arbeits-   Arbeitslosigkeit, in den wirtschaftlichen Glanzzeiten zwischen 1952 und 1973 so
losigkeit   gut wie unbekannt, entwickelte sich seitdem allmählich zum Wirtschafts- und So-
zialproblem Nr. 1. Dieser Vorgang war keineswegs auf die Bundesrepublik beschränkt, sondern spielte sich, in unterschiedlichen Schüben, in nahezu allen Industrieländern ab (und in den Entwicklungsländern, obzwar aus anderen Ursachen, mit noch weit größerer Heftigkeit). Neuartig war, dass der einmal erreichte
Sockel der Arbeitslosigkeit auch dann nicht merklich kleiner wurde, wenn die Kon-
junktur wieder anzog. Alle früher erfolgreichen Rezepte, die Arbeitslosigkeit abzubauen, griffen nicht mehr.
Die Arbeitslosigkeit, die 1994 sogar die 4-Millionen-Grenze überschritt, war eine
drückende Last. Sie zerrte nicht nur am sozialen Netz und strapazierte die öffentlichen Kassen (durch sinkende Einnahmen und wachsende Ausgaben), sondern
brachte vor allem für die Betroffenen und ihre Familien viele Härten mit sich. Zwar
verhinderten das Arbeitslosengeld und die Arbeitslosenhilfe die elementare Not.
Aber die Arbeitslosen mussten sich mit einer schmerzlichen Senkung des Lebensstandards abfinden und ihre Lebenszufriedenheit und ihr Selbstwertgefühl
nahmen zumeist großen Schaden. Arbeitslosigkeit war für viele ein Makel, der sie
in eine tiefe persönliche und soziale Krise stürzte.
Betroffen waren insbesondere An- und Ungelernte, ältere und ganz junge Arbeitnehmer sowie Frauen. Kritisch wurde die Situation zumeist, wenn die Arbeitslosigkeit länger als ein Jahr dauerte. Solche Langzeitarbeitslosen hatten wachsende

Mühe, wieder in den Arbeitsprozess zurückzufinden. Im Allgemeinen war eine gute Qualifikation der beste Schutz gegen eine Entlassung. Aber auch er versagte, wo ganze Werke stillgelegt oder Belegschaften radikal verkleinert wurden.
Die Partei- und Verbandspolitiker waren sich über die angemessenen Gegenmittel uneins. Die christdemokratisch-liberale Regierungsmehrheit vertraute auf die alte Strategie der Konjunkturankurbelung durch die Stärkung der Angebotsseite. Sozialdemokraten und Gewerkschaften verlangten öffentliche Arbeitsbeschaffungsprogramme und die Anhebung der Kaufkraft durch Verminderung der Steuerlast der breiten Masse. Umstritten war, wieweit Arbeitszeitsenkungen (die 4-Tage-Woche) durchgreifende Hilfe brächten.

71 **Berufsstruktur und soziale Lage**
a) Wirtschaftsbereiche

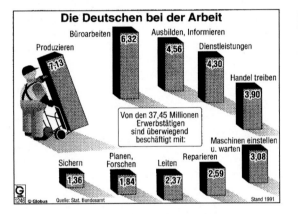

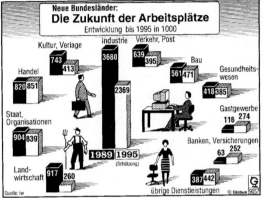

b) Soziale Lagen in der Bundesrepublik 1987

	Anzahl in Tsd.		Haushaltsnetto-einkommen		Lebenszu-friedenheit (Skala 0–10)		Große Sorgen Anteil in %	
	M	F	M	F	M	F	M	F
Führende Angestellte	193	53	5765	5770	7,5	7,9	14,7	0
Höhere Beamte	546	132	4867	4242	7,3	8,1	2,0	3
Hoch qualifizierte Angestellte	1652	477	4353	3502	7,5	7,8	5,3	25
Gehobene Beamte	517	251	4332	4970	7,7	7,1	2,8	0
Qualifizierte Angestellte	2348	2928	3662	4002	7,3	7,2	8,7	8
Mittlere, einfache Beamte	834	138	3391	3718	7,4	7,6	4,3	0
Einfache Angestellte	452	1952	2889	3844	7,2	7,1	15,1	20
Vorarbeiter/Meister	1018	38	4000	4245	7,2	7,5	15,9	11
Facharbeiter	3456	417	3184	4307	7,3	7,3	20,1	12
An-/ungelernte Arbeiter	2497	2457	2821	3089	6,9	6,9	22,0	19
Freie Berufe	247	186	4234	6508	6,7	7,2	26,2	19
Sonstige Selbständige	794	602	4490	3571	6,6	7,2	22,0	32
Landwirte	522	131	3659	5681	6,2	6,3	84,2	68
Mithelfende Familienangehörige	18	300	2828	3574	7,7	6,3	17,7	53
Nicht Erwerbstätige	806	4695	2089	3158	5,1	7,1	54,1	18

W. Zapf, Sozialstruktur und gesellschaftlicher Wandel in der Bundesrepublik, in: W. Weidenfeld/H. Zimmermann (Hg.), Deutschland-Handbuch, Bonn 1989, S. 11

c) Subjektive Schichteinstufung (1980) (in v. H.):

	Arbeiter- schicht	Mittel- schicht	Obere Mittel-/ Oberschicht
Selbständige (außer Landwirten)	10	65	22
Landwirte	28	58	16
Höhere/gehobene Angestellte	5	71	23
Mittlere/einfache Angestellte	15	80	4
Meister	38	52	10
Höhere/gehobene Beamte	1	57	37
Mittlere/einfache Beamte	18	68	14
Meister/Vorarbeiter/Facharbeiter	61	39	0
An-/ungelernte Arbeiter	65	33	1

D. Claessens/A. Klönne/A. Tschoepe, Sozialkunde der Bundesrepublik Deutschland, Reinbek 1985, S. 285

d) Soziale Herkunft der Ehefrauen von Arbeitern 1971 (in v. H.):

Beruf des Vaters der Ehefrau	Beruf des Ehemannes			
	Ungel. Arb.	Angel. Arb.	Facharb.	Vorarbeiter/ Meister
Ungelernter Arbeiter	32,4	17,1	13,2	11,1
Angelernter Arbeiter	9,9	21,8	16,1	15,0
Facharbeiter	18,3	24,6	32,0	26,0
Vorarbeiter/Meister	3,2	4,0	5,0	8,6
Einfacher, mittl. Angest./Beamter	7,2	9,1	12,5	14,3
Gehob., höh. Angest./Beamter	0,8	1,3	2,3	3,5
Selbstd. Gewerbetreibender	7,0	6,9	9,0	10,9
Landwirt	21,3	15,3	10,1	10,6

J. Mooser, Arbeiterleben in Deutschland 1900–1970, Frankfurt 1984, S. 135

a) Welche Rolle spielt die Stellung im Beruf für die objektive und die subjektive Lebenslage der Betroffenen?

b) Erläutern Sie das Heiratsverhalten von Arbeiterfrauen und erklären Sie, warum Eheverbindungen über soziale Grenzen hinweg selten sind.

72 Leben mit der Arbeitslosigkeit
Aus einer sozialwissenschaftlichen Studie (1988):

Nahezu alle Forscher berichten über eine Abschottung der betroffenen Familien nach außen – teils, weil die Väter sich in die Familie zurückziehen, teils aus gemeinsamer Angst vor Diskriminierung. Häu-
5 fig kommt es zu deutlichen Verschiebungen in der familiären Arbeitsteilung – die Frau übernimmt Aufgaben, die bisher dem Vater als Hauptverdiener und Familienernährer zukamen, z. B. die Regelung finanzieller Angelegenheiten und die Entscheidung
10 familiärer Fragen. In der Mehrzahl der Fälle erweisen sich zugleich die gewohnten Strukturen – etwa bei der Verteilung der Hausarbeit – als so starr, dass Veränderungsversuche und Veränderungen zu massiven Konflikten zwischen den Partnern führen. Wenn bei den Männern die Bereitschaft besteht, sich 15 mehr um Haushalt und Kinder zu kümmern, handelt es sich meist nur um eine zeitweilige Konzession – perspektivisch bleibt die Ausrichtung auf außerhäusliche Arbeit bestehen. Der Frau fällt die Aufgabe zu, ihren Mann emotional aufzufangen und zu 20 stabilisieren. Die Bedrohung der väterlichen Autorität […] dürfte auch heute noch für Komplikationen im Familienalltag sorgen. […]
Ob und wie die Familien mit der Arbeitslosigkeit fertig werden, hängt nach allen vorliegenden Unter- 25 suchungen entscheidend davon ab, wie gut die Be-

ziehungen in der Familie vor der Arbeitslosigkeit waren. [...] So kann sich für eine Minderheit unter den betroffenen Familien das Zusammenleben auch
30 verbessern – in jungen Familien mit Kleinkindern etwa kann die größere Mithilfemöglichkeit des Mannes als Entlastung, die Nähe zu den aufwachsenden Kindern positiv erlebt werden, vorher schon flexibel aufeinander eingestellte Paare können in der Ar-
35 beitslosigkeit emotional noch näher zusammenrücken. Solche Effekte sind aber relativ selten und oft wenig stabil. Mit zunehmender Dauer der Arbeitslosigkeit werden die Verteilungskämpfe um das Haushaltsbudget härter; die Angst vor weiterem so-
40 zialen Abstieg und die zunehmende Abhängigkeit

von den Sozialbehörden belasten das Familienklima, führen zu Schuldzuweisungen an den arbeitslosen Partner und in manchen Fällen zum Auseinanderbrechen der Familien. [...]
Wo sich die Konflikte zwischen den Partnern zuspit- 45 zen, sind die Kinder in der Gefahr, entweder zu Komplizen oder zu Opfern im täglichen Machtkampf der Eltern zu werden. Kinder werden somit fast zwangsläufig in ihrer seelischen und sozialen Entwicklung beeinträchtigt. Die Kinder sind [...] 50 „das schwächste Glied in der Kette der Betroffenen".

H. Welzer u. a., Leben mit der Arbeitslosigkeit, in: Aus Politik und Zeitgeschichte, B 38/1988, S. 26 f.

a) *Wie lassen sich die hier aufgezeigten fatalen Folgen der Arbeitslosigkeit erklären (vgl. auch S. 101)?*

b) *Überlegen Sie, wie den betroffenen Familien zu helfen wäre. Kennen Sie Initiativen in dieser Richtung?*

73 Strukturdaten der Arbeitslosigkeit

a) Altersspezifische Arbeitslosenquoten 1986 (in v. H. aller abhängigen Erwerbspersonen):

	15–20	21–30	31–40	41–50	51–60	61–65	Insgesamt
Männer	19,8	17,8	12,9	10,7	16,8	9,7	7,4
Frauen	28,3	23,6	19,1	14,4	24,3	13,1	10,7

U. van Suntum, Arbeitsmarktpolitik als Instrument der Beschäftigungspolitik, in: Aus Politik und Zeitgeschichte, B 29/1989, S. 14

b) Ausbildungsspezifische Arbeitslosenquoten 1986: (in v. H. der abhängigen Erwerbspersonen)

Ohne Ausbildung:	17,4
Lehre/Berufsfachschule	6,2
Fachschule	3,4
Fachhochschule	4,0
Wissenschaftliche Hochschule	5,2

U. van Suntum, a. a. O., S. 15

c) Anteil der Langzeitarbeitslosen (1 Jahr und länger) an der Gesamtheit der Arbeitslosen (in v. H.):

1983:	25	1987:	33
1985:	33	1989:	32,5

U. Widmaier, Segmentierung und Arbeitsteilung, in: Aus Politik und Zeitgeschichte, B 34–35/1991, S. 15

a) *Welche Problemgruppen schälen sich heraus? Erklären Sie den hohen Anteil junger und älterer Arbeitnehmer.*

b) *Warum sind Langzeitarbeitslose im Nachteil?*

1.4.4 Gleichheit und Ungleichheit im Sozialstaat

Sozialstaats-postulat

Das Grundgesetz erwähnt das Verfassungsprinzip der Sozialstaatlichkeit zweimal, enthält sich aber aller näheren Angaben. So blieb es dem Gesetzgeber überlassen, die allgemeine Norm mit konkretem Inhalt zu füllen.

Seit den 50er Jahren gehörte die Bundesrepublik stets zu den Ländern mit dem höchsten Sozialbudget. Die Sozialleistungsquote, der Anteil der Ausgaben für soziale Zwecke im Verhältnis zum gesamten Volkseinkommen, stieg von 25% im Jahr 1965 auf 34 Prozent 1993. Ein Drittel davon stammte aus den öffentlichen Kassen, 35% trugen die Arbeitgeber, knapp 30% die Versicherten bei. Entsprechend stark wuchs die Abgabenbelastung der Bürger: Mussten sie 1960 16% ihres Einkommens für Steuern und Sozialabgaben abführen, waren es 30 Jahre später 30,5%. Es waren vor allem vier Bereiche, auf die sich die Sozialleistungen verteilten: die Versicherungen, die öffentliche Hilfe für bedürftige Gruppen, die öffentliche Hilfe zur Selbsthilfe, die soziale Infrastruktur.

Die Sozial-versicherung

Die öffentlich-rechtliche Sozialversicherung geht auf die Bismarckzeit zurück, als der erste Reichskanzler die soziale Frage durch eine staatliche Pflichtversicherung für die Industriearbeiter zu entschärfen suchte, um dadurch der Sozialdemokratie den Wind aus den Segeln zu nehmen. Das damals – gegen den Willen Bismarcks – eingeführte System der Finanzierung mittels Beiträgen der Arbeitnehmer und Arbeitgeber, im Bedarfsfalle ergänzt durch staatliche Zuschüsse, blieb bis heute bestehen. Allerdings erfuhr das ursprüngliche Versicherungsprinzip, das die Versicherungsleistungen von der Höhe der eingezahlten Beiträge und der Versicherungsdauer abhängig machte, mit der Rentenreform von 1957 eine wesentliche Veränderung. Seitdem beruht die Rentenversicherung auf einer Kombination von Versicherungs- und Umlagesystem: Die Rentenbeträge errechnen sich zum einen wie bisher aus der Beitragssumme und der Beitragsdauer; sie verändern sich jedoch entsprechend der allgemeinen Einkommensentwicklung; die jeweils zur Auszahlung gelangenden Renten stammen aus den Beiträgen der im Erwerbsleben stehenden Generation, sie werden auf die aktiven Beitragszahler „umgelegt".

Neben dieser durchgreifenden Verbesserung der Altersversorgung waren es vor allem die Ausgaben für das Gesundheitswesen, die das Niveau der Sozialleistungen so stark anhoben. Zu der seit je üblichen Übernahme der Arzt-, Arznei- oder Krankenhauskosten traten in den 60er und 70er Jahren großzügige Erstattungen für den Lohnausfall, die Einstellung einer Haushaltshilfe, den Zahnersatz sowie Heil- oder Vorbeugungskuren. Nutznießer waren neben den Versicherten (die freilich ständig höhere Beiträge zahlen mussten) die Ärzte, Apotheker und die Pharmaindustrie. Das Gesundheitswesen erlebte eine regelrechte Kostenexplosion. 1976 wurden fast 8 Prozent des Bruttosozialprodukts für Gesundheitsleistungen aufgewendet. Seitdem war die Kostensenkung im Gesundheitswesen ein politisches Dauerthema. Gegen den Widerstand der Ärzteschaft setzte der Gesetzgeber Obergrenzen für die Krankenkassenausgaben durch. Der von den ärztlichen Standesvertretungen vorausgesagte Qualitätsrückgang der medizinischen Versorgung fand nicht statt.

Die öffentliche Hilfe für Bedürftige

Die Hilfe im Notfall war seit je als christliche und moralische Pflicht anerkannt, der vor allem die Kirchen und Kommunen nachkamen. Diese „Armenfürsorge" war jedoch eine freiwillige Leistung, die nach jeweiligem Ermessen erfolgte und auf die der Empfänger keinen Rechtsanspruch hatte. Das änderte sich mit dem Sozialhilfegesetz von 1961. Es verpflichtete die öffentliche Hand, vorab die Gemeinden, Bedürftige mit dem notwendigen Lebensunterhalt (in Geld- oder Sachmitteln) zu versorgen. Allerdings konnten die Sozialämter die Höhe ihrer Leistungen weiterhin gemäß der individuellen Bedürftigkeit bemessen und sie brauchten nur dann einzuspringen, wenn keine zahlungsfähigen Angehörigen zur Verfügung standen. Solange es mit der Wirtschaft bergauf ging, blieb die Zahl der Sozialhilfeempfänger vergleichsweise niedrig. Als Folge der Arbeitslosigkeit stieg sie jedoch seit 1973 an und kletterte bis 1989 von 1,7 auf 3,6 Millionen Menschen.

Zeitgleich mit der Aufhebung der Wohnungsbewirtschaftung und des Mietenstops führte der Bund 1960 ein Wohngeld ein, das denen zukam, die den ihnen angemessenen Wohnungsbedarf nicht ganz mit eigenen Mitteln bezahlen konnten. 1990 waren 1,8 Millionen Haushalte davon betroffen.

Kindergeld, im öffentlichen Dienst seit langem gezahlt, wurde 1954 für das dritte, 1961 für das zweite, 1975 für das erste Kind gewährt. Es stand allen in der Bundesrepublik Lebenden, unabhängig vom Einkommen, zu. Hinzu kamen die Steuerfreibeträge, aus denen freilich die Besserverdienenden weitaus mehr Vorteile ziehen konnten als die, die zu wenig verdienten, um nennenswerte Steuern bezahlen zu müssen. Zum Ausgleich erhielten diese bestimmte Kindergeldzuschläge. Sozialdemokraten und Grüne forderten den Wegfall der Steuerfreibeträge und ein einheitliches, deutlich erhöhtes Kindergeld.

Seit 1986 haben alle Eltern bis zu einer bestimmten Einkommensgrenze Anspruch auf ein Erziehungsgeld für 10 (seit 1988: 18) Monate nach der Geburt eines Kindes. Es stellt einen Ausgleich für die zusätzlichen Ausgaben dar, soll aber auch die beruflichen Nachteile abmildern, die mit der Betreuung eines Kleinkindes oft verbunden sind. Das 1971 beschlossene Bundesausbildungsförderungs-Gesetz (BAFöG) begründete einen Anspruch auf finanzielle Unterstützung aller Familien, deren Kinder die gymnasiale Oberstufe oder eine Hochschule besuchen und deren Einkommen unterhalb bestimmter Grenzen liegt. Das Gesetz sollte den Grundsatz der Chancengleichheit sichern helfen. 1980, im Jahr der stärksten Förderung, erhielten fast eine halbe Million Schülerinnen und Schüler sowie 300 000 Studierende solche staatlichen Zahlungen. Seitdem wurden die Bemessungsgrundsätze verschärft und viele Zuschüsse in zinslose Darlehen umgewandelt.

Hilfe zur Selbsthilfe

Die Förderung der privaten Eigentums- und Vermögensbildung mit öffentlichen Mitteln war als Anreiz zu vermehrter persönlicher Daseinsvorsorge gedacht. Dazu dienten vor allem Steuervergünstigungen, verbilligte Darlehen und direkte Zuschüsse. Wer Teile seines Einkommens in langfristigen Spar- und Bausparverträgen anlegte, erhielt vom Staat Prämien oder konnte diese Beträge bis zu einer bestimmten Höhe vom steuerpflichtigen Einkommen abziehen. Auch diese Art von Sozialpolitik blieb nicht ohne Kritik. Sie begünstigte wiederum die Gutverdienenden, deren Steuerabzüge viel höhere Beträge ausmachten, als die kleinen Lohnempfänger erreichen konnten. Auch waren zumeist nur die Bezieher höherer Einkommen in der Lage, die vielen staatlichen Vergünstigungen auszuschöpfen, die sich nur dem boten, der genügend Kapital zur Verfügung hatte.

Soziale Infrastruktur

Es gab und gibt eine Fülle von weniger auffälligen und darum oft unterschätzten öffentlichen Leistungen, die der Allgemeinheit oder einzelnen sozialen Gruppen zugute kommen. Auch hier war lange ein ständiger Zuwachs zu verzeichnen. Hierzu gehörte etwa das öffentliche Bildungswesen, das seinen Nutzern so gut wie keine Gebühren abverlangte – im Gegensatz zu früher, als Schul- und Studiengelder selbstverständlich waren. Auch die meisten öffentlichen Freizeit- und Kultureinrichtungen – Parks und Schwimmbäder, Theater und Museen – kosteten die öffentliche Hand weit mehr, als die Eintrittsgelder einbrachten. Wohlfahrtsverbände, kirchliche Sozialdienste, gemeinnützige Einrichtungen aller Art erhielten nicht nur erhebliche öffentliche Zuschüsse; die Finanzämter verzichteten auch auf Steuereinnahmen, indem sie Spenden für solche Institutionen als steuerlich absetzbar anerkannten. Schließlich gewährleisteten zahlreiche Schutzgesetze – der

Mieterschutz, der Verbraucherschutz, der Kündigungsschutz für lang beschäftigte Mitarbeiter – soziale Sicherheitsstandards, die früher oder in anderen Teilen der Welt undenkbar waren oder sind.

„Neue Armut"

Solchen Leistungen des Sozialstaates stehen allerdings auch Mängel und Versäumnisse gegenüber. Bis heute gelang es nicht, die Armut zu beseitigen, ja seit etlichen Jahren breitet sich eine „neue Armut" aus. Aber 1990 zählte man nicht weniger als 800 000 Obdachlose und über 6 Prozent der Bevölkerung mussten mit weniger als der Hälfte des Durchschnittseinkommens leben. Unter der neuen Armut leiden vor allem: allein erziehende Mütter mit ihren Kindern; arbeitslose junge Menschen; allein stehende ältere Frauen. Eine Problemgruppe größten Ausmaßes stellen die Langzeitarbeitslosen dar; mit der sich festsetzenden allgemeinen Arbeitslosigkeit nahm ihre Zahl stetig zu und immer mehr von ihnen wurden und werden Sozialhilfeempfänger.

Familien mit Kindern

Auch die Benachteiligung von Familien mit mehreren Kindern wurde zunehmend zum Problem und politischen Zankapfel. Trotz etlicher Steuervergünstigungen und öffentlicher Leistungen war nicht zu verkennen, dass ihr Lebensstandard deutlich hinter dem der Kinderlosen zurückblieb. Früher, als Kinder zu haben zu den Selbstverständlichkeiten des Erwachsenenlebens gehörte und die Altersschichtung der Bevölkerung keine Sorgen bereitete, sprach fast niemand davon. Heute sieht man darin eine ungerechte Lastenverteilung. Familien mit Kindern bringen, so heißt es, beträchtliche materielle Opfer, um den Nachwuchs großzuziehen, der in der Zukunft die Altersversorgung auch derer erarbeiten muss, die keine Kinder haben. Gefordert wird darum von vielen Seiten ein „Familienlastenausgleich".

Steuergerechtigkeit

Damit war wieder einmal das Dauerthema der Steuergerechtigkeit berührt. Dass die Besserverdienenden nicht nur absolut, sondern – wegen der Progression – auch relativ mehr Steuern entrichten müssen als die unteren Einkommensklassen, genügte vielen nicht. Diese verweisen zum einen auf den hohen Anteil der Verbrauchssteuern (vor allem die Mehrwert- und die Mineralölsteuer), die alle Konsumenten, unabhängig von ihrem Geldbeutel, treffen. Zum andern kritisieren sie, dass die mancherlei Steuervergünstigungen, die der Staat zur Erreichung bestimmter wirtschaftlicher Zwecke (wie Wohnungsbau, Exportförderung, Investitionen) gewährt, vornehmlich denen zufließen, die ohnehin schon mehr haben. So werde das erstrebenswerte sozialstaatliche Prinzip einer Umverteilung zugunsten der Schwächeren in sein Gegenteil verkehrt und die Reichen mehrten ihren Reichtum auf Kosten der Allgemeinheit.

Vermögensverteilung

Die Vermögensverteilung schien diese Kritik zu bestätigen. Auch wenn verlässliche Untersuchungen darüber selten waren, ließen die wenigen Daten doch eindeutig erkennen, dass die Selbständigen einen enormen Vorsprung gewonnen haben und dass dieser Vorsprung ständig größer statt kleiner wurde. Während in den 70er Jahren das ärmste Fünftel der Bevölkerung nicht einmal 1% des gesamten Privatvermögens besaß, verfügte das reichste Fünftel über 80% dieses Besitzes. 1989 betrug das Netto-Kopf-Einkommen der Selbständigen (und jedes Familienmitgliedes) 60 000 DM, das der Beamten und Angestellten 22 000 DM, das der Arbeiter 16 000 DM. Solche Zahlen legen offen, um wie viel mehr die Selbständigen für die Vermögensbildung erübrigen können als andere Gruppen, die viel größere Teile ihres Einkommens für den täglichen Lebensunterhalt aufwenden müssen. Da Vermögen eine Einkommensquelle sind (dank Zinsen, Dividenden, Mieten u. a.), mussten und müssen die Einkommensunterschiede immer größer werden. Der Streit um die Forderung nach höherer Besteuerung der Vermögenden durchzog die Geschichte der Bundesrepublik.

74 Soziale Gleichheit und Ungleichheit im Spiegel der Zahlen

a) Bausteine sozialer Sicherung

Bausteine der sozialen Sicherung
Sozialleistungen in Deutschland 1993: 1062,6 Milliarden DM

in Mrd DM

Jugendhilfe 24,5 · Kindergeld 28,9 · Sozialhilfe 48,0 · Soziale Steuervergünstigungen 71,0 · Beamtenversorgung 73,7 · Rentenversicherung 317,7 · Arbeitsförderung 131,9 · Altershilfe für Landwirte 8,3 · Kriegsopferversorgung u.a. 18,8 · Vermögensbildung 11,7 · Unfallversicherung 18,9 · Krankenversicherung 209,7 · Wohngeld 7,3 · Lohnfortzahlung, Betriebsrenten 90,3

Quelle: Sozialbudget (Schätzung)

ZAHLENBILDER

b) Sozialhilfe: Empfänger und Ausgaben

	1970	1980	1989
Sozialhilfeempfänger (in Tsd.)	1491	2144	3626
Frauen	934	1280	1984
Ausländer	20	163	671
Personen unter 18 Jh.	440	605	1027
60-jährige und ältere	607	670	685
darunter Frauen	447	523	520
Ausgaben (in Mio. DM)	3335	13266	28775

c) Hauptursachen der Gewährung von Sozialhilfe (in v. H.)

	1970	1980	1989
Krankheit	18,9	9,3	5,8
Tod des Ernährers	2,2	1,2	0,7
Ausfall des Ernährers	8,2	13,2	10,5
Unwirtschaftliches Verhalten	1,2	1,6	0,5
Arbeitslosigkeit	–	9,8	32,6
Unzureichende Versicherung	–	25,8	12,3
Unzureichendes Erwerbseinkommen	46,8	6,8	5,5
Sonstige Ursachen	22,8	32,4	32,1
Gesamtzahl der Haushalte (in Tsd.)	296	824	1594

b) und c): Datenreport 1992, S. 233, 234

d) Sozialbudget 1975–1990

	1975		1985		1990	
	Mrd. DM	%	Mrd. DM	%	Mrd. DM	%
Rentenversicherung	101,1	29,2	175,2	30,6	215,8	30,4
Krankenversicherung	61,1	17,6	114,5	20,0	141,7	20,0
Arbeitsförderung	18,1	5,2	39,0	6,8	49,3	6,9
Kindergeld	14,6	4,2	14,5	2,5	14,6	2,1
Beamtenpensionen	26,0	7,5	36,8	6,4	43,3	6,1
Arbeitgeber-Entgeltfortzahlungen	18,5	5,3	26,0	4,5	34,0	4,8
Kriegsopferversorgung	11,1	2,9	13,4	2,3	13,1	1,9
Sozialhilfe	9,2	2,6	22,2	3,9	33,8	4,8
Ausbildungsförderung	2,3	0,7	0,5	0,1	0,8	0,1
Wohngeld	1,8	0,5	2,6	0,5	3,9	0,6
Vermögensbildung	13,4	4,0	10,3	1,8	10,6	1,5
Steuerermäßigungen	24,1	7,0	46,1	8,0	48,2	6,8

Statistisches Bundesamt (Hg), Datenreport 1992, Bonn 1992, S. 220

a) *Stellen Sie auffallende Sprünge in den Entwicklungsreihen fest und suchen Sie nach Er-*
   klärungen dafür.
b) *Wo sehen Sie Anhaltspunkte für sozialen Ausgleich, wo Indizien für die Begünstigung so-*
   zialer Ungleichheit?

75 **Einstellungen gegenüber der Verteilungsgerechtigkeit**
Auf die Frage „Im Vergleich dazu, wie andere hier in Deutschland leben: Glauben Sie, dass Sie Ihren gerechten Anteil erhalten, mehr als Ihren gerechten Anteil, etwas weniger oder sehr viel weniger?" antwor-
teten (in v. H.) (1991):

	Ostdeutschland			Westdeutschland		
	viel weniger	weniger	gerechter Anteil oder mehr	viel weniger	weniger	gerechter Anteil oder mehr
Insgesamt	36	46	18	3	24	72
Un- und angelernte Arbeiter	35	56	9	6	40	55
Facharbeiter	33	49	19	4	38	58
untere u. mittl. Angest./Beamte	36	47	17	3	25	72
höhere Angest./Beamte	39	42	19	1	17	82
Selbständige	29	37	34	4	18	79
Arbeitslose/Kurzarbeiter	45	45	10	–	–	–
Rentner (Arbeiter)	37	48	15	6	31	64
Rentner (Sonstige)	32	46	22	4	17	79
Hausfrauen	–	–	–	4	22	74
Schüler/Auszubildende	24	40	37	4	18	78
Haushaltseinkommen unteres Fünft.	38	43	19	8	33	60
2. Fünftel	44	43	13	3	30	67
3. Fünftel	40	46	13	2	21	77
4. Fünftel	32	52	16	1	25	73
oberes Fünftel	29	46	25	3	15	83

Datenreport 1992, S. 542

Wo ist die Zufriedenheit, wo die Unzufriedenheit besonders groß? Geben Sie Erklärungen
dafür.

1.4.5 Das Bildungswesen: Verteilungsstelle für Lebenschancen?

Das deutsche Schulwesen war seit altersher und in Westdeutschland bis in die 60er und 70er Jahre dreigegliedert. Die drei Schultypen – Volksschule, Mittelschule (später Realschule), Gymnasium – entsprachen im Großen und Ganzen der sozialen Schichtung. Auf die 8-jährige Volksschule ging die große Masse der Kinder aus den unteren Schichten, dazu auch viele Töchter und Söhne aus Bauernfamilien; die Mittelschule besuchten Kinder aus den aufstiegsorientierten Familien der oberen Unter- und unteren Mittelschicht; das Gymnasium war einer Minderheit von 6–8% eines Jahrgangs vorbehalten, von denen aber höchstens 4–5% das Abitur erreichten; diese Schüler/innen stammten überwiegend aus den besser situierten Familien, vorwiegend aus solchen, in denen schon die Väter (weniger die Mütter) das Gymnasium besucht und oft auch ein Hochschulstudium absolviert hatten. So erfüllte dieses dreigliedrige Bildungssystem den Zweck, die bestehende Sozialordnung immer von neuem zu reproduzieren. Ein sozialer Aufstieg mit Hilfe qualifizierter Bildungsabschlüsse war zwar möglich, blieb aber die Ausnahme. Noch in den 50er Jahren betrug der Anteil von Arbeiterkindern unter den Studierenden gerade 4%. Der wesentliche Grund für diese soziale Ungleichheit in den Bildungswegen lag in den Bedingungen der familiären und sozialen Umwelt. In den oberen Schichten stand Bildung in hohem Ansehen und die Kinder erfuhren viel Förderung und Ermutigung. Arbeiterfamilien standen der Schule oder gar der Universität fremd und unsicher gegenüber und trauten ihren Kindern solche Ausbildung zumeist nicht zu. Besonders vernachlässigt wurden vielfach die Mädchen. Weil die meisten Eltern in ihren Töchtern künftige Mütter und Hausfrauen sahen, schien ihnen das Abitur oder gar ein Hochschulstudium überflüssig.

„Ständische" Dreigliederung

Dieses traditionelle Bildungssystem geriet anfangs der 60er Jahre in die Schusslinie. Untersuchungen ergaben, dass die Abiturientenquote in der Bundesrepublik weit unter der vergleichbarer Industrieländer lag. Darin sah man eine Gefahr für die künftige deutsche Wettbewerbsfähigkeit. Der Alarmruf der „deutschen Bildungskatastrophe" schreckte Politiker und Öffentlichkeit auf. Alle waren sich einig, dass größte Anstrengungen nötig seien. Überall entstanden neue Gymnasien und in der Bundesrepublik wurden binnen eines guten Jahrzehnts nicht weniger als 15 Universitäten gegründet. Der Besuch der weiterführenden Schulen und der Hochschulen nahm in atemberaubendem Tempo zu: Hatten 1960 17% des anstehenden Jahrgangs das Gymnasium und 8% ein Hochschulstudium begonnen, so lagen die Quoten 1989 bei 31 und 30 Prozent. Umgekehrt sank der Anteil der Hauptschüler in dieser Zeitspanne von 68 auf 32 Prozent.

Von der „Bildungskatastrophe" zur Bildungsreform

Diese einzigartige Bildungsexpansion war vor allem der Mobilisierung jener „Begabungsreserven" zuzuschreiben, die bis dahin brachgelegen hatten. Das betraf in erster Linie Mädchen und junge Frauen, im Weiteren Kinder und Jugendliche vom Lande und aus anderen zuvor „bildungsfernen" Bevölkerungskreisen. Mehr Menschen als früher begriffen, wie wichtig und wertvoll eine gute Bildung war, und die Politik tat ein Übriges, um für die Bildung zu werben und finanzielle Mittel zur Verfügung zu stellen. Dennoch blieben bestimmte alte Verhaltensmuster weiter wirksam. 1988 waren die Arbeiterkinder unter den Studienanfängern mit 5% immer noch weit unterrepräsentiert, während die Beamtentöchter und -söhne mit 38% (bei einem Anteil der Beamtenfamilien an der Gesamtbevölkerung von 6,6%) fast ebenso stark überrepräsentiert waren.

„Begabungsreserven"

Das enorme quantitative Wachstum machte innerschulische Veränderungen nötig. Hatte sich das Gymnasium früher als eine Ausleseschule verstanden, in der viele das Ziel Abitur nicht erreichten, galt nunmehr der Grundsatz der Förderung.

Innere Schulreform

Die Anfänger kamen in Übergangsklassen („Förder-"/„Orientierungsstufe"), in denen sie sich allmählich an die neuen Anforderungen gewöhnen konnten; Kinder aus Familien ohne gymnasialen Hintergrund erhielten Förderunterricht, der ihren Rückstand, vor allem in den sprachlichen Fertigkeiten, wettmachen sollte. Das Kurssystem gab den Schülerinnen und Schülern der gymnasialen Oberstufe Gelegenheit, Schwerpunkte in den Fächern zu bilden, die ihren persönlichen Veranlagungen und Interessen entgegenkamen. Erleichtert wurden auch die Übergänge zwischen den Schulformen: Realschüler mit mittlerer Reife konnten aufs Gymnasium überwechseln und dort die Abiturprüfung ablegen. Berufliche Fachschulen verleihen die Fachhochschul- und Hochschulreife. Der „zweite Bildungsweg" eröffnet auch Berufstätigen ein Universitätsstudium. Gesamtschulen halten die Wahl- und Qualifizierungsmöglichkeiten lange offen und tragen der pädagogischen Erfahrung Rechnung, dass die Stärken und Schwächen Heranwachsender oft erst spät erkennbar werden.

Chancen und Risiken der Bildungsexplosion

Die kolossale Ausweitung unseres Bildungswesens hat viel Gutes bewirkt: Sie bahnte den Mädchen und Frauen den Weg zur Gleichstellung mit den Männern; sie eröffnete vielen jungen Menschen Berufsmöglichkeiten, die ihren – nicht minder befähigten – Eltern verschlossen geblieben waren; sie erschloss neue Erfahrungs- und Denkhorizonte und machte das Leben der Betroffenen reicher; sie hob das durchschnittliche Wissens- und Qualifikationsniveau an und bereitete die nachwachsenden Generationen besser auf die steigenden Anforderungen der heutigen und zukünftigen Berufswelt vor.

Sie verursachte aber auch Enttäuschungen und konnte längst nicht alle Erwartungen erfüllen. Die Hochschulen waren dem Andrang der Studienwilligen nicht gewachsen und oft außerstande, die wünschenswerten Studienbedingungen zu bieten. Die Zahl der Studienabbrecher erreichte mit einem Drittel eine alarmierend hohe Marke. Zwischen dem Anspruch des humboldtschen Universitätsideals, im Studium wissenschaftliches Forschen zu erlernen, und dem Interesse, möglichst effektiv und ökonomisch berufsnahe Fertigkeiten zu trainieren, klaffte oft eine riesige Lücke. Ein erfolgreicher Studienabschluss garantierte immer weniger einen angemessenen Arbeitsplatz. Im Zeichen der „Akademikerschwemme" musste sich mancher schließlich mit einer Berufstätigkeit abfinden, die mit dem im Studium Gelernten kaum noch etwas zu tun hatte. Das nährte die Zweifel, ob das Studium so vieler junger Menschen persönlich nicht oft ein falscher Weg und, volkswirtschaftlich gesehen, eine enorme Ressourcenverschwendung ist.

76 „Uni für alle"? Karikatur von W. Hanel, Frankfurter Allgemeine Zeitung, 1987
Der Andrang zu den Hochschulen ist eine zwiespältige Erscheinung. Einerseits verbessert der Studienabschluss, statistisch gesehen, die Aufstiegschancen der Absolventen. Andererseits sind die Risiken vorzeitigen Scheiterns oder des Abgedrängtwerdens in eine andere als die studierte Fachrichtung groß.
Wie beurteilen Sie Pläne, den Zugang zum Studium zu erschweren?

77 Das Bildungssystem in Zahlen

a) Allgemein bildender Schulabschluss (Stand 1989) (in v. H.):

	(Noch) ohne Schulabschluss	Volksschule/ Hauptschule	Realschule/ mittlere Reife	Fachhoch-/ Hochschulreife
15–19 Jahre	47,6	27,8	20,6	4,0
20–29	1,8	41,4	30,0	26,9
30–39	0,7	54,6	21,7	23,0
40–49	0,8	65,7	19,2	14,3
50–59	0,9	77,0	13,7	8,5
60 und älter	1,3	79,1	12,7	6,9
Insgesamt	4,4	61,6	19,3	14,7

b) Bildung und soziale Herkunft

	Familienvorstand ist erwerbstätig als							
	Selbständiger		Beamter		Angestellter		Arbeiter	
	1972	1989	1972	1989	1972	1989	1972	1989
Grund-/Hauptschule	63,3	45,0	45,9	34,5	51,6	39,5	80,1	68,4
Realschule	16,2	19,8	15,1	16,0	17,4	19,9	11,5	17,9
Gymnasium	20,1	31,8	36,8	45,3	28,7	35,5	5,6	9,0
Gesamtschule	–	3,4	–	4,2	–	5,2	–	4,6

c) Schulbesuch der Kinder und Bildungsniveau der Eltern

	Schulabschluss des Familienvorstandes					
	Volks-/Hauptschule		Mittel-/Realschule		Gymnasium	
	1972	1989	1972	1989	1972	1989
Grund-/Hauptschule	73,5	62,8	41,4	40,7	24,7	29,8
Realschule	14,7	19,4	21,9	21,0	–	11,2
Gymnasium	9,9	13,3	36,3	32,6	66,9	54,1
Gesamtschule	–	4,6	–	5,8	–	4,8

Statistisches Bundesamt (Hg.), Datenreport 1992, Bonn 1992, S. 83, 84, 86

a) Beschreiben Sie die Zusammenhänge zwischen Gesellschaftsordnung und Bildungssystem sowie deren Entwicklungstrends in den 70er und 80er Jahren.
b) Versuchen Sie eine Beurteilung der Ergebnisse der Bildungsreform.

78 Ziele der Bildungspolitik
Der Pädagoge Georg Picht warnt vor der „deutschen Bildungskatastrophe" (1964):

Dass Schulstatistik etwas mit Sozialpolitik zu tun haben soll, das will den Deutschen nur schwer in den Kopf. Unser sozialpolitisches Bewusstsein ist womöglich noch rückständiger als unser Bildungswe
5 sen. […]
In der modernen „Leistungsgesellschaft" heißt soziale Gerechtigkeit nichts anderes als gerechte Verteilung der Bildungschancen; denn von den Bildungschancen hängen der soziale Aufstieg und die Verteilung des Einkommens ab. […] Der gesamte soziale
10 Status, vor allem aber der Spielraum an persönlicher Freiheit, ist wesentlich durch die Bildungsqualifika

tionen definiert, die von dem Schulwesen vermittelt werden sollen. Man spricht heute gern von der „mo-
15 bilen" oder auch von der „nivellierten" Gesellschaft und vergisst, dass in der wissenschaftlich-technischen Zivilisation ein neues Prinzip der klassenähnlichen Schichtung die Struktur der Gesellschaft wesentlich mitbestimmt. Durch das Schulsystem werden schon
20 die zehnjährigen Kinder – und zwar in der Regel definitiv – in Leistungsgruppen eingewiesen, die durch das Berechtigungswesen einer entsprechenden Gruppierung der sozialen Positionen zugeordnet sind. Die so geschaffene Klassifizierung durch Bildungsqualifikationen überlagert mehr und mehr die 25 noch fortbestehende Klassenstruktur der bisherigen industriellen Gesellschaft. [...] Die Schule ist deshalb ein sozialpolitischer Direktionsmechanismus, der die soziale Struktur stärker bestimmt als die gesamte Sozialgesetzgebung der letzten 15 Jahre. 30

G. Picht, Die deutsche Bildungskatastrophe, München 1965, S. 21 f.

a) *Was spricht für eine enge Verkoppelung von Bildungs- und Beschäftigungssystem, was dagegen?*
b) *Worin unterschieden sich die politischen Lager in ihren Auffassungen von der richtigen Bildungspolitik? Stellen Sie Beziehungen zu den jeweiligen politischen Grundüberzeugungen her.*

79 Wege zur Chancengleichheit im Bildungswesen

Die Enquête-Kommission „Bildung 2000" des Deutschen Bundestages mit einem Minderheitsvotum (1990):

Bilanziert man den Ertrag des langen Weges zu mehr Chancengleichheit, so muss man feststellen, dass sich Gleichheit nicht in dem angestrebten und demokratisch gebotenen Maß ergeben hat, nicht die
5 Gleichheit der Geschlechter, nicht die der sozialen Schichten und schon gar nicht die zwischen den Ethnien. Mädchen und Frauen sind – jenseits der allgemein bildenden Schulen – weit entfernt davon, entsprechend ihren Potentialen am Bildungssystem teil-
10 zunehmen. Und da, wo sie Teilhabe erlangt haben, trägt das Bildungssystem immer noch dazu bei, die Ungleichheit zwischen den Geschlechtern in der Gesellschaft, ganz besonders aber im Erwerbsleben vorzubereiten und zu zementieren. Die Kinder der
15 einzelnen sozialen Schichten sind immer noch auf allen Stufen des Bildungssystems unterschiedlich vertreten. Besonders Arbeiterkinder sind vom Kindergarten über die allgemein bildenden Schulen, über die berufliche Ausbildung bis hin zur Weiterbildung
20 benachteiligt. Ausländische Kinder, neuerdings auch die Kinder von Aussiedlerfamilien, verbleiben in ihrer überwiegenden Zahl auf den untersten Sprossen des Bildungs- und dann auch des Beschäftigungssystems. Die Bundesrepublik ist in ihren Bildungsinstitutionen vom Ziel einer interkulturellen 25 Gesellschaft unendlich weit entfernt. [...]
Wenn der „Aufstieg durch Bildung" nicht Millionen von „Kellerkindern der Bildungsexpansion" [...] zurücklassen soll, muss in der schulischen und in der beruflichen Ausbildung sichergestellt werden, dass 30 die weniger Erfolgreichen nicht aufgegeben und abgeschrieben werden. Das aber heißt für die Arbeit in den Bildungsinstitutionen, [...] dass große Anstrengungen den oft nur langsamer Lernenden gelten müssen, denen also, die sich – aus welchen Gründen 35 auch immer – schwer tun, im Qualifikationswettlauf Schritt zu halten.

Deutscher Bundestag, 11. Wahlperiode, Drucksache 11/7820 (1990), S. 34

a) *Nennen Sie die Maßnahmen zur Förderung der Chancengleichheit und vergegenwärtigen Sie sich die Schwierigkeiten, die dabei auftreten können.*
b) *Vergleichen Sie die Kritik aus den Reihen der Enquête-Kommission mit den statistischen Daten der Materialien 66 und 79.gg*

1.4.6 Die Bundesrepublik – ein Einwanderungsland?

Obwohl die Bundesrepublik zu den dichtest besiedelten Ländern der Erde gehört, wurde sie seit den 60er Jahren zum Einwanderungsland. Das wollten viele Bundesbürger bis heute nicht wahrhaben. Ein Großteil der Zugewanderten besaß mit dem Betreten der Bundesrepublik die deutsche Staatsangehörigkeit – wie die rund vier Millionen „Übersiedler" aus der DDR – oder erwarb sie unmittelbar danach – wie die 2,4 Millionen (bis 1993) deutschstämmigen „Aussiedler" aus den osteuropäischen Ländern. Die Aufnahme dieser über 6 Millionen Menschen war mit der Erwartung ihrer vollständigen Eingliederung in die ansässige deutsche Bevölkerung verbunden. Abgesehen von den üblichen Anpassungsschwierigkeiten, wurde dies nur bei einer Reihe von Aussiedlern zu einem ernsten Problem. Immerhin hatten ihre Vorfahren teilweise jahrhundertelang außerhalb Deutschlands gelebt und 70 bis 80 Prozent der Zuwandernden kamen ohne nennenswerte deutsche Sprachkenntnisse.

Zuwanderung Deutscher

In den Wirren der Kriegs- und Nachkriegszeit gelangten Millionen von Ausländern, in der Regel höchst unfreiwillig, nach Deutschland. Nach Kriegsende erhielten sie den Status von „Displaced Persons", der ihnen eine leidliche Versorgung mit dem notwendigsten Lebensbedarf verschaffte. Die meisten kehrten in den ersten Nachkriegsjahren in ihre Heimat zurück. Etwa eine halbe Million – hauptsächlich aus Osteuropa – blieben in Deutschland, weil sie in ihren Heimatländern mit Repressalien rechnen mussten. Sie fügten sich im Laufe der Zeit ganz in ihre deutsche Umwelt ein; viele erwarben die deutsche Staatsangehörigkeit.

Displaced Persons

Die in der Bundesrepublik Arbeit suchenden Ausländer kamen zunächst in der Erwartung, innerhalb einiger Jahre möglichst viel Geld zu verdienen und dann nach Hause zurückzukehren: Von den zwischen 1961 und 1987 in die Bundesrepublik eingereisten ausländischen Arbeitskräften und ihren Angehörigen gingen 11 Millionen wieder zurück – etwa 4 Millionen blieben. Sie waren in den Jahren der Voll- und Überbeschäftigung zwischen 1961 und 1973 auf dem deutschen Arbeitsmarkt hoch begehrt. Das änderte sich mit dem Konjunktureinbruch von 1973, auf den die Bundesregierung sofort mit einem Anwerbestopp reagierte. Fortan durften nur noch Familienangehörige von „Gastarbeitern" mit einem festen Arbeitsverhältnis nachkommen. 1989 lebten über 5 Millionen Ausländer in der Bundesrepublik, was einem Bevölkerungsanteil von knapp 8% entsprach; ihr Beschäftigtenanteil lag mit 8,5% sogar noch etwas höher, obwohl die ausländischen Arbeitnehmer von der Arbeitslosigkeit stärker betroffen waren als die deutschen. Fast zwei Drittel der ausländischen Arbeitskräfte waren An- und Ungelernte.

„Gastarbeiter"

Unter dem Druck der Arbeitslosigkeit mehrten sich seit den späten 80er Jahren die deutschen Stimmen, die die ausländischen Beschäftigten für den Arbeitsstellenmangel (mit-)verantwortlich machten. Dem widersprach freilich die Tatsache, dass die Ausländer vielfach in Berufen tätig waren, für die sich gar nicht genügend deutsche Bewerber fanden, weil die Arbeit als wenig attraktiv und einträglich galt. Das hielt aber viele uneinsichtige Deutsche nicht davon ab, die Abschiebung der Ausländer zu fordern. Eine mehr oder minder unverhohlene Ausländerfeindlichkeit griff um sich. Sie richtete sich vor allem gegen die Asylbewerber, die unter Berufung auf das im Grundgesetz verankerte Asylrecht seit Ende der 80er Jahre jährlich zu Hunderttausenden einreisten, die meisten aus wirtschaftlicher Not und nicht wegen politischer Verfolgungen. Seit 1991 schreckten Brand- und Sprengstoffanschläge gegen Asylbewerberheime, aber auch gegen Gastarbeiterwohnungen sowie brutale Misshandlungen einzelner Ausländer die deutsche und die Welt-Öffentlichkeit auf. Die überwiegend jugendlichen Täter standen vielfach

Die Deutschen und die ausländischen Mitbürger

rechtsextremistischen Kreisen nahe und bildeten zahlenmäßig eine kleine Minderheit; aber ihre Untaten fanden über die rechtsradikale Szene hinaus Beifall. Die
große Mehrheit der deutschen Bevölkerung verabscheute jedoch die Ausschrei-
tungen und gab ihrer Empörung und Bestürzung in Demonstrationen und Lich-
terketten Ausdruck.

**Eine multi-
kulturelle
Gesellschaft?**
Eine vom Bundestag beschlossene härtere Asylregelung, die den Grundrechtsar-
tikel 16 (2) einschränkte, ließ die Zahl der Asylsuchenden deutlich sinken. Waren
1991 256.000 Bewerber verzeichnet worden, so registrierte man 1995 nur noch
128.000. Von ihnen wurden 14,1% als rechtmäßige Asylanten anerkannt. Die meisten stammten aus dem ehemaligen Jugoslawien, der Türkei, Afghanistan und
Rumänien. Hinsichtlich der Eingliederung der dauerhaft in Deutschland lebenden
Ausländer kam man jedoch wenig voran. Nur eine kleine Zahl dieser Menschen
macht von dem schon seit längerem bestehenden Recht Gebrauch, nach Ablauf
einer Mindestaufenthaltsdauer die Einbürgerung zu beantragen. Für die von vielen
Ausländern gewünschte Ersatzlösung einer doppelten Staatsbürgerschaft fand
sich im Bundestag nie eine Mehrheit. So änderte sich an dem Schwebezustand
zwischen zwei Kulturen, in dem viele Ausländer bei uns leben müssen, nur wenig.

---

80 **Einwanderung und Ausländer in Zahlen**

Aussiedler nach Herkunftsgebieten 1950–1990

	Insgesamt in Tsd.	Herkunftsgebiete (in v. H.)						
		Polen	Sowjetunion	CSSR	Ungarn	Rumänien	Jugosl.	Sonstige
1950–1959	440	66,4	3,1	4,6	1,0	0,8	13,4	10,6
1960–1969	222	49,9	3,9	25,2	1,7	7,4	9,5	2,4
1970–1979	355	57,0	15,9	3,5	1,1	20,1	1,7	0,7
1980–1989	984	64,3	17,9	1,3	0,7	15,4	0,3	0,1
1990	397	28,5	37,1	0,3	0,3	27,0	0,1	0,0

Statistisches Bundesamt (Hg.), Datenreport 1992, Bonn 1992, S. 41

---

81 **Aus- und Einwanderung**

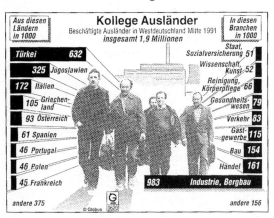

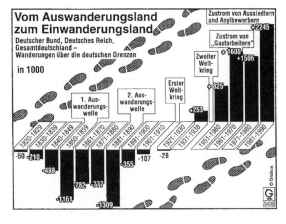

---

a) Erläutern Sie die Herkunftsgebiete der Aussiedler und die zeitgeschichtlichen Hintergründe für die wechselnden Schwerpunkte der Aussiedlung.
b) Erörtern Sie die Probleme des Zusammenlebens von Deutschen und Ausländern.

82 Erfahrungen eines oberschlesischen Aussiedlers (1986):

Heute habe ich nach langem Hin und Her den Vertriebenenausweis bekommen. Vorher sollte ich auf Verlangen des Beamten im Sozialamt der Stadt Leverkusen eine Fotokopie des Vertriebenenausweises
5 eines Verwandten von mir vorweisen. Ferner sollte ich eine Erklärung beibringen, dass ich „in einer deutschen Kultur" aufgewachsen bin. Ich fuhr also nach Pulheim bei Köln, um meinen Onkel zu besuchen und eine Fotokopie seines Vertriebenenaus-
10 weises zu erhalten. Die Erklärung ließ ich mir aber nicht geben, weil es mir peinlich war, jemanden um etwas für mich so Selbstverständliches zu bitten. Als ich dann vor dem Beamten stand ohne die Erklärung, er mich aber danach fragte und wissen wollte,
15 wie ich denn sonst meine Zugehörigkeit zum deutschen Volk und damit zur deutschen Kultur beweisen wolle, drehte ich durch. Ich fragte ihn nach seinem Alter und was er über Oberschlesien und des-

sen Geschichte und Kultur wisse. Er antwortete, er sei 38 Jahre alt und im Rheinland geboren. „Also", 20 sagte ich, „was wissen Sie, verdammt noch mal, von einem Grenzland wie Oberschlesien? Was bedeutet für Sie der Ausdruck ‚Grenzvolk'? Es ist leicht, ein Deutscher zu sein, wenn man sein ganzes Leben am Rhein, an der Weser oder an der Elbe mit dem Arsch 25 gesessen hat. In Polen wurden wir ‚Szkopy' (Deutscher – aber als Schimpfwort gebraucht) und ‚Schwabe' (das ist die Bezeichnung für eine Schabe, ein Ungeziefer) genannt und hier in Deutschland sind wir die ‚Polacken'." Der Beamte entschuldigte 30 sich gleich, setzte sich an die Schreibmaschine und schrieb sofort selbst den Vertriebenenausweis aus, obwohl das eigentlich seine Sekretärin hätte machen sollen. – Jetzt ist mir wohler!

J. Cyrus, Auf der Suche nach einem Zuhause, Dülmen 1989, Eintragung 27. Juni 1986

Woher rührt die Empfindlichkeit des Autors? Versuchen Sie sich vorzustellen, worin sich sein Bewusstsein, Deutscher zu sein, von dem eines Rheinländers unterscheiden mag.

83 Eine griechische Mutter über ihre Tochter im Grundschulalter:

Die einzige Freundin, die sie hat, ist eine Griechin. Nur mit ihr kann sie spielen. Sie fragt die deutschen Kinder, ob sie mit ihr zusammen spielen wollen, und bekommt keine Antwort, nicht einmal, wenn sie
5 nach dem Namen eines Kindes fragt. Nun hat Joanna die Lust am Spielen mit solchen Kindern verloren. Wie soll sie auch Spiele mitmachen, bei denen, wenn man es ihr erklären will, sie noch nicht einmal die Spielregeln versteht? In ihrem Herzen begann
10 ein Neid und ein Hass gegen deutsche Kinder zu wachsen. – Und: Ich höre nicht nur von meiner Toch-

ter, sondern auch von anderen ausländischen Kindern, dass sie in der Klasse allein und nicht neben deutschen Kindern sitzen. Warum sollen ausländische Kinder nebeneinander und nicht neben deut- 15 schen Kindern sitzen? Was soll ich meinem Kind für eine Antwort geben, wenn es fragt: „Warum soll ich in die deutsche Schule gehen? Ich bin doch Griechin. Warum kommen deutsche Kinder nicht in die griechische Schule? Dort können sie sehen, dass ich alles 20 verstehe und dass ich eine gute Schülerin bin.

P. Athanassaki-Kossivaki in: Grundschule, Jg. 12, (1980), H. 2

a) Wo liegen die Probleme von Ausländern im Umgang mit Deutschen und wie lassen sie sich erklären?
b) Was können Deutsche aus solchen Stimmen lernen?gg

84 Deutschland und die Einwanderung
Aus dem Manifest der 60, einer Gruppe unabhängiger, mit Bevölkerungsfragen befasster Wissenschaftler (1994):

Im Selbstverständnis des deutschen Nationalstaats ist das deutsche Volk eine ethnische Größe. Staatsangehörige sollen nach gängiger Vorstellung ausschließlich Menschen deutscher Abstammung sein.
5 Die Nation versteht sich mithin als ethnische Ab-

stammungsgemeinschaft. Einwanderer aus „fremden" Völkern haben in ihr keinen Platz, können nicht Staatsbürger werden. Die völkische Nationalstaatsidee ist mit der Vorstellung einer Nationalkultur verbunden, die inhaltlich definiert und gegen 10

„fremde" Kulturen abgegrenzt werden kann. Die völkische Ideologie übersieht dabei, dass auch „das" deutsche Volk selbst nichts Naturwüchsiges, sondern Ergebnis vielfältiger Mischungsprozesse durch Zuwanderung von „Fremden" ist. Das gilt noch viel mehr für die vom völkischen Nationalismus beschworene endogene Nationalkultur. Die von der Sehnsucht nach einer „homogenen", „nationalen" Kultur getragene Polemik gegen den Multikulturalismus und die in ihm eingeschlossene Möglichkeit kultureller Konflikte nimmt überdies nicht zur Kenntnis, dass auch die Geschichte der europäischen und deutschen Kultur durch schwere Konflikte bestimmt wurde. Ein Beispiel dafür ist die Geschichte der religiösen Bürgerkriege in Europa. Jahrhundertelang war für die Völker Europas die konfessionelle

weit wichtiger als die ethnische Zugehörigkeit. [...] Der schnelle Abbau fest gefügter traditionaler Sozialmilieus mit ihren eingeschliffenen Lebensformen, Einstellungen, Verhaltensweisen und den daraus resultierenden sozialen und mentalen Bindungskräften kann die Öffnung zu einer multikulturellen Gesellschaft erleichtern. Schneller sozialer Wandel und die mit ihm verbundenen Irritationen und Verunsicherungen können aber auch geschichtsfremde nostalgische Träume von einer national „homogenen" Gesellschaft fördern und die Angst vor Multikulturalismus als vermeintlicher Bedrohung verstärken.

K. J. Bade (Hg.), Das Manifest der 60. Deutschland und die Einwanderung, München 1994, S. 35 ff.

a) *Erörtern Sie, am besten mit Hilfe historischer Rückgriffe, was für, was gegen die Annahme einer ethnischen und kulturellen Homogenität der Deutschen spricht.*
b) *Was bedeutet „multikulturelle Gesellschaft" und wie sind die Möglichkeiten ihrer Verwirklichung in Deutschland einzuschätzen? Stellen Sie auch Vergleiche an, etwa mit den USA.*

Zur Diskussion

In was für einer Gesellschaft leben wir?

Woher kommt unsere Gesellschaft, wo steht sie heute, wohin geht ihr Weg? Darüber Klarheit zu gewinnen, ist ein unabweisliches Bedürfnis – nicht nur für Wissenschaftler. Diagnosen dieser Art sind schwierig, weil das Material dafür unerschöpflich ist. Dennoch versuchen sich Geschichts- und Sozialwissenschaftler immer wieder daran. Sie können natürlich keine unumstößlichen Wahrheiten liefern, sondern nur Hypothesen: Gesichtspunkte, Anstöße, Erklärungsmuster, die helfen können, die Zeit und die Gesellschaft, in denen wir selbst mittendrin stehen, besser zu begreifen und daraus Folgerungen für die eigene Lebenspraxis zu ziehen.

a) Der Soziologe Helmut Schelsky über die „nivellierte Mittelstandsgesellschaft" (1965):
In der deutschen Gesellschaft der letzten zwei Generationen sind umfangreiche soziale Aufstiegs- und Abstiegsprozesse vor sich gegangen. Zunächst bildet der kollektive Aufstieg der Industriearbeiterschaft und der mehr individuell, im Ganzen aber ebenfalls schichtbildend vor sich gehende Aufstieg der technischen und Verwaltungs-Angestellten in den neuen Mittelstand die breite Aufstiegsmobilität der industriell-bürokratischen Gesellschaft. Mit diesen Aufstiegsprozessen kreuzen sich in etwas jüngerer Zeit breite soziale Abstiegs- und Deklassierungsprozesse, die im Ersten Weltkrieg begannen, in den Jahren nach 1945 in den Heimatvertreibungen, politisch

bedingten Deklassierungen usw. bisher kulminierten und besonders die Schichten des ehemaligen Besitz- und Bildungsbürgertums betroffen haben. Das Zusammenwirken dieser sich begegnenden Richtungen der sozialen Mobilität führt [...] vor allem zu einem relativen Abbau der Klassengegensätze, einer Entdifferenzierung der alten, noch ständisch geprägten Berufsgruppen und damit zu einer sozialen Nivellierung in einer verhältnismäßig einheitlichen Gesellschaftsschicht, die ebenso wenig proletarisch wie bürgerlich ist, d.h. durch den Verlust der Klassenspannung und sozialen Hierarchie gekennzeichnet wird.

H. Schelsky, Auf der Suche nach Wirklichkeit, Düsseldorf 1965, S. 332

b) Der Soziologe Urs Jaeggi über „pluralistische oder antagonistische Gesellschaft" (1969):
Nun ist allerdings nicht Nivellierung das Entscheidende; entscheidend ist die fortgesetzte Machtausübung dominierender (besonders ökonomischer) Gruppen, trotz bestehender Scheinvielfalt. [...]
5 Macht bedeutet, dass eine soziale Klasse die Möglichkeit besitzt, ihre spezifischen Interessen zu realisieren. [...] Genau darauf aber kommt es an. Das bloße Aufzeigen der Pluralität von Interessen verschiedener Gruppen verkennt, dass politisch und vor
10 allem wirtschaftlich eine Polarisierung besteht. Übergeordnete und untergeordnete Klassen existieren, auch wenn nicht geleugnet werden kann, dass die Struktur der Produktionsverhältnisse, wie auch diejenige der Politik oder der Kultur, nicht direkt als
15 Klassen- oder als Machtverhältnisse charakterisiert werden können. Nicht die Klassen sind Produkt der Machtprozesse und können von diesen abgeleitet werden, sondern umgekehrt. [...] Die Vertreter der Pluralismusthese müssten deshalb den Nachweis
20 führen, dass diese Interessengegensätze verschwunden sind (oder so stark abgebaut wurden, dass sie unerheblich bleiben). Dabei genügt es allerdings nicht, wenn gezeigt wird, dass die Gegensätze von den Betroffenen nicht mehr in voller Schärfe emp-
25 funden werden.

U. Jaeggi, Macht und Herrschaft in der Bundesrepublik, Frankfurt 1969, S. 27 f.

c) Der Soziologe Ulrich Beck über die „Risikogesellschaft" (1986):
Die sozialen Klassenunterschiede verlieren ihre lebensweltliche Identität und mit ihnen verblasst die Idee sozialer Mobilität im Sinne eines Wechsels von Individuen zwischen erlebbaren Großgruppen, die
5 ja bis weit in dieses Jahrhundert hinein ein soziales und politisches Thema von großer identitätsstiftender Kraft war. Damit werden jedoch die Ungleichheiten keineswegs beseitigt, sondern nur umdefiniert in eine Individualisierung sozialer Risiken. In
10 der Konsequenz schlagen gesellschaftliche Probleme unmittelbar um in psychische Dispositionen: in persönliches Ungenügen, Schuldgefühle, Ängste, Konflikte und Neurosen. [...]
Die Menschen sind auch hier zur Bewältigung ge-
15 sellschaftlicher Problemlagen zu sozialen und politischen Koalitionen gezwungen. Diese müssen aber nicht mehr nach einem Schema, etwa dem Klassenschema, erfolgen. [...] Entsprechend werden Koalitionen punktuell, situations- und themenspezifisch
20 und durchaus wechselnd mit unterschiedlichen Gruppen aus unterschiedlichen Lagen geschlossen und wieder aufgelöst. Man kann gleichzeitig etwa zur Verhinderung des Fluglärms mit Anrainern in einer Bürgerinitiative koalieren, Mitglied der Indu-
25 striegewerkschaft Metall sein und politisch rechts wählen. Koalitionen sind in diesem Sinne situations- und personenabhängige Zweckbündnisse im individuellen Existenzkampf auf den verschiedenen gesellschaftlich vorgegebenen Kampfschauplätzen.

U. Beck, Risikogesellschaft, Frankfurt 1986, S. 158 f.

a) *Wie denken die drei Autoren über die Bedeutung von Klassen und Schichten heute? Auf welche Befunde stützen sie ihre Thesen?*
b) *Prüfen Sie die Zusammenhänge zwischen den hier vorgestellten Gesellschaftstheorien und den dahinter stehenden zeitgeschichtlichen Erfahrungen. Versuchen Sie die Unterschiede zwischen den Sichtweisen der 60er und der 80er Jahre zu erklären.g*

1. Wieweit machten sich in der Geschichte der Bundesrepublik Generationenkonflikte bemerkbar?
2. Erörtern Sie die Gründe und die in Zukunft zu erwartenden Auswirkungen der Zunahme älterer Menschen in unserem Land.
3. Woher rühren die Probleme der Familie in den letzten 30 Jahren?
4. Versuchen Sie eine Bilanz der Bestrebungen zur Gleichstellung der Frauen.
5. Erörtern Sie die Gründe und Auswirkungen der seit langem steigenden Arbeitslosigkeit. Prüfen Sie die Wirkung bislang versuchter Gegenmaßnahmen.
6. Woher stammt die „neue Armut" in unserer Wohlstandsgesellschaft?
7. Hat die Bildungsexpansion die Gesellschaft der Bundesrepublik verändert?
8. Untersuchen Sie die Gründe für die Ausländerfeindschaft vieler Deutscher. Wie kann man ihr begegnen?

1.5 Die Bundesrepublik in der internationalen Politik: wirtschaftlicher Riese – politischer Zwerg?

1.5.1 Rahmenbedingungen westdeutscher Außenpolitik

Souveränität in Raten

Erst mit dem Inkrafttreten der Pariser Verträge, darunter dem westdeutschen Beitritt zur NATO, im Mai 1955 gewann die Bundesrepublik, im Rahmen ihrer Bündnisverpflichtungen, weitgehende außenpolitische Handlungsfreiheit. Doch behielten sich die drei Westmächte – hierin mit der Sowjetunion einig – ihre alleinige Zuständigkeit für Berlin und alle Deutschland als Ganzes betreffende Fragen, einschließlich eines Friedensvertrages, vor. Diese Rechte erloschen erst mit dem im Vorfeld der deutschen Wiedervereinigung geschlossenen „Zwei-plus-Vier-Vertrag" vom 12. September 1990.

Westdeutsche Selbstbescheidung

Das Jahr 1945 bedeutete einen historisch beispiellosen Einschnitt in den Traditionen der deutschen Außenpolitik. Hatte das Deutsche Reich nach der Niederlage von 1918 seinen Großmachtanspruch nie wirklich aufgegeben und ihn nach wenigen Jahren auch eingelöst, so war nach dem Zweiten Weltkrieg an eine deutsche Großmachtpolitik nicht zu denken. Die große Mehrheit der Deutschen empfand auch kein Verlangen danach. Die Gebietsverluste im Osten schmerzten zwar, ließen aber, im Unterschied zur Weimarer Republik, keine lautstarken Revisionsforderungen entstehen. Zu stark schien die sowjetische Hegemonie jenseits des „Eisernen Vorhangs", zu sehr waren die Deutschen durch die Untaten des „Dritten Reiches" in der Schuld der europäischen Nachbarn. Auch das Grundgesetz zog die Lehren aus der Vergangenheit: Der Artikel 25 verpflichtet die Verfassungsorgane auf die „allgemeinen Regeln des Völkerrechts", also vor allem auf die Respektierung fremden Staatsgebietes; der Artikel 26 verbietet friedensgefährdende Handlungen, insbesondere Vorbereitungen zur „Führung eines Angriffskrieges". Mit besonderer Empfindlichkeit reagierte die deutsche Öffentlichkeit stets auf alle Bestrebungen, die Bundeswehr mit anderen als streng defensiven Aufgaben zu betrauen.

Außenpolitische Zurückhaltung

Alle Bundesregierungen bemühten sich stets um außenpolitische Zurückhaltung. Im Rahmen der Pariser Verträge verzichtete die Bundesrepublik auf die Produktion atomarer, biologischer und chemischer (ABC-)Waffen; sie erneuerte diesen Verzicht 1990 für das vereinigte Deutschland. Im Unterschied zu den anderen Partnern unterstellte sie ihre gesamten Streitkräfte dem NATO-Oberkommando. Trotz erheblicher Bedenken trat sie auch dem Atomwaffensperrvertrag von 1968 bei, der ihr empfindliche Beschränkungen in der Nuklearforschung auferlegte. So erwarb sich die westdeutsche Außenpolitik den Ruf besonderer Kooperationsbereitschaft und Bündnistreue. Mehr als ihre Partner waren die Bundesregierungen darauf bedacht, Berechenbarkeit zu erweisen, Vertrauen zu erwecken. Bonn betriebe seine Außenpolitik, so hieß es, im Stil eines Kaufmannes, der seine Kundschaft zufrieden stellen wolle. Der Politikstil des langjährigen Außenministers

---

Souveränität: Inbegriff der staatlichen Handlungsfreiheit nach außen und innen. Über die äußere Souveränität entscheidet die völkerrechtliche Anerkennung durch andere Staaten, in der Regel die Aufnahme diplomatischer Beziehungen. Die Hoheitsgewalt im Innern bemisst sich heute durchweg nach den Bestimmungen einer Verfassung. Zu unterscheiden ist zwischen der formellen und der tatsächlichen Souveränität. Ein formell souveräner Staat kann in seinem Handlungsspielraum stark eingeschränkt sein, etwa durch seine politische Abhängigkeit von einer Hegemonialmacht oder infolge hoher Verschuldung gegenüber den Gläubigern. Staaten können auch freiwillig Teile ihrer Souveränität abgeben, und zwar im Rahmen von internationalen Verträgen und Bündnissen; das heute wohl bekannteste Beispiel dafür ist die Europäische Union.

85 Nationale Symbole

Als mit dem Inkrafttreten der Pariser Verträge am 5. Mai 1955 die Bundesrepublik Deutschland ihre volle Souveränität erhält, wird im Garten des Bundeshauses in Bonn die schwarz-rot-goldene Fahne gehisst.

Bereits 1952 wurde die dritte Strophe des 1841 von Hoffmann von Fallersleben verfassten „Liedes der Deutschen" zur Nationalhymne erklärt. Das Lied in allen drei Strophen war bereits ab 1922 offizielle Nationalhymne der Weimarer Republik; im Dritten Reich wurde das Lied häufig mit dem Horst-Wessel-Lied gesungen. Während einer Kundgebung in Berlin im April 1950 hatte Adenauer die dritte Strophe des Liedes, das seit 1945 aufgrund seiner engen Verbindung mit dem Horst-Wessel-Lied ebenfalls verboten war, angestimmt. Während ein Teil der Sozialdemokraten des Berliner Ältestenrates empört den Saal verließ, standen die Spitzenpolitiker der SPD mit der Mehrheit des Publikums auf und stimmten ein. Die drei westlichen Stadtkommandanten blieben peinlich berührt sitzen und beschwerten sich später bei ihren Regierungen.

1991 wird die dritte Strophe des „Liedes der Deutschen" die Hymne des wiedervereinigten Deutschland.

Was konnte Adenauer veranlasst haben, die dritte Strophe des „Liedes der Deutschen" anzustimmen?

Diskutieren Sie die Notwendigkeit nationaler Symbole in unserer Zeit.

Genscher (1974–1993) war deren reinste Ausprägung: Konfrontationen vermeiden, mit allen Seiten zurechtkommen, auf die Interessen des Gegenübers Rücksicht nehmen. Solche Politik des guten Willens trug den Bonner Politikern in konservativen Kreisen den Vorwurf der Nachgiebigkeit und Schwächlichkeit ein. Als sich nach der Wiedervereinigung gewisse Bestrebungen nach mehr deutschem Einfluss in der Weltpolitik bemerkbar machten, zeigten sich sowohl die parlamentarische Opposition in der Bundesrepublik als auch viele Kreise im Ausland augenblicklich alarmiert: Die Erinnerung an deutschen Machtehrgeiz in der Vergangenheit hatte auch 50 Jahre nach dem Zusammenbruch des letzten deutschen Machtstaates noch nichts von ihrer abschreckenden Wirkung eingebüßt.

Handelsmacht Bundesrepublik

Die Selbstbescheidung der westdeutschen Außenpolitik hatte neben den historisch-moralischen auch realpolitische Gründe. Das Machtgefälle gegenüber den beiden Supermächten, insbesondere den USA, war so enorm, dass sich alle machtpolitischen Träume von selbst verboten. So verlagerte sich das außenpolitische Gewicht der Bundesrepublik vornehmlich auf ihre internationalen Wirtschaftsbeziehungen. Seit den 50er Jahren stieg sie zur Welthandelsmacht auf, die binnen dreier Jahrzehnte sogar die einst übermächtigen USA einholte, bevor in den 80er Jahren beide von Japan überholt wurden. Nächst dem Dollar wurde die D-Mark zur Weltreservewährung. Das bescherte den Westdeutschen eine weltwirtschaftliche Mitverantwortung – auch was die schwierigen Beziehungen zwischen den Industrie- und den Entwicklungsländern anging.

Stütze der „kapitalistischen" Weltwirtschaftsordnung

In ihren Leistungen für die Entwicklungshilfe übertraf die Bundesrepublik mit einem durchschnittlichen Beitrag von 0,40% ihres Bruttosozialprodukts die meisten anderen Industrieländer (deren Aufkommen 1988 bei 0,35% lag). Auch im Schuldenerlass für die ärmsten Länder der „Vierten Welt" zeigte sie sich großzügig. Gleichwohl verteidigte sie, an der Seite der USA, mit aller Unnachgiebigkeit die bestehenden „terms of trade". Sie bestand auf der uneingeschränkten Geltung der marktwirtschaftlichen Regeln des freien Wettbewerbs und lehnte die von den Entwicklungsländern angestrebte „Neue Weltwirtschaftsordnung" ab; diese sah eine gewisse Bevorzugung der ärmeren zu Lasten der reicheren Länder vor – insbesondere durch eine Anhebung der Rohstoffpreise und durch eine Zollsenkung der Industrieländer für Einfuhren aus der Dritten Welt.

Ost-West-Kon-flikt und deutsche Teilung

Die Bundesrepublik war ein Kind des Kalten Krieges. Ohne die Bedrohung aus dem Osten und das Interesse des Westens am westdeutschen Potential wäre der Bonner Staat weder so früh ins Leben gerufen noch so bald mit nahezu vollständiger Souveränität ausgestattet worden. Bonn zeigte sich erkenntlich, indem es sich der Schutz- und Hegemonialmacht USA loyal unterordnete, sich vorbehaltlos für den Zusammenschluss (West-)Europas einsetzte und jeder Schaukelpolitik zwischen West und Ost entsagte. Mehr noch: Die Bundesrepublik ließ sich in ihrer Treue zum Westen und in ihrem Antikommunismus von niemandem übertreffen. Natürlich handelte sie dabei auch in ihrem eigenen Interesse: Die Verankerung im westlichen Bündnissystem gab ihr innere und äußere Stabilität, und die Westmächte mussten sich verpflichten, für die Überwindung der deutschen Teilung einzutreten. Das ging nicht ohne Reibungen ab, besonders in den 60er Jahren, als die USA auf eine Entspannung gegenüber dem Ostblock drängten und dafür den 1945 geschaffenen Status quo anerkennen wollten, während die Bundesregierung dies von Fortschritten in der deutschen Frage abhängig machte. Auch nach dem Einschwenken Bonns in die Entspannungspolitik seit 1969 blieb der geheime Dissens in der Wiedervereinigungsfrage bestehen. Während die Westmächte nichts für die Überwindung der deutschen Teilung taten, sie insgeheim wohl sogar begrüßten, blieben die maßgebenden politischen Kräfte in Bonn dem Wiedervereinigungsgebot des Grundgesetzes, zumindest aber dem Festhalten an den deutsch-deutschen Gemeinsamkeiten verpflichtet. Bevor dieser Widerspruch zu einer Lebenslüge der Bonner Außenpolitik werden konnte, erledigte er sich mit der Vereinigung der beiden deutschen Teilstaaten 1990 von selbst.

86 **Etappen der deutschen Souveränität nach außen**

a) Revision des Besatzungsstatuts (1951):
Ziffer 2c erhält folgende Fassung: (Es bleiben auf folgenden Gebieten Befugnisse ausdrücklich vorbehalten [...]: Auswärtige Angelegenheiten, einschließlich der von Deutschland oder in seinem Namen
5 geschlossenen internationalen Abkommen; die auf diesem Gebiete vorbehaltenen Befugnisse werden jedoch so ausgeübt werden, dass der Bundesrepublik die Pflege der Beziehungen mit anderen Ländern in vollem Umfange insoweit ermöglicht wird,
10 als dies mit den Erfordernissen der Sicherheit, mit den anderen vorbehaltenen Befugnissen und den Verpflichtungen der Besatzungsmächte in Bezug auf Deutschland vereinbar ist.

Amtsblatt der Alliierten Hohen Kommission, Nr. 49, 6. März 1951, S. 792

b) Aus dem „Generalvertrag" vom 23. Oktober 1954:
Art. 1 (1) Mit dem Inkrafttreten dieses Vertrages werden die [...] Drei Mächte [...] das Besatzungsregime in der Bundesrepublik beenden, das Besatzungsstatut aufheben und die Alliierte Hohe Kommission [...] auflösen.
5 (2) Die Bundesrepublik wird demgemäß die volle Macht eines souveränen Staates über ihre inneren und äußeren Angelegenheiten haben.

Art. 2. Im Hinblick auf die internationale Lage [...] behalten die Drei Mächte die bisher von ihnen aus- 10 geübten oder innegehabten Rechte und Verantwortlichkeiten in Bezug auf Berlin und auf Deutschland als Ganzes einschließlich der Wiedervereinigung Deutschlands und einer friedensvertraglichen Regelung. 15
Art. 3. (1) Die Bundesrepublik wird ihre Politik in Einklang mit den Prinzipien der Satzung der Vereinten Nationen und mit den im Statut des Europarats aufgestellten Zielen halten.
(2) Die Bundesrepublik bekräftigt ihre Absicht, 20 sich durch ihre Mitgliedschaft in internationalen Organisationen, die zur Erreichung der gemeinsamen Ziele der freien Welt beitragen, mit der Gemeinschaft der freien Nationen völlig zu verbinden.
Art. 7 (2) Bis zum Abschluss der friedensvertragli- 25 chen Regelung werden die Unterzeichnerstaaten zusammenwirken, um mit friedlichen Mitteln ihr gemeinsames Ziel zu verwirklichen: ein wiedervereinigtes Deutschland, das eine freiheitlich-demokratische Verfassung, ähnlich wie die Bundesrepublik, 30 besitzt und das in die europäische Gemeinschaft integriert ist.

I. von Münch (Hg), Dokumente des geteilten Deutschland, I, Stuttgart 1968, S. 230 ff.

c) Aus dem „Vertrag über die abschließende Regelung in Bezug auf Deutschland" vom 12. 9. 1990:

Art. 1 (1) Das vereinte Deutschland wird die Gebiete der Bundesrepublik Deutschland, der Deutschen Demokratischen Republik und ganz Berlins umfassen. Seine Außengrenzen […] werden am Tage
5 des Inkrafttretens dieses Vertrages endgültig sein. […]
(3) Das vereinte Deutschland hat keinerlei Gebietsansprüche gegen andere Staaten und wird solche auch nicht in Zukunft erheben.
10 Art. 2. Die Regierungen der Bundesrepublik Deutschland und der Deutschen Demokratischen Republik bekräftigen ihre Erklärung, dass von deutschem Boden nur Frieden ausgehen wird. Nach der Verfassung des vereinten Deutschland sind Hand-
15 lungen, die geeignet sind und in der Absicht unternommen werden, das friedliche Zusammenleben der Völker zu stören, insbesondere die Führung eines Angriffskrieges vorzubereiten, verfassungswidrig und strafbar. […]
20 Art. 3. (1) Die Regierungen der Bundesrepublik Deutschland und der Deutschen Demokratischen

Republik bekräftigen ihren Verzicht auf Herstellung und Besitz von und auf Verfügungsgewalt über atomare, biologische und chemische Waffen. Sie erklären, dass auch das vereinte Deutschland sich an 25 diese Verpflichtungen halten wird. Insbesondere gelten die Rechte und Verpflichtungen aus dem Vertrag über die Nichtverbreitung von Kernwaffen vom 1. Juli 1968 für das vereinte Deutschland fort.
Art. 6. Das Recht des vereinten Deutschland, Bünd- 30 nissen mit allen sich daraus ergebenden Rechten und Pflichten anzugehören, wird von diesem Vertrag nicht berührt.
Art. 7 (1) Die Französische Republik, das Vereinigte Königreich Großbritannien und Nordirland, 35 die Union der Sozialistischen Sowjetrepubliken und die Vereinigten Staaten von Amerika beenden hiermit ihre Rechte und Verantwortlichkeiten in Bezug auf Berlin und Deutschland als Ganzes. […]
(2) Das vereinte Deutschland hat demgemäß volle 40 Souveränität über seine inneren und äußeren Angelegenheiten.

Bundesgesetzblatt, Teil II, Jg. 1990, S. 1317 ff.

> a) *Erörtern Sie die Frage, ob und inwieweit die jeweils von der deutschen Seite eingegangenen Verpflichtungen eine Einschränkung der deutschen Souveränität darstellten.*
> b) *Was bewog die Vertragspartner, bis 1990 an der alleinigen Zuständigkeit der Siegermächte für Berlin und Deutschland als Ganzes festzuhalten?*

87 Sechs Bundeskanzler über Grundzüge deutscher Außenpolitik

a) Adenauer (CDU) vor dem Bundestag (1954):
Als die Bundesregierung vor fünf Jahren ihre Arbeit aufnahm, ergaben sich folgende zentrale Probleme: 1. die Herstellung der Unabhängigkeit und Selbstbestimmung der Bundesrepublik; 2. die Wiedervereini-
5 gung Deutschlands; 3. der Zusammenschluss des freien Europas und die Eingliederung Deutschlands in die europäische Gemeinschaft. So ungewiss es damals war, ob es gelingen würde, diese Ziele in naher, ja selbst in ferner Zukunft zu erreichen, so sicher war
10 es, dass nur ein gangbarer Weg zu ihnen führen würde, nämlich die Zusammenarbeit Deutschlands mit den freien Nationen. […] Der europäische Gedanke hat unser nationales Leben tief gehend und in der glücklichsten Weise beeinflusst. Die Deutschen
15 haben dem reaktionären Nationalismus abgesagt. […] Die Zusammenarbeit mit unseren Vertragspartnern wird die freie Welt stärken und damit der Erhaltung des Friedens dienen. Sie wird aber auch dazu führen, dass unsere Partner der Lösung der beson-
20 deren deutschen Probleme, insbesondere unserem

Verlangen nach Wiedervereinigung in Frieden und Freiheit, ihre volle Unterstützung leihen.

Verhandlungen des 2. Deutschen Bundestages, 46. Sitzung am 5. 10. 1954, S. 2230

b) Erhard (CDU) vor amerikanischen Politikern in New York (1964):
Wir dürfen bei allem niemals vergessen, dass die Spannungen in der Welt ausschließlich deshalb entstanden sind, weil die Forderungen des Kommunismus immer auf eine ständige Erweiterung seines Machtbereichs und auf die Vergewaltigung des 5 freien Willens der Völker hinausliefen und daher unannehmbar sind. Hier und da wird in diesem Zusammenhang der Ruf laut, auch wir Deutschen sollten unseren Beitrag zur Normalisierung und Entspannung leisten. Dazu sind wir bereit. Aber es wäre 10 unverantwortlich und unzumutbar, von Deutschland die Bereitschaft zur Selbstaufgabe oder den Verzicht auf Selbstbestimmung des geteilten Volkes als Beitrag zur Normalisierung der Verhältnisse zu verlan-

15 gen. […] Wir anerkennen das sowjetische Interesse
an verlässlichen Garantien gegen eine Wiederholung der Ereignisse von 1941. […] Aus eben diesem Grunde hat die Bundesrepublik immer wieder
ihre Bereitschaft zu einer allgemeinen kontrollierten
20 Abrüstung ausdrücklich betont. Sie hat alle ihre
Kampftruppen dem NATO-Oberkommando unter-
stellt. Sie hat in völkerrechtlich bindender Form auf
Gewaltanwendung und bereits im Jahre 1954 auf die
Produktion von ABC-Waffen verzichtet.

Bulletin der Bundesregierung, Nr. 93, 12. 6. 64

c) Kiesinger (CDU) in der Regierungserklärung
vom 13. Dezember 1966:
Deutschland war jahrhundertelang die Brücke zwischen West- und Osteuropa. Wir möchten diese Aufgaben auch in unserer Zeit gern erfüllen. Es liegt uns
darum daran, das Verhältnis zu unseren östlichen
5 Nachbarn, die denselben Wunsch haben, auf allen
Gebieten des wirschaftlichen, kulturellen und politischen Lebens zu verbessern. […] In weiten Schichten des deutschen Volkes besteht der lebhafte
Wunsch nach einer Aussöhnung mit Polen, dessen
10 leidvolle Geschichte wir nicht vergessen haben und
dessen Verlangen, endlich in einem Staatsgebiet mit
gesicherten Grenzen zu leben, wir […] besser als in
früheren Zeiten begreifen. Aber die Grenzen eines
wiedervereinigten Deutschlands können nur in einer
15 frei vereinbarten Regelung mit einer gesamtdeutschen Regierung festgelegt werden.

Bulletin der Bundesregierung, Nr. 157, 14. 12. 66

d) Brandt (SPD) in seinen Memoiren (1976):
Während des Kalten Krieges herrschten starke, fast
tödliche Spannungen zwischen Ost und West. […]
Wir haben wesentlich daran mitgearbeitet, dass dieser Kalte Krieg überwunden und ein Zeitabschnitt
5 der Entspannung eingeleitet werden konnte, der
hoffentlich mehr ist als eine Episode. Wir hatten, wie
die Dinge lagen, vor allem den Beitrag zu leisten,
den ich die schmerzliche Anerkennung von Realitäten genannt habe. Auch die Sowjetunion hat am Pro-
10 zess der Anerkennung der Realitäten teilgenommen. Das gilt nicht nur für die mühsame Gewöhnung an den westeuropäischen Zusammenschluss.
Sie hat vor allem anerkannt, dass die Amerikaner
politisch, auch militärisch in Europa – und in seiner
15 Mitte – anwesend bleiben. […]

W. Brandt, Begegnungen und Einsichten, München 1978, S. 639

e) Schmidt (SPD) in einem Buchbeitrag (1983):
Die innenpolitische und parlamentarische Diskussion in unseren Ländern leidet darunter, dass sie die
internationale Dimension der wirtschaftlichen Problematik systematisch unterschätzt.
[…] Kein vernünftiger Mensch wird bestreiten, dass   5
es in allen Industrieländern auch hausgemachte Probleme gibt. Wenn es aber in der Weltwirtschaft drü-
ber und drunter geht, so kann kein Land eine Insel
der Stabilität sein oder bleiben. Ebenso falsch ist die
Illusion, jede Regierung dürfe wirtschaftspolitisch   10
tun oder lassen, was ihr innenpolitisch opportun erscheint, ohne Rücksicht auf die anderen Länder. […]
Niemals war Kooperation so notwendig wie heute.
Demokratien können nicht Bestand haben ohne
einen allgemeinen Konsens über die Spielregeln.   15
Genauso braucht eine funktionierende Weltwirtschaft Übereinkunft über Spielregeln und Rollenverteilung. […] Ökonomische Größe wie politische
und militärische Macht prädestinieren die Vereinigten Staaten zur Führung. […] Amerika muss wissen: 20
Wenn es in der ökonomischen Führung versagt,
kann es auch die politische Führung verspielen.

H. Schmidt, Weltwirtschaft ist unser Schicksal, Frankfurt 1983,
S. 56

f) Kohl (CDU) in der Regierungserklärung vom
30. Januar 1991:
Mit der Wiedergewinnung der vollen Souveränität
wächst uns Deutschen nicht nur mehr Handlungsfreiheit, sondern auch mehr Verantwortung zu. So
sehen es auch unsere Partner in der Welt. Sie erwarten vom vereinten Deutschland, dass es dieser neuen   5
Rolle gerecht wird. Es geht dabei überhaupt nicht
um nationale Alleingänge oder gar Machtambitio-
nen; denn für uns gibt es auf dieser Welt nur einen
Platz: in der Gemeinschaft der freien Völker. Gefordert sind jetzt mehr denn je Vernunft und Augen-   10
maß. […] Ganz Deutschland hat jetzt die Chance,
sein inneres Gleichgewicht, seine Mitte zu finden.
Dazu gehört, dass sich auch in Deutschland entfalten
kann, was in anderen Nationen selbstverständlich
ist: gelebter Patriotismus – ein Patriotismus in eu-   15
ropäischer Perspektive, ein Patriotismus, der sich
der Freiheit verpflichtet.

Bulletin der Bundesregierung, Nr. 11, 31. 1. 91

> *a) Zeigen Sie auf, inwieweit sich die Akzente der Stellungnahmen mit dem Wandel der inter-*
> *nationalen Rahmenbedingungen veränderten.*
> *b) Wo sahen die Regierungschefs jeweils die Chancen und Risiken der (west-)deutschen*
> *Außenpolitik?*

1.5.2 Die Westorientierung der Bundesrepublik

Adenauer setzte die feste Einbindung der Bundesrepublik in das westliche Bündnissystem zielstrebig ins Werk; alle Bundesregierungen nach ihm hielten an diesem Kurs fest. Seine beiden Richtpunkte waren die sicherheitspolitische Unterordnung unter die Schutz- und Hegemonialmacht USA und das Zusammenwachsen der (west-)europäischen Staaten, insbesondere die Versöhnung und enge
Partnerschaft mit Frankreich. Beide Optionen – die atlantische und die europäische – ließen sich nicht immer reibungslos miteinander verbinden. Aber alle Bundesregierungen waren stets bemüht, zwischen beiden das Gleichgewicht zu bewahren.

Zwei Pole: Amerika und Europa

Deutsche und Amerikaner hatten sich in der Vergangenheit nur während der beiden Weltkriege als Rivalen gegenübergestanden; eine tiefer gehende Feindseligkeit war daraus nicht erwachsen. Amerika hatte weder Annexions- und Reparationsansprüche noch Sicherheitsängste gegenüber den Deutschen und an seiner
machtpolitischen Überlegenheit bestand nie ein Zweifel. Die großzügige amerikanische Wirtschaftshilfe in der Nachkriegszeit, besonders auch die Luftbrücke für
WestBerlin 1948/49, erweckte deutsche Dankbarkeitsgefühle. Auch die tatkräftigen
amerikanischen Initiativen zur Aufnahme der Bundesrepublik in die westliche
Staatengemeinschaft waren geeignet, die Deutschen zu loyalen Juniorpartnern
der Führungsmacht USA werden zu lassen. Bonn fühlte sich als doppelter Gewin-
ner: Unter dem Schutzschild der amerikanischen Atomwaffen verschwanden
seine Bedrohungsängste gegenüber der Sowjetunion; zugleich gewann es Souveränität und internationales Ansehen. Die 50er Jahre waren der Höhepunkt der
deutsch-amerikanischen Eintracht. Adenauer und Dulles, der US-Außenminister
der Eisenhower-Regierung (1953–59), verfolgten gemeinsam die Strategie einer
„Politik der Stärke" und der konsequenten „Eindämmung" der Sowjetunion. Der
„American way of life" fand in Deutschland viele Bewunderer und Nachahmer; die
wirtschaftliche Tüchtigkeit und politische Zuverlässigkeit der Westdeutschen gefiel den Amerikanern.

**Die Bundes-
republik und
die USA**

In den 60er Jahren änderte sich das politische Klima. Adenauer plagten in seinen
letzten Kanzlerjahren Ängste, Washington werde sich im Alleingang mit Moskau
verständigen und die deutsche Wiedervereinigung preisgeben. In der Tat drifteten
deutsche und amerikanische Interessen auseinander: Amerika suchte die Entspannung mit dem Osten und war bereit, die bestehende Machtverteilung in Europa festzuschreiben; die Bundesregierungen von Adenauer bis Kiesinger wollten
sich darauf nur einlassen, wenn die Sowjetunion in der „deutschen Frage" Zugeständnisse machte. Erst die sozial-liberale Koalition rang sich dazu durch, „die
Realitäten" anzuerkennen und die Entspannungspolitik mitzutragen, auch ohne
Konzessionen der Gegenseite in der Deutschlandpolitik und den Grenzfragen.

**Interessen-
gegensätze**

Zugleich kostete die amerikanische Kriegsführung in Vietnam das Land viele
Sympathien. Bei zahlreichen Westdeutschen, insbesondere in der kritischen Linken, setzte sich das Bild des „hässlichen Amerikaners" fest, der aus schnöder
kapitalistischer Gewinnsucht und unerträglicher „Arroganz der Macht" sich als
Weltpolizist aufspielte und mit Napalm und Dioxin asiatischen Völkern eine Ordnung aufzwingen wollte, mit der diese nichts anzufangen wussten. Diese Kritik
steigerte sich zuweilen, vor allem in den Zeiten der APO, zu einem „Anti-Amerikanismus", der sich vor allem in der ersten Amtszeit des US-Präsidenten Reagan
(1981–85) bestätigt fand, in der die USA zu einer gigantischen Aufrüstung an-
setzten. Für große Teile der deutschen Friedensbewegung galt Amerika als der
Hauptfriedensstörer.

**Anti-Amerika-
nismus**

Wirtschaftliche Spannungen

Hinzu kamen wirtschaftliche Spannungen. Bundeskanzler Schmidt lastete den Inflationsschub der 70er Jahre vor allem der amerikanischen Währungspolitik an, die zu wenig unternommen habe, um den Wertverfall der Weltleitwährung Dollar zu bremsen. Unter Berufung auf den Ost-West-Konflikt vereitelte die US-Regierung ein für die deutsche Industrie vorteilhaftes Erdgas-Röhren-Geschäft mit der Sowjetunion; sie selbst aber setzte sich über die nach der sowjetischen Afghanistan-Invasion von 1979 verhängten Embargo-Bestimmungen hinweg, indem sie den Not leidenden amerikanischen Farmern Getreideexporte in die UdSSR gestattete. Die Außenhandelsquerelen zwischen den USA und der Europäischen Gemeinschaft kamen nie richtig zur Ruhe: Die Amerikaner warfen den Europäern nicht zu Unrecht Protektionismus vor und revanchierten sich mit Einfuhrbeschränkungen für bestimmte EG-Waren.

Loyale Bundesgenossen

Trotz solcher Misshelligkeiten blieben die deutsch-amerikanischen Bündnisbeziehungen intakt. Wenn es hart auf hart ging, fügte sich Bonn den amerikanischen Forderungen – so bei den Devisenausgleichszahlungen für die US-Truppen in der Bundesrepublik, beim Boykott der Olympischen Spiele 1980 in Moskau oder bei der Stationierung neuer amerikanischer Raketen 1983. Die USA zeigten sich erkenntlich, indem sie den Deutschen größeres politisches Gewicht innerhalb der atlantischen Allianz einräumten. Als 1989/90 die deutsche Wiedervereinigung anstand, war die Bush-Administration die einzige unter den befreundeten westlichen Regierungen, die den Einigungsprozess frühzeitig und vorbehaltlos unterstützte.

Von der deutsch-französischen „Erbfeindschaft" zur Partnerschaft

Franzosen hatten zwischen 1870 und 1940 in drei blutigen Kriegen deutsche Invasionen erlebt und auch zwischen den Kriegen waren die Beziehungen zwischen Frankreich und Deutschland frostig geblieben. Das war nach 1945 zunächst nicht anders. Frankreich holte an Reparationen heraus, was seine Besatzungszone hergab, gliederte das Saarland in seinen Wirtschaftsraum ein und verhinderte alles, was der Wiederherstellung eines zentralistischen deutschen Staates hätte dienen können. Die Gründung der Bundesrepublik nahm es nur widerwillig hin. Als jedoch die USA, unter dem Eindruck des sich verschärfenden Kalten Krieges, Anstalten machten, die Bundesrepublik in das westliche Bündnissystem aufzunehmen und ihr die Gleichberechtigung zuzugestehen, trat Paris die Flucht nach vorn an. Mit dem Zusammenschluss der westeuropäischen Kohle-und-Stahl-Wirtschaft, die sein Außenminister Robert Schuman 1950 vorschlug und der Adenauer sofort zustimmte, band es das noch immer als bedrohlich empfundene schwer-

88 Links: „Marianne sieht die deutsche Gefahr schon wieder riesengroß", Helmut Beyer 1952; rechts: Fritz Behrend, Frankfurter Allgemeine Zeitung, 1988
Das Verhältnis zwischen Deutschen und Franzosen war lange gestört. Welche Aspekte setzen die beiden Karikaturen ins Bild?

industrielle Potential Westdeutschlands in gemeinsame Institutionen ein und unterstellte es übernationaler Kontrolle. Adenauer zog, auch gegen den Widerstand in der eigenen Partei, mit, weil er darin die einmalige Chance einer deutsch-französischen Annäherung und einer baldigen Aufnahme der Bundesrepublik in die westliche Staatengemeinschaft sah. In der westdeutschen Öffentlichkeit fand der Schumanplan überwiegend Zustimmung. Europa erschien vielen Deutschen als der zeitgemäße Ersatz für den verloren geglaubten deutschen Nationalstaat.

Von der Europäischen Verteidigungsmacht zur NATO

So erfolgreich die 1952 verwirklichte Montanunion war, so viele Hindernisse stellten sich dem Vorhaben einer Europäischen Verteidigungsgemeinschaft (EVG) in den Weg. Der von dem französischen Ministerpräsidenten Pleven ebenfalls schon 1950 unterbreitete Vorschlag sah die Aufstellung einer gemeinsamen europäischen Streitmacht mit gemischt-nationalen Verbänden vor. Während sich die politische Mehrheit im Bundestag schließlich damit abfand, dass die deutschen Soldaten nicht unter einem deutschen Oberkommando stehen würden, und den EVG-Vertrag ratifizierte, lehnte ihn die Französische Nationalversammlung am Ende ab, weil sie sich nicht zu einer Europäisierung der französischen Armee durchringen konnte. Statt in die EVG wurde die künftige westdeutsche Streitmacht in die NATO eingegliedert. Frankreich fügte sich in das Unvermeidliche, weil es sich von den Deutschen nicht mehr bedroht fühlte. Auch hatten Paris und Bonn eine Regelung für das Saargebiet ausgehandelt, die dessen Europäisierung vorsah, so dass beide Länder gleichermaßen von seiner Wirtschaftskraft den Nutzen haben würden. Doch obwohl Paris und Bonn sich sehr für das Europäische Statut einsetzten, stimmten zwei Drittel der abstimmenden Saarländer dagegen. Frankreich fand sich mit diesem Votum ab und das Saarland kehrte als 10. Bundesland in den westdeutschen Staatsverband zurück.

Europäische Wirtschaftsgemeinschaft und deutsch-französischer Freundschaftsvertrag

Das wachsende Vertrauen zwischen den beiden Ländern ermöglichte 1957 den Vertrag über die Europäische Wirtschaftsgemeinschaft (EWG) (der 1958 in Kraft trat). Er sah einen „Gemeinsamen Markt", also den Fortfall der Zollgrenzen, für weitere Wirtschaftsbereiche vor, zunächst vor allem für die Landwirtschaft, und nannte in seiner Präambel den politischen Zusammenschluss der sechs Partnerländer als das anzustrebende Ziel. Charles de Gaulle, seit 1958 französischer Staatspräsident mit weit reichenden Befugnissen, wollte die französisch-deutsche Allianz zu einem Machtfaktor ausbauen, der sowohl bei der europäischen Integration den Ton angeben als auch ein Gegengewicht zur Hegemonie der USA bilden sollte. Dass Frankreich in diesem Zweierbund die Führungsrolle zukäme, war für den prestigebewussten de Gaulle keine Frage. Adenauer machte dieses Spiel mit, weil er die Entspannungsbemühungen Kennedys beargwöhnte und es um der deutschen Sicherheit willen für geraten hielt, sich enger an Frankreich anzulehnen. Daraus entstand der Vertrag über die deutsch-französische Zusammenarbeit vom Januar 1963. Er sah ein enges Zusammenwirken in der Außen- und Verteidigungspolitik vor und ging insoweit entschieden über die Europaverträge hinaus. Dennoch blieben de Gaulles Erwartungen unerfüllt. Der Deutsche Bundestag stellte dem Vertrag eine Erklärung voran, die die deutsche Bündnistreue gegenüber den USA betonte und deutlich machte, dass ein deutsch-französischer Sonderweg außerhalb der atlantischen Gemeinschaft nicht in Frage käme.
Ungeachtet solcher Diskrepanzen entwickelte sich die deutsch-französische Partnerschaft bis heute zu einem überaus harmonischen und freundschaftlichen Verhältnis. Die beiden Völker rangieren wechselseitig auf den Beliebtheitsskalen ganz oben. Auch nach dem Beitritt Großbritanniens zur EG 1973 blieben Bonn und Paris die Zentren des europäischen Einigungsprozesses. Die deutsch-britischen Beziehungen gestalteten sich zwar auch durchweg problemlos, konnten es aber an Intensität nie mit den deutsch-französischen Gemeinsamkeiten aufnehmen.

Europapolitik   Bonn war stets eine treibende Kraft auf dem Weg zu einem vereinten Europa – anfangs eher im Gefolge Frankreichs, seit den 70er Jahren immer mehr ins erste Glied rückend. Doch war die Bonner Politik im Allgemeinen besonnen genug, dem nie ganz erlöschenden Argwohn der Partnerländer, die Deutschen könnten erneut Hegemonialgelüste hegen, keine Nahrung zu geben. Das wurde besonders nach der deutschen Wiedervereinigung dringlich, als im westlichen Ausland die Sorge entstand, die Deutschen könnten mit ihrer schieren Größe die EU zu dominieren versuchen oder aber das Interesse an Europa verlieren und ihre nationalstaatlichen Wege gehen. Umso stärker war die Regierung Kohl bemüht, ihre unverminderte Europatreue zu beweisen. Sie war ein Hauptbetreiber des Maastrichter Vertrages von 1992, der eine europäische Währungsunion bis zum Ende des Jahrhunderts vorsieht. Doch verstärkte sich in den Folgejahren der Eindruck, damit könnten die Europapolitiker zu weit vorgeprescht sein. Die Europabegeisterung ließ in vielen europäischen Ländern, nicht zuletzt auch in der Bundesrepublik, merklich nach. Es zeigte sich, dass viele Menschen innerhalb der EU den Schritt von der vertrauten nationalen Eigenständigkeit in die unbekannte europäische Gemeinsamkeit doch nicht so ohne weiteres vollziehen mochten.

Das galt auch für viele Deutsche. Abgesehen von dem vergleichsweise schwachen Flügel der politisch Rechtsstehenden, war ihnen in den Jahrzehnten nach Hitler der Nationalstolz gründlich abhanden gekommen. Die Mehrzahl der Westdeutschen zeichnete sich eher durch Weltoffenheit, zumindest aber durch Auslandserfahrung aus. Das schloss zwar Borniertheit oder Überheblichkeit nicht gänzlich aus, verringerte aber die Gefahr eines Rückfalls in einen nationalen Chauvinismus. Insoweit waren die Deutschen auf ein vereintes Europa nicht schlecht vorbereitet. Dass sich dennoch nach Maastricht Irritationen ausbreiteten, lässt vermuten, dass die Umorientierung auf Europa viel Zeit braucht.

89 Der Schuman-Plan: Motive und Chancen

a) Aus dem Memorandum des französischen Chefplaners Jean Monnet (3. Mai 1950):
Die Wiederaufrichtung Frankreichs wird nicht mehr weitergehen, wenn die Frage der industriellen Produktion Deutschlands und seiner Konkurrenzkapazität nicht schnell eine Regelung findet. [...] Mit der
5   von uns vorgeschlagenen Lösung verschwindet die Frage der Herrschaft der deutschen Industrie, deren Existenz in Europa eine Furcht verursachen würde, die Grund ständiger Unruhe wäre, schließlich die Vereinigung Europas verhindert und Deutschland
10   erneut in den Abgrund stürzt. Diese Lösung schafft im Gegensatz dazu für die Industrie sowohl in Deutschland als auch in Frankreich Bedingungen gemeinsamer Expansion in der Konkurrenz, wobei jede Form von Beherrschung fortfällt. Vom französi-
15   schen Standpunkt aus bringt eine solche Lösung die nationale Industrie in die gleiche Ausgangsstellung wie die deutsche, beseitigt das Exportdumping, das die deutsche Stahlindustrie sonst verfolgen würde, lässt die französische Stahlindustrie an der europäi-
20   schen Expansion teilnehmen.

G. Ziebura, Die deutsch-französischen Beziehungen seit 1945, Pfullingen 1970, S. 197

b) Der französische Außenminister Robert Schuman schlägt eine Montanunion vor (9. Mai 1950):
Europa lässt sich nicht mit einem Schlage herstellen und auch nicht durch eine einfache Zusammenfassung: Es wird durch konkrete Tatsachen entstehen, die zunächst eine Solidarität der Tat schaffen. Die Vereinigung der europäischen Nationen erfordert,   5
dass der jahrhundertealte Gegensatz zwischen Frankreich und Deutschland ausgelöscht wird. Das begonnene Werk muss in erster Linie Deutschland und Frankreich erfassen. [...] Die Solidarität der Produktion, die so geschaffen wird, wird bekundet,   10
dass jeder Krieg zwischen Frankreich und Deutschland nicht nur undenkbar, sondern materiell unmöglich ist. Die Schaffung dieser mächtigen Produktionsgemeinschaft, die allen Ländern offen steht, [...] wird die realen Fundamente zu ihrer wirtschaft-   15
lichen Vereinigung legen.

Auswärtiges Amt (Hg.), Europa, Bd. 2, Bonn 1962, S. 680 f.

c) Der Oppositionsführer Kurt Schumacher (SPD) (Mai 1951):

Angesichts der Tatsache, dass mit Hilfe der amerikanischen ERP-Mittel speziell die Stahlindustrie der Nationalwirtschaften in Frankreich, in den Benelux-Ländern und in Italien übermäßig ausgebaut wor-
5 den ist, bedeutet dieses Verhältnis von Kohle und Stahl eine Hypothek auf die zukünftige deutsche Produktion. Mit dem Schuman-Plan wird eine Marktordnung geschaffen, die Frankreich und den anderen Ländern die Konkurrenz der deutschen
10 Stahlindustrie vom Halse schafft, aber den Zugriff auf die deutsche Kohle aus bevorzugter Position heraus ermöglicht. […] Im Rat der Außenminister stellt die deutsche Bundesrepublik von sechs Vertretern einen. Das sind 16 Prozent. In der „Hohen Behörde"
15 stellen wir zwei von neun Vertretern, das sind 22 Prozent. In der Gemeinsamen Versammlung sollen wir 18 von 78 Delegierten haben, gleich 23 Prozent. Das vergleiche man mit den 45 Prozent, die wir im Produktions- und Umsatzwert stellen.

K. Schumacher, Reden und Schriften, Berlin 1962. S. 366

d) Adenauer vor dem Bundestag (Juli 1951):

Wir müssen uns darüber klar sein, dass französische Bevölkerungskreise vielfach noch immer in dem Gedanken leben, dass Deutschland ein eventueller zukünftiger Gegner sein würde. Die psychologische Bedeutung, die Frage der Beruhigung solcher Be- 5 fürchtungen im eigenen Lande und die Erweckung des Gefühls der Zusammengehörigkeit zwischen Deutschland und Frankreich waren die politischen Gründe, die Herrn Schuman damals geleitet haben. […] Man hat weiter erkannt, dass man die Integra- 10 tion Europas nicht mit Reden, mit Erklärungen herbeiführen kann, sondern dass man sie nur herbeiführen kann durch gemeinsame Interessen und durch gemeinsames Handeln. […] Ich bin der festen Überzeugung, dass, wenn dieser Anfang einmal ge- 15 macht worden ist, wenn hier sechs europäische Länder […] freiwillig und ohne Zwang einen Teil ihrer Souveränität auf ein übergeordnetes Organ übertragen, […] damit wirklich der Nationalismus, der Krebsschaden Europas, einen tödlichen Stoß be- 20 kommen wird.

Verhandlungen des 1. Dt. Bundestages, 161. Sitzung, S. 6501

a) *Prüfen Sie die hier vorgebrachten „nationalen" und „europäischen" Argumente. Lassen sie sich miteinander vereinbaren?*
b) *Die Befürworter der Montanunion bauen auf die politischen Wirkungen wirtschaftlicher Gemeinsamkeiten. Hat die Geschichte ihnen Recht gegeben?*

90 Deutsch-französische und atlantische Partnerschaft
Aus dem Ratifizierungsgesetz zum deutsch-französischen Vertrag vom 16. Mai 1963:

In der Überzeugung, dass der Vertrag zwischen der Bundesrepublik Deutschland und der Französischen Republik vom 22. Januar 1963 die Aussöhnung und Freundschaft zwischen dem deutschen und dem
5 französischen Volk vertiefen und ausgestalten wird; […] mit dem Willen, durch die Anwendung des Vertrages die großen Ziele zu fördern, die die Bundesrepublik Deutschland in Gemeinschaft mit den anderen ihr verbündeten Staaten seit Jahren anstrebt
10 und die ihre Politik bestimmen, nämlich die Erhaltung und Festigung des Zusammenschlusses der freien Völker, insbesondere einer engen Partnerschaft zwischen Europa und den Vereinigten Staaten von Amerika, die Verwirklichung des Selbstbestim-
15 mungsrechts für das deutsche Volk und die Wiederherstellung der deutschen Einheit, die gemeinsame

Verteidigung im Rahmen des nordatlantischen Bündnisses und die Integrierung der Streitkräfte der in diesem Bündnis zusammengeschlossenen Staaten, die Einigung Europas auf dem durch die Schaffung 20 der europäischen Gemeinschaften begonnenen Wege unter Einbeziehung Großbritanniens und anderer zum Beitritt gewillter Staaten und die weitere Stärkung dieser Gemeinschaften, den Abbau der Handelsschranken durch Verhandlungen zwischen 25 der Europäischen Wirtschaftsgemeinschaft, Großbritannien und den Vereinigten Staaten von Amerika sowie anderen Staaten im Rahmen des „Allgemeinen Zoll- und Handelsabkommens"[…] hat der Bundestag das folgende Gesetz beschlossen. 30

Auswärtiges Amt (Hg.), Die Auswärtige Politik der Bundesrepublik Deutschland, Köln 1972, S. 499

a) *Überdenken Sie das Argument, ohne die deutsch-französische Aussöhnung sei die europäische Einigung unvorstellbar.*
b) *Inwiefern durchkreuzte das Vorschaltgesetz die Absichten de Gaulles? Nennen Sie die Punkte, die ihn besonders beunruhigt haben dürften.*

91 **Amerikabilder der Deutschen**

a) Einstellungen zur amerikanischen Politik im Dezember 1986 (in Prozent)

	Gesamt	Parteipräferenz			
		CDU/CSU	FDP	SPD	Grüne
eher positiv	28	44	44	18	6
eher negativ	28	13	24	35	75
weder noch	43	43	33	46	18
Die USA sind ein Land, das sich in die inneren Angelegenheiten kleinerer Länder einmischt	6	3	8	16	
häufig die Interessen seiner Verbündeten missachtet	5	4	8	16	
ein verstärktes Wettrüsten zwischen Ost und West betreibt	6	16	16	39	
den Frieden in der Welt bedroht	1	4	7	20	

SINUS, Amerika und die Deutschen, Bonn 1987, S. 45, 59

b) Alt-Bundeskanzler Helmut Schmidt (1987):
Weder dürfen die Staaten Westeuropas in die Rolle von abhängigen Schutzbefohlenen absinken, noch dürfen sie sich dem antiamerikanischen Wahn hingeben, die eigentliche Gefahr gehe nicht von der
5 Sowjetunion, sondern vielmehr von den USA aus. Große Anstrengungen sind erforderlich, wenn wir Europäer auf das internationale Verhalten der USA ausreichenden Einfluss behalten wollen. In Europa bedarf es der stetigen innenpolitischen Erläuterung
10 und Begründung des Bündnisses mit den USA, das die Europäer in Wahrheit genauso nötig haben wie die Amerikaner. In den Vereinigten Staaten muss die Einsicht wachsen, dass auch die Regierungen der mit ihnen verbündeten Staaten in der Verfolgung
15 ihrer Interessen von Zeit zu Zeit Erfolge benötigen, die sie zu Hause vorzeigen können. […]

Freiheitswille, Mut, Selbstvertrauen, Leistungswille und gegenseitige Hilfsbereitschaft, aber auch ein gewisser Hang zur Verachtung Europas und eine gelegentliche Neigung zur Selbstjustiz zwecks Selbstver- 20 teidigung sind […] zu Elementen der politischen Kultur Amerikas geworden, die von einer idealistischen und zugleich optimistischen Grundhaltung geprägt ist. Auf dem Felde der Außenpolitik hat dieser Idealismus die Europäer häufig als unrealistisch er- 25 schreckt; aber im Zusammenspiel mit der unvergleichlichen amerikanischen Hilfsbereitschaft hat er der Welt ungeheure Dienste geleistet. […] Wenn an ihre Hilfsbereitschaft appelliert wird, sind die Amerikaner die großzügigste Nation der Welt. 30

H. Schmidt, Menschen und Mächte, Berlin 1987, S. 337 ff.

a) Versuchen Sie die Sympathien und Antipathien der Deutschen gegenüber den Amerikanern auf Grundlinien zurückzuführen und zu erklären. Stellen Sie auch eine Verknüpfung mit den politischen Einstellungen der Befragten her.
b) Warum hält es Schmidt für angebracht, die Europäer vor einer Vernachlässigung der europäisch-amerikanischen Beziehungen zu warnen?

1.5.3 Im Schatten des Holocaust: die Bundesrepublik und Israel

Die tiefe Kluft

Der millionenfache Mord an den europäischen Juden lastete als eine schwere Schuld auf dem deutschen Volk. Sie zu vergeben oder abzutragen lag nicht in der Macht der Lebenden. Was möglich blieb, war eine materielle Entschädigung für die Überlebenden des Infernos und die Angehörigen der Opfer. Als deren Sachwalter kam vor allem der 1948 gegründete Staat Israel in Frage. Kontakte anzuknüpfen war heikel – auf beiden Seiten. Viele Deutsche neigten dazu, die deutschen Verbrechen zu verdrängen oder sich auf ihre persönliche Unschuld zu berufen; die Unbelehrbaren leugneten das Ausmaß der Greuel oder rechneten sie gegen die Leiden der deutschen Vertriebenen und im Bombenkrieg Umgekommenen auf. Viele Juden hatten sich geschworen, nie wieder mit Deutschen zu reden; viele empörte der Gedanke, deutsche Geldzahlungen für vergossenes jüdisches Blut entgegenzunehmen.

Jüdische Wiedergutmachungsansprüche

Trotz aller Bedenken tat die israelische Regierung unter Ben Gurion 1951 den ersten Schritt. Die enormen finanziellen Belastungen, die der junge Staat für die Rüstung und die Eingliederung der Einwanderer auf sich nehmen musste, ließen kaum eine andere Wahl. Auf die Wiedergutmachungsforderungen, die die israelische Regierung bei den vier Siegermächten anmeldete, ging die UdSSR – und in ihrem Gefolge die DDR – überhaupt nicht ein. Auch die USA hielten sich zurück, weil sie fürchteten, deutsche Wiedergutmachungszahlungen an Israel könnten den Aufbau der Bundeswehr beeinträchtigen. So war es vor allem Adenauer, der sich das israelische Anliegen zu eigen machte. Er erklärte die Bereitschaft seiner Regierung, Wiedergutmachungszahlungen zu leisten. Auf das ausdrückliche Ersuchen Ben Gurions, der eine Rechtfertigung gegenüber seinen eigenen Bürgern brauchte, bekannte sich Adenauer in einer Regierungserklärung zur Verpflichtung der Bundesrepublik, die „im Namen des deutschen Volkes begangenen Verbrechen" im Rahmen des Möglichen wieder gutzumachen.

Vertragliche Zusammenarbeit

Er fand damit längst nicht bei allen Bundesdeutschen Zustimmung. Während die in der Opposition stehende SPD den Bundeskanzler vorbehaltlos unterstützte, meldeten sich in den Regierungsparteien nicht wenige Kritiker zu Wort. Die einen hatten Zweifel an der deutschen Zahlungsfähigkeit, andere befürchteten die Ver-

92 Das Denkmal der Gedenkstätte Yad Vashem auf dem Mount Herzl bei Jerusalem erinnert an die Opfer des Holocaust (hebr.: Shoah). *Beschreiben Sie den Eindruck, den das Werk auf den Betrachter macht.*

schlechterung der deutsch-arabischen Beziehungen. Im israelischen Parlament kam es zu schweren Tumulten, als die konservative Opposition die sozialistische Regierung als Verräter an den jüdischen Holocaustopfern angriff. Dennoch kamen die schwierigen Vertragsverhandlungen schon 1952 zum Abschluss: Das „Luxemburger Abkommen" sah einen Transfer deutscher Waren und Dienstleistungen an Israel im Werte von 3 Milliarden DM sowie eine Zahlung von 450 Millionen an jüdische Organisationen vor. In den Jahren bis 1965, die den Israelis besonders große Aufbauleistungen abverlangten, wurde die Bundesrepublik zum wichtigsten ausländischen Kapitalgeber. Hinzu kamen geheime Lieferungen von Rüstungsgütern. Sie dienten als eine Art Ersatz für die diplomatischen Beziehungen, auf die Tel Aviv drängte, die Bonn aber mit Rücksicht auf seine Beziehungen zu den arabischen (Ölförder-)Ländern hinauszögerte.

Schwierige Partnerschaft

Als die Waffenlieferungen 1964 ruchbar wurden, geriet die Regierung Erhard zwischen alle Stühle. Um Israel für die nunmehr ausbleibenden deutschen Lieferungen zu entschädigen, nahm Bonn die diplomatischen Beziehungen auf. Dies nahmen die meisten arabischen Länder zum Anlass, ihre Botschafter aus der Bundesrepublik abzuberufen. In den folgenden Jahren war die Bundesregierung um Schadensbegrenzung bemüht. Das gelang einigermaßen, weil alle Beteiligten ihre wirtschaftlichen Interessen im Auge behielten. Im Nahostkonflikt achtete die Bonner Regierung, zumeist im Verbund mit den EG-Partnern, auf strenge Neutralität, stets mit dem Blick auf die arabischen Ölquellen, aber auch auf die moralischen Verpflichtungen gegenüber dem jüdischen Volk. Die deutsch-israelischen Beziehungen blieben schwierig. Die Zusammenarbeit auf Regierungsebene vollzog sich zwar, mit wenigen Ausnahmen, reibungslos; aber das öffentliche Bewusstsein in beiden Ländern hinkte dahinter zurück. Manche kritische Intellektuelle prangerten die israelische Palästinenser-Politik als imperialistisch oder rassistisch an; die Rechte kam von ihren antisemitischen Vorurteilen nicht los. Aber nicht nur rechte Ideologen, auch viele andere Bundesbürger hielten die Zeit für gekommen, einen Schlussstrich unter die leidige Vergangenheit zu ziehen.

93 **Reaktionen auf die Schändung der Kölner Synagoge 1960:**

a) Bundeskanzler Adenauer:
Als ich Bundeskanzler geworden war, habe ich mit ganzer Kraft mich eingesetzt für das Wiedergutmachungsabkommen mit Israel. Ich wollte damit vor der ganzen Welt kundtun, dass das heutige Deutsch-
5 land den Antisemitismus von Grund auf ablehnt. Was in Köln an der Synagoge und an dem Denkmal geschehen ist, ist eine Schande und ein Verbrechen. [...] An meine deutschen jüdischen Mitbürger wende ich mich heute und sage ihnen, sie können
10 völlig unbesorgt sein. Dieser Staat steht mit seiner ganzen Macht hinter ihnen; ich bürge ihnen für dieses Wort. Meinen deutschen Mitbürgern insgesamt sage ich: Wenn ihr irgendwo einen Lümmel erwischt, vollzieht die Strafe auf der Stelle und gebt ihm eine
15 Tracht Prügel. Das ist die Strafe, die er verdient.
Unseren Gegnern im Ausland und den Zweiflern im Ausland sage ich, die Einmütigkeit des gesamten deutschen Volkes in der Verurteilung des Antisemi-

tismus und des Nationalsozialismus hat sich in der denkbar geschlossensten und stärksten Weise ge- 20 zeigt. [...] Dem Nationalsozialismus hat der größere Teil des deutschen Volkes [...] nur unter dem harten Zwang der Diktatur gedient.
Bulletin der Bundesregierung, Jg. 1960, Nr. 11, S. 89

b) Der Schriftsteller (und spätere Literatur-Nobelpreisträger) Heinrich Böll:
In der Behandlung, die das Verhältnis der Deutschen zu ihren jüdischen Mitbürgern seit dem Ereignis in Köln erfahren hat, zeigt sich, dass unsere Vergangenheit sich immer weiter von dem Punkt entfernt, wo sie hätte bewältigt werden können. [...] 5
Das gilt auch für die offiziellen Äußerungen: des Bundeskanzlers, des Bundestags, der Minister; mögen sie alle im Einzelnen beschämt und bestürzt gewesen sein; ihrer Scham und Bestürzung war notwendigerweise etwas beigemischt, das zur Natur ih- 10

res Amtes, nicht zu ihrer Person gehört. [...] Was würde sein, wenn handelspolitisch etwas danebengeht, wenn die Gipfelkonferenz andere Ergebnisse zeitigt, als man in Bonn zu erwarten scheint: Nicht
15 die Schmierer werden schuld sein – das waren ja nur Saboteure, dumme Jungen, Irregeführte, waren nur wenige; werden nicht indirekt die Juden schuld sein, schuld durch das Schicksal, das sie erlitten, das ein Teil unseres Schicksals geworden ist? Bewältigt ist ein schönes Wort, schöner noch: überwältigt; wir ha-
20 ben weder das eine getan, noch sind wir das andere: Der Schnitt, der uns von der Vergangenheit trennen könnte, ist nicht vollzogen worden.

H. Böll, Briefe aus dem Rheinland, München 1985, S. 29 f.

a) *Worin unterscheiden sich Adenauer und Böll in ihrer Beurteilung der antisemitischen Vorfälle? Stellen Sie Beziehungen zu ihren grundsätzlichen politischen Positionen her.*
b) *Wem geben Sie Recht? Ziehen Sie nach Möglichkeit Vorgänge aus der Geschichte der Bundesrepublik heran.*

94 Juden und Deutsche – ein schwieriges Verhältnis

a) Aus einem Interview mit vier israelischen Wissenschaftlern (1992):

Spiegel: Zu diesem Komplex gehört auf deutscher Seite auch der Eindruck, der Holocaust, so entsetzlich und einmalig er war, werde von Israel zu bereitwillig für Zwecke der Tagespolitik instrumentali-
5 siert.

Meroz: Ich habe mich stets dagegen gewehrt, [...] dass man von Instrumentalisierung des Holocaust spricht. Was Sie meinen und was auch ich als schlimm ansehe, ist nicht die Instrumentalisierung,
10 sondern die Entweihung des Holocaust auf tagtäglicher Ebene. Israelische Gesuche für Exporterleichterungen dürfen nicht mit dem Hinweis auf die Krematorien untermauert werden – das ist eine Entweihung des Schreckens des Holocaust. Unsere
15 schrecklichen, traumatischen Erinnerungen sollten nicht bei jeder unpassenden Gelegenheit aufgerührt werden. [...]

Gutman: Ich bin einverstanden, wenn wir von einer grundsätzlich falschen Einstellung sprechen, dass
20 wir den Holocaust aus politischen Gründen zu politischen Zielen verwenden. Das gilt sowohl für die Außenpolitik als auch für die Innenpolitik. Sind wir doch offen, Herr Meroz: Eine solche Tendenz, eine solche Verhaltensweise gibt es. Das ist eine bedau-
25 ernswerte Tatsache. [...]

Porat: Es ist weder Instrumentalisierung noch Mythologisierung. Es handelt sich um ein tief empfundenes Gefühl jedes einzelnen Juden nach dem Krieg. Nochmals: Wir sind verraten worden, nicht nur von Deutschland, sondern auch von vielen
30 anderen Ländern der Welt und von vielen Teilen der Gesellschaft. Wir haben nun mal die Angst, es könnte wieder passieren.

Zimmermann: Um dieses Gefühl in Israel wach zu halten, instrumentalisieren wir dieses Gefühl, instru-
35 mentalisieren wir die historische Erfahrung. Israel aber ist kein Opfer, wie es die Juden in Europa waren, sondern ein unabhängiger, starker Staat. Wir aber versuchen, den wirklichen Daseinszweck dieses Staates zu ersetzen durch ein „Behinderten"-Argu-
40 ment.

Spiegel-Spezial 2/1992, S. 81 f.

b) Der in der Bundesrepublik lebende jüdische Historiker Michael Wolffsohn (1988):

Inzwischen hat sich nicht alles, aber sehr viel verändert, in Westdeutschland und in der jüdisch-israelischen Welt. Den Bemühungen der Verkrampften und Gestrigen zum Trotz wird die Mauer der wechselseitigen Dämonisierung und Tabuisierung lang-
5 sam abgetragen. [...] In dem Maß, in dem sich der politische Alltag [...] Bahn bricht, wächst die Selbstverständlichkeit der westdeutsch-jüdisch-israelischen Beziehungen. Zwar erkennt die bundesdeutsche Öffentlichkeit durchaus die Besonderheit die-
10 ser Beziehungen an; sie überträgt sie allerdings nicht auf die nach dem Holocaust geborenen Juden oder den Staat Israel, der für sie weitgehend ein „Staat wie jeder andere" geworden ist. [...]

M. Wolffsohn, Ewige Schuld? München 1988, S. 178 ff.

a) *Was besagt „Instrumentalisierung" des Holocaust? Nennen Sie Beispiele.*
b) *Jüngere Historiker wie Zimmermann und Wolffsohn befürworten einen zurückhaltenden Umgang mit dem Holocaust. Welche Gründe haben sie dafür und wie schätzen Sie die Chancen ein?*

95 **Deutsche und Juden im Spiegel der Demoskopie** (in Prozent der befragten Deutschen)

a) Welche Deutschen trifft Schuld an der NS-Judenverfolgung?

Alle Deutschen, auch die nach 1945 Geborenen 4	
Alle Deutschen, die damals erwachsen waren	17
Nur die Deutschen, die damals davon wussten	32
Nur die Deutschen, die an der Verfolgung beteiligt waren	45

b) Bleibt eine Verantwortung?

Ja: 33   Nein: 42   Keine Meinung: 24

c) Verhältnis zu Israel

	Deutsche	Israelis
Israel für die Deutschen ein Staat wie jeder andere	76	27
Die Deutschen können Israel nicht wie jedes andere Land behandeln	22	71

d) Die Zukunft des Antisemitismus

	Deutsche	Israelis
Der Antisemitismus in Deutschland wird aussterben	20	7
Er wird in bestimmtem Maß bleiben	60	62
Er wird zunehmen	18	28

e) Ein Schlussstrich unter die Vergangenheit? Deutsche Antworten

Ja: 62   Nein: 20   Unentschieden: 16

Es entschieden sich für die Antwort „Ja":	
Von den 18- bis 29-jährigen	53
30- bis 44-jährigen	58
45- bis 59-jährigen	67
60-jährigen und Älteren	70
Von den Befragten mit einfacher Schulbildung	70
mit mittlerer Schulbildung	59
mit höherer Schulbildung	48

Spiegel-Spezial 2/1992, S. 61 ff.

a) Arbeiten Sie die charakteristischen Unterschiede im Spektrum der Meinungen heraus und suchen Sie nach Erklärungen.
b) Welches Gesamtbild des deutsch-jüdischen Verhältnisses ergibt sich für Sie aus den vorstehenden Zahlen?

1.5.4 Zwischen Konfrontation und Verständigung: die Ostpolitik der Bundesrepublik

Nächst den Juden waren die Polen das Volk, das am schlimmsten unter der nationalsozialistischen Gewaltherrschaft zu leiden hatte. Vorhergegangen war, ähnlich wie im deutsch-jüdischen Verhältnis, eine lange Geschichte voller Spannungen und Konflikte, Hass- und Angstgefühle. Seit den polnischen Teilungen im späten 18. Jahrhundert schauten viele Deutsche mit Hochmut und Überheblichkeit auf die „polnische Wirtschaft" herab und bei vielen Polen mischte sich der Respekt vor der deutschen „Tüchtigkeit" mit der Furcht vor ihrer Herrschsucht. Deutsche und Polen, so sagte der Volksmund, seien zur ewigen Feindschaft verdammt. Diese unselige Tradition setzte sich nach 1945 verstärkt fort. Die Polen konnten die Schrecken der deutschen Besatzung und die 4 Millionen Toten nicht vergessen und lebten in der Sorge vor einer neuen Aggression. Die Deutschen dachten an die Greuel der Flucht und Vertreibung, die mehr als zwei Millionen Menschenleben gefordert hatten, sowie an die Gebietsabtretungen und Enteignungen. Die Oder-Neiße-Grenze entzweite die beiden Völker und machte jahrzehntelang jede Hoffnung auf Verständigung zunichte. Die in Polen verbliebenen Deutschen mussten ihre nationale Herkunft verleugnen und viele Demütigungen ertragen; sie blieben lange Bürger zweiter Klasse.

Polen und Deutsche: historische Erblasten

Die Bundesregierungen versteiften sich auf vermeintliche Rechtsansprüche: Das Bundesverfassungsgericht behauptete den Fortbestand des Deutschen Reiches in den Grenzen von 1937 bis zum Abschluss eines Friedensvertrages, mithin den provisorischen Charakter der deutsch-polnischen Grenze. Allerdings ließen die westlichen Verbündeten ausgangs der 50er Jahre kaum noch Zweifel an ihrer Absicht, die Oder-Neiße-Linie als endgültige Grenze zu akzeptieren. Je mehr Zeit verging, desto stärker wurde die „normative Kraft des Faktischen", desto weniger war es vorstellbar, dass die Polen ihre „wiedergewonnenen Westgebiete" würden räumen müssen. Die DDR-Regierung hatte schon 1950, wenn auch nicht ohne Widerstreben, daraus die Konsequenzen gezogen und im „Görlitzer Vertrag" die

Ostpolitik der Rechtsansprüche

96 Angehörige der deutschen Gendarmeriepolizei vor erhängten Polen, Róczki-Radom, 1942. *Informieren Sie sich über die Grundlinien der deutschen Besatzungspolitik.*

Oder-Neiße-Linie als unabänderliche „Friedensgrenze" anerkannt. Die Bundesrepublik brauchte dagegen bis 1970, um sich mit der bitteren Tatsache der unwiderruflich verlorenen deutschen Ostgebiete abzufinden. Sie geriet dadurch in
den 60er Jahren immer mehr in Widerspruch zu den westlichen Bündnispartnern,
die auf eine Anerkennung des Status quo drängten, ohne die die angestrebte Entspannung mit den Ostblockländern nicht zu erlangen war. Abgesehen von den
Vertriebenenverbänden, die jedes Entgegenkommen in der Grenzfrage bearg-
wöhnten, fand auch in der westdeutschen Bevölkerung der Wunsch nach einer
deutsch-polnischen Annäherung immer mehr Anhänger.

Deutsch-
polnische
Verständigung

Trotz öffentlicher Diskussionen in beiden Ländern über die Frage von Schuld und
Vergebung nahm der Prozess der Annäherung seinen Fortgang und trat 1970 in
seine entscheidende Phase. Daran waren alle Hauptbeteiligten interessiert: Warschau, weil es Sicherheit vor deutschen Revisionsforderungen haben wollte;
Bonn, weil es, im Interesse des Friedens und der deutschen Einheit, den Ausgleich
mit Osteuropa suchte; Moskau, weil es die 1945 zu seinen Gunsten geschaffenen
Machtverhältnisse vertraglich verbrieft sehen wollte. Der im Dezember 1970 nach
zähen Verhandlungen unterzeichnete „Warschauer Vertrag" garantierte den Polen
die Unverletzlichkeit der bestehenden Grenze und einen grundsätzlichen Gewaltverzicht; er enthielt aber nicht die von der polnischen Seite geforderte endgültige
völkerrechtliche Anerkennung der Oder-Neiße-Linie. Gleichwohl machte die
CDU/CSU-Opposition der sozialliberalen Regierung den Vorwurf, ohne Not wichtige deutsche Rechtspositionen preisgegeben zu haben; dennoch ermöglichte sie
die Ratifizierung des Vertrages, indem sich in der entscheidenden Abstimmung
der Großteil ihrer Abgeordneten der Stimme enthielt.
Die Verständigungspolitik fand 1975 ihre Fortsetzung. Die Bundesrepublik verpflichtete sich zu einer Zahlung von 1,3 Milliarden DM, mit der alle Versorgungs-
ansprüche polnischer Staatsbürger aus der Zeit ihrer Zwangsarbeit zwischen 1939
und 1945 abgegolten sein sollten. Im Gegenzug sagte die Warschauer Regierung
die Ausreise von 125 000 Deutschstämmigen zu. Damit setzte eine Aussiedlungs-
welle ein, die bis in die 90er Jahre über eine Million polnischer Staatsbürger deutscher Abstammung in die Bundesrepublik verpflanzte. Trotz solcher Fortschritte
ließ die vollständige Normalisierung der deutsch-polnischen Beziehungen noch
bis zum revolutionären Umbruch von 1989/90 auf sich warten. Erst jetzt hörte die
antideutsche Stimmungsmache in Polen auf, die für das kommunistische Regime
eine wichtige Stütze seiner Legitimation gewesen war. Die Siegermächte knüpften
ihre Zustimmung zur deutschen Einheit auch an die Zusage der Bundesregierung,
die deutsch-polnische Grenzlinie endgültig anzuerkennen. Das geschah im
deutsch-polnischen Grenzvertrag vom 14. November 1990.

Die Ost-
verträge

Es waren vor allem zwei Hindernisse, die gutnachbarlichen Beziehungen der Bundesrepublik zu den osteuropäischen Staaten im Wege standen: die doppelte Wei-
gerung Bonns, zum einen die Oder-Neiße-Linie, zum andern die Existenz der DDR
als eines souveränen Staates anzuerkennen. Adenauer hatte auf seiner Moskau-
reise 1955 zwar in die von der Sowjetregierung dringend gewünschte Aufnahme
diplomatischer Beziehungen eingewilligt, weil, wie er meinte, der „Schlüssel zur
Wiedervereinigung" in Moskau liege und weil nur mit diesem Schritt die Rückkehr
der noch immer in der Sowjetunion festgehaltenen deutschen Kriegsgefangenen
und Zivilinternierten zu erreichen war. Aber an dem frostigen Verhältnis zwischen
der Bundesrepublik und dem kommunistischen Osteuropa änderte sich dadurch
nichts. Die Bonner Regierung wollte Entspannungs- und Abrüstungsvereinbarun-
gen nur zustimmen, wenn sie mit Fortschritten in der „deutschen Frage" verknüpft wurden. Zugleich beharrte sie auf ihrem „Alleinvertretungsanspruch", der
diplomatische Beziehungen zu solchen Ländern ausschloss, die die DDR völker-

rechtlich anerkannten (sog. „Hallstein-Doktrin"). Ihre Versuche, an Moskau und Ost-Berlin vorbei die Beziehungen zu Warschau, Prag, Budapest oder Bukarest zu verbessern, blieben bald stecken. Es gelang Ulbricht mit sowjetischer Hilfe, alle Ostblockländer darauf zu verpflichten, diplomatische Beziehungen zur Bundesrepublik erst dann anzuknüpfen, wenn diese zuvor die DDR anerkannt hatte.

Die Wende erfolgte 1970, weil die neue Regierung in Bonn zu den bisher verweigerten Zugeständnissen bereit war und weil die Sowjetunion ihre Satelliten unter Druck setzte. Der von ihr mit der Bundesrepublik abgeschlossene „Moskauer Vertrag" vom August 1970 war der erste in der Reihe der Ost-West-Verträge und setzte den Rahmen für alle folgenden Abmachungen: Die Bundesrepublik erkannte die bestehende politische Ordnung an, sagte die Unverletzlichkeit aller Grenzen in Europa zu und verzichtete auf jede Gewaltanwendung; das gleiche galt für die Sowjetunion. Darüber hinaus erklärten beide Seiten, der Vertrag berühre nicht die Rechte und Verantwortlichkeiten der vier Siegermächte in Bezug auf Deutschland als Ganzes; darin steckte der Vorbehalt der Bundesrepublik, eine endgültige völkerrechtliche Regelung der Grenzfragen könne erst im Rahmen eines Friedensvertrages erfolgen. Die dem Moskauer Vertrag folgenden Abkommen Bonns mit Warschau, Ost-Berlin, Prag lagen auf der gleichen Linie. Die deutsch-tschechoslowakische Vereinbarung vom Dezember 1973 erklärte die Abtretung des Sudetenlandes aufgrund des Münchener Abkommens von 1938 für ungültig; sie ließ aber die wichtige Frage offen, ob die Ungültigkeit von Anfang an bestand („ex tunc") oder erst mit dem Prager Vertrag wirksam wurde („ex nunc"). In einer gemeinsamen Erklärung von Januar 1997 haben Prag und Bonn sich darüber nicht einigen können; sie beschränkten sich darauf, das einander zugefügte „Unrecht der Vergangenheit" zu bedauern, und wollen im Übrigen „ihre Beziehungen auf die Zukunft ausrichten".

Einen wichtigen Schritt im Entspannungsprozess stellte das Berlin-Abkommen dar, das die vier Siegermächte im September 1971 zum Abschluss brachten. Es schuf stabile Verhältnisse in der geteilten Stadt, die seit 1948 ein politischer Unruheherd ersten Ranges gewesen war. Die Sowjetunion verzichtete darauf, die Rechte der Westalliierten noch länger in Frage zu stellen, und garantierte die Sicherheit der Zufahrtswege; auch erkannte sie ausdrücklich die Bindungen West-Berlins an die Bundesrepublik an. Dafür bestätigten die Westmächte, dass Westberlin verfassungsrechtlich nicht zur Bundesrepublik gehörte; mehr stillschweigend als ausdrücklich verzichteten sie auf ihre Zuständigkeit für ganz Berlin und fanden sich damit ab, dass Ostberlin voll in die DDR eingegliedert wurde. Damit war die Zweiteilung der Stadt auch vertraglich besiegelt, zugleich aber die Sicherheit Westberlins entscheidend gefestigt.

Politik der Entspannung und guten Nachbarschaft

Mit dem 1975 in Helsinki von allen 32 europäischen Staaten sowie den USA und Kanada unterzeichneten Schlussdokument der Konferenz für Sicherheit und Zusammenarbeit in Europa (KSZE) fand die Entspannungspolitik vorerst ihren Abschluss. Das Dokument verpflichtete die Unterzeichnerländer zur strikten Beachtung der Grund- und Menschenrechte und sah eine allgemeine Verbesserung der zwischenstaatlichen Beziehungen im militärischen, wirtschaftlichen und kulturellen Bereich vor. Auch wenn diese Zusagen mehr moralische als rechtliche Verbindlichkeit hatten, entwickelte sich in der Folgezeit eine Art internationaler Kontrolle über die innenpolitischen Zustände in den KSZE-Staaten. Sie ermutigte Bürgerrechts- und Dissidentenbewegungen in den kommunistischen Ländern und veränderte auf Dauer deren politisches Klima. Dagegen erfüllten sich die großen Erwartungen, die man auf den wirtschaftlichen Austausch gesetzt hatte, am Ende nicht. Das Waren- und Leistungsangebot der Ostblockländer fand im Westen wenig Zuspruch; auch blieb der Devisenmangel des Ostens, trotz anfangs üppiger Westkredite, ein ständiger Hemmschuh.

97 Zögernde deutsch-polnische Annäherung

a) Aus einer Denkschrift der Evangelischen Kirche in Deutschland (EKD) von 1965:
Ernsthaft zu bedenken sind dagegen zwei andere Gesichtspunkte. Der eine wird von den östlichen Nachbarn Deutschlands auf den Begriff einer deutschen Friedenssicherungspflicht gebracht; der polni-
5 sche Staat habe nach seinen bitteren geschichtlichen Erfahrungen gegenüber Deutschland ein gesteigertes Recht auf Sicherheit und müsse deshalb auch die Grenze wählen dürfen, die ihm ein Höchstmaß von Sicherheit verbürge. Versteht man diese Sicherheit
10 rein militärisch, so kann das Argument nicht überzeugen. […] Die Vertreibung Millionen deutscher Bewohner hat westlich von Polen einen Herd der Unzufriedenheit und der Unruhe entstehen lassen, also das Gegenteil einer Sicherheits- und Friedens-
15 grenze geschaffen. Aber das Argument enthält einen richtigen Kern, wenn man es dahin interpretiert, dass das Erbe einer bösen Vergangenheit dem deutschen Volk eine besondere Verpflichtung auferlegt, in der Zukunft das Lebensrecht des polnischen
20 Volkes zu respektieren und ihm den Raum zu lassen, dessen es zu seiner Entfaltung bedarf. […] Damit verbindet sich ein zweiter Gesichtspunkt. Die 20 Jahre, die verstrichen sind, seitdem Polen von dem Gebiet Besitz ergriffen hat und die deutsche Bevöl-
25 kerung daraus vertrieben hat, haben auch für die rechtliche Beurteilung des Anspruchs auf Wiederherstellung ihr eigenes Gewicht. Zwar kann der bloße Zeitablauf einen unrechtmäßigen Zustand nicht in einen rechtmäßigen Zustand verwandeln.
30 Aber […] eine volle Wiederherstellung alten Besitzstandes, die in den ersten Jahren nach 1945 noch möglich gewesen wäre, ist 20 Jahre später unmöglich, weil sie Polen jetzt in seiner Existenz bedrohen würde.

Die Lage der Vertriebenen und das Verhältnis des deutschen Volkes zu seinen östlichen Nachbarn. Eine evangelische Denkschrift, Hannover 1965, S. 28 f.

b) Aus einer „Botschaft der polnischen Bischöfe an ihre deutschen Brüder in Christi Hirtenamt" (1965):
Nach alledem, was in der Vergangenheit geschehen ist, […] ist es nicht zu verwundern, dass das ganze polnische Volk unter dem schweren Druck eines elementaren Sicherheitsbedürfnisses steht und seinen
5 nächsten Nachbarn im Westen immer noch mit Misstrauen betrachtet. […] Die Belastung der beiderseitigen Verhältnisse ist immer noch groß und wird vermehrt durch das sog. „heiße Eisen" dieser Nachbarschaft; die polnische Westgrenze an Oder und Neiße ist, wie wir wohl verstehen, für Deutschland eine
10 äußerst bittere Frucht des letzten Massenvernichtungskrieges – zusammen mit dem Leid der Millionen von Flüchtlingen und vertriebenen Deutschen (auf interalliierten Befehl der Siegermächte – Potsdam 1945 – geschehen). […]
15 Für unser Vaterland, das aus den Massenmorden nicht als Siegerstaat, sondern bis zum Äußersten geschwächt hervorging, ist es eine Existenzfrage (keine Frage „größeren Lebensraumes"); es sei denn, dass man ein über 30-Millionen-Volk in den engen Korri-
20 dor eines „Generalgouvernements" von 1939 bis 1945 hineinpressen wollte – ohne Westgebiete; aber auch ohne Ostgebiete, aus denen seit 1945 Millionen von polnischen Menschen in die „Potsdamer Westgebiete" hinüberströmen mussten. […]
25 Und trotz alledem, trotz dieser fast hoffnungslos mit Vergangenheit belasteten Lage […] rufen wir Ihnen zu: Versuchen wir zu vergessen! […]
In diesem allerchristlichsten und zugleich sehr menschlichen Geist strecken wir unsere Hände zu
30 Ihnen hin […], gewähren Vergebung und bitten um Vergebung.

O. Golombek (Hg), Die katholische Kirche und die Völker-Vertreibung, Köln 1968, S. 153 ff.

a) Wo bedienen sich die Texte politischer, wo religiöser Argumente?
b) Überlegen Sie, inwieweit diese Texte 1965 jeweils von den einen als anstößig, von anderen als befreiend empfunden werden konnten.

98 Deutscher Streit um die Ostverträge

a) Aus dem Warschauer Vertrag (1970):
Die Bundesrepublik Deutschland und die Volksrepublik Polen,
in der Erwägung, dass mehr als 25 Jahre seit Ende des Zweiten Weltkrieges vergangen sind, dessen

erstes Opfer Polen wurde und der über die Völker 5
Europas schweres Leid gebracht hat, eingedenk dessen, dass in beiden Ländern inzwischen eine neue Generation herangewachsen ist, der eine friedliche Zukunft gesichert werden soll,

10 in dem Wunsche, dauerhafte Grundlagen für ein friedliches Zusammenleben und die Entwicklung normaler und guter Beziehungen zwischen ihnen zu schaffen, […]

in dem Bewusstsein, dass die Unverletzlichkeit der
15 Grenzen und die Achtung der territorialen Integrität und der Souveränität aller Staaten in Europa in ihren gegenwärtigen Grenzen eine grundlegende Bedingung für den Frieden sind, sind wie folgt übereingekommen:

20 Art. I (1). Die Bundesrepublik Deutschland und die Volksrepublik Polen stellen übereinstimmend fest, dass die bestehende Grenzlinie […] die westliche Staatsgrenze der Volksrepublik Polen bildet.

(2) Sie bekräftigen die Unverletzlichkeit ihrer be-
25 stehenden Grenzen jetzt und in der Zukunft und verpflichten sich gegenseitig zur uneingeschränkten Achtung ihrer territorialen Integrität.

(3) Sie erklären, dass sie gegeneinander keinerlei Gebietsansprüche haben und solche auch in Zu-
30 kunft nicht erheben werden.

Auswärtiges Amt (Hg), Die auswärtige Politik der Bundesrepublik Deutschland, Köln 1972, S. 777 f.

b) Bundeskanzler Brandt in einer Fernsehrede zum deutsch-polnischen Vertrag (1970):

Die Geschichte allein kann erweisen, ob dies, wie wir hoffen, der Beginn der eigentlichen Aussöhnung sein wird, so wie wir sie im Westen gegenüber unseren französischen Nachbarn glücklicherweise er-
5 reicht haben. Der Vertrag bedeutet selbstverständlich nicht, dass Unrecht nachträglich legitimiert wird. Er bedeutet also auch keine Rechtfertigung der Vertreibung. Worum es geht, ist der ernste Ver-

such, ein Vierteljahrhundert nach dem Krieg der Kette des Unrechts politisch ein Ende zu setzen. […] 10 Es gibt weder Entspannung noch gesicherten Frieden in Europa, wenn wir nicht ausgehen von der Lage, wie sie ist. […] Unserem Volke wird nicht heute, aus heiterem Himmel, ein Opfer abverlangt. Dies hat längst gebracht werden müssen als Ergeb- 15 nis der Verbrechen Hitlers.

Bulletin der Bundesregierung, Jg. 1970, Nr. 161

c) Aus einer Entschließung des Bundes der Vertriebenen (März 1972):

Die Versammelten wenden sich gegen den Verzicht auf einen gerechten Frieden und auf freie Selbstbestimmung, die Legalisierung von Massenvertreibungen und Annexionen, die Anerkennung der Gewaltherrschaft in Mitteldeutschland, die Minderung des 5 Status von Berlin. Sie verurteilen die Verletzung des Rechtes auf Freizügigkeit vom und zum angestammten Wohnsitz und auf freie Entfaltung in der Heimat, der Menschen- und Gruppenrechte der Deutschen in der Heimat, der Pflicht zum Schutze der Individu- 10 alrechte und des Eigentums der Ostdeutschen. Sie fordern, diese Verträge nicht zu ratifizieren, dafür aber praktische und wirksame Fortschritte bei der Vertiefung der wirtschaftlichen, technologischen, kulturellen und menschlichen Beziehungen 15 anzustreben und in einer sich wandelnden Welt auf einen gerechten Frieden und tragbaren Ausgleich zwischen Deutschland und den östlichen Nachbarn hinzuwirken.

Dokumentation zur Deutschlandfrage, Bd. VII, Bonn 1973, S. 544 f.

a) Prüfen Sie die Argumente der Befürworter und Kritiker. Wem geben Sie Recht?
b) Wie hätte eine Alternative zu den Ostverträgen aussehen können?

Zur Diskussion

Wie souverän war und ist die Bundesrepublik?

Verglichen mit der Welt vor 1914 und selbst noch bis 1939, haben die meisten heutigen Staaten in ihren auswärtigen Beziehungen an Souveränität, d. h. an prinzipiell unbeschränkter Handlungsfreiheit, eingebüßt. Das gilt nicht zuletzt für die Bundesrepublik. Sie verdankte nicht nur ihre Entstehung dem Betreiben der USA, sondern blieb in allen Deutschland als Ganzes betreffenden Fragen bis zur Wiedervereinigung von 1990 vom Willen der Siegermächte abhängig. Ihre militärische Sicherheit beruhte vor allem auf der nuklearen Abschreckungsmacht Amerikas. Und sie war in ein Netz von Bündnisbeziehungen eingespannt, in dem sich wichtige nationale Entscheidungsbefugnisse auf internationale oder supranationale Institutionen verlagerten.

a) Der Historiker Waldemar Besson (1970):

Der Tatbestand der Zugehörigkeit zum amerikanischen Einflussbereich schließt die Chance selbständiger Gestaltung der Bonner Politik keineswegs aus. [...] Kann man nicht das Verhältnis der Über- und Unterordnung durch eine arbeitsteilige Partnerschaft ergänzen? Sie würde jedenfalls die nukleare Ungleichheit im westlichen Bündnis, den Kern aller Probleme der atlantischen Gemeinschaft, erträglicher machen. [...] Es gibt nur einen Weg, um das Gewicht der westdeutschen Abhängigkeit von Washington zu mindern: Man muss selbst energisch in den Strom der Entspannung steigen, denn nur der Abbau der Gegensätze in Europa befördert die Chance, nicht mehr alles eigene Vermögen dem eisernen Zwang der Existenzsicherung unterwerfen zu müssen. [...] Die zweite Linie westdeutscher Staatsräson verlangt die enge Kooperation mit den europäischen Verbündeten Amerikas. Westeuropa zieht uns an, weil wir hier Gleiche unter Gleichen sind, weil hier nicht jener schockierende Größenunterschied an Macht existiert, den wir aus unserem Verhältnis zu den Vereinigten Staaten kennen. [...] Das fordert zur Solidarität der minderen Brüder auf. Ihre wissenschaftliche, wirtschaftliche und militärische Zusammenarbeit könnte verstärkt werden. [...] Westeuropa sähe sich so in den Stand gesetzt, den Wettbewerb mit den Vereinigten Staaten erfolgreicher zu bestehen.

W. Besson, Die Außenpolitik der Bundesrepublik, München 1970, S. 446 f.

b) Der deutsch-amerikanische Politikwissenschaftler Wolfram F. Hanrieder (1991):

Im Anfangsstadium der Bundesrepublik bestand ihre Außenpolitik in nicht viel mehr als der Verwaltung von Sachzwängen. In späteren Jahren, nach Wiedererlangung ihrer Souveränität 1955, erfuhr die Bundesrepublik einen Zuwachs an Einfluss und Legitimität, der sie zu dem Status einer Mittelmacht erhob, angelagert im Schwerpunkt der atlantischen Sicherheitsgemeinschaft und der westeuropäischen Wirtschaftsgemeinschaft und fähig, eigenständige politische Entscheidungen zu treffen. Zu diesem Zeitpunkt bestanden allerdings für die voraussehbare Zukunft keine echten Alternativen mehr. Die Dynamik geschichtlicher Entwicklungen hatte inzwischen politische und wirtschaftliche Umstände geschaffen, [...] die für die folgenden Jahrzehnte der Bundesrepublik genauso einengend wirkten wie die rechtlichen und politischen Schranken, die ihr zum Zeitpunkt ihres Entstehens auferlegt waren. [...] Erst die Vorgänge in der Sowjetunion, in Osteuropa und Ostdeutschland im Jahre 1989 schienen den Spielraum der deutschen Diplomatie etwas zu erweitern, wobei die Bonner Regierung sich aber gleichzeitig veranlasst sah zu betonen, dass sie unauflöslich an den Westen gebunden sei und dass sie eigentlich keinen größeren Handlungsspielraum anstrebe, es sei denn mit Übereinstimmung und Unterstützung ihrer Partner und Nachbarn.

W. F. Hanrieder, Deutschland, Europa, Amerika. Paderborn 1991, S. 2

---

a) *Wie beurteilen die Autoren die Zugehörigkeit der Bundesrepublik zum westlichen Bündnissystem? Was ergibt sich dabei für die Frage der Handlungsspielräume?*

b) *Die Wissenschaftler schätzen die Rolle der militärischen Stärke unterschiedlich ein. Wem geben Sie Recht?*

1. *Skizzieren Sie die Grundzüge der Außenpolitik der „alten" Bundesrepublik und versuchen Sie eine Periodisierung.*

2. *Wägen Sie die Vor- und Nachteile ab, die sich aus der Verankerung im Westbündnis ergaben.*

3. *Untersuchen Sie die Zusammenhänge zwischen der wirtschaftlichen Stärke der Bundesrepublik und ihrer Außenpolitik.*

4. *Was ist „Anti-Amerikanismus" und welche Rolle spielte er in der Geschichte der Bundesrepublik?*

5. *Welche Ziele verfolgten Paris und Bonn in ihrer Europapolitik?*

6. *Zeigen Sie die besonderen Schwierigkeiten des deutsch-israelischen Verhältnisses auf.*

7. *Erörtern Sie die Gründe für das lange Zögern der Bonner Diplomatie, sich mit dem Osten in ähnlicher Weise zu verständigen wie mit dem Westen.*

8. *Diskutieren Sie die These, die Bundesrepublik sei eine „Weltmacht wider Willen" (Hacke).*

2. Die Deutsche Demokratische Republik – das Scheitern des „real existierenden Sozialismus"

Wie die Bundesrepublik war auch die DDR ein Geschöpf des Kalten Krieges. Der politische Wille der Sowjetunion entschied über ihre Gründung und bestimmte bis zum bitteren Ende ihr Schicksal. Der SED-Staat verschwand, als Moskau seine dirigierende, aber auch schützende Hand wegzog. Beteiligt an diesem Untergang war auch die Bundesrepublik, wenngleich auf eher indirekte Weise. An den westdeutschen Lebensverhältnissen hatten sich auch in Ostdeutschland viele Menschen orientiert; auf sie war auch die politische Führung fixiert, ob sie es zugab oder nicht. Für die Mehrheit des DDR-Fernsehpublikums war sie das beneidete Modell glänzenden Wohlstandes, für die regimetreuen Funktionäre der verhasste Konkurrent, den man verteufelte und um jeden Preis ausstechen wollte. Den Machthabern fehlte es an demokratischer Legitimation und der inneren Zustimmung der Bevölkerungsmehrheit. Umso stärker waren sie bemüht, ihre Herrschaft stabil und unangreifbar zu machen: durch permanente Indoktrination und Propaganda wie durch gnadenlose Unterdrückung jeglicher Opposition; durch die Einsperrung und Abschottung ihrer Bürger von allen unwillkommenen Einflüssen, aber auch durch den Aufbau eines Wohlfahrts- und Vorsorgestaates, der den Menschen alle Lebensrisiken abzunehmen versprach. Am Ende ging keine dieser Rechnungen auf: Moskau selbst leitete mit der gorbatschowschen Reformpolitik den Zusammenbruch des Sozialismus ein. Im Konkurrenzkampf mit der Bundesrepublik verlor die sozialistische DDR immer mehr an Boden. Nach 40 Jahren DDR wollten die meisten ihrer Bürger, darunter vor allem die Jüngeren, die im Sozialismus aufgewachsen waren, von diesem Staat nichts mehr wissen. War dieser Untergang, der alle Zeitgenossen überraschte, von vornherein im System angelegt, ein „Untergang auf Raten" also? Oder war er, wie Honecker bis zu seinem Tod 1994 glaubte, das Ergebnis von Verrat und Versagen, das jedoch die Richtigkeit des DDR-Sozialismus nicht zu widerlegen vermochte?

1949	Gründung der Deutschen Demokratischen Republik.
1950	Das Ministerium für Staatssicherheit wird errichtet.
1952	Die SED beschließt den „Aufbau des Sozialismus".
1953 17. Juni	Der Arbeiteraufstand in Ost-Berlin und der DDR wird von sowjetischem Militär niedergeschlagen.
1954	Die UdSSR erkennt die Souveränität der DDR an.
1955	Die DDR wird Gründungsmitglied des „Warschauer Paktes".
1956	Die Volkskammer beschließt die Schaffung der „Nationalen Volksarmee" (NVA).
1959	Die Bitterfelder Konferenz proklamiert die „sozialistische Nationalkultur".
1961 13. Aug.	Der Bau der „Mauer" quer durch Berlin vollendet die Abschließung der DDR-Bevölkerung.
1963	Der VI. SED-Parteitag beschließt ein neues Parteiprogramm zum weiteren Ausbau des Sozialismus, das von Walter Ulbricht geprägt wird.
1964	Freundschaftsvertrag zwischen der DDR und der UdSSR.
1965	Die Volkskammer beschließt das „Gesetz über das einheitliche sozialistische Bildungssystem".
1968	Ein Volksentscheid bestätigt die neue sozialistische DDR-Verfassung.
1971	Erich Honecker löst Walter Ulbricht als Erster Sekretär der SED ab.

1973	Die DDR wird in die UNO aufgenommen.
1974	Eine Verfassungsänderung tilgt den Begriff „deutsche Nation".
1976	Der IX. SED-Parteitag beschließt ein neues Parteiprogramm, das Honeckers Kurs der „Einheit von Wirtschafts- und Sozialpolitik" festlegt.
	Der Liedermacher Wolf Biermann wird ausgebürgert.
1978	Honecker und die evangelische Kirchenleitung verständigen sich über eine Politik des guten Einvernehmens.
1988	Festnahme von Anhängern der Friedens- und Menschenrechtsbewegung anlässlich des Luxemburg-Liebknecht-Gedenkmarsches.
1989	Die Volkskammer begrüßt die blutige Niederschlagung der Studentenopposition in Peking.
	Bürgerproteste gegen die Fälschung der Kommunalwahlergebnisse.

2.1 Von Ulbricht zu Honecker: Etappen der Entwicklung

2.1.1 „Aufbau des Sozialismus" im Geiste des Stalinismus (1949–1961)

„Verschärfter Klassenkampf"

Die schon vor der Staatsgründung von 1949 eingeleitete sozialistische Umwälzung fand in den 50er Jahren ihre verschärfte und beschleunigte Fortsetzung. Ihr Hauptantreiber war Walter Ulbricht, der als Erster Sekretär der SED alle Fäden in der Hand hielt und der die nötige Härte besaß, um alle Widersacher aus dem Wege zu räumen. In absoluter Ergebenheit gegenüber dem allmächtigen Stalin, der die DDR bis zu seinem Tode 1953 in völliger Abhängigkeit hielt, betrieb er eine Politik des „verschärften Klassenkampfes". Gemäß den Lehren des Marxismus-Leninismus, der zur allein verbindlichen Weltanschauung aufstieg, vollendete die „Diktatur des Proletariats" die Entmachtung der ehemals „herrschenden Klassen". In mehreren „Säuberungsaktionen" entmachtete Ulbricht alle „Genossen", die sich seinem harten Kurs nicht vorbehaltlos anschlossen. Innerparteiliche Opposition galt seitdem als besonders schwere Verfehlung. Nachdem 1958 die letzte Abweichlergruppe ihrer Parteiämter enthoben worden war, war die Disziplinierung der Partei abgeschlossen und bis zur Wende von 1989 konnten sich die Generalsekretäre auf die Willfährigkeit aller Parteifunktionäre verlassen.

Gleich- schaltung

Auch über die SED hinaus herrschten Anpassung und Unterwerfung. Die vier „Blockparteien" – CDU, LDPD, DBD und NPD – sowie die Massenorganisationen (darunter als die größten der FDGB und die FDJ) schlossen sich in der „Nationalen Front" mit der SED zusammen und fügten sich deren Weisungen und Kontrollen. Einzig die beiden großen christlichen Kirchen wehrten sich gegen ihre Vereinnahmung. Gegen die evangelische Kirche führte der SED-Staat einen regelrechten „Kirchenkampf". Er betrieb eine aggressive atheistische Propaganda, stellte Pfarrer aus fadenscheinigen Gründen vor Gericht, schloss Oberstufenschüler und Studenten wegen ihrer Mitgliedschaft in der „Jungen Gemeinde" vom Schulbesuch oder Studium aus; mit der „Jugendweihe" schuf er ein Gegenstück zur Konfirmation; der Religionsunterricht wurde aus den öffentlichen Schulen verbannt, an seine Stelle trat das Pflichtfach „Marxismus-Leninismus".

Sozialistische Produktions- verhältnisse

Zur ideologischen Indoktrination gesellte sich der ökonomische Kampf gegen die noch bestehenden nicht sozialistischen („kapitalistischen") Eigentums- und Produktionsformen. Sein Ziel war die Überführung der Privatwirtschaft in genossenschaftliche oder staatliche ("volkseigene") Betriebsformen. Den von der Partei seit 1952 propagierten "Landwirtschaftlichen Produktionsgenossenschaften" (LPG) traten anfangs nur die Bauern mit kleinem, unrentablem Landbesitz bei. Darum wurden die größeren Bauern mit einer Reihe von Schikanen unter Druck gesetzt: Sie mussten weitaus höhere Steuern zahlen, mehr Abgaben leisten und wurden bei der Versorgung mit Maschinen oder Düngemitteln benachteiligt. Ähnlich verfuhren die Machthaber mit selbständigen Fabrikanten, Kaufleuten oder Handwerkern. Ein Teil der Bedrängten gab auf und setzte sich zumeist in den Westen ab. Als die Produktion sank, die Unzufriedenheit zunahm und die Flüchtlingszahlen stiegen – was erheblich zum Aufstand des 17. Juni 1953 beitrug – lockerte die Ulbricht-Führung vorübergehend die Zügel. Aber sobald sie sich wieder sicher fühlte, kehrte sie zu den alten Zwangsmethoden zurück. Mit einem riesigen Propagandaaufwand und einer rigorosen Einschüchterung der zögernden Bauern gelang ihr im Frühjahr 1960 die vollständige Kollektivierung der Landwirtschaft. Auch in den anderen Wirtschaftsbereichen drängte sie den privaten Sektor – mit Ausnahme der Ärzte und Handwerker – entscheidend zurück. Jährlich verließen Hunderttausende das Land, bis zum Mauerbau von 1961 fast 3 Millionen Menschen. Das war ein gewaltiger Aderlass, den der Staat auf Dauer nicht verkraften konnte.

Allen Versprechungen zum Trotz blieb der Lebensstandard noch lange niedrig. Das war zum einen den hohen Reparationslasten zuzuschreiben, die die DDR bis 1954 tragen musste. Stärker aber wirkte sich die Grundsatzentscheidung der Parteiführung aus, vorrangig eine Grundstoff- und Schwerindustrie aufzubauen und dafür die Produktion von Konsumgütern hintanzustellen. Eine solche Industriepolitik war schlecht mit der Rohstoffarmut und den gewachsenen Gewerbestrukturen des Wirtschaftsraumes zwischen Elbe und Oder zu vereinbaren. Sie entsprang dem stalinistischen Dogma und dem Ehrgeiz Ulbrichts, im Systemwettbewerb die Bundesrepublik zu überflügeln. Da diese Strategie fast sämtliche Investitionsmittel verschlang, taten sich in den anderen Wirtschaftsbereichen

Wirtschaftliche Engpässe

99 Berlin war die Nahtstelle zwischen den beiden politischen Systemen in Deutschland und das Schlupfloch für alle DDR-Flüchtlinge.
Das Foto wurde Mitte Mai 1949 aufgenommen.

viele Lücken und Engpässe auf. Sie häuften sich, weil das überhastet eingeführte System der zentral gelenkten Plan- und Verwaltungswirtschaft nur selten funktionierte und viel Leerlauf und Ressourcenvergeudung erzeugte. Die ehrgeizigen, von oben verordneten Planziffern ließen sich vielfach nicht einhalten und die Produktionsabläufe griffen nicht so ineinander, wie es sich die Planer vorstellten. So blieben die Arbeitsproduktivität und das wirtschaftliche Wachstum immer stärker hinter westlichen Maßstäben zurück; hinzu kam der sich durch die Fluchtbewegung unaufhörlich verschärfende Arbeitskräftemangel. So wussten sich die Parteispitzen in Moskau und Ost-Berlin schließlich nicht anders zu helfen, als mit dem Mauerbau im August 1961 die Schlupflöcher in den Westen zu stopfen und die DDR-Bevölkerung zu zwingen, sich mit den bestehenden Verhältnissen abzufinden und das Beste daraus zu machen.

100 Stalin

a) Walter Ulbricht dankt der Sowjetunion (1952):

Die Aneignung der Sowjetwissenschaft und ihre schöpferische Anwendung in der täglichen Arbeit spielen eine große Rolle bei der politischen und ideologischen Erziehung der Massen. Ich habe be-
5 reits darauf hingewiesen, zu welchem großen Dank wir der Sowjetunion verpflichtet sind dafür, dass sie uns die Möglichkeit gibt, die Ergebnisse der Sowjetwissenschaft auf allen Gebieten nicht nur zu studieren, sondern auch anzuwenden. Parteigenossen, par-
10 teilose Aktivisten und Angehörige der Intelligenz sind in großem Maße bestrebt, in die Geheimnisse der fortgeschrittenen Sowjetwissenschaft einzudringen. Das wichtigste Mittel zur schnelleren Hebung des ideologischen Niveaus ist die Verbesserung des
15 Studiums der Geschichte der KPdSU (B). [...] Von besonderer Bedeutung ist das Studieren der Werke des Genossen Stalin und seiner Biographie im Selbststudium. [...] Die großen Ziele, für die Tausende deutscher Arbeiter und Werktätiger ihr Leben
20 hingegeben haben, sie werden Wirklichkeit, weil wir das große Beispiel des Sieges des Sozialismus in der Sowjetunion vor Augen haben. Wir werden siegen, weil uns der große Stalin führt! (Die Delegierten und Gäste erheben sich spontan von ihren Plätzen
25 und spenden Genossen Ulbricht minutenlang begeisterte Ovationen.)

Protokoll der II. SED-Parteikonferenz, Berlin (Ost) 1952, S. 157 ff.

b) Johannes R. Bechers „Danksagung" beim Tode Stalins (1953):

In seinen Werken reicht er uns die Hand,
Band reiht an Band sich in den Bibliotheken.
Und niederblickt sein Bildnis von der Wand.
Auch in dem fernsten Dorf ist er zugegen.
Mit Marx und Engels geht er durch Stralsund,   5
Bei Rostock überprüft er die Traktoren,
Und über einen dunklen Wiesengrund
Blickt in die Weite er, wie traumverloren.
[...]

Mit Lenin sitzt er abends auf der Bank,   10
Ernst Thälmann setzt sich nieder zu den beiden.
Und eine Ziehharmonika singt Dank,
Da lächeln sie, selbst dankbar und bescheiden.
[...]

Gedenke, Deutschland, deines Freunds, des besten.   15
O danke Stalin, keiner war wie er
So tief verwandt dir. Osten ist und Westen
In ihm vereint. Er überquert das Meer
Und kein Gebirge setzt ihm eine Schranke,
Kein Feind ist stark genug, zu widerstehn   20
Dem Mann, der Stalin heißt, denn sein Gedanke
Wird Tat und Stalins Wille wird geschehn.

Sinn und Form, Jg. 5 (1953), H. 2, S. 8 f.

a) Wo sah die SED 1952 ihre Hauptaufgaben? Was steckte hinter ihrer Erwartung von der Wichtigkeit ideologischer Schulung?
b) Zeigen Sie an dem Becher-Gedicht die Elemente des Personenkults auf. Welche Funktionen sollte er erfüllen? Kennen Sie vergleichbare Erscheinungen in anderen politischen Systemen?

101 „Bittere Vorwürfe"

Die Abgeordnete Elli Schmidt (SED) vor der Volkskammer (1952):

Nicht nur in der Versorgung mit Lebensmitteln, sondern auch besonders in der Versorgung mit Textilien gab es große Mängel. Das Ministerium für Leichtindustrie sollte ebenfalls selbstkritisch zu den Fehlern,
5 die in diesem Jahr gemacht wurden, Stellung nehmen und lernen, diese im kommenden Jahr nicht zu wiederholen. Wir Mütter müssen unserem Ministerium für Leichtindustrie bittere Vorwürfe darüber machen, dass vergessen wurde, Stoffe produzieren
10 zu lassen, die für die Herstellung einer preiswerten Kinderkonfektion geeignet sind. Sicher hat der Minister für Leichtindustrie keine Kinder; denn sonst könnte er in der Sorge um unsere Jüngsten nicht vergessen, dass sie Strümpfe, Windeln, Babywäsche, Hosen, Kleider und Mäntel brauchen, und zwar der 15 Jahreszeit angepasst. Im Winter brauchen unsere Kinder keine Sandalen, die es jetzt und nicht im Sommer zu kaufen gibt. Im Winter brauchen unsere Kinder keine Kniestrümpfe, die man jetzt haben kann, während sie im Sommer fehlten. 20

Protokolle der Volkskammer 1952, S. 807

Erörtern Sie die Gründe für die Versorgungsmängel, die die Abgeordnete beschreibt.

102 Kirchenkampf

a) Aus einer Erklärung der Evangelischen Bischofskonferenz (1953):

Der Druck, der in Glaubens- und Gewissensfragen auf Glieder der evangelischen Kirche ausgeübt wird, droht untragbar zu werden. Uns ist bekannt geworden, dass gegen die Glieder der Jungen Gemeinde
5 mit besonderer Härte vorgegangen wird und welche Mittel dabei angewendet werden. Wir wissen von vielen Fällen, in denen junge Menschen, die ihre Gliedschaft in der Jungen Gemeinde nicht aufgeben wollten, von der Schule verwiesen und am Abschluss
10 ihrer Ausbildung gehindert wurden. Wir wissen von anderen noch schwereren Fällen, in denen ein unverantwortlicher Druck auf die jungen Menschen ausgeübt worden ist mit dem Ziel, das Rückgrat ihrer Gesinnung und ihres Glaubens zu brechen. Wir
15 erklären, dass wir kein Wort von den Angriffen glauben, die in der „Jungen Welt", dem Organ des Zentralrates der FDJ, gegen die Junge Gemeinde erhoben sind. Wir kennen diese jungen Christen und wissen, dass es nicht wahr ist, dass sie die Junge
20 Gemeinde zu einer „Terrorgruppe zur Sabotage der Wiedervereinigung Deutschlands" machen wollten. [...] Wir wissen als Christen zwar um die Grenzen der irdischen Gerichtsbarkeit, verzichten aber gleichwohl nicht auf den Appell an Amtspflicht, Ge-
25 wissen und Menschlichkeit der Richter. Wir glauben, dass Gottes Gericht über diejenigen ergehen wird, die das von Gott gesetzte Amt der Obrigkeit missbrauchen.

Keesings Archiv der Gegenwart, Jg. 23 (1953), S. 3963

b) Aus einem Schreiben der SED-Bezirksleitung Neubrandenburg (1956):

Durch die Verbreitung der marxistisch-leninistischen Lehre sowie wissenschaftlicher Kenntnisse wird erreicht, dass sich immer mehr Menschen von religiösen Auffassungen befreien. Zahlreiche Bürger haben im Ergebnis der Aufklärungstätigkeit mit 5 dem Gedankengut der Kirche gebrochen oder zeigen keinerlei Drang zur Kirche.
Dennoch sind sowohl Mitglieder unserer Partei als auch andere Bürger in ihrem Verhältnis zur Kirche inkonsequent und verbleiben weiterhin Mitglied der 10 Kirche. [...] Vielfach liegen die Ursachen eines inkonsequenten Verhaltens zur Kirche darin begründet, dass diese Menschen bei bestimmten Anlässen, wie z.B. bei der Eheschließung, eine feierliche Handlung, wie sie die Kirche vornimmt, als gewissen 15 Höhepunkt der Hochzeit ansehen und deshalb nicht darauf verzichten möchten. Um diese Tradition, die ein gewisses Monopol der Kirche darstellt, zu überwinden, ist es notwendig, dass von anderer Stelle bei der Eheschließung ein feierlicher Akt als Höhe- 20 punkt erfolgt. Dafür sind die Standesämter am besten geeignet. Bei den Standesämtern muss deshalb in Zukunft [...] in feierlicher Weise die Eheschließung gewürdigt und damit ein Höhepunkt geschaffen werden. 25

Bundesarchiv ZPA, IV 2/14/40, Bl. 8

Charakterisieren Sie das Verhalten der SED gegenüber der Kirche.

2.1.2 Die DDR nach dem Mauerbau

Stabilisierung

Der Mauerbau zwang die Bürger, im Land zu bleiben und sich mit dem Regime abzufinden. Er nötigte aber auch die Führung, den Druck auf die Untertanen zu lindern, erträgliche Lebensverhältnisse zu schaffen und dadurch jenes Mindestmaß an Loyalität zu erzeugen, ohne das auch eine Diktatur auf die Dauer nicht bestehen kann. In den 60er Jahren gewann das Ulbricht-Regime merklich an Selbstsicherheit. Der Sog, der bis zum 13. August 1961 von der Bundesrepublik ausgegangen war und der zu beständiger Unruhe geführt hatte, war weitgehend eingedämmt. Der Lebensstandard stieg langsam und übertraf den aller anderen Ostblockländer. Die Partei erklärte den Klassenkampf für beendet und Ulbricht verkündete die „sozialistische Menschengemeinschaft". 1969 legten der Staat und die evangelische Kirche ihren langen Streit bei. Die Kirche beugte sich der Forderung, aus der gesamtdeutschen Kirchengemeinschaft der EKD auszuscheiden, und gründete einen eigenen „Bund der Evangelischen Kirchen in der DDR". Dafür gestand ihr der Staat Unabhängigkeit im Rahmen der bestehenden Ordnung zu.

„Neues Ökonomisches System"

Um die offenkundig gewordenen Mängel des Planungszentralismus abzustellen, führte Ulbricht 1963 das „Neue Ökonomische System" ein. Es gewährte den Betrieben mehr wirtschaftliche Bewegungsfreiheit und stärkere Gewinnanreize und führte mit dem Prinzip der „materiellen Interessiertheit" „ökonomische Hebel" ein, die zuvor als bürgerlich-kapitalistische Überbleibsel verpönt waren. Der Sachverstand der Fachleute kam wieder zu Ehren, nachdem bei der Vergabe der Leitungspositionen so lange die politische Linientreue den Vorrang besessen hatte. Die „wissenschaftlich-technische Revolution", die insbesondere Ulbricht zu seinem Anliegen machte, erweckte eine Zeit lang die Hoffnung, die sozialistische Utopie „Jeder nach seinen Fähigkeiten, jedem nach seinen Bedürfnissen" vielleicht doch noch erleben zu können. Als aber die erwarteten Erfolge ausblieben, kehrte die Führung bald wieder zu den alten Methoden der Gängelung von oben zurück.

Führungsmonopol der Partei

Dem – am Ende doch nur halbherzigen – Versuch einer ökonomischen Modernisierung traten keinerlei Ansätze zu einer Liberalisierung und Demokratisierung des Herrschaftssystems zur Seite. Auch die bescheidensten Bestrebungen, mehr ideologische Offenheit und Unabhängigkeit in Wissenschaft, Literatur und Kunst zu praktizieren, wurden im Keim erstickt. Der angesehene Physiker Robert Havemann, ein alter und überzeugter Kommunist, verlor sein akademisches Amt und seine SED-Mitgliedschaft, weil er mehr Denkfreiheit und öffentliche Kritik anmahnte. Das ZK der SED veranstaltete 1965 ein regelrechtes Scherbengericht über Schriftsteller wie Biermann, Hermlin, Heym, Kunert, die es ablehnten, in die üblichen Lobhudeleien auf die bestehende Ordnung einzustimmen. Die neue Verfassung von 1968, mit der Ulbricht die vollzogene sozialistische Umgestaltung besiegelte, schrieb die führende Rolle der SED verbindlich fest.

---

103 **Sozialistische Disziplin und Wachsamkeit**
Aus der Präambel des Strafgesetzbuches von 1968:

Das sozialistische Strafgesetzbuch dient im Besonderen dem entschiedenen Kampf gegen die verbrecherischen Anschläge auf den Frieden und die Deutsche Demokratische Republik, die vom westdeutschen
5 Imperialismus und seinen Verbündeten ausgehen und die Lebensgrundlagen unseres Volkes bedrohen. Es dient zugleich dem Kampf gegen Straftaten, die aus dem Fortwirken der Überreste der kapitali-

stischen Zeit erwachsen und durch feindliche Einflüsse und moralische Verfallserscheinungen aus den 10 imperialistischen Staaten genährt werden. Damit gewährleistet das sozialistische Strafrecht den wirksamen Schutz der sozialistischen Staats- und Gesellschaftsordnung und der sozialistischen Gesetzlichkeit. Das sozialistische Strafrecht gebietet, dass jeder 15 zur Verantwortung gezogen wird, der sich eines Ver-

brechens oder Vergehens schuldig macht. Es wendet sich an alle Bürger, staatlichen und gesellschaftlichen Organe und an alle Kollektive, wachsam und
20 unduldsam gegenüber den feindlichen Machenschaften gegen die sozialistische Ordnung und gegenüber allen Erscheinungen von Ungesetzlichkeit und Verantwortungslosigkeit zu sein. Es fordert alle auf, aktiv mitzuwirken, damit Straftaten verhütet,
25 alle Verbrechen und Vergehen aufgedeckt, ihre Ursachen und Bedingungen beseitigt und die Schuldigen zur Verantwortung gezogen werden.

Gesetzblatt der DDR, 1968, I, S. 1

a) *Wo sieht dieser Text wesentliche Ursachen für Straftaten? Erläutern Sie die dahinterstehenden politischen Absichten des Gesetzgebers.*

b) *Vergleichen Sie die hier vorgenommene Zweckbestimmung des Strafrechts mit anderen Ihnen geläufigen Auffassungen von den Aufgaben des Rechts.*

104 Über Freizeit in Kapitalismus und Sozialismus

Der ostdeutsche Erziehungswissenschaftler Herbert Zerle, 1961:

Im Sozialismus bietet die Freizeit, da sie sich gesetzmäßig mit der Steigerung der Arbeitsproduktivität vergrößert und die sozialistische Arbeit noch genügend Kraftreserven lässt, nicht nur die Möglichkeit
5 der Entspannung und Unterhaltung, sondern auch der Persönlichkeitsentfaltung durch vielgestaltige kulturelle und wissenschaftliche Kontakte. „Nur keinen Bildungsfanatismus", empfiehlt dagegen die offiziöse westdeutsche „Welt der Arbeit". „Freizeit
10 bedeutet Freiheit zu tun, was einem gefällt. Und wer stundenlang auf einer Brücke steht und in den Kahn spuckt, um zu sehen, ob die Spucke Kahn fahren kann, soll es tun dürfen." Hier wird unmissverständlich eine individualistische, auf politische Enthaltsamkeit hinzielende Freizeitunterhaltung empfoh-
15 len. [...] Im Kapitalismus soll sich der Werktätige amüsieren, um gut arbeiten zu können; er soll aber nicht denken, nicht klassenbewusst handeln lernen. Kulturelle Erholung ist deshalb nur mit politischer Indifferenz erwünscht. Im Sozialismus dagegen
20 dient die Freizeit neben der physisch und psychisch notwendigen Entspannung vor allem dem baldigen Sieg der Kulturrevolution, der Entwicklung eines hochgebildeten, kulturvollen Menschen.

H. Zerle, Freundschaft und Geselligkeit im Sozialismus, in: Pädagogik 16 (1961), S. 581 ff.

Diskutieren und vergleichen Sie den hier verwendeten Kulturbegriff mit den in westlichen Ländern üblichen Vorstellungen von Kultur.

105 Rockfest in Ost-Berlin 1988
Nach langem Sträuben fand sich die SED-Führung mit der Verbreitung westlicher Musik in der DDR ab.
Erörtern Sie, welche gesellschaftliche Funktion diese Musik übernehmen kann.

2.1.3 Der „real existierende Sozialismus" in der Ära Honecker (1971–1989)

„Einheit von Wirtschafts- und Sozialpolitik"

Erich Honecker, der den in Moskau wegen seines Eigensinns in Ungnade gefallenen Ulbricht 1971 als SED-Generalsekretär ablöste, nahm mit dem neuen Motto der „Einheit von Sozial- und Wirtschaftspolitik" einen deutlichen Kurswechsel vor. Er beschnitt die kostspieligen Investitionen für die Großtechnologien, denen Ulbricht auf Kosten aller anderen Wirtschaftszweige den Vorrang gegeben hatte, und erhöhte die Ausgaben für den lange vernachlässigten Wohnungsbau und die Konsumgütererzeugung. An die Stelle der großen Fernziele des Sozialismus setzte er die kleinen Verbesserungen des täglichen Lebens. Das trug ihm zunächst eine gewisse Popularität ein. Aber er stellte sich auch unter Erfolgsdruck: Die Menschen wollten greifbare Erfolge hier und heute sehen und sie erwarteten einen Lebensstandard, der nicht allzu weit hinter dem der Westdeutschen zurückblieb.

Hohe Staatsausgaben

Das ehrgeizige Vorhaben eines leistungsfähigen Sozial- und Wohlfahrtsstaates belastete die öffentlichen Haushalte beträchtlich. Um die Preise für Grundnahrungsmittel, Kinderkleidung, Wohnung, Heizung, Nahverkehrsmittel, kulturelle Veranstaltungen oder Ferienaufenthalte niedrig zu halten, zahlte der Staat ständig hohe Subventionen. Auch die Aufwendungen für das praktisch unentgeltliche Gesundheitswesen, für die Zuschüsse zu den Altersrenten und für die in den 70er Jahren eingeführten erheblichen Leistungen für Familien mit Kindern verschlangen große Summen. Sie zu erwirtschaften wurde immer schwieriger. Das schwerfällige und nicht sehr leistungsstarke Wirtschaftssystem war zwar mit den herkömmlichen Produktionstechniken noch leidlich zurechtgekommen; den hohen Innovationsanforderungen und dem schnellen Entwicklungstempo der modernen computergestützten Technologie war es jedoch nicht mehr gewachsen und fiel im internationalen Wettbewerb mit dem Westen immer weiter zurück. Versuche, durch Schwerpunktprogramme das davoneilende Weltniveau wieder einzuholen – etwa bei den Mikrochips oder in der Biotechnik –, endeten als kostspielige Fehlschläge. Die industrielle Pro-Kopf-Arbeitsproduktivität blieb unverändert bei einer Marke von rund 50 Prozent, gemessen an der westdeutschen Arbeitsleistung, stehen. Überlegungen, den Spitzenkräften höhere Einkommen zu gewähren und dadurch die allgemeine Leistungsbereitschaft zu steigern, stießen sich mit dem sozialistischen Gleichheitsideal, das Honecker nicht preisgeben wollte.

Abstand von der Sowjetunion

Honecker begann seine Amtszeit mit einer verstärkten Hinwendung zur Sowjetunion (an der es Ulbricht in seinen letzten Jahren als Generalsekretär hatte fehlen lassen); 1974 ließ er sogar die unauflösliche Verbundenheit der DDR mit der Sowjetunion in die Verfassung hineinschreiben. Das änderte sich mit der Verhärtung des Ost-West-Konflikts Anfang der 80er Jahre. Jetzt bekannte sich die DDR-Führung zu einer deutsch-deutschen Verantwortungsgemeinschaft für den Frie-

---

Real existierender Sozialismus: Diese seit den 70er Jahren gebräuchliche Bezeichnung für die in der DDR (und anderen Ostblockländern) praktizierte Staats- und Gesellschaftsordnung verweist auf die Differenz zwischen dem Idealbild eines erst in der Zukunft zu erreichenden Sozialismus und dem Zustand auf dem Wege dorthin, in dem noch manches unvollkommen ist, der sich aber deutlich von der „bürgerlich-kapitalistischen Klassengesellschaft" abhebt und dieser qualitativ überlegen sein soll. Dass man bereits im Sozialismus lebt, soll dem DDR-Bürger suggerieren, das Endziel sei nicht mehr weit entfernt; dass dieser Sozialismus lediglich ein „real existierender" ist, soll den Glauben an die Utopie des vollendeten Sozialismus wach halten. Aus der Sicht der (vornehmlich westlichen) Kritiker hat der Begriff den Beigeschmack des enttäuschenden Zurückbleibens hinter den einstigen Zukunftshoffnungen, die damit als Illusion erkennbar werden.

Tafel 4

den und zeigte sich bemüht, sich aus dem neuerlichen Rüstungswettlauf heraus-
zuhalten und die Entspannungspolitik fortzusetzen. Als Gorbatschow Mitte der
80er Jahre mit seinem „Perestroika"-Programm Reformen im gesamten Ostblock
in Gang zu bringen versuchte, zog die SED-Spitze nicht mit.

Die SED-Spitze sprach gern von „Sozialismus in den Farben der DDR". Darin kam **DDR-**
ein gewachsenes Selbstbewusstsein zum Ausdruck, begleitet von einer Wendung **Patriotismus**
zu nationalen Werten und Traditionen. Ein national gefärbter Patriotismus war
auch in der Ulbricht-Ära gepflegt, aber stets dem Internationalismus der Arbeiterbewegung untergeordnet worden. Seit den späten 70ern jedoch trat die nationale
Komponente in den Vordergrund. Man bekannte sich jetzt zu den Traditionen der
gesamten deutschen Geschichte, auch zu den historischen Persönlichkeiten, die
zuvor verpönt waren – wie etwa Luther, Friedrich II., Bismarck oder Stauffenberg.
Dies diente auch dem Zweck, dem Regime zusätzliche Legitimität zu verschaffen,
weil die Überzeugungskraft des Sozialismus zusehends nachließ. Gleichwohl hielt
die SED-Führung an ihrem Herrschaftsmonopol fest. Unbequeme Kritiker wurden
ausgebürgert – wie der Liedermacher Wolf Biermann (s. S. 76) 1976. Zwischen
1973 und 1989 verdoppelte sich der Kontroll- und Unterdrückungsapparat des
„Ministeriums für Staatssicherheit" auf 100 000 hauptamtliche Mitarbeiter.

---

106 Die „Einheit von Wirtschafts- und Sozialpolitik"

a) Aus Honeckers Autobiographie (1980):

Als wir den VIII. Parteitag der SED (1971) vorbereiteten, bewegte uns die Frage, wie man, gestützt
auf die bisherigen guten Ergebnisse, den Sinn des
Sozialismus, nämlich alles zu tun für das Wohl des
5 Volkes, mit noch größerer Konsequenz in den Zielen
der Wirtschafts- und Sozialpolitik verankern und
verwirklichen kann. [...] Dementsprechend beschloss der VIII. Parteitag der SED als Hauptaufgabe, das materielle und kulturelle Lebensniveau
10 des Volkes weiter zu erhöhen und durch ein hohes
Entwicklungstempo der sozialistischen Produktion,
die Erhöhung der Effektivität, den wissenschaftlich-
technischen Fortschritt und das Wachstum der Arbeitsproduktivität die Voraussetzungen dafür zu
15 schaffen. [...]
Die Nettogeldeinnahmen der Bürger der DDR erhöhen sich jährlich um rund 4%. Stetig wachsen die
Zuwendungen aus den gesellschaftlichen Fonds des
Staatshaushalts. Wir setzen sie vor allem dafür ein,
das Wohnungswesen auszubauen, die erwähnten sta- 20
bilen Verbraucherpreise, Tarife und Mieten aufrecht-
zuerhalten, das Bildungs- und Gesundheitswesen
auszugestalten, sowie für Erholung, Kultur und
Sport. Weitere Maßnahmen zielen darauf, die Min-
destlöhne und die Alters- und Invalidenrenten zu 25
erhöhen, den Grundurlaub für alle Werktätigen, den
Urlaub für Schichtarbeiter sowie den Schwanger-
schafts- und Wochenurlaub für Mütter zu verlängern
und nach und nach die 40-Stunden-Woche einzu-
führen. [...] Für die entwickelte sozialistische Gesell- 30
schaft sehen wir das Grundanliegen der Wirtschaftspolitik darin, durch einen dauerhaften, kräftigen
Leistungsanstieg die sozialen Fortschritte sowohl
kurzfristig als auch für längere Fristen zu sichern.
Dieser Zusammenhang ist es, den wir als Einheit von 35
Wirtschafts- und Sozialpolitik charakterisieren.

E. Honecker, Aus meinem Leben, Berlin 1981, S. 244 f.

Tafel 3 Willy Colberg: „Thälmann im Hamburger Aufstand", 1954 (Öl auf Leinwand, 112x168,5 cm).
Colberg, 1906 in Hamburg geboren und 1986 dort gestorben, malte das Bild im Auftrag des „Museums für Deutsche
Geschichte" in Ost-Berlin. Es war die Überzeugung der Auftraggeber, die bildende Kunst sei „durch das Sichtbarma-
chen konkreter historischer Vorgänge besonders geeignet, das patriotische Bewusstsein auf breiter Basis zu entwickeln".
*Informieren Sie sich über die historischen Bezüge des Gemäldes und analysieren Sie die dargestellte Szenerie im Hin-
blick auf die eingesetzten künstlerischen Mittel und Wirkungsabsichten (s. auch S. 185).*

Tafel 4 Wolfgang Mattheuer: „Hinter den sieben Bergen", 1973 (Öl auf Leinwand).
Mattheuer, geboren 1927 im Vogtland, Maler in Leipzig, „zitiert" mit der Frauengestalt in der Bildmitte die Allegorie der
Freiheit aus Eugène Delacroix' berühmtem Revolutionsgemälde „Der 18. Juli 1830" (1830), die, auf den Barrikaden ste-
hend, als Symbol des Kampfes für Menschen- und Bürgerrechte in der rechten Hand die französische Trikolore hält.
*Beschreiben Sie die Kompositionselemente des Bildes und diskutieren Sie, ausgehend vom „Zitat" Delacroix', seine
Aussageabsicht.*

b) Das Politbüromitglied Günter Schabowski im Rückblick (1991):

Schürer wagte den Einspruch gegen das ökonomische Hasard, auf das sich Honecker 1971 einlassen wollte, um seiner Ära ein eigenes Markenzeichen zu geben. Schürer tat es, als die Partei, von eingefleischten Ulbricht-Anhängern abgesehen, beeindruckt, teilweise begeistert war von der Generallinie, die der neue Mann an der Spitze der Partei verkündet hatte. Honecker hatte, wenn schon nicht die Aussicht auf ein neues Zeitalter, so doch auf eine

10 DDR eröffnet, die mit einem breit und tief gestaffelten System sozialer Sicherheiten dem von der Bundesrepublik ausgehenden Konsumdruck etwas Handfestes entgegenzusetzen hätte und zudem greifbar eine höhere gesellschaftliche Qualität für

15 sich in Anspruch nehmen könnte. 1972, ein Jahr nach dem 8. Parteitag, warnte Schürer, damals bereits 6 Jahre Vorsitzender der Staatlichen Plankommission,

dass der ehrgeizige Kurs Honeckers […] nur durch westliche Kredite oder durch eine sinkende Akkumulationsrate oder beides zu finanzieren sei. […] 20 1977 unternahm Schürer einen weiteren Versuch, um Honecker auf die Gefahren seiner illusionären Wirtschaftspolitik aufmerksam zu machen. In den sechs Jahren seit dem Parteitag hatte sich die Zahlungsbilanz der DDR erheblich verschlechtert. Die 25 Verschuldung war um mehr als das Fünffache gestiegen. […] Seit 1977 wurde von Honecker, Mittag, aber auch von Stoph, der bis dahin auf Schürers Bedenken stets reagiert hatte, die Parole in Umlauf gesetzt, dass nicht die Zahlungsbilanz, sondern die Be- 30 schlüsse des 8. Parteitages, die Einheit von Wirtschafts- und Sozialpolitik Richtschnur für das sozialistische Wirtschaften seien. Das war eine generelle Absage an die Gültigkeit objektiver ökonomischer Kriterien. 35

G. Schabowski, Der Absturz, Reinbek 1992, S. 121 ff.

a) Diskutieren Sie Honeckers Annahme, verbesserte Sozialleistungen zögen bessere Arbeitsergebnisse nach sich.

b) Was sind „objektive ökonomische Kriterien"? Erörtern Sie Schabowskis These vom Primat der Wirtschaft gegenüber der Politik.

2.2 Der vormundschaftliche Staat

2.2.1 Staatspartei und politisches System

Herrschaft und Legitimation

Alle wesentlichen politischen Entscheidungen fielen im Politbüro mit seinen 20 bis 25 Mitgliedern und (nicht stimmberechtigten) Kandidaten, und hier wiederum war es der Generalsekretär, auf dessen Wort alles ankam. Alles, was in der DDR angeordnet wurde, hing vom politischen Willen, Sachverstand und Urteilsvermögen eines kleinen Kreises altgedienter Funktionäre ab, der sich zudem fast immer dem Ersten Mann der Partei unterordnete.

Die Rechtfertigung für diese Allmacht der politischen Führung entnahm die SED – wie alle kommunistischen Parteien – der Doktrin des Marxismus-Leninismus. Indem der Marxismus-Leninismus die Vorhersagbarkeit der gesellschaftlichen Entwicklung behauptete, erhob er den Anspruch, das Rezept für das richtige politische Handeln zu kennen. Aus der angeblichen Wissenschaftlichkeit dieser Lehre ergab

107 Marx-Engels-Denkmal in Berlin
Diskutieren Sie die Bedeutung des Graffito.

sich, dass politische Fragen nicht durch Mehrheitsbeschlüsse zu entscheiden sind, sondern durch die ideologiekundige Anwendung der Erkenntnisse des „wissenschaftlichen Sozialismus". Gemäß der Lehre Lenins konnte darüber allein die Partei befinden. Wie die Geschichte des Kommunismus zeigt, war die Parteilinie keineswegs ein ein für alle Mal feststehender Kurs, sondern sie erfuhr vielfache Veränderungen. Ausschlaggebend war dabei, wie auch die Kommunisten zugeben mussten, letztlich die „Machtfrage", nicht die theoretische Schlüssigkeit. Das gab der Politik vieler kommunistischer Parteien, auch der der SED, einen stark taktischen Charakter.

Seit 1948 verstand sich die SED als „Partei neuen Typus". Im Sinne Lenins und Stalins wollte sie eine Eliteorganisation sein, die sich strengster Disziplin unterwarf, keine politischen Abweichungen duldete und von jedem Mitglied höchsten Einsatz verlangte. In der Praxis wurde die Eliteidee freilich schnell von dem Modell der Massenpartei verdrängt. 1987 zählte die Partei 2,26 Millionen Mitglieder – ungefähr jeder fünfte erwachsene DDR-Bürger gehörte ihr an. Dennoch war eine bloß nominelle Mitgliedschaft kaum möglich: Jede Genossin und jeder Genosse musste sich ständig durch politische Aktivität und Linientreue bewähren. Unter den Parteimitgliedern war die sog. „Intelligenz" überproportional vertreten; dagegen blieb der Zulauf aus der Arbeiterschaft eher schwach, was der Parteiführung einige Verlegenheit bereitete. Besonderes Gewicht in der Parteiarbeit hatte stets die Personalpolitik. Wo immer die Besetzung leitender Positionen anstand, war die Zustimmung der Parteiinstanzen einzuholen. Das aus der Sowjetunion übernommene „Nomenklatura"-System, ein nach Rangklassen geordnetes Personalakten-Register aller für Führungsaufgaben geeignet erscheinender Personen, sollte gewährleisten, dass bei Beförderungen ausschließlich zuverlässige und bewährte Kräfte zum Zuge kamen. Der Auslese dieser „Kader" galt die größte Sorgfalt. Sie wurden schon früh, insbesondere unter den Studierenden, ausgesucht und systematisch auf ihre künftigen Aufgaben vorbereitet. Das erklärt den hohen Grad von politischer Loyalität gerade unter den Angehörigen der Intelligenz, die ihre Karriere vielfach der Partei zu verdanken hatten.

Kaderpartei

Die SED war als Staat hinter dem Staat organisiert. Den Ministerien entsprachen die Sekretariate des Zentralkomitees (ZK). Die Parteiinstanzen trafen die grundlegenden Entscheidungen und gaben die allgemeinen Richtlinien, der Staatsapparat sorgte für deren Ausführung. Beschlüsse der Parteitage und vor allem des Politbüros waren für alle staatlichen Institutionen unmittelbar verbindlich. Das mächtige und gefürchtete „Ministerium für Staatssicherheit" (Stasi) unterstand nicht dem Ministerrat, sondern ausschließlich der Parteiführung. Im Übrigen sorgte die

Partei und Staat

Sozialistische Demokratie: Die SED behauptete stets, das den Deutschen in Potsdam verordnete Demokratisierungsgebot besser als die Bundesrepublik erfüllt zu haben. Sie ging dabei freilich von einem Demokratiebegriff aus, der mit dem westlichen nur wenig gemeinsam hatte. Die für den Westen maßgebenden Merkmale wie etwa freie Wahlen, politischer Pluralismus, die Existenz einer parlamentarischen Opposition, die Gewaltenteilung qualifizierten die Kommunisten als lediglich äußerlich-formale ab, die angeblich dazu dienten, die Herrschaft der privilegierten Kapitalistenklasse über die Bevölkerungsmehrheit zu verschleiern. Im Gegensatz dazu, so war der Anspruch, liege im sozialistischen Staat die Macht wirklich beim Volk, nachdem es die Eigentumsverhältnisse zu seinen Gunsten verändert und der bürgerlich-kapitalistischen Ausbeuterklasse die Herrschaftsbasis entzogen habe. Das lief auf eine Gleichsetzung von Demokratie und sozialistischer Staats-, Gesellschafts- und Wirtschaftsordnung hinaus und damit auf die Unumkehrbarkeit der Machtverhältnisse. Sozialistische „Demokratie" war nicht wie die westliche Herrschaft auf Zeit, die durch neue Mehrheitsverhältnisse abgelöst werden konnte. Folglich galt das Prinzip des „demokratischen Zentralismus": Es schützte die kommunistische Führung vor dem Risiko, „von unten" abgewählt zu werden.

Personalunion von Partei- und Staatsämtern für die jederzeitige Durchsetzung des Parteiwillens. Schließlich und vor allem galt das Prinzip des „demokratischen Zentralismus": Die Basis durfte zwar die Führungsgremien wählen (obzwar nur aus einer zuvor von oben manipulierten Bewerberliste) – das war das „demokratische" Element –, musste sich aber hinfort allen Beschlüssen dieser übergeordneten Gremien fügen – das war der „Zentralismus". „Fraktionsbildung", eine von der von oben verordneten Parteilinie abweichende politische Meinungs- oder Willensartikulation, wurde mit aller Härte geahndet.

Blockparteien

1945 hatte der SMAD die Weichen für ein Mehrparteiensystem gestellt. Dieses sollte eine funktionierende Demokratie vortäuschen, auf die man in den deutschlandpolitischen Auseinandersetzungen mit dem Westen Wert legte. Zugleich wollte man damit auch jene gesellschaftlichen Gruppen in das System einspannen, die als SED-Mitglieder nicht in Frage kamen: Für die kirchlich Gebundenen bot sich die CDU an, für das Wirtschafts- und Bildungsbürgertum die LDPD, für die Nationalgesinnten die NDPD, für die Landbevölkerung die DBD. Mit der Förderung dieser Parteien war weder ein politischer Pluralismus noch eine Konkurrenzdemokratie beabsichtigt. Das wurde spätestens 1948 deutlich, als alle Parteien (und Massenorganisationen) sich für die Wahlen zum „Volkskongress" auf eine gemeinsame Kandidatenliste einigten und die Mandatsverteilung vorab festlegten. Bei dieser Praxis – für die fortan die „Nationale Front" zuständig war – blieb es bis zum Ende der DDR.

Massen-organisationen

Auch den Massenorganisationen ging jede politische Eigenständigkeit ab. Im Sinne Lenins hatten sie als „Transmissionsriemen" des Parteiwillens zu wirken. Die beiden wichtigsten, der FDGB und die FDJ, zählten in den 80er Jahren 9,4 bzw. 2,3 Millionen Mitglieder und erreichten damit eine Organisationsdichte von 100 bzw. 70 Prozent aller in Frage kommenden Personen. Sie verstanden sich nicht als Interessenverbände, die sich für die Belange ihrer Klientel einsetzten, sondern als Agenturen des Sozialismus, die sich in den Dienst des Ganzen stellten.

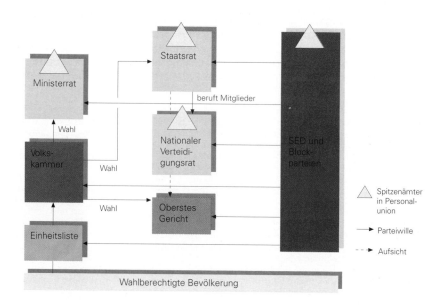

108 Staatsaufbau der DDR
Weisen Sie die Prinzipien nach, die dem Staatsaufbau der DDR zugrunde lagen.
Was ist in diesem Schaubild nicht erfaßt?

Ministerrat

Staatsrat

beruft Mitglieder

Wahl

Volks-kammer

Wahl

Nationaler Verteidigungsrat

SED und Blockparteien

Wahl

Oberstes Gericht

Einheitsliste

Spitzenämter in Personalunion

Parteiwille

Aufsicht

Wahlberechtigte Bevölkerung

Im Gegensatz zum demokratischen Prinzip der Gewaltenteilung galt in der DDR der Grundsatz der Konzentration und Zentralisation der politischen Macht. Unabhängige Bereiche des öffentlichen Lebens wurden – mit einer gewissen Ausnahme der Kirchen – nicht geduldet. Die Parteiführung hielt sich für berufen und auch für kompetent, das Leben ihrer Bürger in allen Einzelheiten zu regeln. Gefragt waren nicht das unabhängige Denken und die eigene Initiative, sondern Pflichterfüllung, Anpassung, Gesinnungstüchtigkeit.

Leben im autoritären Staat

Viele Menschen lebten in einer Doppelwelt: hier das zur Schau gestellte „sozialistische Bewusstsein", dort die wirkliche Meinung, die man aber nur Verwandten und guten Freunden offenbarte. Die ständige politische Mobilisierung, die das Regime den Menschen zumutete, trieb manchen in die politische Apathie oder den Zynismus. Dabei musste jeder auf der Hut vor Spitzeln und Denunzianten sein.

Dem Misstrauen von unten entsprach der Argwohn von oben. Zu keiner Zeit war sich die Führung der Loyalität ihrer Untergebenen wirklich sicher. Ein wesentlicher Teil ihrer politischen Arbeit bestand im Aufspüren von Mängeln, Fehlern, Sabotage und in der Disziplinierung und Bestrafung der dafür Verantwortlichen. In dieser Erziehungsdiktatur, die das Bewusstsein der Menschen verändern und letztlich einen ganz neuen Menschentyp heranbilden wollte, spielte das „Ministerium für Staatssicherheit" eine ausschlaggebende Rolle. Es hatte den Auftrag, die sozialistische Ordnung zu schützen – gegen deren erklärte Feinde, aber auch gegen die Pflichtvergessenen und Fahrlässigen. Dafür entstand ein riesiger Kontrollapparat, in dem bis zu 100 000 hauptamtliche und 150 000 „Inoffizielle" Mitarbeiter (IM) tätig waren. Er hatte die Regimegegner aufzuspüren, aber auch die Stimmungen in der Bevölkerung auszukundschaften.

Erziehungsdiktatur

Ein wesentlicher Teil des Unterdrückungsapparates war die Justiz. In der Phase des „verschärften Klassenkampfes" während der 50er Jahre schaltete sie viele wirkliche oder angebliche Regimegegner durch drakonische Strafen aus und erzielte damit einen Abschreckungseffekt, der die meisten Menschen einschüchterte. Die SED-Führung sah das Recht als Mittel des Klassenkampfes an und die meisten Richter unterwarfen sich diesem Rechtsverständnis.

Politische Justiz

109   Programm der SED von 1976

Aus der Präambel des Programms:
Die SED lässt sich in ihren programmatischen Zielen und in ihrem praktischen Handeln von den durch den revolutionären Weltprozess bestätigten allgemeingültigen Gesetzmäßigkeiten der sozialistischen
5 Revolution und des sozialistischen Aufbaus leiten und wendet sie unter den konkreten historischen Bedingungen der DDR schöpferisch an.
Im Sozialismus wird die politische Macht von der Arbeiterklasse ausgeübt. Unter Führung ihrer mar-
10 xistisch-leninistischen Partei verwirklicht die Arbeiterklasse im Bündnis mit der Klasse der Genossenschaftsbauern, mit der Intelligenz und den anderen Werktätigen die Interessen des Volkes. [...]

Im Sozialismus sind die Produktionsverhältnisse, alle gesellschaftlichen Beziehungen durch bewusstes 15 Zusammenwirken, kameradschaftliche Zusammenarbeit und gegenseitige Hilfe charakterisiert. Dadurch sind die Grundlagen geschaffen für die politisch-moralische Einheit des Volkes, für die breite Entwicklung der Initiative und Aktivität aller Werk- 20 tätigen. Der Sozialismus befreit die Werktätigen von Ausbeutung und Unterdrückung. Er braucht und verteidigt konsequent den Frieden. Für alle Mitglieder der Gesellschaft eröffnet er die Möglichkeit, ihre schöpferischen Fähigkeiten zu entfalten, eine hohe 25 Bildung zu erwerben, ihre demokratischen Rechte und Freiheiten aktiv zur Vorwärtsentwicklung der

sozialistischen Gesellschaft zu nutzen, ihre Persönlichkeit allseitig zu entwickeln. ... Der Sozialismus
30 gibt allen Menschen die Perspektive eines erfüllten
Lebens, einer glücklichen Zukunft. Im Sozialismus
ist die wissenschaftliche Weltanschauung der Arbeiterklasse, der Marxismus-Leninismus, die herr-
schende Ideologie. Sozialistischer Patriotismus und
35 proletarischer Internationalismus bestimmen immer
stärker das Handeln der Menschen. Das Aufblühen
der sozialistischen Nation ist verbunden mit ihrer

Annäherung an die anderen Nationen der sozialistischen Staatengemeinschaft. Die SED nutzt die Erfahrungen, die die KPdSU und die anderen Bruder- 40
parteien bei der Schaffung der neuen Gesellschaft
gewonnen haben. Die unverbrüchliche Freundschaft
und Zusammenarbeit mit der KPdSU und dem Sow-
jetvolk war, ist und bleibt Kraftquell und Grundlage
für die Entwicklung der sozialistischen DDR. 45

E. Schneider (Hg.), SED, Programm und Statut von 1976,
Opladen 1977, S. 82 f.

*Untersuchen Sie, wie die Partei mit dem Verhältnis von Arbeiterklasse und übriger Bevölke-
rung umgeht.*

110 SED-Funktionäre an der Macht

a) Politbüromitglied Günter Schabowski über
Erich Honecker (1991):
Auf einen Teil des Apparates, der ihm für den
Machterhalt besonders wichtig schien, nahm er ständig und unmittelbar Einfluss. Die für die Personalpolitik zuständige Kaderabteilung gehörte dazu.
5 Durch ihre Hände und Karteikästen liefen alle Per-
sonalvorgänge, die für die Partei, für die Regierung,
für die Massenorganisationen von Bedeutung waren. Erst wenn sie mit dem Generalsekretär vorge-
klärt waren, kamen die entsprechenden Vorlagen ins
10 Politbüro.
Ein zweiter Bereich, mit dem er sich intensiv befasste,
war die Arbeit des Ministeriums für Staatssicherheit.
Jeden Dienstag nach der Sitzung des Politbüros empfing Honecker Mielke in seinem Arbeitszimmer. Es
15 ist anzunehmen, dass in ihren Gesprächen das Vorgehen gegen oppositionelle Kräfte ebenso besprochen
wurde wie bestimmte Aufgaben und Resultate der
Aufklärung. [...]
Wenn Mielke Honecker verließ, pflegte das Telefon
20 bei Herrmann zu klingeln. Der Chef war nun frei für
die Besprechung über die Medienarbeit. Dann eilte
der Sekretär zu ihm, um sich von Honecker das Lay-
out des „Neuen Deutschland" vom nächsten Tag sowie Inhalt und Abfolge der Nachrichten in der
25 abendlichen „Aktuellen Kamera" absegnen zu lassen. Als Machtelement verstand Honecker, was, wie
und wo über Tatbestände informiert wird. [...]

G. Schabowski, Der Absturz, Reinbek 1992, S. 114 ff.

b) Aus dem Alltag eines SED-Kreissekretärs:
Fritschler berät mit den Parteisekretären der Orts-
parteiorganisationen und der Wohnbezirkspartei-
organisationen, er bittet sie, Fragen zu stellen und
Probleme ihrer Arbeit zu erläutern. Diskutiert wird
über Bürgersteige, Wohnungen für Liga-Fußballer, 5
Wasserleitungen, Gemüseversorgung im Dorf-
konsum, Schlaglöcher, Mülldeponien, defekte
Straßenlaternen. [...]
Wieder oben in seinem Zimmer sitzend, stützt der
Erste den Kopf mit beiden Händen, schweigt minu- 10
tenlang. Dann guckt er mich an und sagt: „Vielleicht
haben wir als Partei auch selbst Schuld, dass wir uns
in so viele Alltagsdinge mischen müssen. [...] Oder
weshalb wird manches kommunale Problem heute
nur noch dann sofort gelöst, wenn der Erste Kreis- 15
sekretär anruft? Ich bezweifle manchmal [...]" Beim
Wort „Zweifel" unterbreche ich ihn, frage, ob er
zweifeln darf. [...] Fritschler sagt, ich könnte mir als
Schriftsteller Zweifel leisten, vielleicht würde ich sie
sogar zum Schreiben brauchen. Er dagegen dürfe 20
keinen Zweifel an den Beschlüssen, Verordnungen
und zentralen Weisungen zulassen. Es sei nicht seine
Aufgabe zu bezweifeln, sondern Beschlüsse, Verordnungen und zentrale Weisungen durchzusetzen.
„Wenn ich alles erst mit Zweifeln im Hinterkopf stu- 25
diere, bleibt keine Zeit, um etwas durchzusetzen."
Zweifeln – das sei etwas für Philosophen und Dich-
ter, aber nichts für Praktiker.

L. Scherzer, Der Erste. Protokoll einer Begegnung, Rudolstadt
1988, S. 151 f.

*a) Wie vollzog sich Machtausübung im SED-Staat? Ziehen Sie Vergleiche mit der politischen
Praxis in westlichen Demokratien heran.*
b) Arbeiten Sie die Kritik an der Partei heraus, die in diesen Texten begegnet.

111 Stimmungsbilder aus der DDR-Bevölkerung (1977):

Die Masse der Bevölkerung, das ist unsere Erfahrung nach zwei Jahren DDR, lässt die Politik längst an sich vorüberrauschen. Die Indoktrination durch die Partei- und Staatsführung spornt nicht mehr an, 5 sondern bewirkt eher das Gegenteil: „Die wären viel überzeugender, wenn sie nicht so viel trommeln würden", sagt der Mann, der unseren Elektroherd repariert. „Die Leute würden viel besser mitziehen, wenn nicht immer ein Muss dahinter stände." Selbst 10 SED-Genossen bestätigen das in privatem Gespräch. Man arrangiert sich. Man flüchtet ins Hobby, kultiviert sein Gärtchen irgendwo im Grünen, steigt aufs Boot, trägt Baumaterialien zusammen für die Datsche. [...] 15 Erst die Ausbürgerung Wolf Biermanns brachte zutage, dass es unter den Intellektuellen schon lange

gegärt haben musste. [...] Biermann, wie auch sein Dissidentenfreund Havemann, hat ja nie den Sozialismus attackiert. Im Gegenteil, er ist mit Leidenschaft Kommunist und betrauert die „verratene Re- 20 volution", die Unfähigkeit des Staates, kritische Bürger zu ertragen. Das tun nahezu all die engagierten Leute, mit denen wir endlos diskutieren. [...] Ein Biologe sagt: „Der Staat behandelt uns wie unmündige Kinder. Das finde ich traurig. Er bestimmt, was 25 wir lesen dürfen, für Wissenschaftler eine unmögliche Situation. Mehr Offenheit, mehr Ehrlichkeit – wie attraktiv wäre ein solcher Sozialismus für uns und wie gefährlich für euch!"

E. Windmöller/Th. Höpker, Leben in der DDR, Hamburg 1977, S. 216 f.

Prüfen Sie die Fehler, die der SED-Führung angekreidet werden. Stellen Sie Beziehungen zu den gegenwärtigen Problemen der „inneren" Vereinigung der Ost- und Westdeutschen her.

112 Warnung vor dem Klassenfeind
Aus einer Stasi-Dienstanweisung (1968):

Der Gegner hat die Bedeutung der planmäßigen Entwicklung unseres Hochschulwesens und der Volksbildung für die weitere Stärkung der DDR erkannt und organisiert durch staatlich gelenkte Orga- 5 nisationen und Einrichtungen [...] eine systematische Zersetzung. Das Ziel besteht darin, unter der studentischen Jugend Zweifel an der Richtigkeit der Politik der Partei und Regierung zu erzeugen; die führende Rolle der Partei zu untergraben; die Sieg- 10 haftigkeit des Sozialismus in Frage zu stellen. Die Zersetzungstätigkeit dient dem Zweck, feindliche Stützpunkte und Untergrundorganisationen im Inneren der DDR zu bilden, Ausgangspunkte für konterrevolutionäre Aktionen sowie Voraussetzungen 15 für Spionage und Abschöpfung wichtiger Informationen und Forschungsergebnisse zu schaffen. [...] An den Hoch-, Fach- und Erweiterten Oberschulen wirken eine Reihe den Gegner begünstigende Faktoren, die bereits bei der Zulassung zum Studium be- 20 ginnen. Es wird zum Teil durch eine nicht verantwortungsvolle und nicht klassenmäßige Auswahl der neu zu Immatrikulierenden feindlichen, negativen [...] Elementen Eingang zu den Universitäten, Hoch- und Fachschulen gewährt. Die klassenmäßige

113 Besetztes Stasi-Gebäude in Leipzig 1989

Erziehung ist noch nicht in ausreichendem Maße ge- 25 sichert. Einige Lehrkräfte verhalten sich gegenüber den Studenten und Schülern liberal, kommen nicht ihren Pflichten zur politischen Erziehung nach.

Zwischenarchiv Normannenstraße, Bl. 2 f.

Wo sieht die Stasi die Ursachen für die mangelnde Linientreue mancher Studenten? Diskutieren Sie die Triftigkeit dieser Analyse.

2.2.2 Dissidenz und Opposition

17. Juni 1953

Seine vor 1989 größte Gefährdung erlebte das SED-Regime im Aufstand des 17. Juni 1953. Der Anstoß dazu kam aus der Empörung der Arbeiterschaft über eine zehnprozentige Erhöhung der Arbeitsnormen, die sich schnell mit dem ständigen Ärger über die Versorgungsmängel und die bürokratische Parteiherrschaft verband. Dieser Verdruss weitete sich bald zu einem grundsätzlichen Protest gegen die gesamte DDR-Regierungspraxis aus. Zunächst in Ost-Berlin (wo die Bauarbeiter der Stalinallee den Anfang machten), bald darauf in insgesamt 250 Orten der DDR legten zwischen 300 000 und 500 000 Beschäftigte, hauptsächlich Produktionsarbeiter, die Arbeit nieder, gingen auf die Straße und forderten wirtschaftliche Verbesserungen, den Rücktritt der Regierung, freie Wahlen. Hier und dort wurden SED-Funktionäre verprügelt, Parteibüros demoliert, politische Gefangene befreit. Die völlig überraschte und hilflose Führung sah keinen anderen Ausweg, als die sowjetische Besatzungsmacht zu Hilfe zu rufen. Diese verhängte den Ausnahmezustand und erstickte mit ihren Panzern den Aufstand binnen weniger Stunden. Beim Aufstand kamen mindestens 50 Menschen um. Die Rote Armee vollzog 20 standrechtliche Erschießungen. Stasi und Volkspolizei verhafteten nach dem 17. Juni etwa 10 000 Verdächtige. Die Gerichte verhängten in nicht öffentlichen Prozessen 1300 Freiheits- und 6 Todesstrafen. Die Ulbricht-Führung bemühte sich, die Schuld auf „westliche Provokateure" zu schieben und die aufsässigen Arbeiter als Verführte hinzustellen. Der Schock saß auf beiden Seiten tief. Die SED-Machthaber suchten einer Wiederholung solcher Vorgänge vorzubeugen, indem sie die Zügel ein wenig lockerten und die Versorgung mit Konsumgütern verbesserten, zugleich aber den Stasi-Kontrollapparat ausbauten. Viele Menschen zogen die Schlussfolgerung, dass ein Aufbäumen gegen die Parteidiktatur aussichtslos sei, solange sich diese auf die Hilfe der Roten Armee verlassen konnte.

Widerständige Milieus

Ein Großteil derjenigen, die die neue sozialistische Ordnung ablehnten, verließ das Land als „Republikflüchtige" – bis zum Mauerbau 1961 2,7 Millionen Menschen. Das hatte eine erhebliche Schwächung des oppositionellen Potentials zur Folge. Unter den Zurückbleibenden war das alte Besitz- und Bildungsbürgertum nur noch schwach vertreten und ohne politischen Einfluss. Allein die Pfarrer, Ärzte und Hochschullehrer (außerhalb der geistes- und gesellschaftswissenschaftlichen Fächer) vermochten sich noch einige Freiräume zu bewahren. Der in den frühen 50er Jahren starke staatliche Druck auf die evangelische Kirche – die katholische hatte sich weitgehend abgekapselt – ließ nach dem 17. Juni 1953 nach und schließlich kam es zu einer Art Stillhalteabkommen. Aber trotz ihrer Zugeständnisse an den sozialistischen Staat („Kirche im Sozialismus") behauptete die Kirche ihre Eigenständigkeit und bildete eine „Gegenwelt" gegen den staatlich propagierten Atheismus.

Arbeiterschaft

Entgegen der offiziellen Lehre gehörten beträchtliche Teile der Arbeiterschaft nicht zu den zuverlässigen Parteigängern des Regimes. Sie waren nicht nur von dem – im Vergleich zur Bundesrepublik – kärglichen Lebensstandard enttäuscht, sondern kritisierten auch den faktischen Abbau aller Mitbestimmungsrechte am Arbeitsplatz. Sie konnten sich derlei Kritik erlauben, weil sie damit mangels echter Aufstiegsmöglichkeiten keine Karrierechancen gefährdeten, weil die Betriebsbelegschaften im Allgemeinen fest zusammenhielten und weil der Arbeiter- und Bauernstaat es sich nicht leisten konnte, sich ausgerechnet mit der Arbeiterklasse anzulegen. Während die Arbeiter bei den Parteimitgliedern unterrepräsentiert waren, gehörten sie während des Aufstandes vom 17. Juni 1953 und der Demonstrationen im Herbst 1989 zu den Aktivsten und Furchtlosesten.

Bei der Intelligenz, den Absolventen der Hoch- und Fachschulen, war es genau umgekehrt. Dank der Vertreibung der alten Eliten hatten sie in den Aufbaujahren glänzende Aufstiegschancen gehabt und genutzt. Diese in der Nachkriegszeit junge Generation fühlte sich dem realsozialistischen System von allen Bevölkerungsgruppen am stärksten verbunden – sei es, weil sie in aller Regel Privilegien genossen ("Intelligenzrente") oder weil sie ehrlich an die idealen Verheißungen des marxistisch-leninistischen Sozialismus glaubten.

Intelligenz

Außer dem Volks- und Arbeiteraufstand des 17. Juni waren es die oppositionellen Strömungen innerhalb der Partei, die das Regime am stärksten herausforderten. Obwohl es dabei nie um systemsprengende Gegensätze ging, steckte darin für die innersten Führungszirkel genügend Bedrohungspotential. Im Zusammenhang mit der Umformung der SED zu einer "Partei neuen Typus" waren es die Befürworter eines "besonderen deutschen Weges zum Sozialismus", die in Ungnade fielen, weil sie die bedingungslose Unterwerfung unter Stalins Willen nicht mitmachen wollten. 1953 und dann wieder 1957/58 ging die Auseinandersetzung um das richtige Tempo und die angemessenen Methoden beim "Aufbau des Sozialismus". Ulbrichts Widersacher verlangten eine Mäßigung des klassenkämpferischen Klimas und mehr innerparteiliche Demokratie. Jedes Mal blieb Ulbricht siegreich und die Unterlegenen verloren ihre politischen Ämter. Hohe Zuchthausstrafen ereilten Theoretiker wie Wolfgang Harich (1957) oder Rudolf Bahro (1978), deren Schuld darin bestand, mehr Mitwirkungsrechte für die Basis und eine offene ideologische Diskussion gefordert zu haben.

Innerparteiliche Opposition

Der Physikprofessor Robert Havemann und der Liedermacher Wolf Biermann, die in ähnlicher Weise Denk- und Meinungsfreiheit anmahnten, wurden zwar vom Regime kaltgestellt – der eine durch Berufsverbot, der andere durch Ausbürgerung –, ließen sich aber nicht mundtot machen. Mit der Unterzeichnung der KSZE-Schlussakte von Helsinki, durch die sich die DDR-Regierung zur Respektierung der Grundrechte verpflichtete, waren einem übermäßig harten Repressionskurs Grenzen gesetzt. Das erleichterte die Entstehung alternativer Gruppen, die sich für den Frieden, den Umweltschutz, die Rechte der Frau oder die Grundrechte einsetzten.

Dissidenten

114 Der 17. Juni 1953

a) Augenzeugenbericht eines Bauarbeiters:
Mindestens 90 Prozent von unserem Bau marschierten mit. Wir gingen zunächst in einer großen kreisförmigen Bewegung an allen Baustellen vorbei. "Berliner, reiht euch ein, wir wollen keine Sklaven
5 sein!", riefen wir nach allen Seiten. Vor den HO-Läden riefen wir: "HO macht uns KO."

b) Telegramm einer Zentralen Streikleitung an die Regierung:
Wir Werktätigen des Kreises Bitterfeld fordern von Ihnen: 1. Rücktritt der sog. Deutschen Demokratischen Regierung, die sich durch Wahlmanöver an die Macht gebracht hat; 2. Bildung einer provisori-
5 schen Regierung aus den fortschrittlichen Werktätigen; 3. Zulassung sämtlicher großen demokratischen Parteien Westdeutschlands; 4. freie, geheime, direkte Wahlen in vier Monaten; 5. Freilassung sämtlicher

politischen Gefangenen (direkt politischer, sog. Wirtschaftsverbrecher und konfessionell Verfolg- 10 ter); 6. sofortige Abschaffung der Zonengrenze und Zurückziehung der Vopo; 7. sofortige Normalisierung des sozialen Lebensstandards; 8. sofortige Auflösung der sog. Nationalarmee; 9. keine Repressalien gegen einen Streikenden. 15

I. Spittmann, K. W. Fricke, 17. Juni 1953, Köln 1982, S. 118, 15

c) Arbeiter diskutieren nach dem Aufstand mit Ulbricht:
Danach stand der Meister Wilke auf, ein 60-jähriger, hoch qualifizierter Arbeiter. […] Er frug Ulbricht: "Erklären Sie uns mal: Wenn ich schlecht arbeite an meinem Kessel, dann fliege ich. Sie haben öffentlich gestanden, dass Sie politisch schlecht gearbeitet ha- 5 ben, aber Sie bleiben! Und was gedenken Sie nun zu tun?" (Das saß. Es ging um den Posten). Ulbricht

reagierte wütend: „Sie lügen! Es ist nicht wahr. Bringen Sie mir den Beweis, dass ein guter Arbeiter ent-
10 lassen wird, wenn er mal an seiner Maschine was falsch macht – etwas anderes ist es, wenn er die Maschine absichtlich kaputt macht. Dann ist er ein Feind. Aber wer will behaupten, dass die Regierung ein Feind der Arbeiter ist!" Weitere Arbeiter
15 schnellten ihre Fragen auf ihn ab. Einer verlangte, im Namen seiner Abteilung zu sprechen. Er sagte: „Zu mir haben die Arbeiter nämlich Vertrauen." Er forderte: „Entfernung der Plakate und Losungen in Weißensee, keine übergroßen Bilder der Parteifüh-
20 rer. Wir wollen eine saubere Stadt haben." Ein anderer rief: „Keine Versammlungen mehr!" Zwischenrufe: „Und keine Aufbauschichten!" […] Am Ende verdarb Ulbricht alles, was noch zu verderben war, indem er eine vorbereitete „Resolution" zur
25 Abstimmung bringen lassen wollte. Da brach der Sturm los. „Aha! – ein Hurra für die SED!" – „Es lebe der Führer!" – „Ohne uns!" – Ulbricht versuchte, sie zu überschreien. Schließlich gelang es ihm, die Resolution vorzulesen: die übliche Ver-
30 trauenserklärung für Partei und Regierung. Er stellte sie zur Abstimmung. Die Zählung ergab: 188 dafür; dagegen alle Übrigen. Ulbricht selber schätzte: „Also etwa 500 dagegen." Er erklärte die Versammlung für beendet. Die Arbeiter sagten:
35 „Mensch, morgen koof ick mir auch ne Zeitung, mal sehen, was die draus machen."

A. Kantorowicz, Deutsches Tagebuch, Bd. 2, München 1961, S. 382 ff.

d) Karl Barthel, Wie ich mich schäme:

Wie ich mich schäme! Maurer – Maler – Zimmerleute. Sonnengebräunte Gesichter unter weißleinenen Mützen, muskulöse Arme. Nacken – gut durchwachsen, nicht schlecht habt ihr euch in eurer Republik ernährt, man konnte es sehen. Vierschrötig   5
kamt ihr daher. […] Es gibt keine Ursache dafür, dass ihr an jenem, für euch – euch am allermeisten – schändlichen Mittwoch nicht Häuser bautet. […]
Schämt ihr euch so, wie ich mich schäme? Da werdet ihr sehr viel und sehr gut mauern und künftig sehr   10
klug handeln müssen, ehe euch diese Schmach vergessen wird. Zerstörte Häuser reparieren, das ist leicht. Zerstörtes Vertrauen wieder aufrichten, das ist sehr, sehr schwer.

e) Bertolt Brecht, Die Lösung:

Nach dem Aufstand des 17. Juni
Ließ der Sekretär des Schriftstellerverbands
In der Stalinallee Flugblätter verteilen
Auf denen zu lesen war, dass das Volk
Das Vertrauen der Regierung verscherzt habe   5
Und es nur durch verdoppelte Arbeit
Zurückerobern könne. Wäre es da
Nicht doch einfacher, die Regierung
Löste das Volk auf und
Wählte ein anderes?   10

d) und e): I. Spittmann, K. W. Fricke, 17. Juni 1953, Arbeiteraufstand in der DDR, Köln 1982, S. 90f.

a) Stellen Sie die Beschwerden und Forderungen der Arbeiter zusammen und unterscheiden Sie dabei nach eher politischen und eher unpolitischen Themen.
b) Legen Sie dar, zu welch unterschiedlichen Bewertungen der Vorgänge des 17. Juni Barthel und Brecht kommen. Worauf zielt Brechts Kritik?

Zur Diskussion

Was war faul im SED-Staat?

Nach dem Zusammenbruch der SED-Herrschaft bestand weitgehendes Einverständnis darüber, dass das Regime die Probe seiner Legitimität und Politikfähigkeit nicht bestanden hatte. Auch wenn nicht zu übersehen war, dass von ihm nicht zu verantwortende äußere Umstände – wie vor allem die machtpolitische Schwäche der Schutzmacht Sowjetunion – zu seinem Untergang beigetragen hatten, war doch offenkundig, dass es vor allem die eigenen Fehler gewesen waren, die der Führung zum Verderben wurden. Strittig war jedoch, ob diese Mängel dem Regime von Anfang an, sozusagen als Geburtsfehler, anhafteten oder ob es erst im Laufe der Entwicklung auf die abschüssige Bahn geriet.

a) Die ostdeutschen Historiker Armin Mitter und Stefan Wolle (1993):

Der real existierende Sozialismus deformierte den Menschen so lange, bis er nicht mehr in der Lage war, gegen eine gesetzte Obrigkeit Widerspruch zu erheben. Alle für eine Gesellschaftsveränderung
5 notwendigen Charaktereigenschaften dagegen verkümmerten im Laufe der Jahre. Kreativität, Phantasie, Intelligenz, Bildung, Risikobereitschaft, Initiative und Zivilcourage, Verantwortungsbewusstsein – all dies waren für eine Karriere im Parteiapparat zu-
10 mindest tendenziell Hinderungsgründe. Wer sich mit der Macht zu tief einließ, verkam auch geistig und charakterlich. Diejenigen, die schließlich in den Chefetagen saßen, waren das Resultat einer langen und systematischen Negativauslese. Der Sozialismus
15 ist nicht Opfer einer großen Verschwörung oder feindlicher Machenschaften geworden. Sein Sturz war nicht einmal primär das Ergebnis des Kampfes der Opposition, sondern das Resultat der systematischen Verkümmerung von menschlichen Eigen-
20 schaften, ohne die keine Gesellschaft auskommt. Je perfekter die Beherrschung und Reglementierung der Menschen funktionierte, desto labiler wurde die sozialistische Staatsmacht. Das kommunistische System ist an sich selbst zugrunde gegangen.

A. Mitter/S. Wolle, Untergang auf Raten, München 1993, S. 512

b) Der westdeutsche Politologe Claus Offe (1993):

Jedenfalls hat der Zusammenbruch der Wirtschaft der DDR keine dramatischen und akuten inneren, im System der wirtschaftlichen Organisation und Steuerung selbst liegenden Ursachen. [...] Der ent-
5 scheidende Mangel des Systems war kein ökonomischer, sondern ein moralischer: Es war um seiner Stabilität willen darauf angewiesen, die eigene erwerbstätige Bevölkerung nicht nur physisch einzu-

sperren, ihr also die Abwanderung zu untersagen, sondern sie zusätzlich an der Wahrnehmung zentra- 10 ler politischer Rechte wie Meinungs- und Medienfreiheit, Streikrecht und Wahlrecht zu hindern. Der funktionale Zusammenhang von realsozialistischer Wirtschaftsweise und politischer Repression liegt auf der Hand. [...] Wie weit die DDR davon entfernt 15 geblieben war, eine „sozialistische Nation" mit eigenem kollektiven Selbstbewusstsein und politischer Kultur zu werden, das zeigte sich an dem Fehlen einer eigenen Stimme der DDR im Prozess der Vereinigung beider Staaten. Eine respektwürdige und be- 20 wahrenswerte eigene Tradition war in der DDR schlechterdings nicht zu entdecken. ... Was man als „DDR-Identität" hätte in Anspruch nehmen können (z. B. eine Kultur der Hilfsbereitschaft und Bescheidenheit in einer Gesellschaft von „Nischen" 25 und Versorgungsengpässen) stellte sich als Artefakt (Kunstprodukt) des autoritär-bürokratischen Regimes von Parteimonopol und Kommandowirtschaft heraus ... Die DDR war stabil, weil sie durch Abriegelung nach außen und durch innere Repression ihr 30 Produktionssystem so weit ausbauen konnte, dass sie der Gesellschaft ein ausreichendes Konsumniveau und ein hohes Maß an sozialer Sicherheit bieten konnte. Sie brach aus dem kontingenten Grund zusammen, dass die entscheidende „Produktivkraft 35 Repression" plötzlich nicht mehr wirksam zur Verfügung stand. [...] Meine These ist deshalb, dass der dramatische und völlig unerwartete Wandel der DDR überhaupt nicht in Kategorien des „Willens" zu verstehen ist (und auch nicht in denen einer 40 historischen Logik langfristig sich zuspitzender innerer „Widersprüche"), sondern in der Kategorie des historischen „Zufalls" und der von ihm ausgelösten Kettenreaktion.

C. Offe, Wohlstand, Nation, Republik, in: H. Joas/M. Kohli (Hg.), Der Zusammenbruch der DDR, Frankfurt 1993, S. 290 ff.

Was spricht für die These von der inneren Notwendigkeit des Zusammenbruchs der DDR, was für die von einem historischen Zufall?

1. *Worauf stützte sich die Macht der SED?*
2. *Vergleichen Sie die Struktur der SED mit der westdeutscher demokratischer Parteien.*
3. *Erläutern Sie das Prinzip des „demokratischen Zentralismus".*
4. *Ziehen Sie einen Vergleich zwischen dem FDGB und dem DGB.*
5. *War die DDR ein Rechtsstaat?*
6. *Beschreiben Sie das Verhältnis der Arbeiterschaft und der „Intelligenz" zum SED-Staat.*
7. *Wie schätzen Sie die Bedeutung von Dissidenz und Opposition im SED-Staat ein?*

2.3 Die sozialistische Plan- und Kommandowirtschaft

Die sowjetische Besatzungsmacht und die deutschen Kommunisten zwangen der ehemals mitteldeutschen Wirtschaft drei einschneidende Veränderungen auf: den Umbau der Wirtschaftsstruktur zu Lasten der Leicht- und zugunsten der Schwerindustrie; die Umwandlung des Privateigentums in sozialistisches, d. h. staatliches oder genossenschaftliches Eigentum an den Produktionsmitteln; die Verdrängung der Marktwirtschaft durch eine Plan- und Verwaltungswirtschaft. Diese Umwälzungen folgten der marxistisch-leninistischen Theorie in ihrer sowjetisch-stalinistischen Ausprägung. Anders aber als die Sowjetunion, die 1917 erst am Anfang ihrer industriellen Entwicklung stand, gehörte Mitteldeutschland vor dem Zweiten Weltkrieg zu den höchstentwickelten Industrieregionen der Erde.

2.3.1 Der strukturelle Umbau der DDR-Wirtschaft

Der Einschnitt von 1945

Die mitteldeutsche Wirtschaft zeichnete sich bis 1945 durch ein hohes Qualitätsniveau der verarbeitenden Industrie aus, insbesondere im Maschinen- und Fahrzeugbau, in der Feinmechanik sowie in der Chemie- und der Elektrobranche. Diese Zweige profitierten vom Verbund mit den schwerindustriellen Zentren im Ruhrgebiet, Saarland und in Oberschlesien. Die Gebietsabtretungen und die Teilung Restdeutschlands seit 1945 zerrissen diesen bestens integrierten Wirtschaftsraum. Die SBZ/DDR stand nahezu ohne Grundstoff- und Schwerindustrie da. An nennenswerten Rohstoffen verfügte sie nur über Braunkohle und Kali. Auf Betreiben Moskaus, aber auch aus eigenem Ehrgeiz entschied sich die SED-Spitze für den beschleunigten Aufbau einer schwerindustriellen Basis, fast aus dem Nichts heraus. Sie nahm dafür zwei schwerwiegende Nachteile in Kauf: eine verlangsamte Entwicklung in den bis dahin leistungsfähigsten Industriezweigen und eine Vernachlässigung der Konsumgütererzeugung. Das – wirtschaftlich höchst problematische – Streben nach Autarkie, ein Merkmal fast aller Diktaturen, bekam den Vorrang. Ohne jede Rohstoffbasis entstand an der Oder das „Eisenhüttenwerk". Steinkohle und Koks bezog es aus dem polnisch gewordenen Oberschlesien, Eisenerz aus Schweden und der Sowjetunion. Nachdem sein Bau bereits erhebliche Investitionsmittel verschlungen hatte (die anderswo fehlten), produzierte es zu einem Selbstkostenpreis, der 70% über dem Weltmarktniveau lag. Das zweite bei Calbe (Saale) gleichsam aus dem Boden gestampfte Roheisenwerk erwies sich als noch schlimmere Fehlinvestition. Die hier verwendete Braunkohle erhöhte die Kosten, minderte die Produktqualität und stellte eine schwere Umweltbelastung dar. 1970 sah man sich gezwungen, das Werk stillzulegen.

Modernisierungsprobleme

Erst 1965 drosselte die Führung die einseitige und wenig erfolgreiche Bevorzugung der Grundstoffindustrie – die bis dahin zwei Drittel aller Investitionsmittel verbraucht hatte – und tat mehr für den Maschinenbau und die Chemie. Das Nachsehen hatte weiterhin die Konsumgüterproduktion. Hier gab es wegen der begrenzten Zuweisungen immer neue Engpässe und wo die Wirtschaftsplaner zur Beschwichtigung der Bevölkerung das eine Loch stopften, entstand an anderer Stelle ein neues. Zum Verhängnis aber wurde es der DDR-Wirtschaft, dass es ihr – nach den vergleichsweise erfolgreichen 60er Jahren – nicht gelang, den Anschluss an den sich in den 70er Jahren weltweit vollziehenden stürmischen technologischen Wandel (vor allem in der Computertechnik) zu finden. Das war kein zufälliges Versäumnis, sondern in der mangelnden Innovationsfähigkeit der Befehlswirtschaft und in der Abkapselung von den westlichen Märkten begründet. Erschwerend kamen die drastischen Ölpreiserhöhungen von 1973 und 1978/79 sowie die hohen Sozialausgaben der Honecker-Ära hinzu. Um den Preis einer be-

115 Umweltprobleme
Links: Kraftwerk in der Lausitz mit bis zu 80 % Energieverlusten.
Rechts: „Sero-Laden" in Berlin. Zur Verwertung von „Sekundär-Rohstoffen"gab es im gesamten Gebiet der DDR Annahmestellen für wieder verwertbaren Müll. Durch Zahlung eines kleinen Geldbetrages je nach Gewicht oder Menge sollte der Anreiz zum Sammeln erhöht werden.

trächtlichen Verschuldung und des Verschleißes der vorhandenen Produktionsanlagen – für eine angemessene Instandhaltung war kein Geld da – hielt sich die DDR-Wirtschaft noch eine Zeit lang über Wasser, bevor im Strudel der Ostblockrevolutionen von 1989/90 ihr miserabler Zustand offenbar wurde.

Besonders erschreckend war die Umweltzerstörung. Um Kosten zu sparen, hatten es die Verantwortlichen jahrzehntelang hingenommen, dass Landschaften ruiniert, die Gewässer und die Luft mit Schadstoffen vollgepumpt, die Gesundheitsrisiken für die Bevölkerung vermehrt wurden. Die von der Sowjetunion bezogenen Kernkraftwerke bildeten ständige Gefahrenherde. Mit Nachdruck sorgte die SED dafür, dass eine öffentliche Diskussion über die Umweltschäden unterblieb.

Umwelt-zerstörung

2.3.2 Sozialistisches Eigentum

Zeitgleich mit dem Umbau der Wirtschaftsstruktur betrieb das SED-Regime die Veränderung der Eigentumsverhältnisse. Eine erste Enteignungswelle hatte bereits 1945/46 die Banken und Versicherungen, den Außen- und Großhandel, den Großgrundbesitz und eine Reihe von Industriebetrieben betroffen. Mit dem Eintritt in den „Aufbau des Sozialismus" und den verschärften Klassenkampf verstärkte die Partei- und Staatsführung den Druck auf die verbliebenen mittelständischen Unternehmen in der Landwirtschaft und Industrie, in Handwerk und Handel. 1950 erzeugte der sozialistische Sektor 57, der private 43 Prozent des Sozialproduktes. 1962, nachdem die Volkskammer den Sieg der sozialistischen Produktionsverhältnisse verkündet hatte, betrug der Produktionsanteil der sozialistischen Wirtschaft 85,5%, der der Privatwirtschaft 7,9%, und die restlichen 6,6% entfielen auf private Unternehmen mit staatlicher Beteiligung. Lediglich einige kleine industrielle Spezialbetriebe, Geschäfte auf dem Lande und Gastwirtschaften hatten ihre Selbständigkeit behaupten können. Bis 1972 ließ der Staat noch die Mischform der Privatbetriebe mit staatlicher Kapitalbeteiligung zu, dann versperrte er auch diese Möglichkeit. So blieb auf Dauer nur ein Teil der Handwerker von der Sozialisierung verschont. Sie waren als Reparaturexperten unentbehrlich und mussten einspringen, wo die schwerfällige volkseigene Wirtschaft nicht hinreichte. Zwar drängte die SED auf die Gründung von Produktionsgenossenschaften des Handwerks (PGH), konnte sich damit aber nicht recht durchsetzen.

Sozialistischer und privater Sektor

Kollektivierung der Landwirtschaft

In der Landwirtschaft dagegen erreichte sie bis zum Frühjahr 1960 das mit allen Mitteln angestrebte Ziel der Voll-Kollektivierung. Was die auf vollen Touren laufende Propaganda den „sozialistischen Frühling auf dem Lande" nannte, war für viele größere Bauern die schließliche Kapitulation vor den ökonomisch-finanziellen Benachteiligungen und dem psychischen Druck, die sie jahrelang hatten ertragen müssen (s. S. 155). Dagegen versprachen sich viele kleine Bauern, deren Höfe häufig unrentabel waren, von einem LPG-Beitritt nicht zu Unrecht eher Vorteile.

Im Laufe der Zeit fanden sich die meisten LPG-Bauern mit der kollektiven Wirtschaftsweise leidlich ab. Sie hatten nunmehr feste Arbeitszeiten und die Zusammenfassung zu einer großen Wirtschaftseinheit brachte auch gewisse Rationalisierungsvorteile mit sich. In vielen LPGs wurden anfangs nur die Ackerflächen und die Maschinen gemeinsam bewirtschaftet, die übrigen Bereiche blieben in privater Verfügung (Typ I). Später gingen die meisten LPGs vom Typ I auf den „fortschrittlichen" Typ III über. Hier wurde – bis auf etwas Gartenland und wenige Stücke Vieh – alles gemeinsam genutzt.

2.3.3 Die zentral gelenkte Plan- und Verwaltungswirtschaft

Die antikapitalistische Utopie

Der ursprünglichen Idee nach war die sozialistische Planwirtschaft der Versuch, die unübersehbaren Nachteile der kapitalistischen Marktwirtschaft zu überwinden. Im Sozialismus sollte Ordnung statt Chaos herrschen, Planung statt Zufall, Kooperation statt Konkurrenz, Solidarität statt Profitgier, optimaler Einsatz der Ressourcen statt Vergeudung. Das richtige Instrument war für die sozialistischen Wirtschaftstheoretiker der langfristige, komplexe, die Gesamtheit aller wirtschaftlichen Vorgänge im Voraus bedenkende und zentral steuernde „Volkswirtschaftsplan". 1949/50 begann man mit einem Zwei-Jahres-Plan; danach beschloss die SED-Spitze einen 5-, dann sogar einen 7-Jahres-Plan, brach diesen aber vorzeitig ab und kam aus den Revisionen und Korrekturen nie heraus.

Starre Pläne und Reformversuche

Die Pläne der 50er Jahre ließen den Betrieben keinerlei Freiräume. Die Führung machte grundlegende und scheinbar allumfassende Vorgaben. Eine aufgeblähte Planungs-Bürokratie arbeitete diese Eckdaten in eine Fülle von Einzelplänen um, die bis in die letzten Details den Betrieben vorschrieben, was sie zu tun und zu lassen hatten. Oberstes Ziel war es, die quantitativen Planvorgaben zu erfüllen („Tonnenideologie"), dahinter mussten andere Ziele zurückstehen. An diesen Mängeln konnte auch die 1963 von Ulbricht mit großem Propagandaaufwand als „Neues Ökonomisches System der Planung und Leitung der Volkswirtschaft" (NÖSPL) in Gang gesetzte Reform nichts ändern (s. S. 158). 1970 kehrte die Parteiführung endgültig zum alten System des zentralen Dirigierens zurück.

Fortschritt, Stagnation, Rückschritt

Innerhalb des Ostblocks nahm die DDR-Wirtschaft allerdings den ersten Rang ein und 1983 lag sie im Pro-Kopf-Sozialprodukt weltweit immerhin an 24. Stelle. In ihrer besten Zeit, zwischen 1961 und 1975, erreichte sie durchschnittliche jährliche Wachstumsquoten von 4,5%. Das schlug sich in einem langsamen, aber stetigen Anstieg des Lebensstandards nieder.

Dennoch blieb die DDR von dem ständig beschworenen Ziel, die Bundesrepublik zu überholen, unvermindert weit entfernt. Das durchschnittliche Haushaltseinkommen war in der Bundesrepublik Anfang der 80er Jahre mehr als doppelt so hoch wie in der DDR, bei den Rentnern sogar mehr als dreifach. Zwar mussten die westdeutschen Arbeitnehmer wesentlich höhere Steuern und Sozialabgaben entrichten als die DDR-„Werktätigen"; auch die Preise für den Grundbedarf wie Wohnung, Heizung, einfache Lebensmittel, Kinderkleidung, Nahverkehrsmittel lagen

116 Bei ihren Bemühungen um Produktionssteigerungen setzte die SED lange auf den guten Willen der Werktätigen. 1948 wurde eine nach dem sächsischen Bergarbeiter Adolf Hennecke benannte Aktivistenkampagne ins Leben gerufen, die mit Lohnsteigerungen Arbeitseifer belohnte und „Bummelantentum" bestrafte. Hennecke wurde von Funktionären der SED ausgewählt, nach dem Vorbild des sowjetischen Bergmannes Stachanow unter günstigen Arbeitsbedingungen das Plansoll weit zu übertreffen. *Diskutieren Sie, warum die SED mit dieser Kampagne auf Dauer wenig Erfolg hatte.*

in der DDR, dank den erheblichen staatlichen Subventionen, deutlich unter den westdeutschen. Andererseits mussten die Ostdeutschen für langlebige Gebrauchsgüter wie Waschmaschinen oder Fernsehapparate bei erheblich schlechterer Qualität wesentlich mehr bezahlen als die Bundesbürger und für ein Auto lagen die Wartezeiten bei zehn Jahren und mehr.

Die Schwachstellen der DDR-Wirtschaft waren der Arbeitskräftemangel, die unzureichende Arbeitsproduktivität, die Innovationsträgheit. Der chronische Mangel an Arbeitskräften resultierte vor allem aus der bis 1961 enormen Abwanderung in die Bundesrepublik, zumal hierbei der Anteil an jüngeren, gut ausgebildeten Berufstätigen besonders hoch war. So sah sich die Staatsführung genötigt, das Frauenpotential bis zum Letzten auszuschöpfen. Mit einer Frauen-Erwerbsquote von über 90% lag die DDR in den 80er Jahren weltweit an der Spitze. Zudem bemühte man sich um eine hohe Qualifikation der „Werktätigen". Der Anteil der an- und ungelernten Arbeitskräfte ging zwischen 1945 und 1988 von 75 auf 14 Prozent zurück, während die Quote der Beschäftigten mit Fach- und Hochschulabschluss auf 20% anstieg.

Arbeits-
produktivität

In der Pro-Kopf-Arbeitsleistung gelangte die DDR nie über die Hälfte der in der Bundesrepublik üblichen Standards hinaus. Das hatte vielfältige Gründe. Sie reichten von der zumeist schlechteren Ausstattung mit leistungsfähigen Maschinen über die vielen vom Planungssystem verursachten Produktionsstörungen bis zur eingeschränkten Arbeitsbereitschaft vieler Beschäftigter aus Mangel an Verdienstanreizen. Das 1948 aus der Sowjetunion übernommene System der Arbeitsnormen brachte keine Abhilfe, da die Betroffenen es verstanden, die Normanforderungen vergleichsweise niedrig zu halten. Auch die vielen Kampagnen der „Aktivistenbewegung" – nach dem Vorbild des Bergmannes Adolf Hennecke, der 1948 sein Tagessoll mit 387% überboten hatte – oder die „Sozialistischen Wettbewerbe" vermochten die „Werktätigen" auf Dauer nicht zu größeren Anstrengungen anzuspornen.

Innovations-
trägheit

Eine fast unvermeidliche Folge des zentralistisch-bürokratischen Wirtschaftssystems war die Innovationsträgheit. Es lohnte sich für die Betriebe zumeist wenig, neue Wege auszuprobieren, wenn sie auch mit bloßer Routine weiterkamen. Da die Planerfüllung Vorrang hatte, scheuten die meisten Betriebsleitungen den Aufwand und die Risiken, die mit zusätzlichen Initiativen verbunden waren. Die Folgen solcher Unbeweglichkeit waren nicht unmittelbar zu spüren, weil keine Konkurrenz da war, die die Versäumnisse hätte ans Licht bringen können. Umso höher war der Preis, den die Gesamtheit für diese Passivität zu zahlen hatte.

117 **Zahlen zur DDR-Wirtschaft**

a) Produktion ausgewählter Erzeugnisse

	1938	1950	1960	1970	1983
Braunkohle (Mio. t)	120	137	225	261	278
Elektroenergie (Tsd. GWh)	18	19	40	68	105
Rohstahl (Mio. t)	1,4	1,3	3,7	5,1	7,2
Zement (Mio. t)	2,0	1,4	5,0	8,0	11,8
Stickstoffdünger (Tsd. t)	341	231	334	395	968
Papier (Tsd. t)	894	321	542	720	860
Pkw (Tsd.)	73	7	64	127	188
Schuhe (Mio. Paar)	47	–	57	79	82
Wohnungsneubau (Tsd. Einheiten)	32	–	72	66	123

Statistische Jahrbücher der DDR

b) Pro-Kopf-Verbrauch von Nahrungs- und Genussmitteln und Ausstattung der Haushalte mit technischen Konsumgütern 1960–1989

	1960	1970	1980	1985	1989
Fleisch (kg)	55,0	66,1	89,5	96,2	99,3
Frischobst (kg)	–	34,4	37,1	39,1	31,6
Bohnenkaffee (kg)	1,1	2,2	2,8	3,5	3,6
Bier (l)	79,5	95,7	139,1	141,6	146,5
Pkw (je 100 Haushalte)	3,2	15,6	36,8	45,8	54,3
Kühlschränke (ebenso)	6,1	56,4	99,0	99,0	99,0
Fernsehgeräte (ebenso)	16,7	69,1	88,1	93,4	96,2

Statistisches Jahrbuch der DDR 1990, Berlin 1990, S. 323, 325

c) Wirtschaftsentwicklung 1970–1987

	Auslandsschulden (in Mrd. DM)	Investitionen in Mrd. DM	in % des Sozialproduktes	Unproduktive Projekte* (in % d. Investitionen)
1970	2,2	34,4	19,4	34,3
1975	11,0	42,0	17,1	41,4
1980	25,3	46,9	16,5	43,1
1985	30,0	39,6	12,0	54,0
1987	34,7	45,5	11,4	49,2

* z. B. Wohnungsbau, Einrichtungen der Stasi und NVA

K. Jarausch, Die unverhoffte Einheit, Frankfurt 1995, S. 154

d) Anteil der Wirtschaftsbereiche am Nettosozialprodukt* (in Prozent)

	1950	1960	1970	1983
Sozialprodukt (Mrd. M)	29	80	125	223
Industrie	49,9	59,9	64,5	70,2
Bauwirtschaft	5,4	5,6	6,5	5,8
Land- und Forstwirtschaft	29,3	16,9	12,0	7,7
Binnenhandel	7,7	10,1	9,8	9,1
Sonstige Dienstleistungen	7,7	7,5	7,2	7,2

Statistische Jahrbücher der DDR   * Gesamtheit aller produzierter Dienstleistungen und Güter

e) Arbeitsproduktivität (in Prozent der Bundesrepublik)

	1970	1976	1980	1983
Landwirtschaft	58	57	47	42
Energiewirtschaft/Kohlenbergbau	66	50	46	48
Chemie/Kunststoffe	35	42	46	50
Metallurgie	39	45	42	47
Stahl/Maschinen- und Fahrzeugbau	43	47	51	56
Elektrotechnik/Feinmechanik/Optik	40	41	47	52
Textilien	52	52	55	56
Sonstige Verbrauchsgüter	54	53	56	57
Gesamte Industrie	48	48	49	52

Bundesministerium für innerdeutsche Beziehungen, Materialien zum Bericht zur Lage der Nation im geteilten Deutschland, Bonn 1987, S. 390, 707

f) Preise und Kaufkraft 1981

	Bundesrepublik		DDR	
	Preis (DM)	Aufzuwendende Arbeitszeit	Preis (M)	Aufzuwendende Arbeitszeit
Roggenmischbrot (1 kg)	2,65	0:13	0,52	0:06
Butter (1 kg)	9,52	0:46	10,00	1:59
Käse (1 kg)	10,50	0:51	11,00	2:11
Äpfel (1 kg)	1,90	0:09	2,30	0:27
Schokolade (100 g)	0,99	0:05	4,80	0:57
Bohnenkaffee (1 kg)	16,90	1:22	80,00	15:50
Herrenoberhemd	19,90	1:36	45,00	8:55
Bettwäsche	38,00	3:04	108,00	21:23
Waschvollautomat	558,00	45:00	2050,00	405:56
Pkw	9300,00	750:00	19800,00	3920:48
Elektrischer Strom (75 kWh)	24,20	1:57	8,00	1:35
Straßenbahn/Omnibus	1,54	0:05	0,20	0:02
Herren-Haarschnitt	9,05	0:44	1,80	0:21

Bundesministerium für innerdeutsche Beziehungen, Zahlenspiegel, Bonn 1983, S. 57

a) *Wo lagen die Stärken, wo die Schwächen der DDR-Wirtschaft? Berücksichtigen Sie die zeitliche Entwicklung.*
b) *Diskutieren Sie die Problematik der in den Statistiken ausgewiesenen Zahlen.*
c) *Bewerten Sie die ost- und die westdeutsche Wirtschaft aus der Sicht des Verbrauchers.*

118 Die Wirtschaftsordnung in der Verfassung von 1968:

Art. 9 (1) Die Volkswirtschaft der DDR beruht auf dem sozialistischen Eigentum an den Produktionsmitteln. Sie entwickelt sich gemäß den ökonomischen Gesetzen des Sozialismus auf der Grundlage der sozialistischen Produktionsverhältnisse und der zielstrebigen Verwirklichung der sozialistischen ökonomischen Integration. (2) Die Volkswirtschaft der DDR dient der Stärkung der sozialistischen Ordnung, der ständig besseren Befriedigung der materiellen und kulturellen Bedürfnisse der Bürger, der Entfaltung ihrer Persönlichkeit und ihrer sozialistischen gesellschaftlichen Beziehungen. (3) In der DDR gilt der Grundsatz der Leitung und Planung der Volkswirtschaft sowie aller anderen gesellschaftlichen Bereiche. Die Volkswirtschaft der DDR ist sozialistische Planwirtschaft. Die zentrale staatliche Leitung und Planung der Grundfragen der gesellschaftlichen Entwicklung ist mit der Eigenverantwortung der örtlichen Staatsorgane und Betriebe sowie der Initiative der Werktätigen verbunden. [...] Art. 10 (1) Das sozialistische Eigentum besteht als gesamtgesellschaftliches Volkseigentum, als genossenschaftliches Gemeineigentum werktätiger Kollektive sowie als Eigentum gesellschaftlicher Organisationen der Bürger. (2) Das sozialistische Eigentum zu schützen und zu mehren ist Pflicht des sozialistischen Staates und seiner Bürger.

Art. 12 (1) Die Bodenschätze, die Bergwerke, Kraftwerke, Talsperren und großen Gewässer, die Naturreichtümer des Festlandsockels, Industriebetriebe, Banken und Versicherungseinrichtungen, die volkseigenen Güter, die Verkehrswege, die Transportmittel der Eisenbahn, der Seeschiffahrt sowie der Luftfahrt, die Post- und Fernmeldeanlagen sind Volkseigentum. Privateigentum daran ist unzulässig. [...] Art. 14 (1) Privatwirtschaftliche Vereinigungen zur Begründung wirtschaftlicher Macht sind nicht gestattet. (2) Die auf überwiegend persönlicher Arbeit beruhenden kleinen Handwerks- und anderen Gewerbebetriebe sind auf gesetzlicher Grundlage tätig.

Gesetzblatt der DDR, 1968, Teil II, S. 339

a) *Stellen Sie die Bestimmungen zusammen, die die sozialistische Wirtschaftsordnung verbürgen sollen. Wie steht es mit Reformchancen?*
b) *Vergleichen Sie die DDR-Eigentumsverhältnisse mit denen in der Bundesrepublik und erörtern Sie deren Vor- und Nachteile.*

119 Einstellungen zur Arbeit

Am Eingang des Restaurants ein Schild: „Bitte warten Sie, Sie werden plaziert." Vor dem Schild die Gäste, sie ordnen sich diszipliniert zur Schlange. Hinter dem Schild ein gähnend leeres Lokal. Niemand kommt, die Gäste einzuweisen. Kein Gast wagt, sich an einen Tisch zu setzen, er würde nicht bedient. [...] Der Bürger weiß, er kann von einem anderen Werktätigen keine Dienstleistung erzwingen. Er selbst wäre auch nicht dazu bereit. Es gilt das ungeschriebene Gesetz, nicht der Kunde, sondern der Arbeitende ist König. [...]
In einem Fahrradladen in Halle verkaufte eine Verkäuferin jahrelang grundsätzlich nichts aus dem Lagerraum. Sie hatte keine Lust, nach hinten zu gehen, womöglich noch auf die Leiter zu steigen. Lagen die Artikel nicht griffbereit im Verkaufsraum, gab es sie nicht. Die Kunden verwunderte das kaum, sie sind daran gewöhnt, die einfachsten Dinge nicht zu bekommen. Nach zwei Jahren fiel der HO-Zentrale der überhöhte Lagerbestand und der niedrige Umsatz auf. Die Verkäuferin wurde – ein seltener Fall in der DDR – fristlos entlassen.
Das Gefühl des DDR-Bürgers für Zeit ist von besonderer Art. Das russische „wso budjet", es wird schon werden, ist zur Mentalität geworden. Das amerikanische „time is money" kommt niemand in den Sinn. Langjährige Erfahrung lehrt, dass es in der zentral geleiteten Wirtschaft vollkommen sinnlos ist, sich bei der Arbeit „zu überschlagen". Arbeitet man schnell, ist das Material schnell verbraucht, es stoppt die Zulieferung, es entstehen Wartezeiten. Schafft man sein Pensum vorfristig, muss man dennoch die Arbeitszeit absitzen.

I. Böhme, Die da drüben, Berlin 1986, S. 28 ff.

Versuchen Sie die hier geschilderten Beispiele mit dem sozialistischen Wirtschaftssystem in Verbindung zu bringen. Ziehen Sie Vergleiche zum Arbeitsverhalten in marktwirtschaftlichen Ländern.

120 VEB Elektrokohle, Berlin-Ost 1981 Gemäß der SED-Ideologie sollte der Betrieb nicht nur Arbeitsstätte, sondern auch ein gesellschaftliches Zuhause sein.

121 **Sozialistische Wirtschaft**

Der 1986 in die Bundesrepublik übergesiedelte DDR-Wirtschaftsexperte Harry Maier (1987):

Es ist durchaus plausibel, dass in diesem Labyrinth von Entscheidungsinstanzen die unteren Wirtschaftseinheiten gegenüber den übergeordneten Planungs- und Entscheidungsinstanzen eine Strate-
5 gie der Desinformation betreiben müssen, um nicht im Räderwerk der Bürokratie zermalmt zu werden. Da ihre Leistung nach der Planerfüllung bewertet wird, sind sie vor allem daran interessiert, einen möglichst risikoarmen Plan (DDR-Planungsjargon:
10 „weicher Plan") mit der Zentrale auszuhandeln. [...] Hiervon hängt alles Übrige ab. Der Gewinn, der ja mit dem (von der Planbehörde) festgelegten Preis der zu produzierenden Erzeugnisse vorgegeben ist, das Produktivitätswachstum, das produzierte Netto-
15 produkt (Umsatz minus Produktionskosten), die

Erfüllung des Exportplans etc. Davon wiederum hängen die Zuführungen für den Lohn- und Prämienfonds sowie den Sozial- und Kulturfonds der Beschäftigten ab, aber auch die Jahresendprämien für die Leitungskader, ihre Auszeichnungen mit Or- 20 den und Ehrenzeichen sowie ihre Aufstiegschancen innerhalb der Partei- und Wirtschaftsbürokratie.
Im Rahmen dieses Systems müssen die Leitungskader nicht nur darauf achten, dass der ausgehandelte Plan termingerecht erfüllt, sondern auch darauf, dass 25 er nicht zu sehr übererfüllt wird. Im letzteren Fall müssen sie damit rechnen, im kommenden Jahr mit einem wesentlich höheren Plan beauflagt zu werden.

I. Spittmann/G. Helwig (Hg), Das Profil der DDR in der sozialistischen Staatengemeinschaft, Köln 1987, S. 37 f.

Arbeiten Sie die in diesem Text angesprochenen Schwachstellen der sozialistischen Planwirtschaft heraus.

Zur Diskussion

Die DDR-Wirtschaft – zum Scheitern verdammt?

Nach dem Zusammenbruch der DDR, der nicht zuletzt auch auf wirtschaftliche Ursachen zurückzuführen war, wurde viel darüber diskutiert, ob das sozialistische Wirtschaftssystem grundsätzlich untauglich war oder unter anderen Umständen die Chance gehabt hätte, zu einer ernsthaften Alternative zur westlichen Marktwirtschaft zu werden. Da auch das so erfolgreiche kapitalistische Wirtschaftssystem unerfreuliche Seiten hat, verbanden und verbinden nicht wenige Menschen mit einer sozialistischen Umgestaltung der Wirtschaft beträchtliche Hoffnungen. Hingen sie damit einer bloßen Illusion an?

a) Der Wirtschaftswissenschaftler Gernot Gutmann (1990):

Die hierarchisch und zentralistisch aufgebaute Struktur der volkswirtschaftlichen Planungs- und Lenkungsorganisation enthielt eine nicht vermeidbare Schwäche hinsichtlich der Gewinnung und der
5 Nutzung von Informationen über die Beschaffenheit all der Umstände, die man eigentlich kennen müsste, um gesamtwirtschaftlich richtige ökonomische Entscheidungen treffen zu können. In arbeitsteiligen Wirtschaften hat man es mit der Tatsache zu tun,
10 dass die Gesamtheit des Wissens über alle jene Gegebenheiten, die letztlich für den sinnvollen Ablauf des volkswirtschaftlichen Geschehens von Bedeutung sind, in den Köpfen der wirtschaftenden Menschen verstreut vorhanden ist. […] Die Vielfalt
15 dieses Wissens kann aber nur zum kleinen Teil im Rahmen einer hierarchischen Planungs- und Verwaltungsstruktur zusammengefasst und den Entscheidungsinstanzen verfügbar gemacht werden. […] Man kann zusammenfassend sagen, dass die
20 planwirtschaftliche Ordnung in der DDR nicht vermeidbare informationelle Mängel aufwies und ein volkswirtschaftlich negativ wirkendes Verhalten der Menschen bewirkte – Schlamperei, Verantwortungslosigkeit, Risikoscheu und Desinteresse –, was sich
25 dann in einer relativ niedrigen Arbeitsproduktivität und in schlechter Versorgung des Gemeinwesens mit Gütern der verschiedensten Art niederschlug. Es wäre also ein Irrtum anzunehmen, das ökonomische und ökologische Desaster in der DDR wäre wesent-
30 lich auf das Versagen und die Inkompetenz einzelner Personen zurückzuführen, etwa des im ehemaligen Politbüro für Fragen der Wirtschaft zuständigen Günter Mittag. Der Misserfolg der DDR-Wirtschaft war in der Anlage dieser Wirtschaftsordnung selbst
35 vorprogrammiert und musste daher früher oder später zutage treten.

G. Gutmann, Produktivität und Wirtschaftsordnung, in: APZ 33/90, S. 20f.

b) Der Wirtschaftswissenschaftler Heiner Ganßmann (1993):

Die DDR-Ökonomie ist an einer inkompatiblen Mixtur von Demokratiemangel, traditionellen sozialistischen Leitideen und entsprechenden Planungs- und Lenkungsmethoden gescheitert, nicht einfach am Planungsparadox. Einerseits konnte der pro-
5 grammatische sozialistische Anspruch, wonach die arbeitenden Menschen auf allen Ebenen in den Planungsprozess einbezogen werden sollten, nicht erfüllt werden, solange Entscheidungsspielräume „unten" als Störfaktoren galten. Damit konnte die ehr-
10 geizige Planung nur noch dirigistisch von oben, notfalls mit Zwangsmitteln durchgehalten werden, die „unten" zu passiver Resistenz führten. Andererseits war die Anwendung von kapitalismusanalogen Disziplinierungsmethoden zur Erzielung eines er-
15 wünschten Arbeitsverhaltens nicht nur durch die sozialistische Ideologie verstellt, sondern auch durch die mehr oder weniger heftigen Anstrengungen, das permanente Planversagen lokal durch Mobilisierung der generalisierten Ressource Arbeitskraft zu kom-
20 pensieren. In dieser Konstellation hatten die unmittelbaren Produzenten ironischerweise gerade deshalb eine große, wenngleich passive Macht, weil die Planung so schlecht war, wie sie war. […] Auf die Dauer kann man nicht gegen eine widerwillige Be-
25 völkerungsmehrheit anplanen, selbst wenn es die Bevölkerung nicht gerade an Autoritätsfixierung mangeln lässt.

H. Ganßmann, Die nicht beabsichtigten Folgen einer Wirtschaftsplanung, in: H. Joas/M. Kohli (Hg), Der Zusammenbruch der DDR, Frankfurt 1993, S. 188

Worin unterscheiden sich die Befunde der beiden Autoren? Diskutieren Sie die Reformierbarkeit der Planwirtschaft.

1. *Erörtern Sie die Folgen der Verdrängung des „privaten Sektors". Unterscheiden Sie dabei nach den Wirtschaftszweigen.*
2. *Erklären Sie den Rückstand der DDR-Wirtschaft gegenüber der der Bundesrepublik.*
3. *Erläutern Sie das System der DDR-Planwirtschaft. Wo lagen dessen Schwächen?*
4. *Skizzieren Sie die Grundprinzipien des „Neuen Ökonomischen Systems" von 1963. Warum blieb der erhoffte Erfolg dieser Reform aus?*
5. *Was trieb die DDR-Wirtschaft in den 80er Jahren in den Ruin?*

2.4 Die sozialistische Gesellschaft

2.4.1 Vom Klassenkampf zur sozialistischen Gleichheit

Der Sozialismus versprach allen gleiche Chancen und Rechte. Zunächst aber drangsalierte und benachteiligte die SED die alten Oberschichten und bevorzugte die Arbeiter. In den ersten Jahren der SBZ/DDR verschaffte die „proletarische" Herkunft viele Vorteile: bei der Vergabe von Posten in der Partei, im öffentlichen Dienst, in den „Volkseigenen Betrieben" oder bei der Zulassung zum Studium. Sie betrieb die Einrichtung von „Arbeiter- und Bauernfakultäten", die Bewerber mit dem richtigen sozialen Hintergrund, aber ohne Abitur auf das Studium vorbereiteten. So gelang vielen jungen Menschen aus einfachen Verhältnissen ein früher undenkbar gewesener beruflicher und sozialer Aufstieg. Kinder aus besitz- und bildungsbürgerlichen Familien dagegen erfuhren viele Benachteiligungen. Erst in den 60er Jahren ging die Ungleichbehandlung zu Ende.

Vorrang der Arbeiterklasse

Allerdings waren es jetzt die mittlerweile entstandenen neuen Führungsschichten, die alles daransetzten, ihren Kindern die Statusvorteile zu vererben. Immer mehr Studierende kamen nun aus den Familien der „Intelligenz", während der Anteil der Arbeiterkinder drastisch zurückging. Auch in den „gesellschaftlichen" Einrichtungen und Organisationen, nicht zuletzt in der SED selbst, verloren die Arbeiter fortwährend an Gewicht. Das hatte freilich auch mit der allgemeinen Höherqualifizierung zu tun: In den 80er Jahren hatten die meisten Arbeiter den Facharbeiterbrief erworben, nur jeder sechste bis siebente gehörte zur Gruppe der An- und Ungelernten. Insofern vollzog sich in der DDR, genau wie in der Bundesrepublik, eine „Entproletarisierung". Diese Entwicklung ging mit einer starken Einkommensnivellierung einher. Der Durchschnittsverdienst eines Industriearbeiters verhielt sich zu dem eines „Akademikers" wie etwa 5 zu 6. Die Spitzengehälter, die die kleine politische und ökonomische Führungsschicht bezog, lagen in den 80er Jahren zwischen 3000 und 4500 Mark; sie erlaubten kaum eine Vermögensbildung, die große Unterschiede im Lebensstandard hätte begründen können. Selbst die Privilegien der „Bonzen", die nach der „Wende" so viel Empörung erregten, gestatteten den Begünstigten lediglich einen Lebensstil, der sich zwar stark vom grauen DDR-Alltag abhob, aber im Vergleich zum Luxus der vielen Gutverdienenden im Westen ziemlich bescheiden ausnahm.

Soziale Umschichtungen

Über die Platzierung in der sozialen Rangordnung entschied letztlich die Partei. Wer beruflich vorankommen wollte, musste mindestens als politisch zuverlässig gelten, besser noch ein „Aktivist" sein. Nur wenige herausragende Fachleute – Wissenschaftler, Techniker, Ärzte – oder bekannte Künstler und Schriftsteller konnten sich eine gewisse politische Unabhängigkeit leisten. Die Masse passte sich, zu-

Vorrang der politischen Gesinnung

Entproletarisierung: Der in Ost- wie Westdeutschland seit etwa den 60er Jahren ablaufende Vorgang des Ausklingens von Lebensweisen und Mentalitäten, die für die Industriearbeiterschaft seit der Mitte des 19. Jahrhunderts charakteristisch gewesen waren. Zur proletarischen Existenz gehörten vor allem die Unsicherheit der Lebensumstände mit ihren fatalen Folgen beim Ausscheiden aus der Erwerbstätigkeit (durch Krankheit, Invalidität, Alter); der armselige Lebensstandard mit chronischer materieller Not und dem Zwang für die arbeitsfähigen Familienmitglieder, durch außerhäusliche Arbeit zum Familieneinkommen beizutragen (Frauen- und Kinderarbeit); die Unwahrscheinlichkeit eines sozialen Aufstiegs mangels entsprechender Bildungs- und Vermögenserwerbschancen. Diese dreifache Benachteiligung der Arbeiterschaft (bei den Landarbeitern kam häufig noch die persönliche Abhängigkeit hinzu) wurde in den letzten Jahrzehnten nicht vollständig, aber weitgehend abgebaut. Maßgeblich hierfür waren die beträchtlichen Einkommenszuwächse, der Ausbau des Sozialstaates und die verbesserten Bildungsmöglichkeiten.

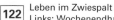

122 Leben im Zwiespalt
Links: Wochenendhaus („Datsche") in „Neu-Venedig"
(Ost-Berlin).
Rechts: Karikatur aus dem „Eulenspiegel", einer Ost-Berliner
satirischen Wochenzeitung (1986).
Interpretieren Sie die Abbildungen in Hinblick auf das Span-
nungsverhältnis zwischen privatem und öffentlichem Leben.

mindest äußerlich, den Verhaltenserwartungen der politischen Führung an. Viele
zogen sich so oft wie möglich in die privaten Freiräume zurück, in die Familie, den
Garten, die Wochenendbehausung („Datsche"). Als Kompensation diente weithin
der Sport: Aus der eigenen Fitness oder aus den beachtlichen internationalen Erfolgen der DDR-Spitzensportler schöpfte mancher Selbstwertgefühle. Die SED
ließ sich die Sportförderung viel kosten; aber nicht nur die Volksgesundheit, sondern auch politischer Prestigegewinn lag ihr dabei am Herzen.

2.4.2 Schule, Bildung, Jugend

Schulreform

Bereits 1946 führten die SBZ-Behörden die „Einheitsschule" ein. Sie fasste 8 Jahre
lang die Kinder aller Schichten und Begabungsrichtungen zusammen und war
dazu bestimmt, das sog. Bildungsprivileg der alten Oberschichten zu beseitigen.
Die Masse der Jugendlichen ging anschließend in die Berufsausbildung, die mit
einem dreijährigen Berufsschulbesuch verbunden war. Eine Minderheit durfte die
4-jährige Oberschule besuchen, die zur Hochschulreife führte. Die Zulassung richtete sich zum einen nach dem mutmaßlichen künftigen Bedarf an Hochschulabsolventen, zum andern nach den Gutachten der Grundschule (und später auch der
FDJ), für die, neben den schulischen Leistungen, die soziale Herkunft und „politische Bewährung" der Schülerinnen und Schüler wichtig waren.

Polytechnische
Bildung

Mit der Einführung der 10-jährigen Polytechnischen Oberschule für alle schul-
pflichtigen Kinder und Jugendlichen 1959 verwirklichte die DDR das marxsche
Programm der Einheit von Hand- und Kopfarbeit, von beruflicher und allgemeiner
Bildung. Dem dienten eine berufskundliche Grundausbildung und regelmäßige
Betriebspraktika. Im Übrigen erhielten die naturwissenschaftlichen Fächer großes

Gewicht. Das anfangs verfolgte Ziel einer frühzeitigen Verzahnung von Unterricht und Produktionsarbeit zum Zwecke einer regelrechten Berufsausbildung bereits auf der Schule wurde bald zugunsten einer breit angelegten technologischen Grundbildung („Einführung in die sozialistische Produktion" und „Technisches Zeichnen") aufgegeben.

Das grundlegende Gesetz von 1965 brachte das DDR-Bildungssystem in seine endgültige Form. Es fügte das Schul- und Hochschulwesen voll in das allgemeine Planungssystem ein. Es oblag dem Ministerium für Volksbildung, alle jungen Menschen in die Bildungslaufbahnen zu lenken, die gesamtwirtschaftlich gebraucht wurden. Die Steuerung erfolgte vor allem mittels der Zulassung zur Erweiterten Oberschule (EOS) (die die Hochschulreife vergab) und zu den Hochschulen; zugelassen wurden stets nur so viele, wie die Planungsziffern vorgaben. Das schränkte die Berufs- und Studienfachwahl der jungen Menschen empfindlich ein. Seit den 70er Jahren drosselte die SED-Führung die Zulassung zum Studium. Das gab ihr ein weiteres Druckmittel in die Hand, um sich den akademischen Nachwuchs gefügig zu machen.

Einheitliches sozialistisches Bildungssystem

Mittels der verbindlich vorgegebenen Lern- und Erziehungsziele, die sich in den Lehrplänen und Lehrbüchern widerspiegelten, versuchte der Staat den Unterricht in seinem Sinne zu bestimmen. Diskussionen waren offiziell zwar erwünscht, aber sie hatten, soweit sie politische und ideologische Grundsätze berührten, stets im Rahmen zu bleiben, den die verbindliche Doktrin des Marxismus-Leninismus darstellte. Die Schule hatte auch die Aufgabe, die Schüler ideologisch zu formen, was insbesondere Ziel des Unterrichtsfaches Staatsbürgerkunde (ab Klasse 7) war. Das von der SED propagierte Erziehungsziel war die „sozialistische Persönlichkeit", die sich durch Gesinnungstreue und kämpferische Parteilichkeit auszeichnen sollte. Aber spätestens in den 80er Jahren verlor dieses Idealbild an Glaubwürdigkeit. Immer häufiger kam es vor, dass Lehrer und Schüler, wenn auch zumeist in verdeckter Form, abweichende und kritische Meinungen durchblicken ließen.

Lernschule und Gesinnungstreue

Insgesamt spielten Lernen, Weiterbildung, Qualifizierung in der DDR-Gesellschaft eine große Rolle. Die zahlreichen Angebote der beruflichen Fortbildung, wie Abendkurse und Fernstudien, fanden lebhaften Zuspruch. Die Betriebe unterstützten derartige Aktivitäten ihrer Mitarbeiter mit Beurlaubungen und Stipendien. Das herkömmliche bürgerliche Kultur- und Bildungsideal, das in der Arbeiterbewegung seit dem 19. Jahrhundert in hohem Ansehen stand, wurde von der Partei- und Staatsführung nachhaltig gefördert.

Bildungsgesellschaft

Wie in allen Regimen mit totalitärem Anspruch galt auch in der DDR der Jugend die besondere Aufmerksamkeit der Machthaber. Mit der schon im Februar 1946 vollzogenen Gründung der FDJ (Freie Deutsche Jugend) als des Ausschließlichkeit beanspruchenden einheitlichen Jugendverbandes für die gesamte SBZ stellte die KPD die Weichen für eine lückenlose Erfassung aller Kinder und Jugendlichen. Der mit dieser Aufgabe von der KPD/SED-Spitze beauftragte Erich Honecker betrieb mit Erfolg die allmähliche Umwandlung der zunächst überparteilichen FDJ in eine sozialistische Staats-Jugendorganisation. Diese war seit 1949 eine primär politische Massenorganisation, die von der SED kontrolliert wurde und ihre Vertreter in die politischen Körperschaften, wie den Demokratischen Block, die Nationale Front und die Volkskammer, entsandte. Sie war in allen staatlichen Einrichtungen, die es mit jungen Menschen zu tun hatten – wie vor allem die Schulen, Hochschulen und die Nationale Volksarmee –, vertreten und entschied in wichtigen Angelegenheiten mit. Junge Menschen mit beruflichem Ehrgeiz kamen nicht umhin, der FDJ beizutreten, und wer vorankommen wollte, war darauf angewiesen, güns-

FDJ

tige Beurteilungen von den FDJ-Leitungen zu bekommen. In ihren besten Jahren, den 70ern, erreichte der Staatsjugendverband eine Mitgliederquote von 70% der in Frage kommenden Jahrgänge. Bezeichnenderweise waren EOS-Schüler und Studenten nahezu vollzählig FDJ-Mitglieder – nicht weil sie besonders überzeugte Sozialisten waren, sondern weil sie ohne eine FDJ-Mitgliedschaft kaum eine Chance gehabt hätten, in die begehrten Bildungswege hineinzukommen.

Politik und Jugendkultur

Die (hauptamtlichen) FDJ-Funktionäre steckten in einem gewissen Dilemma. Einerseits hatten sie politische Aufträge zu erfüllen, die bei den jungen Menschen nicht immer populär waren – wie die Werbung für die NVA, die zeitaufwendigen Einsätze bei allen möglichen Kampagnen der SED, von der Wahlpropaganda bis zur Erntehilfe. Andererseits waren sie bestrebt, den Jugendlichen attraktive Angebote zu machen – im Sport, in der Freizeitunterhaltung, der Touristik oder der Weiterbildung. Hier mussten sie auf jugendliche Wünsche und Interessen Rücksicht nehmen, auch wenn diese der Parteiführung nicht immer gefielen. Als sich in den späten 60er Jahren auch in der abgeschirmten DDR die jugendliche Alternativkultur der Rock- und Popmusik, der Jeans und Lederjacken, der Hippies und Langhaarigen ausbreitete, blieb den Machthabern nichts anderes übrig, als gute Miene zum „bösen Spiel" zu machen, kostbare Devisen für den Import von Jeanshosen zu bewilligen und Rockkonzerte zu genehmigen. So brachte es die FDJ fertig, im Leben der DDR-Jugend präsent zu bleiben. Mochten auch ihre politischen Parolen und Aktivitäten bei vielen Mitgliedern Überdruss auslösen: Die FDJ bot auch einen Rahmen für jugendgemäßes Leben und Erleben. Das galt besonders für die Kinder-Pionierorganisation „Ernst Thälmann", die den Kindern vom 7. bis 14. Lebensjahr Betätigungsmöglichkeiten eröffnete, die durchaus Anklang fanden.

2.4.3 Kunst, Literatur, Massenmedien

„Sozialistischer Realismus"

Die künstlerischen Freiheiten und Experimente der ersten Nachkriegsjahre waren zu Ende, als es 1948 an den „Aufbau des Sozialismus" ging. Fortan erhielt der „sozialistische Realismus" kanonische Geltung. Die Künstler und Schriftsteller wurden ermahnt, vom „Formalismus" und „Kosmopolitismus" abzulassen und lebensnahe, volkstümliche Werke zu schaffen, die einen nützlichen Beitrag zum sozialistischen Aufbau leisteten. Die Kunst wurde unverblümt in den Dienst der Politik gestellt (s. S. 161). Wer sich darauf nicht festlegen lassen wollte, durfte seine Bilder nicht ausstellen, seine Kompositionen nicht aufführen, seine Manuskripte nicht drucken lassen. Regimetreue Kunstschaffende und Autoren dagegen erfuhren eine großzügige Förderung und finanzielle Absicherung. Aufmüpfige Geister wie Wolf Biermann oder Stefan Heym wurden verwarnt und gemaßregelt (s. S. 158).

Literatur als heimliche Öffentlichkeit

Dennoch entwickelte sich eine – weder konformistische noch oppositionelle – Literatur von anerkanntem Rang. Die meiste Beachtung fanden die Bücher von Christa Wolf, die sich, bei aller grundsätzlichen Bejahung des Sozialismus, eine gewisse geistige Unabhängigkeit bewahrte. Als die Honecker-Führung sich 1976 des renitenten Wolf Biermann durch Ausbürgerung entledigte, war die Mehrheit seiner Schriftsteller-Kollegen beherzt genug, dagegen öffentlich zu protestieren. Dieser Protest hatte zwar keinen Erfolg, aber die SED-Führung wagte es auch nicht, gegen die Unterzeichner vorzugehen. So gewann die anspruchsvolle Literatur in der DDR der 70er und 80er Jahre nicht nur eine große Leserschaft, sondern erhielt auch die Funktion eines heimlichen Diskussionsforums, einer „Ersatzinformationsquelle"; sie brachte, wie verschlüsselt auch immer, zur Sprache, was direkt nicht gesagt werden konnte.

Die Massenmedien waren das Mittel, mit dem die Herrschenden in erster Linie ihr **Massenmedien**
Informations- und Meinungsbildungsmonopol ausübten. Alle maßgebenden Zeitungen – an der Spitze das SED-Organ „Neues Deutschland" – erschienen im Auftrag der Parteien und Massenorganisationen; ohne staatliche Lizenz durfte keine
Zeitung oder Zeitschrift gedruckt werden. Rundfunk und Fernsehen waren staatliche Einrichtungen. Die Mehrzahl aller Informationen stammte aus der staatlichen
Nachrichtenagentur ADN, die unmittelbar von der SED kontrolliert wurde. Honecker selbst kümmerte sich fast täglich um die Inhalte der Hauptnachrichtensendung
des Fernsehens und die Leitartikel des „Neuen Deutschland". Allerdings hatte das
staatliche Informationsnetz eine empfindliche Lücke: das Westfernsehen. Nachdem
zu Ulbrichts Zeiten die Partei unter Einspannung der FDJ vergeblich versucht hatte,
die auf Westempfang gestellten Antennen umzudrehen, fügte sie sich in der
Honecker-Ära in das Unvermeidliche. So bekam ein großer Teil der DDR-Bevölkerung allabendlich die westdeutsche Sicht der Dinge ins Haus geliefert.

2.4.4 Die Kirchen

Allein die beiden christlichen Kirchen bildeten einen staatsfreien Raum, in dem ein **Staatsfreier**
Welt- und Politikverständnis zu Worte kommen konnte, das von der herrschenden **Raum**
Doktrin entschieden abwich. Zunächst freilich hatte die Partei- und Staatsführung
alles getan, um dies zu verhindern: Sie erschwerte die kirchliche Arbeit, wo immer
es ging, und suchte durch Druck und Propaganda die Menschen dem christlichen
Glauben abspenstig zu machen. Die Katholische Kirche – der 1949 11% der Bevölkerung angehörten – reagierte auf die staatlichen Schikanen, indem sie sich auf
ihre innerkirchlich-seelsorgerischen Obliegenheiten zurückzog, sich vom öffentlichen Leben abkapselte und die Kontakte zum Staat auf das Notwendigste beschränkte. Im Unterschied dazu verstand sich die Evangelische Kirche (zu der sich
anfangs 80% der DDR-Bürger bekannten) gemäß ihren reformatorischen Ursprün-
gen als mitverantwortlich für das staatliche und gesellschaftliche Leben. Sie sah
sich darum in einen regelrechten „Kirchenkampf" mit dem atheistischen Staat
verwickelt, der keine von ihm unabhängige Instanz dulden wollte. Von diesem
scharfen Kurs ging die Partei erst ab, als sie einsehen lernte, dass mit Zwang allein wenig auszurichten war, und als die Kirchenleitungen zu verstehen gaben,
dass sie den SED-Staat als legitime Obrigkeit zu respektieren gedachten. Seitdem
bewegte sich die Evangelische Kirche auf einem schmalen Grat zwischen Anpassung an die sozialistische Gesellschaftsordnung und Selbstbehauptung im den
Marxismus-Leninismus verwerfenden christlichen Glauben.

1969 gab die Kirchenleitung dem Drängen der SED-Führung nach, gründete den **„Kirche im**
„Bund der Evangelischen Kirchen in der DDR" und löste diesen aus der organisa- **Sozialismus"**
torischen Verbindung mit der gesamtdeutschen EKD; zugleich betonte sie freilich
die Fortdauer der Glaubensgemeinschaft mit den westdeutschen Landeskirchen
und in der Tat blieben eine Menge institutioneller und persönlicher Verbindungen
über die Grenze hinweg bestehen. Im Übrigen war man sich innerhalb der Kirche
durchaus nicht immer einig. Während sich die Kirchenleitungen durchweg um ein
gutes Einvernehmen mit dem Regime bemühten, war die Basis in den Gemeinden
vielfach geneigt, Konflikten nicht auszuweichen. So blieb die in den Medien viel
gebrauchte Formel „Kirche im Sozialismus" stets umstritten. Als die SED 1978 die
„Wehrerziehung" als verbindliches Unterrichtsprinzip in den Schulen einführte,
waren sich jedoch alle Kirchenmitglieder in ihrem Protest einig. Seitdem wurde
das Eintreten für den Frieden zu einem Thema, das das kirchliche Selbstverständnis in starkem Maße prägte und das auch Nicht-Christen in Kontakt mit der Kirche

brachte. Deren Zahl war ständig angewachsen: 1989 gehörten nur noch 24% der Bevölkerung zur evangelischen und knapp 5% zur katholischen Kirche. Aus der „Volkskirche" war eine „Minderheitskirche" geworden. Dass dies deren Ausstrahlungskraft nicht unbedingt beeinträchtigen musste, zeigte sich im Herbst 1989. Damals wurde die evangelische Kirche buchstäblich zu einem Schutzraum, in dem sich die Bürger- und Demokratiebewegung entfalten konnte.

2.4.5 Die DDR als Sozial- und Versorgungsstaat

Lebens-standard

Die von der SED behauptete Überlegenheit der sozialistischen Gesellschaftsordnung musste sich in der materiellen Versorgung und sozialen Sicherheit ihrer Bürger erweisen. Deren Bilanz fiel zwiespältig aus. Einerseits gab es – zumindest äußerlich – keine Arbeitslosigkeit. Die Kosten für den Grundbedarf waren dank hohen staatlichen Subventionen niedrig. Auch die Belastung des Einzelnen durch Steuern und Sozialabgaben blieb höchst erträglich. Die medizinische Versorgung war nahezu unentgeltlich. Ferienaufenthalte wurden von den Betrieben, dem FDGB oder der FDJ zu günstigen Preisen angeboten (wofür der Urlauber freilich zumeist „Massenbetrieb" in Kauf nehmen musste). Allerdings gab es neben solchem Licht auch viel Schatten. Wohnungen waren knapp und in einem oft erbärmlichen baulichen Zustand; erst die von Honecker verfügte Verstärkung des Wohnungsbaus brachte gewisse Erleichterungen. Die Preise für alle Gebrauchsgüter oberhalb des elementaren Grundbedarfs waren enorm überhöht; hier holte der Staat zum Teil wieder herein, was er für die Grundversorgung ausgab.

Soziales Netz

In der DDR litt, nach Überwindung der lange währenden Versorgungsschwierigkeiten der Nachkriegszeit – die letzten Lebensmittelkarten wurden erst 1958 abgeschafft –, niemand akute Not. Solange man im Arbeitsleben stand, hatte man sein Auskommen – zumal in der Regel alle erwachsenen Familienmitglieder berufstätig waren. Freilich blieben die Ansprüche, verglichen mit westdeutschen Verhältnissen, durchweg bescheiden. Völlig unzulänglich war allerdings die Altersversorgung. Den niedrigen Beiträgen zur allgemeinen Rentenpflichtversicherung (Höchstsatz 60 Mark) entsprachen kümmerliche Renten. Wer nicht auf andere Finanzquellen zurückgreifen konnte, musste im Alter ein Leben in Armut führen; das galt besonders für verwitwete Frauen, die keine längere Berufstätigkeit vorzuweisen hatten. Vier Fünftel aller DDR-Bürger machten darum von der 1968 geschaffenen Möglichkeit Gebrauch, durch eine freiwillige Zusatzversicherung ihre Altersbezüge aufzustocken. Die DDR war eine „Arbeitsgesellschaft": Wer nicht erwerbstätig war, musste erhebliche Einbußen hinnehmen.

2.4.6 Frauen in der DDR

Gleichstellung

Auch die Frauenpolitik der SED war von ihrem Interesse an der vollen Ausbildung der „Arbeitsgesellschaft" bestimmt. Bereits 1965, lange vor entsprechenden gesetzlichen Regelungen in der Bundesrepublik, verankerte das Familiengesetzbuch die allseitige Gleichstellung von Männern und Frauen. Beide Geschlechter hatten nicht nur am Arbeitsplatz und im öffentlichen Leben gleiche Rechte und Pflichten – das galt schon seit längerem –, sondern waren auch in gleicher Weise für die Aufgaben im Haushalt und in der Kinderbetreuung zuständig. 1972 legalisierte die Volkskammer den bis dahin verbotenen Schwangerschaftsabbruch gemäß dem Grundsatz der Fristenregelung.

Die Emanzipation der Frauen in der DDR war das Werk der Staats- und Parteifüh- **Mobilisierung**
rung, nicht das Resultat einer Frauenbewegung „von unten". Der Staat unter- **der weiblichen**
nahm große Anstrengungen, um die Frauen in die „Produktion" zu bringen: Er **Arbeitskraft**
strich die Witwenrenten für arbeitsfähige Frauen und gewährte erwerbstätigen
Müttern mit kleinen Kindern großzügige Hilfen. Vor allem in der Ära Honecker betrieb er – unter dem doppelten Druck des Arbeitskräftemangels und der sinkenden
Geburtenziffern – eine ausgeprägte „Mutti-Politik". Frauen erhielten nach der Geburt ihrer Kinder für ein halbes Jahr Mutterschaftsurlaub bei voller Lohnfortzahlung und anschließend für mehrere Monate (je nach Kinderzahl) weitere Arbeits-
befreiungen mit nur leicht verkürzten Bezügen. Sie hatten Anspruch auf Teilzeit-
beschäftigung ohne merkliche finanzielle Einbußen und durften bis zu 13 Wochen
im Jahr bei Krankheiten der Kinder der Arbeit fernbleiben. Insgesamt übernahm
der Staat durchschnittlich etwa 85% der beim Aufwachsen der Kinder anfallenden
Kosten.
Trotz solcher Vergünstigungen konnte von einer vollständigen Gleichstellung der
Frauen nicht die Rede sein. Das galt nicht nur für die ungleiche Verteilung der
Haushaltslasten, sondern auch für die Verhältnisse am Arbeitsplatz. Zwar lag der
Erwerbstätigenanteil der Frauen mit 90% (in den 80er Jahren) fast genauso hoch
wie der der Männer, aber das durchschnittliche Frauen-Einkommen erreichte nur
78% von dem der männlichen Kollegen. Das hing zum Teil mit dem schlechteren
Ausbildungsstand der Frauen zusammen (es gab wesentlich mehr weibliche als
männliche ungelernte Arbeitskräfte), vor allem aber damit, dass ihnen in der nach
wie vor von Männern beherrschten Berufswelt viel seltener der Aufstieg in die
Führungspositionen gelang.

123 Sozialdaten

a) Wohnungsbestand 1981

	Bundesrepublik	DDR
Wohnungen je 1000 Einwohner	412	387
Durchschnittl. Wohnungsgröße (m²)	82	58
Altersstruktur: vor 1919 (in v. H.)	21	46
1919–1945	15	19
nach 1945	64	35
Ausstattung mit Zentralheizung (in v. H.		
aller Wohnungen)	84	26
mit Bad	89	54

Gesamtdeutsches Institut (Hg.), Zahlenspiegel, Bonn 1983, S. 63

b) Zeitverwendung von Arbeitern und Angestellten pro Tag (Std.: Min.)

	1974		1980		1985	
	M	F	M	F	M	F
Arbeitszeit	6:19	5:04	6:05	5:02	6:07	5:0
Hausarbeit	1:31	4:02	1:42	3:51	1:37	3:45
Freizeit	4:52	3:26	4:54	3:36	5:01	3:36

G. Helwig/H. M. Nickel (Hg.), Frauen in Deutschland 1945–1992, Bonn 1993, S. 245

Was sagen die Zahlen über das Alltagsleben der DDR-Bürger aus?

124 Die Erwartungen der Partei und die Probleme der Schriftsteller

a) Erich Honecker auf dem 9. ZK-Plenum (1973):

Dem Neuen nachzuspüren, es aufzudecken und mitzugestalten, gelingt wohl nicht immer beim ersten Versuch und am wenigsten dadurch, dass versucht wird, eigene Leiden der Gesellschaft aufzuoktroyie-
5 ren. Die in verschiedenen Theaterstücken und Filmen dargestellte Vereinsamung und Isolierung des Menschen von der Gesellschaft, ihre Anonymität in Bezug auf die gesellschaftlichen Verhältnisse machen schon jetzt deutlich, dass die Grundhaltung sol-
10 cher Werke dem Anspruch des Sozialismus an Kunst und Literatur entgegensteht. (...)

Manches mutet Bürgern unserer Republik, die sich mit ihrem sozialisitschen Staat fest verbunden fühlen, Arbeitern, Genossenschaftsbauern und An-
15 gehörigen der Intelligenz, die ihn aufgebaut haben und Hervorragendes für seinen weiteren Fortschritt leisten, zu viel Selbstverleugnung zu. Sie stellen, und wir meinen mit Recht, in Abrede, dass bestimmte Kunstwerke zur weiteren Herausbildung sozialisti-
20 scher Denk- und Verhaltensweisen beitragen.

Dokumente zur Kunst-, Literatur- und Kulturpolitik der SED, Bd. 2., Hg. G. Rüß, Stuttgart 1976, S. 777

b) Die Schriftstellerin Christa Wolf (1973):

Wenn man über längere Zeit daran gehindert wird, es öffentlich zu tun, kann man überhaupt verlernen, die – verdammten oder nicht verdammten, jedenfalls bedeutsamen – Fragen, die keineswegs immer
5 gleich „zu lösen" sind, wenigstens ohne Umschweif zu stellen und sei es zunächst nur sich selbst. Das betrifft nicht nur die Literatur, aber sie trifft es im Kern. Der Mechanismus der Selbstzensur, der dem der Zensur folgt, ist gefährlicher als dieser. Er verin-
10 nerlicht Forderungen, die das Entstehen von Literatur verhindern können, und verwickelt manchen Autor in ein unfruchtbares und aussichtsloses Gerangel mit einander ausschließenden Geboten: dass er realistisch schreiben soll zum Beispiel und zugleich auf
15 Konflikte zu verzichten; dass er wahrheitsgetreu schreiben soll, aber sich selbst nicht glauben, was er sieht, weil es nicht „typisch" sei.

Christa Wolf, Neue Sammlung, Darmstadt/Neuwied 1980, S. 84

c) Der Schriftsteller Stefan Heym (1975):

Ich wüsste keinen Schriftsteller in der DDR, der nicht auf seiten des Sozialismus stünde. (...) Bei der Lektüre von insgesamt 35 Texten fiel mir auf, dass kaum einer der Autoren den Sozialismus besonders zu verteidigen für notwendig hielt; sie nahmen ihn
5 als Tatsache des Lebens. (...) Was aber, wenn die taktischen Notwendigkeiten der Tagespolitik nicht übereinstimmen wollen mit den Anforderungen der Kunst, wie es nicht nur mir, sondern auch anderen Autoren erging? Wonach soll sich der Schriftsteller
10 nun richten? Neulich hat sich ein jüngerer Kollege an meiner Schulter ausgeweint. Er hatte einen neuen Roman geschrieben, genau nach den politischen Wünschen von oben. Dann kam eine Veränderung auf hoher Ebene, die Wünsche wurden fallen gelas-
15 sen, und das Buch, obwohl noch unveröffentlicht, war bereits ein Anachronismus.

Taktische Notwendigkeiten sind eines; Kunst, soll sie wirksam sein, etwas anderes. (...) Es gibt einen Punkt, in dem der Schriftsteller im Sozialismus sich
20 keine Kompromisse leisten kann, wenn er will, dass seine Arbeit den Tag überdauert: die Wahrheit.

Stefan Heym: Wege und Umwege. München 1980, S. 342f.

d) Der ZK-Sekretär Kurt Hager vor dem DDR-Schriftstellerverband (1986):

Mitunter hört man die Auffassung, daß die DDR-Literatur der achtziger Jahre im Umbruch zu einem neuen Funktionsverständnis stehe, mit dem eine Neigung zum problematischen Helden, zum leiden-
5 den Helden, zum Antihelden zusammenhänge. (...) Dahinter steht eine ältere Auffassung, wonach der künstlerischen Darstellung sogenannter Defizite größere Wirkung als der Darstellung vorbildlicher Verhaltensweisen zukomme. Viele Werktätige er-
10 warten Anregungen aber gerade durch die künstlerische Darstellung vorbildlichen Verhaltens. Das Bedürfnis nach Identifikation, nach Bestätigung, nach Bekräftigung ist ein massenhaft vorhandenes Bedürfnis. Wobei sich vorbildliches Verhalten vor al-
15 lem dort erweist, wo große Aufgaben unter realen Schwierigkeiten zu meistern, unter realen Konflikten zu lösen sind.

Neue Deutsche Literatur, Heft 1/1986, S. 21f.

Unterscheiden und diskutieren Sie die in den Texten deutlich werdenden Vorstellungen von den Aufgaben der Literatur.

125 „Kirche im Sozialismus"

a) Erklärung des SED-Politbüromitglieds Werner Jarowinsky (1988):

Das ist und bleibt das Grundprinzip unserer Kirchenpolitik. Der Kirche, was der Kirche, dem Staate, was dem Staate ist. [...] Wer versucht, in die kirchliche Tätigkeit Fragen einzubringen, die mit der Kirche nichts zu tun haben, stört das gute Verhältnis
5 zwischen Kirche und Staat, handelt gegen die Interessen der Gläubigen und untergräbt die eigene Basis. Eine elementare Voraussetzung für die alles in allem positive Gesamtentwicklung war und ist die
10 Standortbestimmung der evangelischen Kirche in unserer Republik, in unserer Gesellschaft als Kirche nicht gegen, nicht neben, sondern als Kirche im Sozialismus. In letzter Zeit wurde diese bewährte Grundlage zunehmend ausgehöhlt.

Frankfurter Allgemeine Zeitung, 14. 11. 1988

126 Das Emblem fand zu Beginn der 80er Jahre starke Verbreitung. Ein behördliches Verbot hatte nur beschränkten Erfolg.

b) Schreiben von Bischof Leich an Honecker (1988):

Die Fragen, die unsere evangelischen Kirchen in den letzten Monaten bewegt haben, sind Fragen, die aus dem gesellschaftspolitischen Bereich kommen. Sie haben keinen Ursprung im Dienst unserer Kirchen.
5 Die Auseinandersetzung mit diesen Fragen mussten wir stellvertretend für Staat und Gesellschaft wahrnehmen. Wir haben uns diese Rolle nicht ausgesucht. Die eigentlichen Adressaten haben keine Bereitschaft zum Dialog signalisiert. [...] Die Zahl der

Menschen, die unser Land verlassen wollen und dies 10 beantragt haben, hat erheblich zugenommen. Wir sind darüber betroffen. [...]

Besorgt sehe ich auch, wie die alltäglich erfahrene Wirklichkeit und die durch die Medien vermittelte Einschätzung auseinander klaffen. Das ruft den Eindruck hervor, als würden die tatsächlichen Aufgaben 15 von den Verantwortlichen nicht oder nur unzureichend erkannt.

Süddeutsche Zeitung vom 12./13. 3. 1988

 Wo ziehen die Kontrahenten die Grenze zwischen den Zuständigkeiten des Staates und der Kirche? Äußern Sie sich zu der Begründung, die der Bischof für die kirchliche „Einmischung" in öffentliche Angelegenheiten gibt.

127 Wehrerziehung

a) Aus der Direktive des Volksbildungsministeriums vom 1. Februar 1978:

Der Wehrunterricht dient der sozialistischen Wehrerziehung der Jugend und ist fester Bestandteil des Bildungs- und Erziehungsprozesses an der Schule. Er fördert die Entwicklung der Wehrbereitschaft
5 und Wehrfähigkeit der Schüler und hat zum Ziel,
– Mädchen und Jungen auf die Wahrnehmung des in der Verfassung festgelegten Rechts und der Ehrenpflicht zum Schutz des Friedens, des sozialistischen Vaterlandes und der sozialistischen Staatengemeinschaft vorzubereiten;
10
– die klassenmäßige, patriotische und internationalistische Haltung der Schüler weiter auszuprägen

und die Wehrmotivation zu festigen;
– die systematische und planmäßige Vorbereitung der Jugendlichen auf die Anforderungen des 15 Wehrdienstes und der Zivilverteidigung durch Vermittlung entsprechender Kenntnisse, Fähigkeiten und Fertigkeiten zu unterstützen. [...]
Der Wehrunterricht umfasst für die Klassen 9
– 4 Doppelstunden zu Fragen der sozialistischen 20 Landesverteidigung für alle Schüler,
– die Wehrausbildung im Lager für die Jungen, die daran freiwillig teilnehmen (12 Ausbildungstage zu je 8 Stunden) und
– den Lehrgang „Zivilverteidigung" für alle 25 Mädchen und den Teil der Jungen, der nicht an der

Wehrausbildung im Lager teilnimmt (12 Lehr-
gangstage zu je 6 Stunden);
für die Klassen 10
30 – 4 Doppelstunden zu Fragen der sozialistischen
Landesverteidigung für alle Schüler und
– 3 Tage Wehrbereitschaft mit insgesamt 18 Stunden
für alle Schüler.

b) Aus einer Elterneingabe an das Ministerium
für Volksbildung (1988):
Als christliche Bürger, die in diesem Land ihr ver-
fassungsmäßiges Recht auf freie Religionsausübung
– wozu auch eine christliche Erziehung der Kinder
gehört – wahrnehmen wollen, geraten wir in Kon-
5 flikt mit der sozialistischen Wehrerziehung an der
Schule. So können wir uns nicht damit einverstanden
erklären, dass es schon in der 6. Klasse im Sport-
unterricht lehrplanmäßige Pflicht ist, mit Handgra-
naten zu werfen, damit also bereits im Kindesalter
10 eine langsame Gewöhnung an den Umgang mit militärischen Gegenständen stattfindet.
Weiterhin sehen wir uns aus Glaubens- und Gewis-
sensgründen nicht in der Lage, einer Teilnahme unseres Sohnes am Wehrunterricht und dem in der 9.
15 Klasse stattfindenden Wehrlager für Jungen zuzustimmen. Auch die Hans-Beimler-Wettkämpfe, die
durch ihren militärischen Charakter in keiner Weise
mit der von uns angestrebten christlichen Erziehung
zur friedlichen Konfliktbewältigung in Einklang ge-
20 bracht werden können, müssen von uns als Pflicht-
veranstaltung der Schule abgelehnt werden. […]
Wir bitten Sie dringend, diesen Wunsch der christ-

128 Panzer auf einem Kinderkarussel in Ost-Berlin 1982
*Diskutieren Sie die möglichen Auswirkungen solcher
„Spielzeuge" auf Kinder.*

lichen Bürger nach Veränderung des Erziehungs-
konzeptes nicht länger zu negieren und an Stelle des
jetzigen Systems der Wehrerziehung ein neues Sys- 25
tem der friedlichen Konfliktbewältigung in der
Volksbildung zu schaffen. Die nach außen gerichtete
Friedenspolitik der DDR kann nur glaubhaft und
wirksam sein, wenn sie mit gleicher Intensität auch
innerhalb des Landes betrieben und der Zwang zur 30
Teilnahme an militärischen und vormilitärischen
Handlungen im Rahmen der Erziehung und Ausbildung aufgehoben wird.

O. Anweiler u.a. (Hg.), Bildungspolitik in Deutschland
1945–1990, Bonn 1992, S. 426 ff.

a) *Gehört Wehrerziehung in die Schule? Warum wäre ein solcher Unterricht in der Bundes-*
   republik undenkbar?
b) *Würdigen Sie die Argumente der Eltern unter rechtlichem und politischem Aspekt?*

129 **Die Partei zur Rolle der Frauen**
Inge Lange, ZK-Sekretärin für Frauenfragen (1974):

Was kann im Interesse der Frauen selbst und was
muss im Interesse der effektiven Nutzung des gesellschaftlichen Arbeitsvermögens getan werden, um
insgesamt noch mehr Frauen die Möglichkeit zu ge-
5 ben, sich in den gesellschaftlichen Produktionsprozess einzugliedern? In absoluten Zahlen ausge-
drückt, sind etwa gegenwärtig noch 801 000 Frauen
unserer Republik bis zu 60 Jahren nicht berufstätig,
das sind immerhin noch 19,4% aller Frauen im ar-
10 beitsfähigen Alter. Dazu kommt, dass von den berufstätigen Frauen 33,2% verkürzt arbeiten. […] Es
bleibt der Fakt, dass hier noch beträchtliche Arbeits-

kräftereserven zu erschließen sind. Gründliche Untersuchungen haben ergeben, dass für mindestens
20% dieser Frauen keine zwingenden Gründe für 15
eine verkürzte Berufstätigkeit vorliegen. […] Auf
keinen Fall dürfen wir zulassen, dass sich die Teilzeitarbeit als eine Möglichkeit, nichtberufstätigen
Frauen den Eintritt ins Berufsleben zu erleichtern,
in ihr Gegenteil verkehrt […] und dazu führt, dass 20
Tausende von Frauen, die bislang voll arbeiteten,
ohne besondere Gründe zu einer verkürzten Arbeit
übergehen. […] Meistens ist der Übergang von voll-
berufstätigen Frauen zur Teilzeitarbeit Ausdruck

25 eines gewissen Kompromisses zwischen den Eheleu-
ten „um des lieben Friedens willen", wobei sehr oft
die Ehemänner die treibende Kraft sind. Das Leben
selbst jedoch hat bestätigt, dass die Teilzeitarbeit die
Herausbildung der sozialistischen Frauenpersön-
30 lichkeit und auch die Entwicklung einer neuen, sozialistischen Lebensweise im Rahmen der Familie
hemmt.

I. Lange, Aktuelle Probleme der Arbeit mit den Frauen, Berlin
(Ost) 1974, S. 13

130 **Spitzenpositionen in der DDR in den 80er Jahren**

a)	Frauen	Männer
Minister	1	44
Bezirksratsvorsitzende	1	44
Oberbürgermeister der Großstädte	3	25
Vollmitglieder des Politbüros	0	22
Kandidaten des Politbüros	2	3
Abteilungsleiter im ZK der SED	2	26
1. Sekretäre der Bezirks-leitungen der SED	1	14
1. Sekretäre der FDJ-Bezirksleitungen	4	14
ordentliche und korrespon-dierende Mitglieder der Akademie der Wissenschaften	6	ca. 200

H. Weber, DDR, Grundriß der Geschichte 1945-90, S. 199f.

131 „Löwenmaul" und „Fleißiges Lieschen". Aus einer DDR-Frauenzeitschrift von 1974
Wie interpretiert der Karikaturist die Ergebnisse der Emanzipation?

a) *Charakterisieren Sie das Interesse der SED an der Frauenpolitik.*
b) *Was verstand die SED unter einer „sozialistischen Frauenpersönlichkeit"? Ziehen Sie Vergleiche mit anderen Frauenbildern.*
c) *Diskutieren Sie die Chancengleichheit für Frauen in der DDR.*

Zur Diskussion

Frauen in der DDR: eine geglückte Emanzipation?

Zu den positiven Errungenschaften der DDR zählt man vielfach ihre Frauenpolitik
– etwa im Hinblick auf die hohen Quoten der weiblichen Erwerbstätigkeit oder das
flächendeckende Angebot von Einrichtungen zur Kinderbetreuung. Dabei stellt
sich jedoch die Frage, mit welchen Absichten der Staat berufstätige Mütter und
Familien mit Kindern förderte und was es mit der Chancengleichheit von Frauen,
über ihre Teilnahme am Produktionsprozess hinaus, tatsächlich auf sich hatte.

a) Die Politologen Kurt Sontheimer und Wilhelm Bleek (1979):

Gleichberechtigung heißt daher in der DDR nicht bloß formaljuristische Gleichbehandlung, sondern auch Chancengleichheit in einer Leistungsgesellschaft. Die Gleichstellung der Frau soll in der sozia-
5 listischen Gesellschaft der DDR nicht nur in passiver, sondern vor allem in aktiver Hinsicht erfolgen. Von diesem Gesichtspunkt der Chancengleichheit der Frau aus hat die DDR … eine stolze Bilanz aufzuweisen. […] In zahlreichen Führungspositionen
10 des gesellschaftlichen und politischen Lebens finden sich Frauen. Gleichberechtigung der Geschlechter ist in der DDR von Anfang an nicht nur als verfassungsrechtlicher Programmsatz, sondern als gesellschaftspolitisches Postulat verstanden worden. […]
15 Die Berufstätigkeit von Frauen ist in der DDR eine fundamentale gesellschaftspolitische Forderung, die aus dem Prinzip der Gleichberechtigung abgeleitet wird. Nach Ansicht der marxistischen Klassiker … wird die Frau erst dann gleichberechtigt sein, wenn
20 sie auch ökonomisch dem Mann gleichgestellt ist. Die Gleichstellung von Mann und Frau heißt im sozialistischen System ihre Gleichstellung als Werktätige. Eine berufstätige Frau wird nicht mehr aus bloßen Versorgungsgründen an die Ehe mit einem
25 nicht mehr geliebten und gewollten Partner gebunden sein. […] Die Konsequenz einer solchen Konzeption ist u.a. der Verzicht des Scheidungsrechts der DDR auf einen Unterhaltsanspruch vonseiten der geschiedenen Frau.

K. Sontheimer/W. Bleek, Die DDR, 5., neub. Aufl., Hamburg 1979, S. 156 f.

b) Die Soziologin Hildegard Maria Nickel (1993):

Hinsichtlich der zahlenmäßigen Entwicklung von Frauenerwerbsarbeit und der damit verbundenen relativen ökonomischen Selbständigkeit von Frauen war diese Politik durchaus erfolgreich. Der paternalistisch-patriarchale Zug dieser DDR-Gleichberech-
5 tigungspolitik war nicht auf den ersten Blick erkennbar, und die ambivalenten Folgen, die diese Politik für Frauen hatte, blieben unter propagandistischen Vordergründigkeiten verdeckt. Das Geschick der östlichen Landestöchter lag in der Hand von Vater
10 Staat. Er definierte, was das höchste Glück der Frau zu sein hatte: der Drahtseilakt von Mutterschaft und planwirtschaftlichem und beruflichem Leistungsdruck, die Vereinbarkeit von Beruf und Familie als rein weibliche Tugend. […]
15 Quoten weiblicher Berufstätiger und die Angleichung formaler Bildungs- und Qualifikationsabschlüsse zwischen Frauen und Männern wurden gebetsmühlenartig als Beweise für die erfolgreiche Realisierung der Gleichberechtigung in der DDR
20 zitiert. Schließlich hat sich vor dem Hintergrund sozialer Sicherheit die Mythologie von der Gleichberechtigung in den Köpfen vieler Frauen festgesetzt und sie blind gemacht für die realen Benachteiligungen. […] Tabuisiert wurde, dass mit der forma-
25 len Gleichberechtigung längst nicht die sozialen Ungleichheiten zwischen den Geschlechtern beseitigt waren und dass eine Sozialpolitik, die einseitig auf die Vereinbarkeit von Mutterschaft und Beruf – statt Elternschaft und Erwerbstätigkeit –
30 setzt, immer wieder neue Diskriminierungen und Benachteiligungen schaffen muss.

H. M. Nickel, Frauen, in: W. Weidenfeld/K. R. Korte (Hg.), Handbuch zur deutschen Einheit, Bonn 1993, S. 312 f.

Wo sehen die Verfasser die Erfolge und Grenzen der Gleichberechtigungspolitik? Vergleichen Sie die hier vorgetragenen Befunde mit den Verhältnissen in der „alten" Bundesrepublik.

1. *In welchem Maße gab es in der DDR Gleichheit und Ungleichheit?*
2. *Nehmen Sie Stellung zu der Selbstbeschreibung der DDR als „Leistungsgesellschaft".*
3. *Kennzeichnen Sie die Unterschiede zwischen den Bildungssystemen der beiden deutschen Staaten.*
4. *Erörtern Sie die Probleme der FDJ-Jugendarbeit. Inwieweit kann man von einem Dilemma sprechen?*
5. *Was ist unter „sozialistischem Realismus" zu verstehen? Darf sich ein Staat in Kunst und Literatur einmischen (s. auch Farbtafeln 3 und 4 vor S. 161)?*
6. *Versuchen Sie eine Beurteilung der DDR als Sozialstaat.*
7. *Diskutieren Sie die unterschiedlichen Bedeutungen des Schlagworts „Kirche im Sozialismus".*
8. *Vergleichen Sie die Frauenpolitik der Bundesrepublik und der DDR.*

2.5 Die DDR in der internationalen Politik

Bis zu Stalins Tod (1953) trafen die DDR-Führer keine wichtige Entscheidung, ohne zuvor die Billigung der Sowjetunion eingeholt zu haben. Seit dem Übergang zur Partei „neuen Typs" 1948 war das sowjetische Beispiel in allen Bereichen maßgebend. „Von der Sowjetunion lernen heißt siegen lernen" lautete die ständig zitierte Parole. Diese strikte Unterordnung unter den Willen Moskaus erfuhr in der Nachfolge Stalins eine gewisse Lockerung. Je unentbehrlicher die erstarkende DDR-Wirtschaft für die Sowjetunion und den Ostblock wurde, desto mehr Eigenständigkeit konnte sich die SED-Führung erlauben. So nahm es Chruschtschow hin, dass die DDR die von ihm betriebene Entstalinisierung nur halbherzig mitmachte. Zu ernsteren Spannungen kam es erst, als Ulbricht sich sträubte, die von Breshnew angestrebte Entspannungspolitik gegenüber dem Westen zu unterstützen, weil er davon Nachteile für die begehrte völkerrechtliche Anerkennung der DDR befürchtete. Am Ende musste Ulbricht 1971 seine Führungsämter aufgeben. Sein Nachfolger Honecker tat sich zunächst als besonders beflissener Gefolgsmann der Sowjetunion hervor. 1974 ließ er in die revidierte DDR-Verfassung die Festlegung hineinschreiben, die DDR „sei für immer und unwiderruflich mit der UdSSR verbündet". Wie in den 50er Jahren schloss sich die DDR in allen internationalen Streitfragen vorbehaltlos dem sowjetischen Standpunkt an.

Ergebenheit gegenüber der Sowjetunion

Das betont freundschaftliche Verhältnis kühlte jedoch in den 80er Jahren ab. Honecker zögerte, den erneuten Rüstungswettlauf und die Verhärtung der Fronten des wieder auflebenden Kalten Krieges mitzutragen, und machte sich für eine Politik des Dialogs und der Schadensbegrenzung stark. Die 1986 einsetzende Perestroika-Politik Gorbatschows lehnte er immer unverhohlener ab. Dennoch konnte und wollte sich die DDR-Führung nie aus ihrem engen Bündnis mit der UdSSR lösen. Knapp 400 000 in der DDR stationierte Sowjetsoldaten hätten dies ohnehin zu vereiteln gewusst. Auch vergaß die DDR-Spitze nie, dass sie ohne den sowjetischen Rückhalt dem Druck und Sog des Westens schwerlich standhalten konnte. Das erwies sich 1989. Als die Gorbatschow-Regierung zu erkennen gab, dass eine militärische Intervention für sie nicht in Frage kam, brach die Macht der SED schnell zusammen.

Abkühlung in den 80er Jahren

Die feste Einbindung der DDR in den von der Sowjetunion beherrschten Ostblock lag im Interesse aller kommunistischen Parteiführungen. Neben den ideologischen Gemeinsamkeiten waren es vor allem die wirtschaftlichen, im Weiteren auch die militärischen Beziehungen, die dem Ostbündnis Festigkeit gaben. Der

Die DDR im RGW

> **Sozialistischer Internationalismus:** Die Ausrichtung aller kommunistischen Parteien und insbesondere der Staats- und Parteiführungen sozialistischer Länder auf eine enge und freundschaftliche Zusammenarbeit. Sie entsprach der Grundorientierung der sozialistischen Arbeiterbewegung seit Marx und Engels („Proletarier aller Länder, vereinigt euch"). Diese Orientierung lief lange auf eine vorbehaltlose Unterstützung der Sowjetunion durch alle anderen kommunistischen Kräfte hinaus. Stalin benutzte die Komintern (bis 1943) und das Kominform (seit 1947) als Werkzeuge der Disziplinierung aller kommunistischen Parteien im Dienste der sowjetischen Interessen. Abtrünnige wurden mit aller Härte verfolgt – so das Jugoslawien Titos seit 1948. Die alleinige Führerschaft der KPdSU ging zu Ende, als die chinesische KP unter Mao den Entstalinisierungskurs Chruschtschows 1963 als Abweichung von der richtigen Generallinie anprangerte. Seitdem musste die sowjetische Führung Schritt für Schritt die Gleichberechtigung und Unabhängigkeit aller kommunistischen Parteien und Länder zugestehen. Breshnew drehte 1968 das Rad eine Zeit lang zurück, als er im Anschluss an den Einmarsch von Truppen der Warschauer-Pakt-Staaten in die Tschechoslowakei das Recht und die Pflicht aller sozialistischen Länder proklamierte, im Falle der Gefährdung eines sozialistischen Regimes zu dessen Rettung zu intervenieren. Diese sog. „Breshnew-Doktrin" widerrief Gorbatschow Ende der 80er Jahre, indem er allen sozialistischen Ländern die Freiheit ihrer Außenpolitik zugestand.

Umbau der industriellen Strukturen, den die DDR in den 50er Jahren vornahm, diente auch den wirtschaftlichen Interessen der Sowjetunion und der übrigen Ostblockländer. Die mit hohen Kosten aus dem Boden gestampfte ostdeutsche Grundstoff- und Schwerindustrie musste die osteuropäischen Partnerländer mit den für eine wirtschaftliche Modernisierung notwendigen Investitionsgütern versorgen. Drei Viertel der DDR-Exporte gingen in diese Länder, darunter 40 bis 50 Prozent in die Sowjetunion. Für die Empfängerländer war dies ein Gewinn, für die DDR letztlich ein Verlustgeschäft. Die Rohstoffe und Halbfabrikate, die die ostdeutsche Wirtschaft aus dem RGW-Raum bezog, konnten nicht die Einbußen wettmachen, die der vergleichsweise hoch entwickelten DDR-Industrie aus ihrer Abschneidung von den westlichen Märkten entstanden. Beträchtliche Nachteile erwuchsen der DDR-Wirtschaft auch aus den künstlichen Preisen, die im RGW-Handel galten und die vornehmlich auf die Interessen der Sowjetunion zugeschnitten waren. Auf dem Weltmarkt hätte die DDR vielfach höhere Gewinne erzielen können, als ihr die RGW-Planer zugestanden.

Die Nationale Volksarmee (NVA)

Militärisch war der ostdeutsche Staat fest in die Militärorganisation des 1955 geschaffenen Warschauer Paktes eingefügt. In ihrer Bewaffnung und Organisationsstruktur hatten sich alle Paktstaaten nach der Roten Armee auszurichten, die auch den Oberkommandierenden stellte. Die 1956 gegründete NVA war eine wichtige Stütze des kommunistischen Herrschaftssystems. Fest unter der Kontrolle der SED – mehr als 90 Prozent der Offiziere waren Parteimitglieder –, nahm sie nicht nur Verteidigungsaufgaben nach außen wahr, sondern bildete auch einen wichtigen Pfeiler des inneren Sicherheitsapparates. In den Einsatzleitungen für den „Spannungsfall" saßen neben den Vertretern der Partei, der Stasi und der Volkspolizei stets auch NVA-Offiziere. Die militärischen Aufwendungen des Staates waren beträchtlich. 1975 kamen auf 10 000 Einwohner 110 Soldaten (in der Bundesrepublik 80); die Pro-Kopf-Militärausgaben betrugen 563 Mark (in der Bundesrepublik 477). Wehrgesinnung und militärische Fähigkeiten standen in hohem öffentlichen Ansehen. Wer als Freiwilliger eine verlängerte NVA-Dienstzeit ableistete, verbesserte nachhaltig seine Chancen in Ausbildung und Beruf.

Sozialistischer Patriotismus

Neben dem gern zur Schau gestellten „proletarischen Internationalismus" pflegte die SED-Führung von Anfang an einen durchaus national getönten Patriotismus. Besonders gegenüber Polen blieb das Verhältnis im Grunde stets außerordentlich kühl, besonders in Teilen der Bevölkerung, in der alte deutsche Vorurteile und Überlegenheitsgefühle ungebrochen fortlebten. Als die Streik- und Oppositionsbewegung in Polen 1981 bedrohliche Züge annahm, war die SED-Führung jederzeit bereit, sich an einer bewaffneten Intervention zu beteiligen. Schon beim Einmarsch in die CSSR 1968, der dem Prager Reformkommunismus ein Ende machte, gehörte die DDR zu den Warschauer-Pakt-Staaten, die dieses gewaltsame Vorgehen nachdrücklich befürworteten. So nahm es nicht wunder, dass die DDR sich bei den reformgeneigten Ostblockländern keiner großen Beliebtheit erfreute.

Streben nach internationaler Anerkennung

Ein vorrangiges Ziel der DDR-Außenpolitik war seit der Staatsgründung die völkerrechtliche Anerkennung als souveräner Staat auch außerhalb des sozialistischen Staatenblocks. Dies vermochte die Bonner Regierung lange zu verhindern (s. S. 149). Erst der deutsch-deutsche Grundlagenvertrag von 1972 bescherte der DDR den lang ersehnten Durchbruch. Zusammen mit der Bundesrepublik wurde sie 1973 Mitglied der Vereinten Nationen und nahm im Laufe der nächsten Zeit mit fast allen Staaten der Erde, darunter auch den westlichen Siegermächten, normale diplomatische Beziehungen auf. Ihr internationales Ansehen war ihr stets besonders wichtig. Hier lag für die Staats- und Parteiführung der wichtigste Grund, den Spitzensport mit allen Mitteln zu fördern.

132 Der deutsch-sowjetische „Bruderbund"

a) Aus dem Vertrag über Freundschaft, Zusammenarbeit und gegenseitigen Beistand zwischen der DDR und der UdSSR vom 7. Oktober 1975:

Art. 12. Die hohen vertragschließenden Seiten werden in Übereinstimmung mit den Prinzipien des sozialistischen Internationalismus auch künftig die Beziehungen der ewigen und unverbrüchlichen
5 Freundschaft und der brüderlichen gegenseitigen Hilfe auf allen Gebieten festigen. Sie werden die allseitige Zusammenarbeit planmäßig und unentwegt entwickeln und vertiefen und einander allseitige Hilfe und Unterstützung gewähren auf der Grund-
10 lage der gegenseitigen Achtung der staatlichen Souveränität und Unabhängigkeit, der Gleichberechtigung und der Nichteinmischung in die inneren Angelegenheiten. [...] Im Falle eines bewaffneten Überfalles irgendeines Staates oder irgendeiner
15 Staatengruppe auf eine der hohen vertragschließenden Seiten wird die andere hohe vertragschließende Seite dies als einen Angriff auf sich selbst betrachten und ihr unverzüglich jeglichen Beistand, einschließlich militärischen leisten. [...]

Neues Deutschland vom 8. Oktober 1975

b) Politbüromitglied Kurt Hager in einem Interview mit der Illustrierten „Stern" (1987):

Stern: Die SED-Führung unterstützt die von Michail Gorbatschow eingeleiteten Reformen in der Sowjetunion. Zugleich betont die DDR ihre Eigenständigkeit. Sind die Zeiten vorbei, in denen das Land Lenins für deutsche Kommunisten vorbildlich war? 5
Hager: Wir haben uns die Lehren Lenins, insbesondere die Theorie der sozialistischen Revolution und des sozialistischen Aufbaus sowie die Lehre von der Partei, angeeignet und aus dem reichen Erfahrungsschatz der KPdSU Nutzen gezogen. Dies bedeutet 10 jedoch nicht, dass wir alles, was in der Sowjetunion geschah, kopierten.
Stern: Ein hartes Wort [...]
Hager: Schon im Aufruf des ZK der KPD vom 15. Juni 1945 heißt es: „Wir sind der Auffassung, dass 15 der Weg, Deutschland das Sowjetsystem aufzuzwingen, falsch wäre, denn dieser Weg entspricht nicht den Entwicklungsbedingungen in Deutschland." [...] Würden Sie, nebenbei gesagt, wenn Ihr Nachbar seine Wohnung neu tapeziert, sich verpflichtet 20 fühlen, Ihre Wohnung ebenfalls neu zu tapezieren?

Neues Deutschland vom 10. April 1987

Was war der reale Gehalt der Treuebekundungen gegenüber der Sowjetunion?

133 Internationale sozialistische Arbeitsteilung

Anteil der DDR-Exporte am Intrablockhandel der RGW-Länder (in v. H.):

	1979	1982
Insgesamt	14,8	13,6
Maschinen, Ausrüstungen, Transportmittel	22,4	22,1
Brennstoffe, mineralische Rohstoffe, Metalle	3,7	3,5
Sonstige industrielle Rohstoffe, Baumaterialien	12,8	12,4
Chemische Produkte, Dünger, Kautschuk	28,2	23,9
Landwirtschaftliche Rohstoffe, Ernährungsgüter	2,2	2,3
Industrielle Konsumgüter	19,4	20,0

Rat für gegenseitige Wirtschaftshilfe, Bonn 1987, S. 236 f.

a) Nennen Sie die Prinzipien der internationalen Arbeitsteilung. Vergleichen Sie die Strukturen des RGW und der EG.
b) Charakterisieren Sie die außenwirtschaftlichen Verflechtungen der DDR.

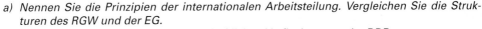

1. Erläutern Sie die Grundlagen der engen Beziehungen zwischen der DDR und der SU.
2. Wir beurteilen Sie die Grundprinzipien der „internationalen sozialistischen Arbeitsteilung"? Erörtern Sie die Vor- und Nachteile für die DDR.
3. Vergegenwärtigen Sie sich die Gründe für die insgesamt kühlen Beziehungen zwischen der DDR und der Volksrepublik Polen. Was hatten die Nachbarländer aneinander auszusetzen?

3. Die deutsche Teilung

Kaum jemand in Deutschland mochte 1949 daran glauben, dass die doppelte Staatsgründung die deutsche Teilung unwiderruflich besiegeln könnte. Hier wie dort hofften die Menschen auf eine baldige Wiedervereinigung. Aber je mehr Zeit verging, desto vager wurden diese Hoffnungen. Neue Generationen wuchsen heran, die nie ein vereintes Deutschland erlebt hatten und denen solche Einheit immer weniger bedeutete. Die Lebensumstände und Mentalitäten beiderseits der Grenze entfernten sich zusehends voneinander und besonders im Westen nahm die Anteilnahme an den Vorgängen im anderen deutschen Staat unaufhaltsam ab. Dennoch blieb ein Bewusstsein von den deutschen Gemeinsamkeiten bei den meisten Bürgerinnen und Bürgern lebendig, im Osten stärker als im Westen. So waren die Deutschen, als die Wiedervereinigung 1989/90 unverhofft Wirklichkeit wurde, in ihrer großen Mehrheit innerlich darauf vorbereitet und, wenn auch ohne Überschwang, voll damit einverstanden.

1949	Beide deutsche Regierungen erheben den Anspruch, allein das deutsche Volk rechtmäßig zu vertreten.
1952	In Absprache mit der Bundesregierung lehnen die Westmächte das Angebot Stalins ab, Deutschland unter der Voraussetzung seiner Neutralisierung wieder zu vereinigen.
1955	Die Bundesrepublik und die DDR werden souverän und treten den Militärbündnissen der NATO bzw. des Warschauer Paktes bei.
1958	Der sowjetische Partei- und Regierungschef Chruschtschow fordert den Abzug der Westmächte aus Berlin und die Umwandlung West-Berlins in eine „selbständige politische Einheit".
1961 13. Aug.	Mit dem Bau der „Mauer" zwischen Ost- und West-Berlin vollendet die DDR-Regierung die Abriegelung ihrer Bevölkerung.
1966	Ein zwischen der SPD und der SED vereinbarter Redneraustausch scheitert am Zurückweichen der östlichen Seite.
1967	Die DDR führt eine eigene Staatsbürgerschaft ein.
1970	Die Regierungschefs Brandt und Stoph treffen sich zu Gesprächen in Erfurt und Kassel.
1971	Das Vier-Mächte-Abkommen regelt die Beziehungen West-Berlins zur Bundesrepublik und garantiert die Freiheit der Zugangswege.
1972	Der Grundlagenvertrag eröffnet unter der Voraussetzung der Gleichberechtigung normale zwischenstaatliche Beziehungen zwischen den beiden deutschen Staaten, aber ohne völkerrechtliche Anerkennung der Ost-Berliner Regierung.
1973	Beide deutschen Staaten werden UN-Mitglieder.
1974	Bei der Revision der DDR-Verfassung von 1968 entfällt jede Erwähnung gesamtdeutscher Gemeinsamkeiten.
1981	Schmidt und Honecker führen in der DDR politische Gespräche.
1987	Staatsbesuch Honeckers in der Bundesrepublik.
1989	Die DDR-Regierung gewährt ihren Bürgern bessere Reise- und Auswanderungsbedingungen.

3.1 Die Deutschlandpolitik der Siegermächte

Bis zur deutschen Vereinigung von 1990 hatten die vier Siegermächte in allen Gesamtdeutschland und Berlin betreffenden Fragen das letzte Wort. Seit der doppelten Staatsgründung von 1949 und der Übertragung der Souveränität an die beiden Teilstaaten, 1955, übten sie ihre Vorbehaltsrechte zwar in Absprache mit ihren
deutschen Verbündeten aus; aber es blieb ihnen unbenommen, sich gelegentlich
auch über deren Wünsche hinwegzusetzen. In erster Linie waren die Sowjetunion
wie die Westmächte darauf bedacht, die ihrem Einflussbereich zugefallenen Teile
Deutschlands möglichst eng an sich zu binden. Änderungen des Status quo erschienen ihnen nur hinnehmbar, wenn sie einen Machtzuwachs oder mehr Sicherheit mit sich brachten.

**Alliierte Vor-
behaltsrechte**

Strittig ist bis heute, ob und inwieweit die Sowjetunion zwischen 1952 und 1955
bereit war, die DDR preiszugeben und einen von Ost und West unabhängigen gesamtdeutschen Staat zuzulassen, um dadurch die Eingliederung der Bundesrepublik in das westliche Bündnissystem zu verhindern. Mehrmals – am eindringlich-
sten in der sog. „Stalin-Note" vom 10. März 1952 – unterbreitete die Sowjetregierung dem Westen Vorschläge einer Wiedervereinigung und Neutralisierung
Deutschlands. Die Westmächte ließen sich, im Einvernehmen mit der Bonner Regierung, nicht einmal darauf ein, die Ernsthaftigkeit des Moskauer Angebotes aus-
zuloten, sondern brachten den Dialog bald zum Scheitern, indem sie für die sowjetische Seite unannehmbare Maximalforderungen stellten. Es war nicht allein
Adenauer, der der Sowjetunion misstraute und den Prozess der Westintegration
seines Landes nicht gestört sehen wollte. Auch den Regierungen in Washington,
London und Paris war das Bündnis mit einem starken Westdeutschland verlocken-
der als die Schaffung eines neutralen Gesamtdeutschland, dessen politischer Kurs
ein ständiger Unsicherheitsfaktor hätte werden können. Der Westen versteifte sich
auf zwei Grundbedingungen: Die Regierung eines wiedervereinigten Deutschland
sollte aus freien Wahlen hervorgehen und der gesamtdeutsche Staat müsste in
der Wahl seiner außenpolitischen Bindungen frei sein. Beidem wollte und konnte
die Sowjetführung nicht zustimmen: Freie Wahlen bedeuteten das Ende der SED-
Macht; die Bündnisfreiheit musste zum Anschluss an den Westen führen.

**Sowjetische
Angebote**

Zehn Jahre nach der Potsdamer Konferenz, die sich für die Einheit eines um die
Ostgebiete verkleinerten Deutschlands ausgesprochen hatte, war die Deutschlandpolitik der Alliierten endgültig in die Sackgasse geraten. Der Westen beschränkte sich fortan auf verbale Bekundungen seines Interesses an der deutschen Einheit. In Wirklichkeit waren viele westliche Politiker mit dem Zustand der
deutschen Teilung durchaus zufrieden. Die Sowjetunion erklärte schon 1955 die
deutsche Einheit zu einer Sache der beiden deutschen Staaten. Allerdings ließ sie
keinen Zweifel daran, dass eine Preisgabe der „sozialistischen Errungenschaften"
in der DDR nicht in Frage käme. Als Chruschtschow 1958 die Westmächte zum Ab-
zug aus Berlin aufforderte und damit die zweite Berlin-Krise auslöste (s. S. 201f.),
begründete er sein Ultimatum mit der Behauptung, wegen der vielfachen Verlet-
zungen des Potsdamer Abkommens seien die gesamtdeutschen Rechte der
Westalliierten erloschen. Als sich dergleichen Versuche, die Westmächte aus
Deutschland zu verdrängen, als fruchtlos erwiesen, kehrte die Sowjetregierung
stillschweigend zur Anerkennung des Vier-Mächte-Status zurück. Fortan war es ihr
wichtigstes deutschland-politisches Anliegen, die in Deutschland (und im östlichen Europa) bestehenden Staatsgrenzen und Machtverhältnisse vertraglich anerkannt zu bekommen. Das geschah in den sog. „Ostverträgen" der frühen 70er
Jahre. Seitdem stellten sich beide Seiten auf eine lange Dauer, wenn nicht die End-
gültigkeit der deutschen Teilung ein.

**Wiedervereini-
gung in der
Sackgasse**

134 Ein neutralisiertes Gesamtdeutschland?

a) Aus der sowjetischen Note an die Westmächte vom 10. März 1952:
Grundlagen des Friedensvertrages mit Deutschland:
1. Deutschland wird als einheitlicher Staat wiederhergestellt. Damit wird der Spaltung Deutschlands
ein Ende gemacht und das geeinte Deutschland ge-
5 winnt die Möglichkeit, sich als unabhängiger, demokratischer, friedliebender Staat zu entwickeln.
2. Sämtliche Streitkräfte der Besatzungsmächte
müssen spätestens ein Jahr nach Inkrafttreten des
Friedensvertrages aus Deutschland abgezogen wer-
10 den. Gleichzeitig werden sämtliche ausländischen
Militärstützpunkte auf dem Territorium Deutschlands liquidiert. […]
4. In Deutschland muss den demokratischen Parteien und Organisationen freie Betätigung gewähr-
15 leistet sein; sie müssen das Recht haben, über ihre
inneren Angelegenheiten frei zu entscheiden, Ta-
gungen und Versammlungen abzuhalten, Presse-
und Publikationsfreiheit zu genießen.
5. Auf dem Territorium Deutschlands dürfen Orga-
20 nisationen, die der Demokratie und der Sache der
Erhaltung des Friedens feindlich sind, nicht bestehen. […]
7. Deutschland verpflichtet sich, keinerlei Koalitionen oder Militärbündnisse einzugehen, die sich ge-
25 gen irgendeinen Staat richten, der mit seinen Streitkräften am Krieg gegen Deutschland teilgenommen
hat.

b) Aus der amerikanischen Antwortnote vom
25. März 1952:
Der Abschluss eines derartigen Friedensvertrages
macht, wie die Sowjetregierung selbst anerkennt, die
Bildung einer gesamtdeutschen Regierung erforderlich, die den Willen des deutschen Volkes zum Aus-
5 druck bringt. Eine derartige Regierung kann nur auf
der Grundlage freier Wahlen in der Bundesrepublik,
der sowjetischen Besatzungszone und in Berlin geschaffen werden. Derartige Wahlen können nur unter Verhältnissen stattfinden, die die nationalen und
10 individuellen Freiheiten des deutschen Volkes gewährleisten. […]
Die Vorschläge der sowjetischen Regierung geben
keinen Hinweis auf die internationale Stellung einer
gesamtdeutschen Regierung vor dem Abschluss ei-
15 nes deutschen Friedensvertrages. Die amerikanische
Regierung ist der Ansicht, dass es der gesamtdeutschen Regierung sowohl vor wie nach Abschluss eines Friedensvertrages freistehen sollte, Bündnisse
einzugehen, die mit den Grundsätzen und Zielen der
20 Vereinten Nationen in Einklang stehen. […]

135 „Großmutter, was machst du für verlockende Angebote?" – „Damit ich dich besser fressen kann."
(Welt der Arbeit, 10. Mai 1952) – *Diskutieren Sie die histo-
risch-politische Triftigkeit dieser Karikatur.*

Nach Ansicht der US-Regierung wird es nicht möglich sein, sich auf ins Einzelne gehende Diskussionen
über einen Friedensvertrag einzulassen, bis die Voraussetzungen für freie Wahlen geschaffen sind und
eine freie gesamtdeutsche Regierung gebildet wor- 25
den ist, die an derartigen Erörterungen teilnehmen
könnte.

Bundesministerium für gesamtdeutsche Fragen (Hg), Die
Bemühungen der Bundesrepublik um Wiederherstellung der
Einheit Deutschlands, Teil I, Bonn 1959⁴, S. 86 ff.

c) Adenauer im Rückblick (1966):
Grundziel der sowjetischen Außenpolitik war nach
wie vor die Verhinderung der Einigung Europas.
Unter allen Umständen sollte durch die Ausklam-
merung Deutschlands die europäische Integration
gestört werden. Deutschland sollte ein machtloses 5
Gebilde werden, in dem die Sowjetunion auf Grund
ihrer geographischen Lage und ihres gewaltigen
Übergewichts den entscheidenden Einfluss gewinnen und das sie jederzeit gänzlich in ihren Machtbe-
reich einbeziehen konnte. […] 10
Die sowjetische Note enthielt nur scheinbare Konzessionen. Sie sollten das deutsche Volk über die Gefahren, denen wir isoliert ausgesetzt sein würden,
hinwegtäuschen. Das Ziel der Sowjetunion war un-
verkennbar. Man wollte in lange Verhandlungen 15
kommen, damit während dieser Zeit die Beratungen
über die Europäische Verteidigungsgemeinschaft,
die sowieso schwierig waren, ins Stocken gerieten.
Ich begrüßte es daher sehr, dass die drei Westmächte
unmittelbar nach Bekanntwerden der russischen 20
Note mir durch ihre Hohen Kommissare am 11.
März 1952 erklärten: „Wir werden in unseren Ver-

handlungen über die EVG und den Deutschlandvertrag so fortfahren, als ob es die Note nicht gäbe!"
25 Ein entscheidender Punkt des Friedensvertragsentwurfes war, dass Deutschland sich verpflichten sollte, keinerlei Koalitionen einzugehen, die sich gegen irgendeinen Staat richteten, der mit seinen Streitkräften am Krieg gegen Deutschland teilge-
30 nommen hatte. Es würde in künftigen Verhandlun-

gen zu klären sein, ob die Sowjetregierung darunter verstanden haben wollte, dass Deutschland sich weder an der EVG noch an einer künftigen europäischen politischen Gemeinschaft beteiligen durfte. Ich war überzeugt, dass die Russen nach ihrer Aus- 35 legung die Beteiligung Deutschlands an den vorgenannten Gemeinschaften ablehnen würden.

K. Adenauer, Erinnerungen, Bd. 2, Frankfurt 1968, S. 68 ff.

a) Arbeiten Sie die taktischen Erwägungen beider Seiten heraus. Worauf legte jede besonderen Nachdruck und was waren die Gründe dafür?
b) Äußern Sie sich zu Adenauers Bedenken. Wird er den Beweggründen der Sowjetunion gerecht?

3.2 Zwei deutsche Staaten, eine deutsche Nation

In den Jahren nach 1949 bildete die „deutsche Frage" hüben wie drüben das wichtigste politische Problem. Für die sozialdemokratische Opposition in Bonn galt die Alternative: Westintegration *oder* Wiedervereinigung. Weil sie glaubte, dass die Eingliederung der Bundesrepublik in das westliche Staatenbündnis das Ende aller Wiedervereinigungschancen bedeutete, verweigerte sie die Ratifizierung der Westverträge. Im Gegensatz dazu verfocht die Adenauer-Koalition den Vorrang der Westintegration und rechtfertigte ihn mit der Behauptung, die Westintegration sei der beste Weg, eines Tages die Wiedervereinigung zu erlangen. Dahinter stand das Konzept einer „Politik der Stärke": Wenn der Westen, so war das adenauersche Kalkül, durch Einigkeit wirtschaftliche Attraktivität und militärische Kraft entwickele, werde die Sowjetunion auf Dauer seinem Sog nicht standhalten können und sich genötigt sehen, die DDR freizugeben. Wie dies konkret zu bewerkstelligen war, vermochte Adenauer nicht zu erklären. Seine Gegner warfen ihm vor, er wolle die Wiedervereinigung im Grunde gar nicht, zumindest habe er keinerlei Vorstellungen, wie man ihr näher kommen könne. Die Opposition liebäugelte mit Neutralisierungsplänen und entmilitarisierten Pufferzonen in Mitteleuropa, fand damit aber wenig öffentliche Zustimmung. Die westdeutschen Wähler zogen in ihrer Mehrheit die Sicherheit im westlichen Bündnis vor.

**West-
integration
oder Wieder-
vereinigung**

Alle im Bundestag vertretenen Parteien waren sich darin einig, dass eine politische oder gar völkerrechtliche Anerkennung des DDR-Regimes nicht in Frage käme, solange dieses freie demokratische Wahlen verweigerte. Damit waren auch Kontakte zwischen den beiden deutschen Regierungen für Bonn tabu. Bis 1969 pochten alle Bundesregierungen auf ihren „Alleinvertretungsanspruch"; sie begründeten ihn mit der fehlenden demokratischen Legitimität der DDR-Machthaber. So bewegte sich in der Deutschlandpolitik seit 1955 kaum noch etwas.

**Nichtanerken-
nung der DDR**

Die SED-Führung verfocht mit großem propagandistischen Aufwand die Parole „Deutsche an einen Tisch" und forderte paritätische Verhandlungen auf Regierungsebene. Da Bonn darauf nicht einging, fiel es ihr leicht, sich als die einzige Sachwalterin der deutschen Einheit in Szene zu setzen. Im Grunde erhob aber auch Ulbricht eine Art „Alleinvertretungsanspruch", indem er die DDR als den wahrhaft „fortschrittlichen" deutschen Staat anpries und die Unaufgebbarkeit des „sozialistischen Weges" betonte. Nach dem Mauerbau und vor dem Hintergrund der darauf folgenden wirtschaftlichen Aufschwung- und politischen Stabilisierungsphase nahm das Selbstbewusstsein der Staats- und Parteispitze merklich zu.

**SED-Deutsch-
landpolitik
mit zwei
Gesichtern**

Sie berief sich jetzt auf die Zwei-Staaten-Doktrin, verlangte von Bonn die Abschaffung der im Grundgesetz verankerten gesamtdeutschen Staatsbürgerschaft, führte selbst eine gesonderte DDR-Staatsbürgerschaft ein und erklärte, die beiden deutschen Staaten seien füreinander Ausland. Das Ziel einer deutschen „Konföderation", von der zehn Jahre lang so viel die Rede gewesen war, wurde in den späten 60er Jahren nicht weiter verfolgt.

Zaghafte Kontakte

Als der DDR-Ministerpräsident Stoph 1967 der Regierung der Großen Koalition ein weiteres Mal Verhandlungen auf höchster Ebene vorschlug, ging Bundeskanzler Kiesinger, als erster hochrangiger Bonner Politiker, darauf ein. Er vermied es zwar, von der DDR als einem „Staat" zu reden, bot aber Gespräche zwischen Regierungsvertretern über „menschliche Erleichterungen" und eine Verbesserung der nachbarlichen Beziehungen an. Er knüpfte damit an Initiativen der Berliner SPD-Führung um Willy Brandt und Egon Bahr an; diese hatte seit 1963 unter dem Motto „Wandel durch Annäherung" eine Politik der kleinen Schritte befürwortet und in Verhandlungen zwischen dem West-Berliner Senat und der DDR-Regierung „Passierscheinabkommen" erreicht, die West-Berliner Besuche in Ost-Berlin ermöglichten. Da die DDR-Regierung nunmehr aber ihre völkerrechtliche Anerkennung durch Bonn zur Vorbedingung für weitere Vereinbarungen machte, rissen die ersten Regierungskontakte schnell wieder ab. Ähnlich verliefen die Verhandlungen zwischen der SED und der SPD, die von der SED angestoßen worden waren und die in den Vorschlag der SPD mündeten, Vertreter beider Parteien in beiden deutschen Staaten in öffentlichen Versammlungen reden zu lassen. Die SED zog ihre Zusage in letzter Minute mit der Begründung zurück, das vom Bundestag eilig beschlossene Gesetz, das die SED-Politiker von einer Strafverfolgung in der Bundesrepublik freistellte, sei eine Diffamierung der DDR.

136 **Die deutsche Frage vor und nach dem Mauerbau**

a) Aus der Erklärung des DDR-Ministerrats vom 27. Juli 1957:

Auf dem Territorium Deutschlands bestehen zwei völlig unterschiedliche Staaten. Zwei Staaten, von denen der eine ein hochkapitalistisches, imperialistisches und militaristisches Gepräge trägt, während
5 der andere Staat in seinem Gesellschafts- und Wirtschaftsleben die Grundlagen des Sozialismus entwickelt hat und weiterhin zum Sozialismus strebt. Unter solchen Umständen können diese beiden Staaten nicht mechanisch von außen durch gesamt-
10 deutsche Wahlen in einem Staat zusammengefügt werden. [...] Da also die Lösung der Aufgabe der nationalen Wiedervereinigung Deutschlands nur durch die Verständigung zwischen den Deutschen selbst und durch Verhandlungen zwischen den Regierun-
15 gen der beiden deutschen Staaten erreicht werden kann, erhebt sich vor jedem Deutschen unvermeidlich die Frage nach dem konkreten Weg. [...] Ein solcher konkreter Weg ist die Bildung eines Staatenbundes zwischen der DDR und der Deutschen
20 Bundesrepublik auf der Basis eines völkerrechtlichen Vertrages. [...] Ein in beiden Teilen Deutschlands aus Vertretern der Parlamente geschaffener

Gesamtdeutscher Rat, der beratenden Charakter hat, könnte solche Maßnahmen empfehlen und beschließen, die der schrittweisen Annäherung der bei- 25
den deutschen Staaten dienen. Der Anfang einer deutschen Konföderation wäre ein Abkommen [...] über die Durchführung einer gemeinsamen Politik in bestimmten Fragen. Wir schlagen deshalb vor: [...]
2. Ausscheiden der beiden deutschen Staaten aus 30
der NATO und aus dem Warschauer Vertrag, Aufhebung der Wehrpflicht und Vereinbarung über die beiderseitige Truppenstärke.
3. Gemeinsames oder einzelnes Ersuchen an die vier Mächte auf baldige schrittweise Zurückziehung 35
ihrer Truppen aus ganz Deutschland.
Ein solches Abkommen über diese vorrangigen Fragen wäre der Beginn einer zwischen den souveränen und unabhängigen deutschen Staaten einzugehenden Konföderation. [...] Dabei sollen die von den 40
Körperschaften der Konföderation in gegenseitigem Einvernehmen angenommenen Empfehlungen und Beschlüsse von den Regierungen der beiden deutschen Staaten nur freiwillig durchgeführt werden.

Neues Deutschland vom 28. Juli 1957

b) Egon Bahr, damals Presseamtsleiter des Berliner Senats, in einem Vortrag in Tutzing (1963): Wenn es richtig ist, […] dass die Zone dem sowjetischen Einflussbereich nicht entrissen werden kann, dann ergibt sich daraus, dass jede Politik zum direkten Sturz des Regimes drüben aussichtslos ist. Diese
5 Folgerung ist rasend unbequem und geht gegen unser Gefühl, aber sie ist logisch. Sie bedeutet, dass Änderungen und Veränderungen nur ausgehend von dem zur Zeit dort herrschenden verhassten Regime erreichbar sind. […] Den Prozess zur Hebung
10 des Lebensstandards zu beschleunigen, weil sich dadurch Erleichterungen mannigfacher Art für die Menschen und durch verstärkte Wirtschaftsbeziehungen verstärkte Bindungen ergeben können, würde demnach in unserem Interesse liegen. […]
15 Man könnte sagen, das Regime würde dadurch gestützt. Aber … ich sehe nur den schmalen Weg der Erleichterung für die Menschen in so homöopathischen Dosen, dass sich daraus nicht die Gefahr eines revolutionären Umschlags ergibt, die das sowjeti-
20 sche Eingreifen aus sowjetischem Interesse zwangsläufig auslösen würde. […] Die Frage ist, ob es nicht Möglichkeiten gibt, diese durchaus berechtigten Sorgen dem Regime graduell so weit zu nehmen, dass auch die Auflockerung der Grenzen und der
25 Mauer praktikabel wird, weil das Risiko erträglich ist. Das ist eine Politik, die man auf die Formel bringen könnte: Wandel durch Annäherung.

H. von Siegler (Hg.), Dokumentation zur Deutschlandfrage, Bd. III, Bonn 1966, S. 257 ff.

1945: **„Bruder!!"**

1955: **„Mein lieber Vetter!"**

1965: **„Ach, ja – wir haben irgendeinen**
entfernten Verwandten im Ausland …"

137 Karikatur von Hanns Erich Köhler, 1949.
Überprüfen Sie, inwiefern sich die Prophetie des Karikaturisten als zutreffend erwiesen hat.

a) *Wie denken Sie über die Praktikabilität der beiden Vorschläge?*
b) *Prüfen Sie die von Bahr empfohlene Strategie im Lichte der weiteren Entwicklung.*

3.3 Brennpunkt Berlin

Die Grenze zwischen den verfeindeten Systemen verlief mitten durch Berlin. Für Bonn war die westliche Stadthälfte das „Schaufenster des Westens", der „Vorposten der freien Welt"; für Ost-Berlin ein gefährliches „Spionage- und Agentenzentrum". Politisch und strategisch war die Stadt eine Anomalie: ihr Westteil eine Insel mitten in der DDR, in dem die oberste Gewalt bis 1990 bei den Siegermächten lag, dessen Landzugänge durch das DDR-Territorium führten, in dem es seit dem Mauerbau schwieriger war, von West- nach Ost-Berlin zu telefonieren als nach Tokio oder Santiago. Die Blockade von 1948/49 führte zur politisch-administrativen Teilung der Stadt, beseitigte aber nicht die Freizügigkeit ihrer Einwohner.

Insel West-Berlin

Während die DDR-Regierung die Grenze zur Bundesrepublik immer strenger abriegelte, wurde Westberlin zum Schlupfloch für DDR-Flüchtlinge. Diesen Aderlass konnte das Regime auf Dauer nicht verkraften. So musste die SED-Spitze, zusammen mit der sowjetischen Führung, auf Abhilfe sinnen. 1958 forderte der sowjetische Partei- und Regierungschef Chruschtschow die Westmächte ultimativ auf, sich aus West-Berlin zurückzuziehen und der Umwandlung der Halbstadt in eine

Fluchtbewegung und Mauerbau

„selbständige politische Einheit" zuzustimmen. Der Westen lehnte zwar einen Rückzug ab, erklärte sich aber zu Verhandlungen bereit. Die im Widerspruch zu den Vier-Mächte-Vereinbarungen schleichend vollzogene Einfügung Ost-Berlins in die DDR focht er nicht mehr an. Das ermutigte den Osten, einen entscheidenden Schritt weiterzugehen. Auf Drängen Ulbrichts ermächtigten die Warschauer-Pakt-Staaten die DDR-Regierung, die Teilung Berlins durch eine Mauer zu vollenden. Auch diese Aktion, die am 13. August 1961 begann, nahmen die Westmächte hin, ohne sich zu mehr als einigen papierenen Protesten aufzuraffen.

Nach dem Mauerbau

Der Mauerbau war der große Einschnitt, nicht nur für Berlin, sondern für die Gesamtheit der deutsch-deutschen Beziehungen. Er zeigte den Bundesbürgern, dass die westlichen Verbündeten weder den politischen Willen noch wohl auch die Mittel hatten, die wenigen verbliebenen gesamtdeutschen Gemeinsamkeiten zu bewahren. Zwar war es ein peinliches Zeichen der Schwäche des Regimes, dass seine Bevölkerung einsperren musste, um sie im Lande zu halten. Aber er verschaffte dem angeschlagenen Staat auch die Möglichkeit der Konsolidierung: Aller Auswege beraubt, mussten sich die DDR-Bürger wohl oder übel in den Gegebenheiten einrichten. Ost-Berlin blieb den Bundesbürgern, gegen Visumsgebühren und Zwangsumtausch von „harter" West- in „weiche" Ostmark, für Tagesaufenthalte zugänglich. Die West-Berliner blieben jahrelang ausgesperrt, ehe Passierscheinabkommen zeitweise Besuche möglich machten. Grenzübergänge in umgekehrter Richtung erlaubten die DDR-Behörden den Ost-Berlinern nicht.

Vier-Mächte-Abkommen 1971

Die absurde Lage entspannte sich für den Westen erst mit dem Berlin-Abkommen von 1971. Ausgehandelt von den vier Schutzmächten, regelte es – auch wenn der Text dies schamhaft umschrieb – lediglich den Status von West-Berlin. Die Sicherheit und wirtschaftliche Entwicklung der Westsektoren erfuhren durch Garantien der UdSSR eine erfreuliche Abstützung. Auch gegen eine Bestätigung der engen Verbindungen zwischen West-Berlin und der Bundesrepublik hatte Moskau nichts einzuwenden. Allerdings enthielt das Abkommen auch die Feststellung, dass die Halbstadt kein Bestandteil der Bundesrepublik sei. Das änderte jedoch nichts an der seit 1949 geübten Praxis, alle Bundesgesetze durch einfache Beschlüsse des Abgeordnetenhauses auf West-Berlin auszudehnen.

138 **Berlin – eine „Freie Stadt"?**

a) Aus der Note der Sowjetregierung an die Westmächte vom 27. November 1958:
Selbstverständlich bestünde die richtigste und natürlichste Lösung dieser Frage darin, den westlichen Teil Berlins, der heute faktisch von der DDR losgelöst ist, mit dem östlichen Teil wieder zu vereinigen und Ber-
5 lin zu einer einheitlichen Stadt im Bestande des Staats werden zu lassen, auf dessen Boden sie sich befindet. [...] Man muss natürlich berücksichtigen, dass die politische und wirtschaftliche Entwicklung Westberlins in der Zeit seiner Besetzung durch die drei West-
10 mächte in einer anderen Richtung verlief als die Entwicklung Ostberlins und der DDR, so dass die Lebensformen in beiden Teilen Berlins gegenwärtig grundverschieden sind. [...] In Anbetracht aller dieser Erwägungen würde es die Sowjetregierung ihrer-
15 seits für möglich erachten, dass die Frage Westberlin

gegenwärtig durch Umwandlung Westberlins in eine selbständige politische Einheit – eine Freistadt – gelöst werde, in deren Leben sich kein Staat, darunter auch keiner der bestehenden zwei deutschen Staaten einmischen würde. [...] Offensichtlich würde in An- 20 betracht der spezifischen Lage Westberlins, das sich auf dem Territorium der DDR befindet und von der Außenwelt abgeschnitten ist, die Frage auftauchen, mit der DDR in dieser oder jener Form eine Vereinbarung über Garantien für einen ungehinderten Ver- 25 kehr der Freistadt mit der Außenwelt [...] zu treffen. Westberlin würde seinerseits die Verpflichtung übernehmen, in seinem Gebiet keine feindselige, subversive Tätigkeit gegen die DDR oder einen beliebigen anderen Staat zu dulden. 30

Dokumente zur Deutschlandpolitik, Reihe IV, Bd. 1, Berlin 1971, S. 152 f.

b) Aus der amerikanischen Antwortnote vom 31. Dezember 1958:

Die drei Westmächte sind als Besatzungsmächte in Berlin und sie sind nicht zur Aufgabe ihrer Rechte bereit, die sie durch den Sieg erworben haben, ge-
5 nauso wie sie annehmen, dass die Sowjetunion nicht gewillt ist, jetzt den Westmächten diejenigen Positionen zu überlassen, die die Westmächte in Mecklenburg, Sachsen, Thüringen und Anhalt gewonnen hatten und die sie auf Grund der Abkommen von 1944 und 1945 der Sowjetunion zur Besetzung über-
10 geben hatten.

Die von den vier Mächten geschlossenen Abkommen können nicht deshalb als überholt betrachtet werden, weil die Sowjetunion bereits den vollen Nutzen aus ihnen gezogen hat und weil sie nunmehr
15 die übrigen Partner der Vorteile zu berauben

wünscht, die diese zum Ausgleich dafür erhalten hatten. Diese Abkommen sind für alle Signatarstaaten so lange bindend, wie sie nicht durch andere, auf Grund freier Verhandlungen vereinbarte Abkommen ersetzt worden sind. [...] 20

Der weitere Schutz der Freiheit von über zwei Millionen Menschen in West-Berlin ist von den drei Westmächten feierlich als Recht und Pflicht übernommen worden. Die Vereinigten Staaten können daher keinen Vorschlag in Betracht ziehen, der auf 25 eine Gefährdung der Freiheit und Sicherheit dieser Menschen hinauslaufen würde. [...] Daher ist der Vorschlag, aus West-Berlin eine sog. ‚freie Stadt‘ zu machen, wie ihn die Sowjetunion unterbreitet hat, unannehmbar. 30

E.-O. Czempiel/C.-C. Schweitzer, Weltpolitik der USA nach 1945, Bonn 1989, S. 210 f.

a) Welche Vorteile versprach sich die Sowjetunion von einer „Freien Stadt" West-Berlin?
b) Was bezweckte die US-Regierung mit der Berufung auf ihre Rechte als Siegermacht?

---

139 **Sorgen des Regierenden Bürgermeisters Willy Brandt nach dem Mauerbau**
Aus einem Schreiben an den US-Präsidenten Kennedy vom 16. August 1961:

Die Maßnahmen des Ulbricht-Regimes, gestützt durch die Sowjetunion und den übrigen Ostblock, haben die Reste des Vier-Mächte-Status nahezu völlig zerstört. Während früher die Kommandanten der
5 alliierten Mächte in Berlin bereits gegen Paraden der sog. Volksarmee protestierten, haben sie sich jetzt mit einem verspäteten und nicht sehr kraftvollen Schritt nach der militärischen Besetzung des Ostsektors durch die Volksarmee begnügen müssen.
10 Die illegale Souveränität der Ost-Berliner Regierung ist durch Hinnahme anerkannt worden, soweit es sich um die Beschränkung der Übergangsstellen und des Zutritts zum Ostsektor handelt. Ich halte dies für einen ernsten Einschnitt in der Nachkriegs-
15 geschichte dieser Stadt, wie es ihn seit der Blockade nicht mehr gegeben hat.

Die Entwicklung hat den Widerstandswillen der West-Berliner Bevölkerung nicht verändert, aber sie war geeignet, Zweifel an der Reaktionsfähigkeit und
20 Entschlossenheit der drei Mächte zu wecken. Dabei

ist ausschlaggebend, dass der Westen sich stets gerade auf den existierenden Vier-Mächte-Status berufen hat. Ich weiß wohl, dass die gegebenen Garantien für die Freiheit der Bevölkerung, die Anwesenheit der Truppen und den freien Zugang allein für 25 West-Berlin gelten. Dennoch handelt es sich um [...] ein Herausdrängen aus Gebieten der gemeinsamen Verantwortung (Berlin und Deutschland als Ganzes), durch die das gesamte westliche Prestige berührt wird. [...] 30

Wir haben jetzt einen Zustand vollendeter Erpressung und schon höre ich, dass man Verhandlungen nicht werde ablehnen können. In einer solchen Lage ist es umso wichtiger, wenigstens politische Initiative zu zeigen, wenn die Möglichkeit der Initiative des 35 Handelns schon so gering ist. [...] Es wäre zu begrüßen, wenn die amerikanische Garnison demonstrativ eine gewisse Verstärkung erfahren könnte.

Frankfurter Allgemeine Zeitung vom 19. August 1961

Woher rühren die Besorgnisse Brandts? Erwägen Sie die Möglichkeiten, die den Westmächten angesichts des Mauerbaus zur Verfügung standen.

140 Entspannung in Berlin

Aus dem Vier-Mächte-Abkommen vom 3. September 1971:

Die Regierungen (folgt Nennung), vertreten durch ihre Botschafter, [...] handelnd auf der Grundlage ihrer Vier-Mächte-Rechte und -Verantwortlichkeiten und der entsprechenden Vereinbarungen und
5 Beschlüsse der vier Mächte aus der Kriegs- und Nachkriegszeit, die nicht berührt werden, unter Berücksichtigung der bestehenden Lage in dem betreffenden Gebiet, von dem Wunsch geleitet, zu praktischen Verbesserungen der Lage beizutragen,
10 unbeschadet ihrer Rechtspositionen, haben Folgendes vereinbart: [...]
Die vier Regierungen stimmen darin überein, dass ungeachtet der Unterschiede in den Rechtsauffassungen die Lage, die sich in diesem Gebiet entwik-
15 kelt hat [...], nicht einseitig verändert wird.
Die Regierung der UdSSR erklärt, dass der Transitverkehr von zivilen Personen und Gütern zwischen den Westsektoren Berlins und der Bundesrepublik Deutschland auf Straßen, Schienen- und Wasserwe- 20 gen durch das Territorium der DDR ohne Behinderungen sein wird, dass dieser Verkehr erleichtert werden wird, damit er in der einfachsten und schnellsten Weise vor sich geht. [...] Die Regierungen der Französischen Republik, des Vereinigten Königreichs und der Vereinigten Staaten von Ame- 25 rika erklären, dass die Bindungen (in der DDR-Übersetzung: Verbindungen) zwischen den Westsektoren Berlins und der Bundesrepublik Deutschland aufrechterhalten und entwickelt werden, wobei sie berücksichtigen, dass diese Sektoren so wie bis- 30 her kein Bestandteil (konstitutiver Teil) der Bundesrepublik Deutschland sind und auch weiterhin nicht von ihr regiert werden.

Frankfurter Allgemeine Zeitung vom 4. 9. 71

  a) Benennen Sie die unterschiedlichen Rechtsauffassungen.
  b) Konnte der Westen mit dem Abkommen zufrieden sein? Und der Osten?

3.4 Deutschlandpolitik im Zeichen der Entspannung

Gegensätzliche Positionen

Die Entspannungspolitik der 70er Jahre konnte ohne eine Regelung der deutsch-deutschen Beziehung schwerlich vorankommen. Allerdings waren die Vorstellungen beider Seiten hier besonders gegensätzlich. Die Bundesregierung wollte in erster Linie die deutschen Gemeinsamkeiten stärken und die menschlichen Beziehungen über die Grenzen hinweg verbessern, um ein weiteres Auseinanderleben der geteilten Nation zu verhindern. Der DDR-Regierung ging es vor allem um ihre volle staatliche Anerkennung durch den westdeutschen Rivalen und die dann möglich werdende weltweite Aufnahme diplomatischer Beziehungen; engere Ost-West-Kontakte dagegen waren ihr durchaus nicht geheuer. Wie tief die Kluft war, zeigte sich im Frühjahr 1970, als die beiden Regierungschefs Brandt und Stoph zweimal, in Erfurt und Kassel, zusammentrafen. Während Brandt die historische und kulturelle Einheit der nach wie vor existierenden deutschen Nation hervorhob, bestand Stoph auf völkerrechtlich geregelten zwischenstaatlichen Beziehungen und sprach der nationalen Zusammengehörigkeit jede aktuelle Bedeutung ab. Brandt hatte schon in seiner ersten Regierungserklärung 1969 seine Bereitschaft erklärt, die Eigenstaatlichkeit der DDR hinzunehmen und den Alleinvertretungsanspruch der Bundesrepublik fallen zu lassen, aber er hatte sich nachdrücklich geweigert, die DDR als Ausland anzusehen. Weil die SED-Machthaber genau dies verlangten, blieb der deutsch-deutsche Dialog vorerst stecken.

Der Grundlagenvertrag von 1972

Er kam erst wieder in Gang, als Moskau die DDR-Führung dazu drängte und für die Entmachtung des widerstrebenden Ulbricht sorgte; der Nachfolger Honecker fügte sich den sowjetischen Wünschen. Die beiden Unterhändler, Egon Bahr für die Bundesrepublik und Michael Kohl für die DDR, handelten in einer Vielzahl von Sitzungen den „Grundlagenvertrag" aus. Er wurde am 21. Dezember 1972 unter-

141 „Menschliche Erleichterungen". Karikatur 1973
So langsam der Fortschritt auch erfolgte: Die stetige
Zunahme des Reiseverkehrs sowie vermehrte politische, wirtschaftliche, kulturelle und sportliche Kontakte verbesserten
das deutsch-deutsche Klima fühlbar.

zeichnet und war ein klassischer Kompromiss.
Er klammerte aus, worüber man uneins war, vor
allem die Rolle der deutschen Nation und die
Frage der Staatsbürgerschaft. Er brachte aber
auch Regelungen für Bereiche, die 23 Jahre lang
als unlösbar gegolten hatten. Die DDR sah wesentliche Wünsche erfüllt: Beide Vertragsparteien bestätigten einander die Unabhängigkeit,
beschworen die Unverletzlichkeit der zwischen
ihnen liegenden Grenzen und versprachen normale gutnachbarliche Beziehungen
auf der Grundlage der Gleichberechtigung. Damit war der Alleinvertretungsanspruch der Bundesrepublik getilgt, die souveräne Eigenstaatlichkeit der DDR verbrieft. Die Bundesrepublik setzte es gegen die Absichten der DDR durch, dass man
wechselseitig nicht Botschaften, sondern „ständige Vertretungen" einrichtete und
dass man sich die einvernehmliche Regelung praktischer und humanitärer Fragen
zusagte. Ein von der Bundesregierung übergebener „Brief zur deutschen Einheit"
stellte klar, dass die Bundesrepublik nach wie vor die Wiederherstellung der deutschen staatlichen Einheit anstrebe.

Die CDU/CSU-Opposition lehnte den Vertrag ab. Sie warf, wie schon beim Mos-   **Innenpoliti-**
kauer und Warschauer Vertrag, der Regierung vor, schlecht verhandelt und we-   **scher Streit in**
sentliche nationale Interessen ohne zwingenden Grund preisgegeben zu haben.   **der Bundes-**
Die bayerische Staatsregierung beantragte beim Bundesverfassungsgericht, den   **republik**
Grundlagenvertrag für verfassungswidrig zu erklären, hatte mit dieser Klage aber
keinen Erfolg. Die Verfassungsrichter unterstrichen allerdings noch einmal die
Pflicht aller Verfassungsorgane, auf die Wiedervereinigung hinzuwirken; in diesem Zusammenhang behaupteten sie die Fortdauer eines „wenn auch hand-
lungsunfähigen ... umfassenden Staates Gesamtdeutschland mit einem einheitlichen Staatsvolk". Diese und einige andere Textpassagen trugen ihnen in Teilen
der kritischen Öffentlichkeit den Vorwurf der Realitätsblindheit ein.

Ob der Vertrag Fortschritte gebracht habe, blieb noch eine Zeit lang umstritten. Die   **Zweischnei-**
innerdeutsche Klimaverbesserung, auf die die Vertragsanhänger hofften, stellte   **dige Aus-**
sich nur zögernd ein. Die SED-Führung betrachtete das Abkommen zunächst vor-   **wirkungen**
nehmlich als Ermächtigung zu einer Politik der Abgrenzung. 1974 strich sie in einer Verfassungsänderung alle Hinweise auf gesamtdeutsche Zielsetzungen: Aus
dem „sozialistischen Staat deutscher Nation" machte sie den „sozialistischen
Staat der Arbeiter und Bauern". Die Parteiideologen verwandten viel Mühe darauf, die Doktrin von den zwei Nationen in Deutschland – der sozialistischen und
der kapitalistischen – zu verbreiten, konnten die Menschen damit aber nicht überzeugen. Nach den KSZE-Vereinbarungen von 1975 wurde es für die SED-Machthaber immer schwieriger, die Forderungen nach mehr Ost-West-Kontakten zu ignorieren. Schließlich sahen sie sich durch die wachsenden wirtschaftlichen Probleme genötigt, die Grenzen durchlässiger zu machen und die Beziehungen zum
„Klassenfeind" – von dem jetzt weniger die Rede war – zu verstärken. Die techno-
logische und finanzielle Hilfe, die sich die DDR-Führung von der Bundesrepublik
erhoffte, war nicht ohne gewisse politische Lockerungen zu erlangen. Die Bun-

desregierungen taten das Ihre, um diese Entwicklung zu fördern. Der bayrische CSU-Ministerpräsident Franz Josef Strauß vermittelte einen Milliardenkredit für die bedrängte DDR-Wirtschaft. Bundeskanzler Schmidt traf sich 1981 zu mehrtägigen Gesprächen mit Honecker in der DDR, die Kohl-Regierung empfing den DDR-Staatsratsvorsitzenden 1987 zu einem offiziellen Staatsbesuch mit dem ganzen Zeremoniell, das einem ausländischen Staatsoberhaupt gebührt. Trotz der Verschärfung des Ost-West-Konfliktes in der Folge der sowjetischen Afghanistan-Intervention und der westlichen Raketen-Nachrüstung zu Beginn der 80er Jahre hielten die beiden deutschen Regierungen an ihrer „Sicherheitspartnerschaft" fest. Viele hochrangige westdeutsche Politiker aller Parteien reisten zu Gesprächen mit Honecker und anderen SED-Größen nach Ost-Berlin. Eine SPD- und eine SED-Kommission erarbeiteten ein gemeinsames Grundsatzpapier zu Fragen der politischen Kultur, in dem sie sich wechselseitig als politische Partner respektierten. Von wenigen Ausnahmen, namentlich den „Grünen" abgesehen, unterließen es die Repräsentanten der Bundesrepublik, Kontakte zu den ostdeutschen Bürgerrechtlern und Dissidenten aufzunehmen. Sie mussten sich darum – aber erst nach der Wiedervereinigung – den Vorwurf gefallen lassen, mit dem SED-Regime paktiert und es dadurch, willentlich oder unwillentlich, gestärkt zu haben.

Friedliche Koexistenz: Ein schon von Lenin geprägter, durch Chruschtschow in den 50er Jahren verbreiteter Begriff, der die Beziehungen zwischen sozialistischen und „kapitalistischen" Staaten beschreibt. Er war die kommunistische Antwort auf die atomare Bedrohung der Menschheit, die den Krieg als Mittel der Politik ausschloss. Damit distanzierten sich die sowjetische Führung und ihre europäischen Satelliten von der bis dahin gängigen Vorstellung einer wenn nötig gewaltsamen, also auch kriegerischen Durchsetzung des Kommunismus im Zuge der Weltrevolution. Die nach kommunistischer Lehre gleichwohl unvermeidliche Auseinandersetzung zwischen dem Sozialismus/Kommunismus und dem „Kapitalismus" sollte fortan mit friedlichen, in der Hauptsache wirtschaftlichen und ideologischen Mitteln ausgetragen werden. Koexistenz bedeutete also ein zwar gewaltfreies, aber durchaus von unversöhnlicher Rivalität bestimmtes Neben- und Gegeneinander von Staaten mit unterschiedlicher Gesellschaftsordnung. Auch wenn ein sozialistischer Staat mit dem „Klassenfeind" Verträge schloss oder Handel trieb, durfte das die tiefe Kluft und prinzipielle Gegnerschaft nicht aufheben. Auch die „friedliche Koexistenz" sollte eines Tages mit dem Sieg des Sozialismus enden.

---

142 Zweimal Deutschland

a) Bundeskanzler Brandt in seiner Regierungserklärung vom 28. Oktober 1969:
Aufgabe der praktischen Politik in den jetzt vor uns liegenden Jahren ist es, dass das Verhältnis zwischen den Teilen Deutschlands aus der gegenwärtigen Verkrampfung gelöst wird. Die Deutschen sind nicht
5 nur durch ihre Sprache und Geschichte – mit ihrem Glanz und Elend – verbunden; wir sind alle in Deutschland zu Haus. Wir haben auch noch gemeinsame Aufgaben und gemeinsame Verantwortung: für den Frieden unter uns und in Europa. 20 Jahre
10 nach Gründung der Bundesrepublik und der DDR müssen wir ein weiteres Auseinanderleben der deutschen Nation verhindern, also versuchen, über ein geregeltes Nebeneinander zu einem Miteinander zu kommen. Dies ist nicht nur ein deutsches Interesse, denn es hat seine Bedeutung auch für den Frieden in 15 Europa und für das Ost-West-Verhältnis. […]
Die Bundesregierung […] bietet dem Ministerrat der DDR erneut Verhandlungen beiderseits ohne Diskriminierung auf der Ebene der Regierungen an, die zu vertraglich vereinbarter Zusammenarbeit 20 führen sollen. Eine völkerrechtliche Anerkennung der DDR durch die Bundesregierung kann nicht in Betracht kommen. Auch wenn zwei Staaten in Deutschland existieren, sind sie doch füreinander nicht Ausland; ihre Beziehungen zueinander kön- 25 nen nur von besonderer Art sein.

Verhandlungen des 6. Deutschen Bundestages, 28. 10. 1969, S. 20 f.

143 Die Treffen der beiden deutschen Regierungschefs in Erfurt und Kassel 1970 brachten keine Annäherung. Dies wurde erst 1972 möglich, als Moskau Druck auf Ost-Berlin ausübte. Das Foto zeigt die Regierungsdelegationen beider deutscher Staaten am 19. März 1970 bei ihren Gesprächen im „Erfurter Hof".

b) DDR-Ministerpräsident Stoph beim Treffen mit Brandt in Erfurt am 19. März 1970:

Es ist müßig, die Verweigerung der völkerrechtlichen Beziehungen mit der Formel tarnen zu wollen, wir seien doch „alle Deutsche". So simpel ist die Sache nicht. Seit Beginn des vorigen Jahrhunderts hat
5 es stets Deutsche gegeben, die auf der Seite des Fortschritts, der Arbeiterklasse und des arbeitenden Volkes, und andere, die auf der Seite der Reaktion, auf der Seite des Kapitalismus standen. Heute existieren die sozialistische Deutsche Demokratische
10 Republik und die monopolkapitalistische Bundesrepublik, zwei voneinander unabhängige Staaten. Ihre Bürger leben und arbeiten unter völlig gegensätzlichen Bedingungen. Die Bürger der DDR mehren mit ihrer Arbeit den eigenen Wohlstand und den der
15 sozialistischen Gesellschaft. In der Bundesrepublik dagegen profitiert eine kleine Schicht von Millionären aus der Arbeit des werktätigen Volkes. [...]

Sie selbst, Herr Bundeskanzler, haben geäußert, dass es zwischen den gegensätzlichen gesellschaftlichen Systemen in der DDR und der BRD „keine 20 Mischung, keinen faulen Kompromiss" geben könne. In der Tat – die beiden souveränen Staaten DDR und BRD lassen sich nicht vereinigen, weil gegensätzliche Gesellschaftsordnungen nicht vereinigt werden können. Ich würde es begrüßen, wenn 25 diese – wie es scheint – übereinstimmende Einschätzung auch Grundlage für eine realistische Politik, für eine Politik der Vernunft zur Herstellung gleichberechtigter völkerrechtlicher Beziehungen zwischen der DDR und der BRD werden würde. Natür- 30 lich – wer wollte das verschweigen – sind wir als Sozialisten am Sieg des Sozialismus in allen Ländern und auch in der Bundesrepublik interessiert, was eine spätere Vereinigung auf der Grundlage von Demokratie und Sozialismus möglich machen würde. 35

„Neues Deutschland" vom 20. März 1970

a) Wie schätzen die beiden Regierungschefs die Rolle der Nation ein?
b) Nehmen Sie zu Stophs These Stellung, die gegensätzlichen Gesellschaftsordnungen der beiden deutschen Staaten ließen sich nicht vereinigen.

144 **Der Grundlagenvertrag von 1972: Bewahrung oder Preisgabe deutscher Gemeinsamkeiten?**

a) Aus dem Vertrag vom 21. Dezember 1972:

Die hohen vertragsabschließenden Seiten, ... ausgehend von den historischen Gegebenheiten und unbeschadet der unterschiedlichen Auffassungen ... zu grundsätzlichen Fragen, darunter zur nationalen
5 Frage,

geleitet von dem Wunsch, zum Wohle der Menschen in den beiden deutschen Staaten die Voraussetzungen für eine Zusammenarbeit ... zu schaffen, sind wie folgt übereingekommen:

Art. 1. Die Bundesrepublik Deutschland und die 10 Deutsche Demokratische Republik entwickeln normale gutnachbarliche Beziehungen zueinander auf der Grundlage der Gleichberechtigung.

Art. 3. […] Sie bekräftigen die Unverletzlichkeit der zwischen ihnen bestehenden Grenze jetzt und in der Zukunft und verpflichten sich zur uneingeschränkten Achtung ihrer territorialen Integrität.

Art. 4. Die Bundesrepublik Deutschland und die Deutsche Demokratische Republik gehen davon aus, dass keiner der beiden deutschen Staaten den anderen international vertreten oder in seinem Namen handeln kann.

Art. 7. Die Bundesrepublik Deutschland und die Deutsche Demokratische Republik erklären ihre Bereitschaft, im Zuge der Normalisierung ihrer Beziehungen praktische und humanitäre Fragen zu regeln. Sie werden Abkommen schließen, um auf der Grundlage dieses Vertrages und zum beiderseitigen Vorteil die Zusammenarbeit auf dem Gebiet der Wirtschaft, der Wissenschaft und Technik, des Verkehrs, des Rechtsverkehrs, des Post- und Fernmeldewesens, des Gesundheitswesens, der Kultur, des Sports, des Umweltschutzes und auf anderen Gebieten zu entwickeln und zu fördern.

Bulletin des Presse- und Informationsamtes der Bundesregierung vom 8. November 1972

b) Aus einem Beschluss der CDU/CSU-Bundestagsfraktion vom 19. Dezember 1972:

2. Der Vertrag sollte verlässliche Grundlagen für das Verhältnis zwischen beiden Teilen Deutschlands schaffen. Statt dessen sind Grundfragen, wie Einheit der Nation, Freiheit, Menschenrechte, entweder gar nicht berührt oder wurden so formuliert, dass unterschiedliche Auslegungen Anlass ständigen Streites sein können. Die Verhinderung von Freiheit, Grund- und Menschenrechten in der DDR können wir ebenso wenig hinnehmen wie Schießbefehl und Mordanlagen an der jetzt Grenze genannten Demarkierungslinie. […]

4. Wir stellen fest: Der Vertrag enthält keinen politisch wirksamen Friedensvertragsvorbehalt;

– er wird die Verwirklichung des Selbstbestimmungsrechts für das ganze deutsche Volk nicht erleichtern, sondern erschweren;

– er erwähnt nicht die Rechte und Verantwortlichkeiten der Vier Mächte für Deutschland als Ganzes und Berlin;

– er höhlt Geist und Buchstaben des Deutschlandvertrages von 1954 und der mit ihm verbundenen Erklärungen aus, in denen sich die drei Westmächte mit uns zu einer gemeinsamen Politik der Wiedervereinigung in Freiheit verpflichtet haben.

5. Der Grundvertrag bezieht das Land Berlin nicht in der für Berlin unerlässlich notwendigen Weise ein. Der Vertrag wird deshalb von uns abgelehnt.

Texte zur Deutschlandpolitik, Bd. 11, Bonn 1973, S. 378 f.

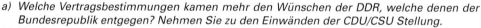

a) Welche Vertragsbestimmungen kamen mehr den Wünschen der DDR, welche denen der Bundesrepublik entgegen? Nehmen Sie zu den Einwänden der CDU/CSU Stellung.
b) Verdiente die DDR die Bezeichnung „Nationalstaat"?

Zur Diskussion

Wandel durch Annäherung, Anerkennung, Zusammenarbeit?

Die erstmals von Egon Bahr 1963 empfohlene Politik eines „Wandels durch Annäherung" bestimmte die Deutschlandpolitik der Bundesregierungen in den 70er und 80er Jahren. Die sozialdemokratischen Bundeskanzler Brandt und Schmidt wie auch der christdemokratische Regierungschef Kohl pflegten die Kontakte auf der Regierungsebene und vermieden weitgehend Gespräche mit den Oppositionsgruppen in der DDR. Nach der Wiedervereinigung kam eine Diskussion auf, ob diese Strategie nicht auf das falsche Pferd gesetzt habe. Seien die westdeutschen Politiker, so wurde gefragt, nicht zu Komplizen der SED-Machthaber geworden, hätten sie nicht deren Stellung gefestigt und damit den Zusammenbruch der DDR hinausgezögert? Sei man nicht politisch-moralisch verpflichtet gewesen, die Dissidenten und Oppositionellen zu ermutigen und zu unterstützen und damit das kommunistische Herrschaftssystem von innen zu schwächen?

a) Der SPD-Politiker und Direktor des Hamburger Instituts für Friedensforschung, Egon Bahr, 1993 :

Bleibt die Frage, ob die SPD nicht 1984 oder 1985 prinzipiell hätte umschalten sollen, also auf eine Linie, die sie in einen operativen oder auch nur losen Kontakt zu den Opponenten gebracht hätte. Die Be-
5 rechtigung dieser Frage ist nicht zu leugnen, nachdem das Ergebnis der Geschichte bekannt ist. Festzustellen bleibt jedenfalls, dass in Unkenntnis der späteren Geschichte diese Frage damals in keinem Gremium der SPD auch nur gestellt worden ist. Un-
10 sere Überlegungen waren wirklichkeitsnäher. Sie gingen von der Erfahrung aus, dass in den kommunistisch regierten Staaten die Partei entscheidet und die Regierungen nur ausführende Organe des politischen Willens sind. Sofern wir also unsere Kontakte
15 von der bisherigen Regierungsebene auf die der Parteien verlegen würden, ergäbe sich die ungewöhnliche und wirklich neue Situation, operativen Einfluss auf dem Umweg über die regierenden Parteien auf die dortigen Regierungen und ihre Haltung nehmen
20 zu können. [...] Im Ergebnis hat das funktioniert. Ich sehe es als geschichtlich unhaltbare Vereinfachung, zu behaupten, dass es zur Veränderung und zum Zusammenbruch der kommunistischen Herrschaft in Osteuropa nur durch Druck von unten, also der Be-
25 völkerung, oder durch Druck von außen, durch amerikanische Rüstung, gekommen ist. Die Veränderung im Denken der Herrschenden durch sozialdemokratische Ideen und Argumente war auch unentbehrlich. In der Tat kann man sagen, dass die
30 SPD sich so auf die Regierenden konzentriert hat, dass sie darüber Dissidenten vernachlässigte, aber sie konzentrierte sich auf den Gegner, den allein sie – die SPD – ideologisch beeindrucken, bewegen, verändern konnte.

D. Dowe (Hg), Die Ost- und Deutschlandpolitik der SPD in der Opposition 1982–1989, Bonn 1993, S. 23, 28

b) Der britische Historiker Timothy Gordon Ash, 1993:

Die Bonner Regierung ging über Moskau und kam in Berlin an. In dieser Hinsicht erwies sich das ursprüngliche Paradox – nur dann in der Lage zu sein, den Status quo zu ändern, wenn zuerst der Status quo anerkannt würde – als richtig. Doch das zweite 5 Paradox der Strategie „Wandel durch Annäherung" – Liberalisierung durch Stabilisierung – erwies sich als falsch und der Zusatz, dass man den demokratischen Kräften in der DDR am besten helfen könnte, indem man ihnen nicht half, war eindeutig ein Para- 10 dox zu viel. [...] Die Lehre aus den Erfahrungen anderer sozialistischer Staaten, ja anderer Diktaturen überhaupt in der Geschichte, war jedoch, dass ein gewisses Maß an Spannungen, Opposition, Konflikt und sozialem Druck von unten die notwendige 15 (wenn auch natürlich nicht hinreichende) Bedingung für einen Wandel war. [...] „Revisionismus", Wandel durch Reform von oben, initiiert von einer aufgeklärten Partei, würde niemals ausreichen. In dieser Hinsicht hinkten die Sozialdemokraten der 20 Zeit um ein Jahrzehnt hinterher. [...]

Anstatt Liberalisierung durch Stabilisierung fand in der DDR Stabilisierung ohne Liberalisierung statt. Die Bundesrepublik trug dazu mit DM und Anerkennung bei. Natürlich dürfen die Vorteile, die West-Ber- 25 lin, Westdeutsche und Millionen von DDR-Bürgern – kurzum, die berühmten „Menschen" – erfuhren, keinesfalls unterschätzt werden. Die „menschlichen Erleichterungen" waren groß. [...] Doch diesen spezifischen Erleichterungen für einzelne Menschen muss 30 man die Nachteile gegenüberstellen, die aus der Stabilisierung eines unreformierten kommunistischen Staates für alle entstanden, die in ihm lebten.

T. G. Ash, Im Namen Europas, München 1993, S. 537 f.

a) *Worum dreht sich der Streit? Welcher Seite geben Sie Recht, welche Argumente leuchten Ihnen ein, welche nicht?*
b) *Prüfen Sie die hier verfochtenen Thesen im Licht Ihnen bekannter Fakten.*

1. *Wie schätzen Sie das Interesse der Siegermächte an einer deutschen Wiedervereinigung ein?*
2. *Erörtern Sie das adenauersche Konzept einer „Politik der Stärke".*
3. *Durchdenken Sie die Konsequenzen, die bei einer Neutralisierung Gesamtdeutschlands hätten eintreten können.*
4. *Charakterisieren Sie die Rolle Berlins in der Geschichte der deutschen Teilung.*
5. *Diskutieren Sie die These, die Teilung Deutschlands sei eine Garantie für den Frieden Europas im Zeitalter des Ost-West-Konflikts gewesen.*
6. *Versuchen Sie eine Bilanz der Bonner Entspannungspolitik gegenüber der DDR.*

Das wiedervereinigte Deutschland

Der Zusammenbruch des SED-Regimes im Herbst 1989 und die schnell darauf folgende staatliche Vereinigung Deutschlands kamen für alle Zeitgenossen völlig überraschend. Die nationale Einheit hatte sich die große Mehrheit der Deutschen zwar gewünscht, aber nur wenige hatten daran geglaubt, sie zu Lebzeiten zu erlangen. Sie war weniger das Resultat gezielter politischer Anstrengungen der West- oder der Ostdeutschen als einer einmaligen Gunst der Umstände; hierzu gehörten vor allem die Abdankung des kommunistischen Systems in der Sowjetunion und anderen Ostblockländern und die Überraschungsstarre der SED-Führung, aber auch der Mut der Demonstranten in Leipzig, Ost-Berlin und anderen DDR-Orten, die gegen die Parteidiktatur aufbegehrten.

Der Jubel und die Freude über die Wiedervereinigung hielten nicht ständig an. Die „innere" Vereinigung der Deutschen aus Ost und West erwies sich als weitaus langwieriger und schwieriger als die „äußere", die kaum ein Jahr gebraucht hatte. Der Niedergang der ostdeutschen Wirtschaft erreichte Ausmaße, die die schlimmsten Prognosen übertrafen. Der „Aufbau Ost" dauerte länger und kostete ein Vielfaches mehr, als führende Politiker angekündigt hatten. Die Entfremdung zwischen den Menschen beiderseits einer über 40 Jahre trennenden Grenze ließ sich längst nicht so schnell überbrücken, wie die meisten gedacht hatten.

1989	11.	9.	Ungarn öffnet die Grenzen zu Österreich und ermöglicht Tausenden von DDR-Bürgern die Flucht in den Westen.
	9.	10.	Im Zuge der Leipziger „Montagsdemonstrationen" fordern 70 000 Menschen unter der Parole „Wir sind das Volk" demokratische Rechte.
	18.	10.	Honecker tritt von allen Ämtern zurück; sein Nachfolger wird Egon Krenz.
	9.	11.	Die DDR-Behörden öffnen die Grenzübergänge nach West-Berlin und zur Bundesrepublik.
	28.	11.	Bundeskanzler Kohl schlägt im „10-Punkte-Programm" „konföderative Strukturen" zwischen den beiden deutschen Staaten vor.
	1.	12.	Die DDR-Volkskammer streicht den Führungsanspruch der SED aus der Verfassung.
1990	10.	2.	Gorbatschow stimmt der deutschen Wiedervereinigung zu.
	18.	3.	In den ersten freien Volkskammerwahlen gewinnt die bürgerliche „Allianz für Deutschland" eine Mehrheit und stellt mit Lothar de Maizière den Ministerpräsidenten einer Mehrparteien-Regierung. Diese betreibt den Anschluss an die Bundesrepublik.
	1.	7.	Mit dem Inkrafttreten der Währungs-, Wirtschafts- und Sozialunion wird die DM die gemeinsame Währung.
	12.	9.	Im „Zwei-plus-Vier-Vertrag" erhält die Bundesrepublik die uneingeschränkte Souveränität.
	3.	10.	Die staatliche Vereinigung Deutschlands tritt in Kraft.
	14.	11.	Im deutsch-polnischen Grenzvertrag erkennt die Bundesrepublik die Oder-Neiße-Grenze als endgültig an.
1991	20.	6.	Der Bundestag entscheidet sich für Berlin als künftigen Regierungssitz.
1992	12.	11.	Das Berliner Landgericht eröffnet gegen Honecker und andere SED-Führer einen Prozess wegen der Todesschüsse an der Mauer. Das Verfahren gegen Honecker wird eingestellt.
1994			Bei den Bundestags- und Landtagswahlen in den neuen Bundesländern wird die PDS die drittstärkste Partei in Ostdeutschland.
1997			Die Zahl der Arbeitslosen klettert im Februar auf 4,7 Millionen.

1. Risse im kommunistischen Herrschaftssystem

Solange die DDR existierte, konnte sich ihre Führung der Loyalität der meisten ihrer Bürger nicht wirklich sicher sein. Ohne dass sich diese Einstellung, mit Ausnahme des 17. Juni 1953, zu öffentlicher Kritik oder gar politischer Opposition ver-
dichtete, hatten viele Menschen an den Zuständen in ihrem Land eine Menge
auszusetzen. Ihre Unzufriedenheit hatte mehrere Ursachen: die immer wieder-
kehrenden Versorgungsmängel; die Reisebeschränkungen zum Westen für fast
alle, die noch nicht im Rentenalter standen; die einseitige, oft unglaubwürdige
Berichterstattung der Medien; die allseitige Bevormundung durch einen bürokra-
tischen Staat und eine stets gegenwärtige Partei; die, vor allem durch die Stasi
genährte, Atmosphäre des Misstrauens und der Duckmäuserei. Die Überzeugungskraft des Sozialismus und seiner marxistisch-leninistischen Ideologie
schwand seit den späten 70er Jahren wegen des oft krassen Widerspruchs zwischen den offiziellen Versprechungen und den tatsächlichen Verhältnissen zusehends dahin.

**Kritik und Un-
zufriedenheit**

Die Staats- und Parteiführung bekam die wirtschaftlichen Probleme nie richtig in
den Griff. Bis in die 80er Jahre gab die DDR-Wirtschaft nach außen zwar ein relativ günstiges Bild ab, namentlich im Vergleich mit den anderen Ostblockländern.
Aber ihre Fundamente waren keineswegs solide und das Leistungsgefälle gegenüber dem Westen wurde größer statt kleiner. Die Auslandsverschuldung stieg.
Die hohen Kosten für die Stützung unrentabler Betriebe und die Aufrechterhaltung
der niedrigen Preise für den Grundbedarf verschlangen die Mittel, die für die Sanierung und Modernisierung vieler Industriezweige so dringend benötigt wurden.
Honeckers Wohlfahrtssozialismus war schließlich nicht mehr zu finanzieren.

**Wirtschaft-
licher Ruin**

Die sowjetische Führungsmacht, die mit noch größeren Problemen zu kämpfen
hatte, war bald nach Gorbatschows Machtantritt (1985) zu einer Politik von oben
gelenkter Reformen übergegangen. Unter den schnell berühmt werdenden Parolen der „Perestroika" (Umwandlung), „Glasnost" (Offenheit) und des „Neuen
Denkens" wollten die Reformer die Sowjetbürger zu aktiver Mitwirkung im wirtschaftlichen und öffentlichen Leben bewegen, um Kräfte freizusetzen, die dem in
bürokratischer Gängelung erstarrten System neue Energien zuführen sollten. Gorbatschow gestand die neuen Freiheiten auch den unter Breshnew (1964–1982) am
kurzen Gängelband gehaltenen sozialistischen „Bruderstaaten" zu. Damit fand er
vor allem in Polen, Ungarn und der CSSR viel Widerhall.

**Perestroika
in der Sowjet-
union**

Die SED-Führung verhielt sich von Anfang an ablehnend. Mit viel Selbstgefällig-
keit und Realitätsblindheit war sie vom insgesamt guten Zustand ihres Staates
überzeugt. Solche Unbeweglichkeit hing nicht nur mit dem durchweg hohen Alter
der Spitzenfunktionäre zusammen; sie beruhte auch auf dem autoritären Führungsstil, der in der Partei seit je üblich war. Es gab nicht einmal im Politbüro, ge-
schweige denn in den unteren Parteigremien eine offene Diskussion. Der sich immer tiefer in die Gesellschaft fressende Überwachungs- und Kontrollapparat der
Stasi produzierte zwar eine Unmenge von Informationen über das Geschehen und
die Meinungen im Lande; vieles davon gelangte aber geschönt nach oben oder
wurde hier in seiner Bedrohlichkeit unterschätzt. Bis zu seiner Entmachtung und
seinem Tod knapp vier Jahre später wollte Honecker die wahren Gründe für das
Debakel seines Regimes nicht wahrhaben; er zog es vor, die Schuld auf Verräter
und Feiglinge zu schieben. Statt über Reformen nachzudenken, setzte die SED-
Führung fast bis zum bitteren Ende auf die alten Rezepte: verschärfte Kontrolle
und Unterdrückung, Abschiebung der unbequemen Kritiker, stärkere ideologische
Bewusstseinsformung.

**Reform-
unwilligkeit
der DDR**

2. Die friedliche demokratische Revolution

DDR-Bürger wehren sich

Nach den Kommunalwahlen im Mai 1989 machten Bürgergruppen erstmals gegen die seit langem geübte Praxis der Partei Front, die Wahlergebnisse zu ihren Gunsten zu fälschen. Sie legten Beschwerde ein, erhielten überall statt Antworten nur Verwarnungen, wiederholten ihren Protest aber Monat für Monat. Seitdem rissen öffentliche Einsprüche und Diskussionen nicht mehr ab. Sie gingen vielfach von Einrichtungen der evangelischen Kirche aus. Entscheidende Anstöße zum sich anbahnenden Umsturz erfolgten in den Leipziger „Montagsdemonstrationen": Seit dem September 1989 formierten sich im Anschluss an Andachten in der Nicolai-Kirche allwöchentlich Demonstrationszüge; sie zogen von Mal zu Mal mehr Menschen an, bis schließlich im Oktober und November Hunderttausende daran teilnahmen, die immer entschiedener durchgreifende Reformen verlangten.

Bürger-bewegungen

Zu gleicher Zeit entstanden überall in der DDR Protest- und Bürgerbewegungen, lockere Zusammenschlüsse Gleichgesinnter, die auf demokratische Systemveränderungen drängten. Ihre Mannigfaltigkeit und Spontaneität war Stärke und Schwäche zugleich. Dass sie echte Basisvereinigungen waren, an denen jeder ohne große formelle Hürden teilnehmen konnte, gab ihnen Schwung; dass sie so wenig Wert auf straffe Organisation und Koordination ihrer Aktivitäten legten, minderte ihr politisches Gewicht. Den meisten ihrer Mitglieder ging es mehr um die Grundsatzfragen einer demokratischen und sozial gerechten Ordnung als um die politische Praxis hier und heute. Ihnen schwebte ein besserer, demokratisch reformierter Sozialismus vor; an eine Abschaffung der DDR dachte anfangs niemand.

Massenflucht

Neben dem Protest der Straße und den Reformbestrebungen der Bürgerrechtler war es vor allem die Massenflucht, die das Regime unter Druck setzte. Nachdem die reformkommunistische Regierung in Ungarn, gegen alle Abmachungen mit der Ostberliner Führung, im September die Sperren und Kontrollen an der Grenze zu Österreich beseitigt hatte, flohen binnen drei Tagen 15 000 DDR-Bürger durch dieses Schlupfloch. In der Botschaft der Bundesrepublik in Prag sammelten sich 3000 DDR-Flüchtlinge und verlangten ihre Ausreise nach Westdeutschland. Das Politbüro sah schließlich keinen anderen Ausweg, als diese Menschen förmlich aus der DDR-Staatsbürgerschaft zu entlassen. Das spornte andere an, den gleichen Weg zu gehen, und der Flüchtlingsstrom schwoll immer weiter.

Gewalt-anwendung oder Nach-giebigkeit?

Die SED-Führung musste sich zwischen gewaltsamer Unterdrückung und weiterem Nachgeben entscheiden. Nachdem die Volkspolizei während der Feierlichkeiten zum 40-jährigen DDR-Jubiläum am 7. Oktober gegen Demonstranten brutal vorgegangen war, stand die Situation angesichts der nächsten Leipziger Montagsdemonstration am 9. Oktober auf des Messers Schneide. Als die in großer Zahl zusammengezogenen Sicherheitskräfte bei unklarer Befehlslage schließlich doch nicht gegen die 50 000 Teilnehmer des Protestmarsches einschritten, waren die Würfel gefallen: Die Führung trat den Rückzug an, die Volksbewegung gewann die Oberhand. Seitdem lief die SED den Ereignissen hinterher. Honeckers Amtsenthebung und die Ausbootung seiner engsten Gefolgsleute am 18. Oktober kamen genauso zu spät wie die Reformankündigungen des neuen Generalsekretärs Egon Krenz. Als mehr durch ein Versehen als aufgrund eines beherzten Entschlusses am 9. November die Grenzübergänge nach West-Berlin und zur Bundesrepublik sich öffneten, brachen alle Dämme. Ost- und Westdeutsche lagen sich in den Armen, ein Rausch des Wieder-Zusammenkommens ergriff vorübergehend die Gemüter.

145 Reformen in der Sowjetunion

Gorbatschow vor dem ZK-Plenum der KPdSU (1987):

Im gesellschaftlichen Bewusstsein setzt sich immer mehr der einfache und klare Gedanke durch, dass ein Mensch nur dann in seinem Haus Ordnung schaffen kann, wenn er sich dort als Hausherr fühlt. [...] Nur durch Demokratie und dank der Demokratie ist die Umgestaltung selbst möglich. [...] Deshalb ist die weitere Demokratisierung der sowjetischen Gesellschaft eine unaufschiebbare Aufgabe der Partei. [...] Es geht selbstverständlich nicht um einen Umbruch in unserem politischen System. [...] Wir brauchen die Demokratie wie die Luft zum Atmen. [...] Offenheit, Kritik und Selbstkritik, Kontrolle durch die Massen – das sind die Garantien für eine gesunde Entwicklung der sowjetischen Gesellschaft. Wenn das Volk sie braucht, bedeutet das, dass sie alle brauchen. Das ist um so wichtiger, als die KPdSU die regierende Partei ist. Und sie ist an Offenheit, an Kritik und Selbstkritik interessiert, da dies reale und zuverlässige Formen eines normalen Funktionierens der KPdSU sind. Das sind ebenjene Mittel, die die Partei vor Fehlern in der Politik bewahren können. Der Preis dieser Fehler ist uns allen bekannt.

M. Gorbatschow, Rede und Schlusswort auf dem Plenum des ZK der KPdSU, Berlin 1987, S. 27 f., 76

a) *Äußern Sie sich zu Gorbatschows Absicht, Demokratisierung ohne eine Veränderung des politischen Systems zu betreiben.*
b) *Was hätte sich in der SED ändern müssen, wäre sie Gorbatschow gefolgt?*

146 SED-Selbstkritik zu später Stunde

Aus dem Rechenschaftsbericht ehemaliger Mitglieder des Politbüros für den außerordentlichen (und zugleich letzten) SED-Parteitag im Dezember 1989:

Immer krasser wurde der Kontrast zwischen der „heilen Welt", dem idyllischen Bild von der Eintracht zwischen Volk und Führung einerseits in den Spalten der Zeitungen, in den Sendungen des Fernsehens, des Rundfunks und den Erfahrungen der Werktätigen andererseits, die sich in der Produktion mit nicht gedeckten Plänen, mit Zulieferkalamitäten, aber auch mit zunehmenden Problemen in ihrem Alltag herumzuschlagen hatten. Dieser Widerspruch rief zunächst Skepsis, Ablehnung, zunehmend Ärger und schließlich heftige Empörung hervor. So wurde im Spiegel der Medien die Ignoranz der alten Führung gegenüber den Erfordernissen der Lage für viele Menschen erst offenbar. Die demokratische Volksbewegung wurde dadurch stimuliert. Sie hat schließlich dem unerträglichen Widerspruch zwischen Schein und Wirklichkeit ein Ende gesetzt. [...] Generell muss eingeschätzt werden, dass die gesamte Parteiführung – einschließlich derer, die später die Wende in der Führung der Partei vollzogen – nicht auf den offenen Ausbruch der Konflikte und noch weniger auf die neuen Fragen der Gesellschaft vorbereitet waren. So sehr einzelne Mitglieder und Kandidaten des Politbüros und auch Mitglieder des ZK für sich in Anspruch nehmen können, in einzelnen Bereichen gewisse Alternativvorstellungen entwickelt und in die Diskussion eingebracht zu haben, so offen muss auch eingestanden werden, dass niemand in der Lage war, aus den alten Denkschemata grundsätzlich auszubrechen. Mit jedem Ansatz zur Kritik an der Führung des damaligen Generalsekretärs dem Verdacht ausgesetzt, die Gesamtpolitik der Partei anzugreifen und die Autorität Erich Honeckers untergraben zu wollen, brachte niemand den Mut auf, aus seinem inneren Widerspruch gegenüber dem zunehmenden absoluten Herrschaftsanspruch Erich Honeckers und Günter Mittags die persönlichen Konsequenzen zu ziehen und aus der Parteiführung auszuscheiden.

G. Schabowski, Das Politbüro, Reinbek 1990, S. 188 f.

a) *Welche Schuldzuweisungen nehmen die Berichterstatter vor? Wo würden Sie die Autoren politisch verorten?*
b) *Ergänzen Sie die Selbstkritik um weitere Gesichtspunkte.*

147 Die Staatsgewalt weicht zurück

Ein Teilnehmer über die Leipziger Montagsdemonstration am 9. Oktober 1989:

Jeder, der teilnahm, hat Angst überwunden. Diese Überwindung in so kaum erwarteter Entscheidung veränderte das Kräfteverhältnis; es hat am Ende auch die bewaffnete Macht veranlasst, sich gegen-
5 über dem Politbüro zu verweigern, d. h. die Konfrontation mit dem Volk nicht zu suchen, sondern zu verhindern. Sie hätte in einer Tragödie geendet. Eine Blutschuld haben die Verantwortungsträger nicht auf sich laden wollen. Auch sie haben beim Zu-
10 standekommen dieser Sicherheitspartnerschaft Angst überwinden müssen.
Die Moral der Kampfgruppenangehörigen war zu diesem Zeitpunkt zusammengebrochen, soweit sie überhaupt zum Einsatz erschienen und nicht schon
15 am Nachmittag nach Hause gegangen waren. Der Kommandeur, Ingenieur: „Ich kann sagen, dass dieser Einsatz ein Wendepunkt in meinem Leben war. Das, was wir am Schwanenteich (an der Oper) vorfanden, war für uns eine einzige Ernüchterung." Es
20 war eine Weltuntergangsstimmung. „Wir haben uns gesagt, wir werden uns nie wieder so benutzen lassen von einer Parteiführung." LeipzigerInnen waren beherzt auf die Kampfgruppen-Männer zugegangen, hatten zu reden begonnen, „sie gefragt, ob sie, die
25 Demonstranten, wie Chaoten oder Staatsfeinde aussähen und ob sie denn tatsächlich auf uns eingeschlagen hätten". […]
Die Demonstration verlief friedlich, die Sicherheits-

kräfte griffen nicht ein. Wer konnte die geballte Staatsmacht, die demonstrativ in Leipzigs Zentrum 30 aufgezogen war, zurückgezogen haben? […] Die Entscheidung dürfte in den Stäben von Polizei und Armee gefallen sein. Letztlich aber siegte die Friedfertigkeit in ihrer Massenhaftigkeit auf den Straßen. Vor ihr ließ die innerlich brüchige Macht die Waffen 35 sinken. Irgend etwas zerbrach an diesem Abend tief innen und so fiel am Ende das Ganze wie ein Kartenhaus zusammen. […] Bevor der Einzelne in den Massenruf „Wir sind das Volk" einstimmte, musste er die Straße betreten, und das bedeutete, vom 40 „Bürgersteig" auf die Fahrbahn gehen, sich in die nicht genehmigte Demonstration einreihen, in Kauf nehmen, dabei gesehen zu werden. Es gab viele, die am Straßenrand stehen blieben, zögerten, sich vielleicht sogar an der Diskriminierung der Straße durch 45 die Macht beteiligten. […] Wer in dem Menschenstrom auf dem Leipziger Ring mitgegangen ist an diesen Montagen seit dem 2. und 9. Oktober, begriff seine Schritte an der Seite der vielen anderen als Selbstbefreiung und den Wiedergewinn der eigenen 50 Würde. Die Menschen redeten plötzlich miteinander über Politik, den Zustand ihrer Betriebe, über ihre Hoffnungen und Ängste. Sie teilten sich mit. Die Entladung der Gefühle fand aus einem tiefen Gedemütigtsein heraus statt. 55

H. Zwahr, Ende einer Selbstzerstörung, Göttingen 1993, S. 99 ff.

▨   *Womit erklärt der Verfasser den Erfolg der friedlichen Revolution?*

148 Montags-
demonstration
in Leipzig am
9. Oktober 1989
Die Demonstrationen
machten den Teilneh-
mern Mut, in ihren
Forderungen kühner
zu werden, und un-
tergruben die Auto-
rität des SED-Macht-
staates.

149 Reform ohne Umsturz?

a) Aus dem Gründungsaufruf des Neuen Forum vom 10. September 1989:

In unserem Lande ist die Kommunikation zwischen Staat und Gesellschaft offensichtlich gestört. Belege dafür sind die weit verbreitete Verdrossenheit bis hin zum Rückzug in die private Nische oder zur mas-
5 senhaften Auswanderung. [...] Auf der einen Seite wünschen wir uns eine Erweiterung des Warenangebots und bessere Versorgung, andererseits sehen wir deren soziale und ökologische Kosten und plädieren für die Abkehr von ungehemmtem Wachstum. Wir
10 wollen Spielraum für wirtschaftliche Initiative, aber keine Entartung in eine Ellbogengesellschaft. Wir wollen das Bewährte erhalten und doch Platz für Erneuerung schaffen, um sparsamer und weniger naturfeindlich zu leben. Wir wollen geordnete Verhält-
15 nisse, aber keine Bevormundung. Wir wollen freie, selbstbewusste Menschen, die doch gemeinschaftsbewusst handeln. Wir wollen vor Gewalt geschützt sein und dabei nicht einen Staat von Bütteln und Spitzeln ertragen. Faulpelze und Maulhelden sollen
20 aus ihren Druckposten vertrieben werden, aber wir wollen dabei keine Nachteile für sozial Schwache und Wehrlose. Wir wollen ein wirksames Gesundheitswesen für jeden, aber niemand soll auf Kosten anderer krankfeiern. Wir wollen an Export und
25 Welthandel teilhaben, aber weder zum Schuldner und Diener der führenden Industriestaaten noch zum Ausbeuter und Gläubiger der wirtschaftlich schwachen Länder werden.

b) Aus Stefan Heyms Ansprache auf der Berliner Protestdemonstration am 4. November 1989:

Es ist, als habe einer die Fenster aufgestoßen, nach all den Jahren der Stagnation, der geistigen, wirtschaftlichen, politischen, den Jahren von Dumpfheit und Mief, von Phrasengewäsch und bürokratischer
5 Willkür, von amtlicher Blindheit und Taubheit – welche Wandlung. Vor noch nicht vier Wochen die schön gezimmerte Tribüne hier um die Ecke. Mit dem Vorbeimarsch, dem bestellten. Vor den Erhabenen. Und heute, heute ihr, die ihr euch aus eige-

nem freien Willen versammelt habt für Freiheit und 10 Demokratie und für einen Sozialismus, der des Namens wert ist. [...] Wir haben in diesen letzten Wochen unsere Sprachlosigkeit überwunden und sind jetzt dabei, den aufrechten Gang zu erlernen. Und das, Freunde, in Deutschland, wo bisher sämtliche 15 Revolutionen danebengegangen. Und wo die Leute immer gekuscht haben, unter dem Kaiser, unter den Nazis und später auch. Aber sprechen, frei sprechen, gehen, aufrecht gehen, das ist nicht genug. Lasst uns auch lernen zu regieren. Diese Macht gehört nicht in 20 die Hände eines Einzelnen oder ein paar weniger oder eines Apparates oder einer Partei. Alle müssen teilhaben an dieser Macht. Und wer immer sie ausübt und wo immer, muss unterworfen sein der Kontrolle der Bürger. Denn Macht korrumpiert und ab- 25 solute Macht – das können wir heute noch sehen – korrumpiert absolut. Der Sozialismus, nicht der stalinsche, der richtige, den wir endlich erbauen wollen zu unserem Nutzen und zum Nutzen von ganz Deutschland. Dieser Sozialismus ist nicht denkbar 30 ohne Demokratie.

C. Schüddekopf (Hg), Wir sind das Volk, Reinbek 1990, S. 29 f., S. 207 f.

150 Die massenhafte Abwanderung aus der DDR war ein Problem nicht nur für Ost-Berlin, sondern auch für Bonn. Sie zwang die Regierungen zu baldigen vertraglichen Regelungen.

a) Was wird dem SED-Regime zum Vorwurf gemacht?
b) Beschreiben Sie das hier entworfene Wunschbild der zukünftigen Gesellschaft und erörtern Sie, ob die Bundesrepublik diesem Bild entsprach.

3. Kurs auf die deutsche Einheit

„Wende in der Wende"

Nach der Öffnung der Grenzen erlebten viele DDR-Bürgerinnen und -Bürger zum ersten Mal den wirtschaftlichen Wohlstand des Westens. Dieser „Westschock" führte ihnen sinnfällig vor Augen, was ihr Staat ihnen bislang vorenthalten hatte, und ließ fast über Nacht den Wunsch nach einem ähnlichen Lebensstandard übermächtig werden. Das anfänglich dominierende Zukunftsziel einer reformierten, aber eigenständigen DDR wich Schritt für Schritt dem Traum eines vereinigten Deutschland, in dem die Ostdeutschen auf westlichem Niveau leben könnten. Gegenüber solchen materiellen, wirtschaftlichen Hoffnungen der großen Mehrheit der DDR-Bevölkerung gerieten die Verfechter eines erneuerten DDR-Sozialismus bald ins Hintertreffen. Die Entwicklung ging über sie, die mehr als die meisten anderen am Sturz der SED-Herrschaft mitgewirkt hatten, unaufhaltsam hinweg.

Westliches Zögern

Aber auch die westdeutschen Politiker hatten Mühe, mit der Entwicklung Schritt zu halten. Als die DDR-Flüchtlinge die Grenzen durchbrachen und die Demonstranten in den DDR-Städten auf die Straße gingen, war es die erste Sorge der Bundesregierung, den Flüchtlingsstrom einzudämmen und jede Eskalation der Gewalt zu verhindern. Darum suchte sie die Zusammenarbeit mit den DDR-Behörden und bot finanzielle und wirtschaftliche Hilfe an. Erst als die SED-Führung unerwartete Schwächen zeigte und die UdSSR völlige Zurückhaltung übte, ging Bonn in die Offensive. Die Regierung Kohl knüpfte ihre Hilfsangebote an die Bedingung rechtsstaatlicher und demokratischer Reformen in der DDR und verlangte freie Wahlen, die Beseitigung des Machtmonopols der SED, die Amnestierung der politischen Gefangenen, die Einführung marktwirtschaftlicher Verhältnisse.

Die Gunst der Stunde

Während die anderen Parteien noch Mühe hatten, sich auf die jäh veränderte Lage einzustellen, tat Kohl – ohne sich vorher mit den Westalliierten abzustimmen – entscheidende Schritte nach vorn. In einem „10-Punkte-Programm", das auch Vorschläge des DDR-Ministerpräsidenten Modrow aufgriff, schlug er vor, „konföderative Strukturen" zwischen den beiden deutschen Staaten zu schaffen und daraus eines späteren Tages die Einheit Deutschlands hervorgehen zu lassen. Er traf damit die Empfindungen und Wünsche breiter Bevölkerungskreise, vor allem in der DDR, aber zunehmend mehr auch in der Bundesrepublik. Das wollten Teile der Opposition nicht wahrhaben: SPD-Politiker wie Egon Bahr oder Oskar Lafontaine warnten vor einem zu schnellen Tempo; viele Grüne oder der Schriftsteller Günter Grass wollten überhaupt keine Wiedervereinigung, von der sie neuen nationalen Größenwahn (ein „Viertes Reich") befürchteten.

Umdenken in der SED

Die im November umgebildete DDR-Regierung unter dem als Reformkommunist geltenden Hans Modrow suchte sich der neuen Lage anzupassen. Sie befürwortete eine „Vertragsgemeinschaft" zwischen den beiden deutschen Staaten, wollte aber an der Selbständigkeit und dem sozialistischen Charakter der DDR nicht rütteln lassen. Aber diese Position war nicht lange zu halten. Die Volkskammer strich den Führungsanspruch der SED aus der Verfassung. Die Partei trennte sich von ihren alten Führungskräften, sprach sich für demokratische Reformen aus und bekräftigte ihren Erneuerungswillen durch den neuen Namen „Partei des demokratischen Sozialismus" (PDS). Im Dezember trat in Ost-Berlin ein „Runder Tisch" zusammen, an dem sich Vertreter der Oppositionsgruppen und der zuvor staatstragenden Parteien paritätisch gegenübersaßen. Der zentrale „Runde Tisch" – ähnliche Einrichtungen entstanden auf lokaler und regionaler Ebene im ganzen Land – entwickelte sich in den folgenden Wochen zu einem Nebenparlament, das die Regierung kontrollierte, die Grundzüge der neuen politischen Ordnung beriet und auf die Tagespolitik Einfluss nahm.

Als um die Jahreswende 1989/90 deutlich wurde, dass die Regierung Modrow die Lage nicht in den Griff bekam, die Abwanderung aus der DDR sich unaufhörlich fortsetzte und die Produktion bedrohlich sank, war schnelles Handeln geboten. Die entscheidende Weichenstellung erfolgte, als Gorbatschow im Februar 1990 dem Bundeskanzler zusicherte, die Sowjetunion werde sich einer deutschen Vereinigung nicht widersetzen. Der erste und für den weiteren Einigungsprozess richtungweisende Schritt war die zwischen Bonn und Ost-Berlin ausgehandelte Wirtschafts-, Währungs- und Sozialunion, die am 1. Juli 1990 in Kraft trat. Buchstäblich über Nacht wurde das komplette Wirtschafts- und Sozialsystem der Bundesrepublik, einschließlich der DM-Währung, der DDR übergestülpt. Das kam einer Radikalkur für die ostdeutsche Wirtschaft gleich, die einer hoch überlegenen westdeutschen Konkurrenz ausgesetzt wurde und hoffnungslos ins Hintertreffen geriet. Die Folgen machten sich schnell bemerkbar: Zusammenbruch und Ausverkauf vieler Betriebe, hohe Arbeitslosigkeit, steigende Preise.

Schritte der Zusammenführung

Der abrupte Übergang von der staatlich gelenkten Verwaltungs- zur freien, privatkapitalistisch organisierten Marktwirtschaft forderte den ostdeutschen Arbeitnehmern und Managern gewaltige Umstellungsleistungen ab. Misserfolg, Unsicherheit, Angst vor der Zukunft waren nahezu unvermeidlich. Ihnen standen aber auch ansehnliche Verbesserungen gegenüber. Die DDR-Bürger konnten großzügig bemessene Sockelbeträge ihrer Geldguthaben im Verhältnis 1 zu 1, den Rest nach einer 2-zu-1-Quote umtauschen – was auf eine Anhebung ihrer realen Kaufkraft hinauslief. Die Renten wurden, zu Lasten der westdeutschen Sozialversicherung, fühlbar angehoben. Auch die beträchtlichen Löcher in den öffentlichen Kassen und in den Bilanzen vieler volkseigener Betriebe wurden mit hohen Milliardenbeträgen aus westdeutschen Steuergeldern gestopft. So gelang es alles in allem, die unvermeidlichen wirtschaftlichen Härten, die letztlich aus dem Ruin der DDR-Misswirtschaft herrührten, einigermaßen abzumildern. Das schaffte den Streit, ob eine derartige Radikalkur tatsächlich nötig war oder ob ein gleitender Übergang in die neue Wirtschaftsordnung möglich gewesen wäre, freilich nicht aus der Welt.

Umstellungs- und Anpassungsprobleme

Die schnelle Einführung des westdeutschen Wirtschaftssystems entsprach den Vorstellungen der neuen DDR-Regierung unter de Maizière (CDU), die nach den Volkskammerwahlen vom 18. März 1990 die Regierung Modrow abgelöst hatte. Der glänzende Wahlsieg, den die bürgerliche „Allianz für Deutschland" mit fast der Hälfte aller Stimmen errungen hatte, war in erster Linie ihrem entschiedenen Eintreten für eine baldige Wiedervereinigung, aber auch der massiven Unterstützung der Bonner Regierungskoalition zuzuschreiben. Die vielfach favorisierte SPD kam nur auf 22% der Mandate, beteiligte sich aber an der Regierung de Maizière. Dagegen sank die Bürgerbewegung des Herbstes 1989 mit einem Stimmenanteil von 3% zur Bedeutungslosigkeit herab. Die Wähler hatten ein unmissverständliches Mandat für die baldige Herstellung der deutschen Einheit erteilt.

Politischer Machtwechsel in der DDR

So geriet die neue Regierung, die sich zunächst bemühte, nichts zu überstürzen und die Interessen der DDR-Bevölkerung zu wahren, immer mehr unter Druck. Da sich die wirtschaftliche Lage ständig verschlechterte, wurde auch die Verhandlungsposition Ost-Berlins zusehends schwächer. So vermochte sich Bonn mit seiner Forderung durchzusetzen, die Vereinigung gemäß Art. 23 des Grundgesetzes als Beitritt der ostdeutschen Länder und nicht – wie nach Art. 146 auch möglich war – als eine Neugründung aufgrund des Zusammenschlusses zweier souveräner Staaten zu vollziehen. Deshalb spielten sich die Regierungsverhandlungen über den Einigungsvertrag nicht als wechselseitiges Geben und Nehmen ab, sondern als die Einfügung der neuen Gebiete in eine bestehende Ordnung. Verändern musste sich ausschließlich die DDR, für die Bundesrepublik blieb alles beim Alten.

Einigungsvertrag

Wieder-vereinigung	Die Vereinigung wurde am 3. Oktober 1990 vollzogen. Ost- wie Westdeutsche waren darüber in ihrer großen Mehrheit froh, aber überschwängliche Begeisterung stellte sich nicht ein. Die Bundestagswahlen im Dezember 1990 besiegelten den Vereinigungsprozess. Sie bescherten dem „Kanzler der Einheit", Kohl, einen klaren Sieg, nicht zuletzt dank den Stimmen vieler Ostdeutscher, die den optimistischen Prognosen der Regierungskoalition von den „blühenden Landschaften" im Osten nur zu gern Glauben schenkten. Die SPD blieb klar abgeschlagen, offensichtlich auch deshalb, weil ihr Spitzenkandidat Lafontaine Skepsis gezeigt und für eine Verlangsamung des Einigungsprozesses plädiert hatte. Die westdeutschen Grünen erhielten die Quittung für ihren Widerstand gegen die Vereinigung und landeten unter der 5-Prozent-Marke.
Außenpolitische Einbettung der deutschen Einheit	Zeitgleich mit den deutsch-deutschen Verhandlungen regelten die vier Siegermächte zusammen mit den beiden deutschen Regierungen den internationalen Status Gesamtdeutschlands. In dem am 12. September 1990 in Moskau unterzeichneten Vertrag, der in seiner Wirkung einem Friedensvertrag gleichkam, erhielt das vereinigte Deutschland seine volle Souveränität und außenpolitische Handlungsfreiheit. Alle bis dahin gültigen Vorbehaltsrechte der Kriegsalliierten erloschen. Deutschland erkannte die bestehenden Grenzen als endgültig an (ein förmlicher Grenzvertrag mit Polen folgte am 14. November 1990). Es erklärte erneut seinen Verzicht auf jegliche Gewaltanwendung sowie auf die Herstellung und den Einsatz von ABC-Waffen; darüber hinaus versprach es die Verkleinerung der Bundeswehr von bislang 500 000 auf höchstens 370 000 Soldaten. Der sich lange sträubenden Sowjetunion wurde ihre Einwilligung zum Verbleib Deutschlands im westlichen Bündnissystem, vor allem der NATO, durch deutsche Zahlungen von mehr als 13 Milliarden DM vergolten; dafür sagte Moskau den Abzug seiner Truppen aus Deutschland bis 1994 zu.

151 **Schritte zur Wiedervereinigung**

a) Aus dem 10-Punkte-Programm von Bundeskanzler Helmut Kohl (28. November 1989):
(3) Ich habe angeboten, unsere Hilfe und unsere Zusammenarbeit umfassend auszuweiten, wenn ein grundlegender Wandel des politischen und wirtschaftlichen Systems in der DDR verbindlich be-
5 schlossen und unumkehrbar in Gang gesetzt wird. „Unumkehrbar" heißt für uns und vor allem für mich, dass sich die DDR-Staatsführung mit den Oppositionsgruppen auf eine Verfassungsänderung und auf ein neues Wahlgesetz verständigt. […]
10 (5) Wir sind aber auch bereit, noch einen entscheidenden Schritt weiter zu gehen, nämlich konföderative Strukturen zwischen beiden Staaten in Deutschland zu entwickeln mit dem Ziel, eine Föderation, d.h. eine bundesstaatliche Ordnung in Deutschland
15 zu schaffen. Das setzt aber eine demokratisch legitimierte Regierung in der DDR zwingend voraus. […] Die bisherige Politik gegenüber der DDR musste sich angesichts der Verhältnisse im Wesentlichen auf kleine Schritte beschränken, mit denen wir vor allem
20 versuchten, die Folgen der Teilung für die Menschen zu mildern und das Bewusstsein für die Einheit der

Nation wachzuhalten und zu schärfen. Wenn uns künftig eine demokratisch legitimierte, d.h. frei gewählte Regierung als Partner gegenübersteht, eröffnen sich völlig neue Perspektiven. Stufenweise kön- 25 nen neue Formen institutioneller Zusammenarbeit entstehen und ausgeweitet werden. Ein solches Zusammenwachsen liegt in der Kontinuität der deutschen Geschichte. […] Wie ein wiedervereinigtes Deutschland schließlich aussehen wird, das weiß 30 heute niemand. Dass aber die Einheit kommen wird, wenn die Menschen in Deutschland sie wollen, dessen bin ich sicher.
Europa-Archiv, Jg. 1989, D 732 f.

b) Aus der Regierungserklärung von DDR-Ministerpräsident Lothar de Maizière vom 19. April 1990:
In den nächsten acht bis zehn Wochen wollen wir die Grundlagen für die Wirtschafts-, Währungs- und Sozialunion legen, damit diese vor der Sommerpause in Kraft treten kann. Dabei ist 1:1 der grundlegende Kurs. Dazu gehört die Sicherung der Eigentums- 5 rechte aus der Bodenreform und aus Eigentums-

übertragungen, die nach Treu und Glauben rechtens waren und daher auch rechtens bleiben müssen. [...] Der Wählerauftrag, dem die Regierung verpflichtet
10 ist, fordert die Herstellung der Einheit Deutschlands in einem ungeteilten, friedlichen Europa. Diese Forderung enthält Bedingungen hinsichtlich Tempo und Qualität. Die Einheit muss so schnell wie möglich kommen, aber die Rahmenbedingungen müssen so
15 gut, so vernünftig, so zukunftsfähig sein wie nötig. Die Diskussion um die Währungsumstellung 1:1 oder 1:2 haben uns mit aller Deutlichkeit vor Augen geführt, dass hier ein Zusammenhang besteht und dass wir Bedingungen vereinbaren müssen, die si-
20 chern, dass die DDR-Bürger nicht das Gefühl bekommen, zweitklassige Bundesbürger zu werden. [...] Wir erwarten Gemeinsamkeit und Solidarität. Die Teilung kann tatsächlich nur durch Teilen aufgehoben werden. Wir werden hart und gut arbeiten,
25 aber wir brauchen auch weiterhin Ihre Sympathie und Solidarität, so wie wir sie im letzten Herbst spür-

ten. Wir werden gefragt: Haben wir gar nichts einzubringen in die deutsche Einheit? Und wir antworten: Doch, wir haben! Wir bringen ein unser Land und unsere Menschen, wir bringen geschaffene Werte   30 und unseren Fleiß ein, unsere Ausbildung und unsere Improvisationsgabe. Not macht erfinderisch. Wir bringen die Erfahrungen der letzten Jahrzehnte ein, die wir mit den Ländern Osteuropas gemeinsam haben. Wir bringen ein unsere Sensibilität für soziale   35 Gerechtigkeit, für Solidarität und Toleranz. [...] Wir bringen unsere bitteren und stolzen Erfahrungen an der Schwelle zwischen Anpassung und Widerstand ein. Wir bringen unsere Identität ein und unsere Würde. Unsere Identität, das ist unsere Geschichte   40 und Kultur, unser Versagen und unsere Leistung, unsere Ideale und unsere Leiden. Unsere Würde, das ist unsere Freiheit und unser Menschenrecht auf Selbstbestimmung.

Regierungspressedienst DDR, Nr. 12, Berlin 1990

a) *Vergleichen Sie Kohls Vorstellungen von der künftigen deutschlandpolitischen Entwicklung mit den tatsächlichen Abläufen und versuchen Sie die Diskrepanzen zu erklären.*
b) *Prüfen Sie de Maizières Aufzählung der DDR-Mitgift, indem Sie nach Möglichkeit auf konkrete Tatsachen zurückgreifen. Wie würden Sie die Mitgift der Bundesrepublik beschreiben.*

152 Die Währungs-, Wirtschafts- und Sozialunion

a) Aus dem Vertrag vom 18. Mai 1990:
Art. 1 (3) Grundlage der Wirtschaftsunion ist die Soziale Marktwirtschaft als gemeinsame Wirtschaftsordnung beider Vertragsparteien. Sie wird insbesondere bestimmt durch Privateigentum, Leistungs-
5 wettbewerb, freie Preisbildung und grundsätzlich volle Freizügigkeit von Arbeit, Kapital, Gütern und Dienstleistungen; hierdurch wird die gesetzliche Zulassung besonderer Eigentumsformen für die Beteiligung der öffentlichen Hand oder anderer Rechts-
10 träger am Wirtschaftsverkehr nicht ausgeschlossen, soweit private Rechtsträger dadurch nicht diskriminiert werden.
Art. 10 (5) [...] Löhne, Gehälter, Stipendien, Renten, Mieten und Pachten sowie weitere wiederkeh-
15 rende Zahlungen werden im Verhältnis 1 zu 1 umgestellt. Alle anderen auf Mark der DDR lautenden Forderungen und Verbindlichkeiten werden grundsätzlich im Verhältnis 2 zu 1 auf DM umgestellt. [...] Guthaben bei Geldinstituten von natürli-
20 chen Personen mit Wohnsitz in der DDR werden auf Anftrag bis zu bestimmten Betragsgrenzen im Verhältnis 1 zu 1 umgestellt, wobei eine Differenzierung

nach dem Lebensalter des Berechtigten stattfindet. [...]
(6) Nach einer Bestandsaufnahme des volkseigenen   25 Vermögens und seiner Ertragsfähigkeit sowie nach seiner vorrangigen Nutzung für die Strukturanpassung der Wirtschaft und für die Sanierung des Staatshaushalts wird die DDR nach Möglichkeit vorsehen, dass den Sparern zu einem späteren Zeit-   30 punkt für den bei der Umstellung 2 zu 1 reduzierten Betrag ein verbrieftes Anteilsrecht am volkseigenen Vermögen eingeräumt werden kann.
Art. 28 (1) Die Bundesrepublik Deutschland gewährt der DDR zweckgebundene Finanzzuweisun-   35 gen zum Haushaltsausgleich für das 2. Halbjahr 1990 von 22 Milliarden DM und für 1991 von 35 Milliarden DM. Außerdem werden zu Lasten des Bundeshaushalts als Anschubfinanzierung für die Rentenversicherung 750 Millionen DM für das 2. Halbjahr   40 1990 sowie für die Arbeitslosenversicherung 2 Milliarden DM für das 2. Halbjahr 1990 und 3 Milliarden DM für 1991 gezahlt.

Verträge zur deutschen Einheit, Bonn 1990, S. 8 ff.

b) Aus einem Zeitungsinterview des SPD-Kanzlerkandidaten Oskar Lafontaine:

Spiegel: Man kann sich des Eindrucks nicht erwehren, dass Ihnen nach wie vor die Einheit suspekt ist, nicht nur das Tempo, mit dem Kohl sie anstrebt. Sie haben stets gesagt, die europäische Integration sollte
5 Priorität haben.

L.: Es gibt Leute, die unter Einheit nur die staatliche Einheit verstehen. Die Sozialdemokraten verstehen darunter aber auch die Herstellung der Einheitlichkeit der Lebensverhältnisse. Die abrupte
10 Einführung der DM ist der teuerste Weg für beide Teile Deutschlands. Den richtigen Weg haben Sachverständigenrat, Bundesbank, Bundeswirtschafts- und Bundesfinanzministerium vor dem 7. Februar gewiesen: Konvertibilität der Ostmark herstellen
15 und einen festen Wechselkurs anpeilen, um sich des marktwirtschaftlichen Instruments […] der außenwirtschaftlichen Anpassung nicht zu begeben. Was machen die ganzen Helden in Bonn, die den falschen Weg befürworten, wenn die Produktivität und die
20 Löhne auseinander driften? Dann haben sie keine Antwort außer der, den deutschen Steuerzahler ständig zur Kasse zu bitten.

Spiegel: Das Modell des behutsamen Angleichens der Währungen ist durch den Druck aus der DDR-Bevölkerung überrollt worden. 25
L.: Was ökonomisch falsch ist, kann politisch nicht richtig sein. Der Bundeskanzler hat gegen die eigenen Ministerien und gegen den Rat der Sachverständigen und der Bundesbank entschieden. Auf welcher Grundlage, frage ich. 30
Spiegel: In der DDR sind alle Parteien, auch die SPD, für die Radikalkur.
L.: Ich kann eine Radikalkur nicht akzeptieren. […] Sicherlich gibt es in der DDR große Erwartungen in die Einführung der DM, die im Wahlkampf leicht- 35 fertig geschürt wurden. Man kann einer Bevölkerung, die jahrzehntelang nicht im marktwirtschaftlichen System gelebt hat, nicht abverlangen, dass sie die Auswirkungen auf die Wettbewerbsfähigkeit ihrer eigenen Wirtschaft und damit ihrer Arbeits- 40 plätze überblickt. Das wäre Aufgabe der verantwortlichen Politiker gewesen, die hier eklatant versagt haben.

Der Spiegel vom 28. Mai 1990

a) Wie denken Sie über die Bezeichnung der Wirtschafts- und Währungsunion als „Radikalkur"?
b) Was sprach für, was gegen die von Lafontaine empfohlene allmähliche Anpassung der DDR-Wirtschaft?

153 Vereinigung oder Anschluss?

a) Plakat bei einer Demonstration in Berlin
Diskutieren Sie die Triftigkeit dieses Plakates.

b) Aus dem Einigungsvertrag vom 31. August 1990:

Die Bundesrepublik Deutschland und die Deutsche Demokratische Republik – […] in dankbarem Respekt vor denen, die auf friedliche Weise der Freiheit zum Durchbruch verholfen haben, die an der Aufgabe der Herstellung der Einheit Deutschlands un- 5 beirrt festgehalten haben und sie vollenden,
im Bewusstsein der Kontinuität deutscher Geschichte und eingedenk der sich aus unserer Vergangenheit ergebenden besonderen Verantwortung für eine demokratische Entwicklung in Deutschland, 10 die der Achtung der Menschenrechte und dem Frieden verpflichtet bleibt,
in dem Bestreben, durch die deutsche Einheit einen Beitrag zur Einigung Europas und zum Aufbau einer europäischen Friedensordnung zu leisten, in der 15 Grenzen nicht mehr trennen und die allen europäischen Völkern ein vertrauensvolles Zusammenleben gewährleistet,

in dem Bewusstsein, dass die Unverletzlichkeit der
20 Grenzen und der territorialen Integrität und Souveränität aller Staaten in Europa in ihren Grenzen eine
grundlegende Bedingung für den Frieden ist,
sind übereingekommen, einen Vertrag über die Herstellung der Einheit Deutschlands mit den nachfol-
25 genden Bestimmungen zu schließen:
Art. 3: Mit dem Wirksamwerden des Beitritts tritt
das Grundgesetz für die Bundesrepublik Deutschland [...] in den Ländern Brandenburg, Mecklen-
burg-Vorpommern, Sachsen, Sachsen-Anhalt und
30 Thüringen sowie in dem Teil des Landes Berlin, in
dem es bisher nicht galt, [...] in Kraft. [...]
Art. 8. Mit dem Wirksamwerden des Beitritts tritt in
dem in Art. 3 genannten Gebiet Bundesrecht in
Kraft. [...]
35 Art. 17. Die Vertragsparteien bekräftigen ihre Absicht, dass unverzüglich eine gesetzliche Grundlage
dafür geschaffen wird, dass alle Personen rehabili-
tiert werden können, die Opfer einer politisch moti-
vierten Strafverfolgungsmaßnahme oder sonst einer
40 rechtsstaats- und verfassungswidrigen gerichtlichen
Entscheidung geworden sind. Die Rehabilitierung
dieser Opfer des SED-Unrechts-Regimes ist mit einer angemessenen Entschädigungsregelung zu verbinden. [...]
45 Art. 23. (1) Mit dem Wirksamwerden des Beitritts
wird die bis zu diesem Zeitpunkt aufgelaufene Ge-
samtverschuldung des Republikhaushalts der DDR
von einem nicht rechtsfähigen Sondervermögen des
Bundes übernommen, das die Schuldendienstver-
50 pflichtungen erfüllt. [...]
Art. 31. (1) Es ist Aufgabe des gesamtdeutschen Gesetzgebers, die Gesetzgebung zur Gleichberechtigung von Männern und Frauen weiterzuentwickeln.
Art. 41. (1) Die [...] Gemeinsame Erklärung vom
55 15. Juni 1990 zur Regelung offener Vermögensfragen
(Anlage III) ist Bestandteil dieses Vertrages.
(2) Nach Maßgabe besonderer gesetzlicher Regelung findet eine Rückübertragung von Eigentums-
rechten an Grundstücken oder Gebäuden nicht
60 statt, wenn das betroffene Grundstück oder Ge-
bäude für dringende, näher festzulegende Investiti-
onszwecke benötigt wird, insbesondere der Errichtung einer gewerblichen Betriebsstätte dient und die
Verwirklichung dieser Investitionsentscheidung
65 volkswirtschaftlich förderungswürdig ist, vor allem
Arbeitsplätze schafft oder sichert.

Anlage III: Die Enteignungen auf besatzungsrecht-
licher bzw. besatzungshoheitlicher Grundlage (1945
bis 1949) sind nicht mehr rückgängig zu machen. Die
Regierungen der Sowjetunion und der DDR sehen 70
keine Möglichkeit, die damals getroffenen Maßnahmen zu revidieren. Die Regierung der Bundesrepublik Deutschland nimmt dies im Hinblick auf die
historische Entwicklung zur Kenntnis.

Verträge zur deutschen Einheit, Bonn 1990, S. 41 ff.

c) Bundespräsident Richard von Weizsäcker in
seiner Rede beim Staatsakt am 3. Oktober 1990:
[...] Deutlicher als früher erkennen wir heute die
Folgen der unterschiedlichen Entwicklungen. Die
Kluft im Materiellen springt als erstes ins Auge.
Auch wenn die Menschen in der DDR mit der Man-
gelwirtschaft alltäglich in ihrem Leben konfrontiert 5
waren, das Beste daraus gemacht und hart gearbei-
tet haben – das wollen wir nicht vergessen –, trat das
Ausmaß der Probleme und damit der Distanz zum
Westen doch erst in den letzten Monaten ganz klar
hervor. Wenn es gelingen soll, das Gefälle bald zu 10
überwinden, dann bedarf es dafür nicht nur der
Hilfe, sondern vor allem auch der Achtung untereinander.
Für die Deutschen in der ehemaligen DDR ist die
Vereinigung ein täglicher, sie ganz unmittelbar und 15
persönlich berührender existentieller Prozess der
Umstellung. Das bringt oft übermenschliche Anforderungen mit sich. Eine Frau schrieb mir, sie seien
tief dankbar für die Freiheit und hätten doch nicht
gewusst, wie sehr die Veränderung an die Nerven 20
gehe, wenn sie geradezu einen Abschied von sich
selbst verlange. [...]
Bei den Menschen im Westen war die Freude über
den Fall der Mauer unendlich groß. Dass aber die
Vereinigung etwas mit ihrem persönlichen Leben zu 25
tun haben soll, ist vielen nicht klar oder sogar höchst
unwillkommen. So darf es nicht bleiben. Wir müssen
uns zunächst einmal gegenseitig besser verstehen
lernen. Erst wenn wir wirklich erkennen, dass beide
Seiten kostbare Erfahrungen und wichtige Eigen- 30
schaften erworben haben, die es wert sind, in der
Einheit erhalten zu bleiben, sind wir auf gutem
Wege.

R. von Weizsäcker, Rede anlässlich des Staatsaktes am 3. Oktober 1990, Bonn 1990, S. 7

*a) Stellen Sie die Bestimmungen des Einigungsvertrages zusammen, die vornehmlich den
Interessen der DDR entgegenkamen.*
*b) Vereinigung als „Abschied von sich selbst" für die Ostdeutschen: Erörtern Sie die Stich-
haltigkeit dieser Aussage.*

4. Probleme der „inneren Einheit"

Vom Jubel zum Verdruss

Am 3. Oktober 1990 war der „äußere" Vereinigungsprozess erfolgreich abgeschlossen. Ihm musste die „innere" Vereinigung folgen und diese erwies sich als viel schwieriger, als die meisten angenommen hatten. Die anfängliche Hochstimmung verflüchtigte sich bald und in Ost- wie Westdeutschland breiteten sich Enttäuschung und Verdruss aus. Viele Menschen, vor allem in den neuen Bundesländern, hatten sich der Illusion einer sofortigen Angleichung an die westlichen Lebensverhältnisse hingegeben. Nahezu alle hatten das Ausmaß des wirtschaftlichen Verfalls im Osten unterschätzt. Die Umstellung auf das marktwirtschaftliche Wettbewerbssystem stürzte viele ostdeutsche Betriebe in den Ruin und ihre Beschäftigten in die Arbeitslosigkeit. Die Deutschen in Ost und West mussten die leidige Erfahrung machen, dass sie sich in den 40 Jahren der staatlichen Teilung weit auseinander gelebt hatten. Nicht nur die politischen, gesellschaftlichen, wirtschaftlichen, kulturellen Zustände klafften auseinander, auch die Erfahrungen, Gefühle, Denk- und Verhaltensweisen der Menschen ließen sich nicht mehr ohne weiteres auf einen Nenner bringen.

Ostdeutsche Selbstzweifel

Der Zusammenbruch der DDR machte, so schien es vielen, die Westdeutschen zu den Siegern, die Ostdeutschen zu den Verlierern der Geschichte. Nicht wenige DDR-Bürger litten nach der „Wende" unter dem Empfinden, ihr Leben verfehlt zu haben, auf eine Vergangenheit zurückblicken zu müssen, zu der sie sich nicht mehr bekennen mochten. Das nagte am Selbstbewusstsein und verursachte erhebliche Zweifel an der eigenen Biographie. Jetzt mussten sie sich in einer neuen Welt zurechtfinden und in einer Konkurrenz bestehen, in der die Westdeutschen fast alle Vorteile auf ihrer Seite hatten. Die Ostdeutschen hatten nicht nur die Hauptlast der deutschen Teilung zu tragen gehabt, sondern mussten nun auch im Vereinigungsprozess das weitaus schwerere Los auf sich nehmen.

Westdeutsches Unbehagen

Die Westdeutschen erlebten die Vereinigung zunehmend mehr als drückende finanzielle Belastung. Weil ihnen anfänglich etwas anderes in Aussicht gestellt worden war, fiel es vielen schwer, die unerlässlichen Opfer zu bringen. Auch machte sich die Einstellung breit, die Ostdeutschen seien an der Misere ihres Staates durchaus mitschuldig gewesen, weil sie es an Anstrengungsbereitschaft und Zivilcourage hätten fehlen lassen; zudem zeigten die Ostdeutschen, so meinte mancher im Westen, zu wenig Dankbarkeit für die westlichen Hilfeleistungen und gefiel sich in Selbstmitleid, statt die Ärmel hochzukrempeln.

Abrechnung mit der SED-Diktatur

Die Aufdeckung und Bestrafung der vom SED-Regime verübten Unrechts- und Gewalttaten beschäftigte die Deutschen, vor allem im Osten, in starkem Maße. Den meisten wurde erst jetzt das ganze Ausmaß der Bespitzelung, Verfolgung und Strafpraxis deutlich, mit dem die DDR-Machthaber jegliche Art von Abweichung unterdrückt hatten. Aber die Entlarvung und Bestrafung der dafür Verantwortlichen erwies sich als schwierig. Der zum Untergang verurteilte Machtapparat hatte in letzter Minute viele Spuren seiner Herrschaft zu verwischen verstanden: Die Regierung Modrow gab allen Betroffenen die Möglichkeit, belastende Eintragungen in ihren Personalakten zu tilgen; Stasi-Mitarbeiter tauchten in anderen Dienststellen unter.

Umstritten war, nach welchem Recht die Vergehen zu ahnden waren. Die DDR-Gesetze rechtfertigten manches, was in der Bundesrepublik strafbar war. Die Grenzsoldaten, die auf Flüchtlinge schossen, handelten auf Befehl; DDR-Richter wandten DDR-Recht an; DDR-Spione in der Bundesrepublik arbeiteten für ihren Staat und sahen in der Bundesrepublik den politischen Feind. Dennoch sprachen die deutschen Gerichte nach 1990 viele solcher Angeklagten schuldig.

Ein besonders verwickeltes Problem war der Umgang mit den „Inoffiziellen Mit-   **Stasi-IM**
arbeitern" (IM) des Ministeriums für Staatssicherheit. Die erhalten gebliebenen
umfangreichen Aktenbestände des MfS ermöglichten die Entlarvung vieler IM, die
dann in aller Regel, soweit sie im Öffentlichen Dienst standen, mit ihrer Entlassung büßen mussten. Aufsehen erregte der Fall des 1990 zum brandenburgischen
Ministerpräsidenten gewählten Manfred Stolpe, der als Jurist im Leitungsgre-
mium der brandenburgischen Landeskirche enge Kontakte mit der Stasi unterhalten hatte, teils mit Wissen und Billigung der Kirchenleitung, teils auf eigene Faust.
Stolpe rechtfertigte seine Tätigkeit mit den vielerlei Vorteilen, die er dank dieser
Verbindung für die Kirche und viele einzelne Menschen herausgeschlagen habe.
Dieser Fall zeigte, auf welch schmalem Grat jeder wandelte, der sich mit den SED-
Mächtigen einließ, um Schlimmeres zu verhüten. Die Stasi-Unterlagen brachten
die Allgegenwärtigkeit eines krakenhaften Kontrollapparates ans Licht, aber auch
die Verstrickung vieler Menschen, von denen dies bis zu ihrer Entlarvung niemand
vermutet hatte. Enttäuschung, Misstrauen, Rachewünsche belasteten seitdem private und öffentliche Beziehungen. Manche hielten es für besser, die Akten zu verschließen und einen Schlussstrich unter die Vergangenheit zu ziehen. Die Mehrheit aber verlangte die vollständige Aufklärung.
Insgesamt ging man gegen Träger und Nutznießer der SED-Herrschaft mit
Strenge vor. Wer im SED-System Leitungspositionen bekleidet hatte, galt als politisch untragbar und verlor sein Amt. Das traf vor allem auf Lehrer und Hochschullehrer, das Justiz- und Verwaltungspersonal zu. Vielfach rückten Westdeutsche in
die frei gewordenen Stellen ein. Das schuf Ressentiments und Verbitterung.

Schlimme Einbrüche erlebten die Industrie und der Handel Ostdeutschlands. Dem   **Talfahrt der**
Wettbewerb mit den westdeutschen Anbietern waren sie nicht gewachsen und die   **Wirtschaft**
Absatzmärkte in Osteuropa fielen über Nacht fast vollständig aus. In den ersten
drei Jahren nach der Vereinigung schrumpfte die ostdeutsche Industrieproduktion
auf ein Drittel ihres früheren Volumens. Ein verhängnisvoller Kreislauf setzte ein.
Weit über eine Million Menschen verloren ihren Arbeitsplatz. Weil dadurch die
Steuer- und Kaufkraft der Region sank, schwanden die Mittel und Anreize für
Neuinvestitionen. Eine De-Industrialisierung griff um sich.

Die Regierung setzte auf zwei Gegenstrategien: schnelle Privatisierung und West-   **„Aufbau Ost"**
Ost-Finanztransfers. Die Treuhand-Gesellschaft erhielt die Aufgabe, die überle-
bensfähigen DDR-Betriebe an Privatunternehmen zu verkaufen, die bankrotten
aufzulösen und die vorerst unverkäuflichen, aber hinreichend leistungsfähigen
am Leben zu erhalten. Bis 1994 machte die Treuhand zu Lasten der Bundeskasse
Schulden in Höhe von 275 Milliarden DM; dem standen Verkaufserlöse von 50 Milliarden gegenüber. Damit sich überhaupt Käufer fanden, wurde ein Großteil der
Betriebe unter Wert verkauft. Viele Käufer zogen aus diesen Geschäften erhebliche
Vorteile, hielten aber ihre Investitionszusagen häufig nicht ein. So sah sich die
Treuhand mancher Kritik ausgesetzt. Es stellte sich die Frage, ob der Zusammenbruch vieler ostdeutscher Betriebe nicht zu verhindern gewesen wäre, wenn man
sich mit der Privatisierung mehr Zeit gelassen und für eine Übergangsphase einen
Teil der Staatsbetriebe fortgeführt hätte. So wollte der Verdacht nicht verstum-
men, die Privatisierung sei von der westdeutschen Wirtschaft dazu benutzt worden, die ostdeutsche Konkurrenz für lange Zeit auszuschalten.
Gegen den Verdacht einer Bereicherung der West- auf Kosten der Ostdeutschen
sprachen freilich die 150 bis 200 Milliarden DM, die seit der Vereinigung jährlich
als öffentliche Aufbauhilfe in die neuen Bundesländer flossen (bis 1996 über 1 Bil-
lion DM). Sie dienten sowohl den wirtschaftlichen Investitionen, vor allem für die
Verbesserung der Infrastruktur (Verkehrsnetz, Energieversorgung, öffentliche Einrichtungen, Umweltschutz), als auch der sozialen Sicherung der Bevölkerung. Ne-

ben Arbeitsbeschaffungs- und Umschulungsmaßnahmen waren es vor allem die Erhöhungen der Renten und der Arbeitslosenunterstützung, die erhebliche Mittel verschlangen und von den westdeutschen Steuer- und Sozialversicherungszahlern mitfinanziert wurden. Obwohl die Verbraucherpreise zwischen 1990 und 1993 um 35% anstiegen, während die ostdeutschen Löhne noch deutlich unter den westdeutschen lagen, erreichte das durchschnittliche Realeinkommen ostdeutscher Haushalte ein entschieden höheres Niveau als zu DDR-Zeiten, insbesondere was die Qualität der dafür zu erwerbenden Güter und Dienstleistungen anging. Im Zuge der allgemeinen Konjunkturverbesserung in Deutschland seit der Jahreswende 1993/94 zeichnete sich auch in den neuen Bundesländern ein deutlicher Aufschwung ab; die Zuwachszahlen lagen sogar beträchtlich über denen des alten Bundesgebietes, bezogen sich freilich auf ein erheblich niedrigeres Ausgangsniveau.

Eigentumsstreitigkeiten Ein großes Ärgernis waren die umstrittenen Eigentumsverhältnisse. Die im Einigungsvertrag besiegelte, vom Bundesverfassungsgericht gebilligte Unwiderruflichkeit der zwischen 1945 und 1949 in der SBZ vorgenommenen Enteignungen stieß auf den Protest der Betroffenen. Der Gesetzgeber brachte es vorerst nicht fertig, ein akzeptables Entschädigungsverfahren festzulegen. Für die nach 1949 erfolgten Enteignungen in der DDR sollte der Grundsatz „Rückgabe vor Entschädigung" gelten, sofern nicht allgemein wirtschaftliche oder öffentliche Interessen entgegenstanden. Dies löste bei vielen Ostdeutschen Sorge und Ärger aus: Wohnungseigentümer, Mieter und andere Nutznießer solcher Liegenschaften fürchteten für ihre Zukunft und mancher sah sein in DDR-Zeiten geformtes Bild vom raffgierigen westdeutschen Kapitalisten bestätigt.

Zweigeteilte Gesellschaft Nicht wenige Menschen in Ostdeutschland lebten in dem Gefühl, von den Westdeutschen abgehängt und übervorteilt zu werden: die Westdeutschen als Eigentümer, Chefs, Wortführer; die Ostdeutschen als Habenichtse, Untergebene, schweigende Masse. In der Tat dirigierten bis in die Gemeinden hinein vielerorts westdeutsche Politiker und Verwaltungsfachleute das öffentliche Leben; kein einziger Offizier der Nationalen Volksarmee brachte es bei der Eingliederung in die Bundeswehr zum General; westdeutsche Richter dominierten in der ostdeutschen Justiz, westdeutsche Professoren in den Lehrkörpern der Universitäten, westdeutsche Manager in den Chefetagen der Unternehmen. Solches Ungleichgewicht war zunächst kaum zu vermeiden, nachdem die Entscheidung gefallen war, den neuen Bundesländern das westdeutsche System zur Gänze überzustülpen. Auf Dauer aber kann die Vereinigung nur gelingen, wenn nach und nach ein Gleichgewicht zwischen Ost- und Westdeutschen entsteht.

154 „Die neue Mauer", Karikatur von W. Hanel, Der Spiegel 1992
Erörtern Sie, inwieweit diese Karikatur den tatsächlichen Verhältnissen entspricht.

155 Ökonomische und soziale Daten zur Entwicklung im vereinten Deutschland

a) Daten zur wirtschaftlichen Entwicklung

	Alte Bundesländer				Neue Bundesländer			
	1990	1991	1992	1993	1990	1991	1992	1993
Bruttosozialprodukt (Veränderung in v. H. gegüb. Vorjahr)	4,9	3,6	0,9	–2,4	–14,4	–30,3	7,4	7,0
Arbeitslosenquote	6,2	5,5	5,8	8,2	2,6	11,3	16,1	15,8
Anstieg der Verbraucherpreise (in v. H. gegüb. Vorjahr)	2,6	3,6	3,8	4,2	0,2	13,6	11,2	8,8
Verfügbares Haushaltseinkommen (in DM)		56 100	57 500	58 200		29 800	36 800	46 300

W. Weidenfeld/K. R. Korte (Hg.), Handbuch zur deutschen Einheit, Bonn 1993. S. 753, 755, Fischer-Weltalmanach '95, S. 193 ff.

b) Deindustrialisierung in Ostdeutschland 1991–1993:

	Industriebeschäftigte		Industriebesatz*	
	1/91	6/93	1/91	6/93
Brandenburg	290.408	118.752	114,21	46,7
Mecklenburg-Vorpommern	119.606	53.994	63,23	28,54
Ost-Berlin	117.619	40.658	91,81	31,74
Sachsen	689.847	241.850	147,44	51,69
Sachsen-Anhalt	430.445	165.943	152,46	58,78
Thüringen	417.298	122.231	162,24	47,52
Neue Bundesländer gesamt	2075.858	743.420	131,47	47,08
Alte Bundesländer			116	106

* Zahl der Industriebeschäftigten, bezogen auf 100 Einwohner

D. Nolte, Industriepolitik in Ostdeutschland, in: Aus Politik und Zeitgeschichte 17/94, S. 33

c) Einstellungen Ostdeutscher zu den gesellschaftspolitischen Systemen der Bundesrepublik und der DDR (in v. H.):

	Bundesrepublik		DDR
	1990	1993	1993
Von der Richtigkeit überzeugt	7	1	6
Im Allgemeinen positiv, mit gewissen Einschränkungen	66	51	37
Notgedrungene Anpassung, ohne Überzeugung	19	34	35
Grundsätzliche Ablehnung	1	3	6
Gleichgültig	6	10	16

Die Zeit vom 1. Oktober 1993, S. 20

Arbeiten Sie die kritischen Momente des Einigungsprozesses heraus und erörtern Sie deren Ursachen.

156 Assoziationen zu „Sozialismus" und „Kapitalismus"
Umfragen in den neuen Bundesländern 1990 und 1995 (Angaben in Prozent):

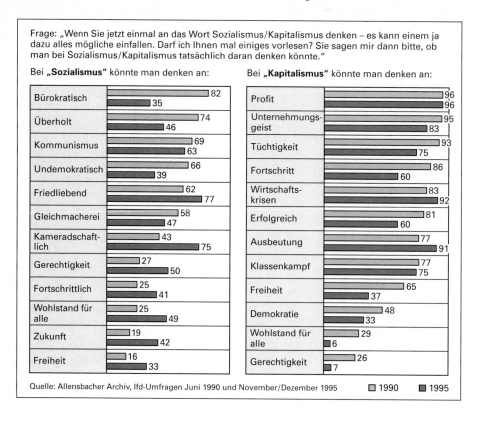

Frage: „Wenn Sie jetzt einmal an das Wort Sozialismus/Kapitalismus denken – es kann einem ja dazu alles mögliche einfallen. Darf ich Ihnen mal einiges vorlesen? Sie sagen mir dann bitte, ob man bei Sozialismus/Kapitalismus tatsächlich daran denken könnte."

Bei **„Sozialismus"** könnte man denken an:

	1990	1995
Bürokratisch	82	35
Überholt	74	46
Kommunismus	69	63
Undemokratisch	66	39
Friedliebend	62	77
Gleichmacherei	58	47
Kameradschaftlich	43	75
Gerechtigkeit	27	50
Fortschrittlich	25	41
Wohlstand für alle	25	49
Zukunft	19	42
Freiheit	16	33

Bei **„Kapitalismus"** könnte man denken an:

	1990	1995
Profit	96	96
Unternehmungsgeist	95	83
Tüchtigkeit	93	75
Fortschritt	86	60
Wirtschaftskrisen	83	92
Erfolgreich	81	60
Ausbeutung	77	91
Klassenkampf	77	75
Freiheit	65	37
Demokratie	48	33
Wohlstand für alle	29	6
Gerechtigkeit	26	7

Quelle: Allensbacher Archiv, Ifd-Umfragen Juni 1990 und November/Dezember 1995   □ 1990   ■ 1995

157 Aufarbeitung der DDR-Vergangenheit
Aus der Bundestagsdebatte vom 12. März 1992:

Willy Brandt (SPD): Mein besonderer Respekt … galt und gilt jenen Personen und Gruppen, die den Mut zur friedlichen, gleichwohl gefahrvollen Opposition aufbrachten. Dies kann freilich nicht das Ver-
5 ständnis für die vielen mindern, die aus ihren Nischen das Bestmögliche für sich und ihre Familien zu machen versuchten. Wir sollten uns miteinander hüten, den Stab über Landsleute zu brechen, die in die Maschen des Unrechtsregimes verstrickt
10 wurden und es nun nicht immer ganz leicht haben, Vergangenes auf anständige Weise hinter sich zu bringen.
Gerd Poppe (Bündnis 90/Grüne): Nun ist festzustellen, dass sich durchaus eine Mehrheit in diesem Ge-
15 füge von Anpassung und Disziplinierung einrichtete. Wer will heute darüber richten? Zweifellos gelten in

einer Diktatur andere Verhaltensnormen als in einer Demokratie. Aber gerade weil das so ist, wundere ich mich in diesen Tagen darüber, in welcher Weise Menschen in den alten Bundesländern über eigenes 20 Anpassungsverhalten in Extremsituationen spekulieren und wie sie daraus mitunter mehr Verständnis für die kleinen und mittleren Täter ableiten als für die Opfer. Ich finde, das ist ein fragwürdiges Gedankenexperiment. Nicht die Selbstzweifel an der eige- 25 nen Widerstandsfähigkeit werden die Westdeutschen dazu bringen, die Ostdeutschen besser zu verstehen, sondern ganz im Gegenteil. Das eigentliche Phänomen, das letztlich auch den Herbst 1989 ermöglichte, ist die Widerstandsfähigkeit der Ostdeut- 30 schen trotz insgesamt 58 Jahren Diktatur, auch wenn sie vorwiegend nur in Form des privaten Rückzugs

oder einer mühsam verschleierten Verweigerung bestand.

35 Heinz Eggert (CDU): Es ist kaum noch zu ertragen, wenn die sozialistischen Betriebsleiter von gestern auf einmal die marktwirtschaftlichen Geschäftsführer von heute sind, die den gleichen Personenkreis, den sie früher politisch bedrückten, jetzt wirtschaftli-
40 che erpressen und auf die Straße setzen. Es ist unerträglich, dass hauptamtliche Staatssicherheitsoffiziere, die auch weiterhin ihre frühere Desinformationspolitik betreiben [...], als Kronzeugen gehört werden, ohne selbst strafrechtlich zur Verantwortung
45 gezogen zu werden. [...] Unerträglich ist es auch, dass frühere SED-Funktionäre, die wir im Osten Deutschlands aus dem öffentlichen Dienst entfernen, im Westen Deutschlands in den öffentlichen Dienst eingestellt und zu 100% bezahlt werden. Ich sage es ganz
50 deutlich: Die Experten der DDR in den Bereichen Verwaltung und Ökonomie waren Experten für die DDR und sie sind keine Experten für die Bundesrepublik. Sie könnten es nur neu lernen.

Uwe Jens Heuer (PDS/Linke Liste) Die große Lüge
55 der SED-Machthaber, dass das politische System auf einem tiefen, unerschütterlichen Vertrauensverhältnis zwischen der Partei, der Arbeiterklasse und dem Volk beruhe, wird ersetzt durch die ebenso große Lüge von der DDR-Geschichte als Horrorge-
60 schichte von Repressionsakten und -mechanismen. [...] Bewusst negiert wird, dass die DDR Vorbildliches auf den Gebieten der Sozialpolitik, der Kultur-, Wohnungs- und Bildungspolitik geleistet hat, dass es bei einer „halbierten deutschen Geschichte"
65 (Richard von Weizsäcker) bleibt, wenn wir dies unbeachtet lassen. Diese differenzierte und widersprüchliche Gesellschaft in der DDR wird reduziert auf eine Opfer-Täter-Struktur. Die wichtigste und gefährlichste Konsequenz dessen ist, dass, wer nicht
70 Täter sein will, sich als Opfer darstellen muss und so Wendehälse, Heuchler und Karrieristen produziert werden. Zweitens wenden wir uns gegen das vor allem für die CDU/CSU charakteristische Bemühen, in das Zentrum der Aufarbeitung der DDR-Ge-
75 schichte die Formel vom Unrechtsregime DDR zu platzieren, um von da aus den großen repressiven Rachefeldzug gegen alle, die sich mit der DDR verbunden fühlten, und mitunter sogar gegen alle, die in der DDR nicht aus politischen Gründen im Gefäng-
80 nis saßen, zu rechtfertigen. [...] Die DDR war ein völkerrechtlich souveräner Staat mit einem eigenen Rechtssystem.

a) An welchen Fragen scheiden sich die Geister?
b) Erörtern Sie die Grundsätze, von denen die Auseinandersetzung mit der DDR-Vergangenheit ausgehen sollte.

5. Die schwierigen 90er Jahre

Unglücklicherweise trat zu den finanziellen Bürden der Wiedervereinigung seit 1992 eine Wachstumsschwäche der westdeutschen Wirtschaft hinzu. Die Zahl der Arbeitslosen stieg stetig an und erreichte im Februar 1997 die katastrophale Marke von knapp 4,7 Millionen. Das hatte mehrere Ursachen, denen nur schwer beizukommen war. Der technische Fortschritt machte viele Arbeitskräfte überflüssig, indem er sie durch Maschinen und Roboter, Computer und Automaten ersetzte. Viele Unternehmen verlagerten ihre Produktion in die „Billiglohnländer" (in Osteuropa und Asien), wo die Menschen mit einem Bruchteil der in den Industrieländern üblichen Löhne zufrieden waren. Deutschland dagegen war das Land mit den weltweit höchsten Arbeitskosten. Das ließ sich so lange durchhalten, wie die deutsche Industrie hohe Exportüberschüsse erzielte.

Arbeits-losigkeit

Diese guten Zeiten gingen zu Ende, als neue Konkurrenten auf dem Weltmarkt auftraten, die kostengünstiger produzieren und deswegen niedrigere Preise anbieten konnten. Der internationale Wettbewerb nahm an Härte zu. Die alten Industrieländer (wie Deutschland) konnten ihn nur bestehen, wenn sie die Fortschritte in den neuen Wachstumsbrachen (Mikroelektronik, Kommunikationstechnik, Biotechnik) nicht verschliefen und ihre Produktionskosten senkten. Die nationalen Grenzen, einstmals gewichtige Hindernisse für den internationalen Handel, verloren im Zeichen weltweiter Zollsenkungen und multinationaler Konzerne stark an Bedeutung.

Globalisierung

Das Kapital drängte überall in der Welt in die Regionen und Wirtschaftszweige, die die schnellste und größte Rendite versprachen, und die Regierungen stellten sich ihm nicht in den Weg. Die Wirtschaft erlebte ihre „Globalisierung", ihr Markt war der gesamte Globus.

Wirtschafts-standort Deutschland

Damit geriet der „Wirtschaftsstandort Deutschland" ins Gerede. Fast alle waren sich einig, dass man die Arbeitskosten senken müsse – durch Lohnverzicht der Arbeitnehmer, Reduzierung der Lohnnebenkosten (also hauptsächlich der Sozialabgaben), Ermäßigung der gewerblichen Steuern. Ein Großteil der Beschäftigten und der Gewerkschaften war bereit, Lohneinbußen hinzunehmen, sofern dies mit einer Arbeitsplatzgarantie verbunden war. Aber gegen die Kürzung von Sozialleistungen – wie die Lohnfortzahlung im Krankheitsfall oder das Schlechtwettergeld für Bauarbeiter – und gegen die Streichung staatlicher Subventionen (wie für den Steinkohlebergbau) formierte sich entschlossener und zumeist erfolgreicher Widerstand der Betroffenen. Die Situation war auch deswegen so schwierig, weil der Staat – bei konjunkturbedingt sinkenden Einnahmen und wachsenden Sozialausgaben und um die hohe öffentliche Verschuldung einzudämmen – strengste Sparsamkeit üben und der Wirtschaft bislang gewährte Vergünstigungen abbauen musste. Er tat dies nicht zuletzt auch, um die finanziellen Bedingungen für den Beitritt zur europäischen Währungsunion zu erfüllen.

Demontage des Sozialstaates?

So schuf das Zusammentreffen mehrerer Krisenfaktoren – Strukturwandel der Wirtschaft, Globalisierung, Konjunkturschwäche, Staatsverschuldung und vor allem die Arbeitslosigkeit – viel Streit. Die Arbeitgeber suchten die allgemeine Verunsicherung zu nutzen und ihre Erträge zu Lasten der Arbeitnehmer zu verbessern, unangenehme Soziallasten aber abzuschütteln. Bezeichnenderweise erwirtschafteten viele Banken und Unternehmen ansehnliche Gewinne, während immer mehr Arbeitsplätze verschwanden. Durch die Gesellschaft ging ein Riss. Den nach wie vor gut und sehr gut Verdienenden stand eine wachsende Zahl derer gegenüber, die von der Arbeitslosen- oder Sozialhilfe lebten – hauptsächlich allein stehende Frauen mit Kindern, Ausländer, alte Menschen. Unternehmensverbände und Freie Demokraten plädierten für den „Umbau" des Sozialstaates und mehr private Eigenverantwortung; die Gewerkschaften, die SPD und die Grünen, aber auch die Kirchen warnten vor dem „Abbau" des sozialen Netzes und vor der Aufkündigung der gesellschaftlichen Solidarität. Aber niemand hatte ein sicheres Rezept, wie der Arbeitslosigkeit zu begegnen und die soziale Sicherheit auf Dauer zu gewährleisten sei.

158 **Um die Zukunft des Sozialstaates**

a) Der Vorsitzende des Bayer-Konzerns, Manfred Schneider, über die Zukunft der Arbeitsplätze (1997):
Ich habe doch kaum Spielraum. Dieses Unternehmen muss im globalen Wettbewerb bestehen, und das wird mir hierzulande mit hohen Steuern, hohen Lohnzusatzkosten, langwierigen Genehmigungsver-
5 fahren nicht sehr leicht gemacht. Diese Nachteile haben uns gezwungen und werden uns weiter zwingen, Arbeitsplätze abzubauen, um unsere internationale Wettbewerbsfähigkeit zu sichern. Wir werden auf absehbare Zeit in Deutschland keine zusätzlichen
10 Jobs schaffen. Das ist die Realität, auf die ich nicht

stolz sein kann. [...] Heute lässt sich eine Chemieanlage, die früher von 30 Leuten pro Schicht betrieben wurde, mit 8 Leuten fahren. [...]
Von den 1,8 Milliarden DM, die wir 1997 hierzulande ausgeben, fließt das meiste Geld in die Ratio- 15
nalisierung. Wir bauen in Deutschland kaum neue Produktionskapazität auf. Das ist das Problem, das sehe ich auch. Aber ich kann das nicht ändern. Ein solcher Großkonzern kann nicht mehr von Deutschland aus in die Asean-Staaten, nach China oder 20
nach Japan exportieren. Wir müssen mit unseren Fabriken den Märkten folgen – aus Kostengründen und weil unsere Kunden das verlangen. [...]

Der Spiegel: Gleichzeitig steigt die Arbeitslosigkeit.
25 Die Kirchen prangern die zunehmende soziale Kälte
in Deutschland an, sprechen vom Kapitalismus pur.
Fühlen Sie sich angesprochen?
Schneider: Die Kirche ist eine karitative Institution.
Wir sind ein Unternehmen, das zuerst die Aufgabe
30 hat, Gewinn zu machen.
Der Spiegel Nr. 11/1997, S. 114ff.

b) Der Grünen-Politiker Joschka Fischer im Interview (1996):
Der Spiegel: Umbau des Sozialstaates heißt das
Thema der Regierung. Wollen Sie sich auch, wie die
Gewerkschaften und Sozialdemokraten, das Etikett
des rückständigen Besitzstandwahrers einhandeln?
5 Fischer: Die sollen sich ihr Etikett sonst wohin kle-
ben. [...] Die Linke kämpft gegenwärtig gegen den
Zeitgeist, gegen einen marktradikalen Wirtschaftsliberalismus, gegen einen aggressiven Wirtschaftsego-
ismus. Heute ist es die Aufgabe der demokratischen
10 Linken, das großartige Modell des westeuropäischen Sozialstaates trotz Globalisierung der Märkte
zu verteidigen. [...]
Der Spiegel: Sind in Zeiten knapper Kassen Einschnitte ins soziale Netz nicht unvermeidbar?
15 Fischer: Doch, aber die stärkeren Schultern müssen
mehr tragen als die schwächeren und nicht umgekehrt, wie das gegenwärtig der Fall ist. Ich brauche
mir nur die letzten Jahresabschlüsse der deutschen
Unternehmen anzusehen, da klingelt ja nur das Geld
20 so im Kasten. [...]
Der Spiegel: Was heißt denn heute für die Linke soziale Gerechtigkeit?
Fischer: Das heißt: Arbeitsplatz und Teilhabe am
Wohlstand, Sicherheit im Alter, im Krankheitsfall,
25 bei Arbeitsverlust und ein menschenwürdiges Leben
auch im Fall der Armut; zudem der Anspruch auf
eine gute Ausbildung ohne Ansehen der Herkunft.
[...]
Der Spiegel: Die Regierung wünscht bislang nur
30 stärkere Eigenverantwortung bei Vorsorge für
Krankheit und Alter.
Fischer: Wer das kann wie Sie und ich, soll es tun.
Aber wie soll etwa die Arzthelferin mit weniger als
3000 Mark brutto private Vorsorge treffen? Verglei-
35 chen Sie damit mal die Alterssicherung deutscher
Manager. Ich werde da richtig aggressiv. Ich ent-

staube so langsam wieder meine blauen Bände von
Karl Marx, wenn das so weitergeht.
Der Spiegel Nr. 34/1996, S. 52f.

c) Aus der Denkschrift des Rates der EKD und
der Deutschen Bischofskonferenz „Für eine Zukunft in Solidarität und Gerechtigkeit" (1997):
Solidarität und Gerechtigkeit sind notwendiger
denn je. Tiefe Risse gehen durch unser Land: vor allem der von der Massenarbeitslosigkeit hervorgeru-
fene Riss, aber auch der wachsende Riss zwischen
Wohlstand und Armut oder der noch längst nicht ge- 5
schlossene Riss zwischen Ost und West. Doch Solidarität und Gerechtigkeit genießen heute keine un-
angefochtene Wertschätzung. Dem Egoismus auf
der individuellen Ebene entspricht die Neigung der
gesellschaftlichen Gruppen, ihr partikulares Inter- 10
esse dem Gemeinwohl rigoros vorzuordnen.
Manche würden der regulativen Idee der Gerechtigkeit gern den Abschied geben. Sie glauben fälsch-
lich, ein Ausgleich der Interessen stelle sich in der
freien Marktwirtschaft von selbst ein. [...] 15
Die Qualität und finanzielle Stabilität der sozialen
Sicherung und das Leistungsvermögen der Volkswirtschaft bedingen einander. Verteilt werden kann
nur das, was in einem bestimmten Zeitraum an Gütern und Dienstleistungen erbracht worden ist. Wird 20
dieser Sachverhalt ignoriert und das gesamtwirtschaftliche Leistungvermögen dauerhaft durch einen überproportionalen Anstieg der vom Staat vorgenommenen Umverteilung überfordert, dann werden die finanziellen Fundamente der sozialen 25
Sicherung unterspült. [...]
Die wirtschaftliche und soziale Situation in Deutschland darf aber auch nicht schlechtgeredet werden.
Die anhaltenden Exportüberschüsse belegen die
nach wie vor hohe Leistungsfähigkeit der deutschen 30
Volkswirtschaft. Die Lohnstückkosten sind ein wesentlicher, freilich nicht der alleinige ökonomische
Faktor. Tarifpartnerschaft und soziale Sicherung haben zu einem sozialen Frieden geführt, der sich als
bedeutsamer Standortvorteil erwiesen hat. 35

Frankfurter Allgemeine Zeitung, 1. März 1997, S. 8

a) Beschreiben Sie die Trennungslinien im Streit um den Sozialstaat, wie sie in diesen Texten
markiert sind.
b) Wie beurteilen Sie die Chancen eines „sozialverträglichen" Umbaus der deutschen Wirtschaft im Zeitalter globaler Märkte?

159 Die Marktkräfte und die Politik

a) Der französische Soziologe Pierre Bourdieu (1996):

In seinem Interview mit Hans Tietmeyer präsentierte Le Monde den Präsidenten der Bundesbank Hans Tietmeyer völlig zu Recht als den „Hohenpriester der D-Mark". Denn wir haben es hier mit Reli-
5 gion zu tun. Aus diesem Gespräch möchte ich nur eine einzige Passage kommentieren: „In allen europäischen Ländern geht es heute darum, Voraussetzungen für ein dauerhaftes Wachstum und Vertrauen für die Investoren zu schaffen, indem man die
10 öffentlichen Haushalte unter Kontrolle bringt, das Steuer- und Abgabenniveau absenkt und die sozialen Sicherungssysteme reformiert ..." Im Klartext heißt das: Runter mit den Steuern für Investoren, bis sie auf Dauer für ebendiese erträglich sind; weg mit
15 dem Wohlfahrtsstaat und seiner Politik des sozialen Schutzes, die wie geschaffen ist, das Vertrauen der Investoren zu zerstören (...)
Wofür genau steht nun das „Modell Tietmeyer"?
Zunächst für (...) eine neue Form des Ökonomismus.
20 (...) Dieser Ökonomismus wohnt einer ökonomischen Theorie inne, die von einem scharfen Schnitt zwischen dem Wirtschaftlichen und dem Sozialen ausgeht und dabei übersieht, wie sehr die Mechanismen des Marktes sozialen Mechanismen untertan
25 sind, die in gesellschaftlicher Gewalt ihre Wurzel haben. Das „Modell Tiedmeyer" steht weiterhin für eine gewisse Anzahl von nicht weiter diskutierten Zielen, als da sind: höchstmögliches Wachstum, Wettbewerb, Produktivität (...) Es kleidet eine Wirt-
30 schaftspolitik in schönfärberische Worte – „Sozialplan" für Massenentlassungen, „treibende Kräfte"

für die Unternehmerschaft, „Deregulierung" für einen wilden Kapitalismus –, die, neben anderen Folgen, womöglich eine Zivilsation zerstört, die mit der Entstehung des Staates, dieser entschieden moder- 35
nen Idee, verbunden ist.

Die Zeit, 1. November 1996, S. 2

b) Der deutsche Wirtschaftswissenschaftler Herbert Giersch (1997):

Viel Anklang findet die Forderung, es sei Aufgabe der Politik, den neuen Wettbewerb auf dem Markt für Güter und Dienstleistungen fair zu gestalten, ihm ein menschliches Gesicht zu geben. Der Pferdefuß dabei ist, dass Staatseingriffe, zu welchem Zweck 5
auch immer, ein Element der Unberechenbarkeit ins Spiel bringen und das Wirtschaftsgeschehen mit zusätzlichen Unsicherheiten und so auch mit Kosten belasten. (...) Die Globalisierung, die zum Markenzeichen der letzten Jahrzehnte geworden ist, geht 10
einher mit der Renaissance des Wettbewerbskapitalismus. (…) Aufholprozesse an der Peripherie setzen die alten Industriekerne in Ostasien, Nordamerika und Westeuropa unter einen neuen Wettbewerbsdruck. Von einem Ende der Wirtschaftspolitik kann 15
auch in der Ära der Globalisierung keine Rede sein. Am Ende ist die Wirtschaftspolitik, die den Marktkräften entgegenwirken will. Hier ist eine Umkehr geboten: eine Wende, wie sie 1982 anvisiert wurde (...) 20

Frankfurter Allgemeine Zeitung, 19. Januar 1997, S. 13.

Erörtern Sie, wie die beiden Wissenschaftler jeweils das Verhältnis von Marktgeschehen und staatlicher Politik beurteilen. Versuchen Sie, einen eigenen Standpunkt zu entwickeln.

Zur Diskussion

Was tut dem vereinten Deutschland Not?

Nicht lange nach der Wiedervereinigung kam unter den Deutschen Missmut auf. Ost- und Westdeutsche empfanden Enttäuschung übereinander und jede Seite erwartete mehr von der anderen als von sich selbst, dass sie das Ihre für die innere Vereinigung tue. Was aber zu tun sei, wurde höchst unterschiedlich beurteilt.

a) Der ostdeutsche Literaturwissenschaftler und SPD-Politiker Wolfgang Thierse:

Es ist ja nicht so, wie manche Klagenden meinen, dass die Wessis uns kolonisiert hätten. Die Mehrheit der Ostdeutschen wollte nicht nur die politischen Verhältnisse, nicht nur die Freiheit des Westens, sie
5 wollte auch die Art von materiellen, kulturellen Verhältnissen, jene Art von Konsum – sie wollte möglichst schnell so sein wie die da im Westen. Jetzt sehen wir, es wird länger dauern, Ernüchterung tritt ein. [...] Ich denke, wir müssen eine Debatte nach-
10 holen, die wir wirklich bisher verdrängt haben – die Diskussion darüber, was wir, plötzlich vereint und von den unbewältigten Problemen dieser plötzlichen Einigung tagtäglich belästigt, miteinander wollen. Was heißt Angleichung der Lebensverhältnisse?
15 Wer formuliert die Norm dafür? Ist der Westen, die bisherige Bundesrepublik der Maßstab schlechthin für alles, was die Ostdeutschen zu werden haben? [...] Gelten plötzlich durch den Zusammenbruch der DDR und des realen Kommunismus alle jenen kriti-
20 schen Einsichten über die westliche Industriegesellschaft, über den Ökonomismus und Konsumismus dieser Gesellschaft, über ihren erbarmungslosen Verbrauch von Ressourcen, über ihre soziale Ungerechtigkeit nicht mehr? [...]
25 Was wollen wir erreichen? Was wollen wir verstehen unter Modernisierung Deutschlands oder Modernisierung des Ostens Deutschlands? Erst wenn es eine solche selbstkritische Diskussion gibt, [...] gibt es auch die Chance, dass Osteuropäer noch einmal er-
30 innern können, was an ihrem Leben vielleicht nicht falsch war. Und ob nicht die Tugenden der Mangelgesellschaft und die Tugenden, die gelebt worden sind, von einer Notgemeinschaft gegen den Staat, vielleicht auf neue Weise brauchbar sein könnten für

35 eine neue [...] Kultur der Bescheidung, der materiellen Bescheidung.

W. Thierse, Wahrnehmungen zum deutschen Befinden in Ost und West, in: W. Hardtwig/H. A. Winkler (Hg.), Deutsche Entfremdung, München 1994, S. 28 ff.

b) Der westdeutsche Schriftsteller und Journalist Peter Merseburger:

In wenigen Jahren müssen die Ostdeutschen nachholen, wozu die Westdeutschen vier Jahrzehnte brauchten. Für diese Reise durch die Zeit benötigen sie nationale Solidarität. [...] In einer Welt, die nach
5 dem Einsturz einer vermeintlich auf ewig gefügten Ordnung einer politischen Trümmerlandschaft gleicht, ist Zugehörigkeitsgefühl zu einer Nation das Einzige, was geblieben ist – eine Art natürlicher Notanker. Nur im Rahmen der Nation ist soziale Ge-
10 rechtigkeit heute denkbar und politisch zu exekutieren. Nationale Zugehörigkeit schließt aus ostdeutscher Sicht also eine Erwartungshaltung ein, die das Bekenntnis zur Nation in Westdeutschland bei vielen erschweren mag. So mancher Wessi denkt, dass
15 der Ossi nur an seine Brieftasche will, wenn er das Wort von der Nation, dem gemeinsam verlorenen Krieg und der gemeinsamen historischen Schuld im Munde führt.
Wenn der Prozess der inneren Integration gelingen
20 soll, setzt dies vor allem ein Umdenken der Westdeutschen voraus. Sie, die nach dem Krieg in postnationale Welten flüchten wollten, um der Misere der eigenen missratenen Geschichte zu entrinnen, müssen sich endlich mit dem Begriff der Nation aussöh-
25 nen. Nicht zufällig interpretierte Andrej Scypiorski die Geschichte der alten Bundesrepublik einmal als „Negierung des Deutschseins".

P. Merseburger, Von der doppelten Vergangenheit, Ebd. S. 141 f.

a) Was sind „Tugenden der Mangelgesellschaft"? Wie schätzen Sie die Bereitschaft der Ostdeutschen ein, diese Tugenden in das vereinte Deutschland einzubringen?
b) Die Nation als „Notanker": Diskutieren Sie diese Vorstellung. Hat die Nation im Zeichen der europäischen Einigungsbestrebungen eine Zukunft?

1. Stellen Sie die Hauptgründe für den Zusammenbruch der DDR zusammen und versuchen Sie eine Periodisierung der Vorgänge zwischen der Öffnung der ungarischen Grenze und dem Inkrafttreten des Einigungsvertrages.
2. Welche Ziele verfolgte die Protest- und Reformbewegung im Herbst 1989? Warum schnitt sie bei der Volkskammerwahl am 18. März 1990 so schlecht ab?
3. Gab es für die SED-Führung in den Tagen des Umsturzes Alternativen für die Rettung ihres Regimes?
4. Untersuchen Sie die Einflussnahme westdeutscher Politiker auf die „Wende" in der DDR.
5. Diskutieren Sie die These, die Wiedervereinigung sei eine Annexion der DDR gewesen.
6. Hätte sich der Zusammenbruch der DDR-Wirtschaft vermeiden lassen?
7. Woher rühren die Schwierigkeiten der „inneren Vereinigung"? Erörtern Sie Möglichkeiten, die Ost-West-Entfremdung in Deutschland abzubauen.

Literatur zur Vertiefung

(* empfehlenswerte grundlegende Darstellung; TB = Taschenbuch)

Zum Gesamtthema

O. Anweiler u. a. (Hg.): Bildungspolitik in Deutschland 1945–1990. Bonn 1992

W. Benz (Hg.): Die Geschichte der Bundesrepublik Deutschland. 4 Bde. (Politik – Wirtschaft – Gesellschaft – Kultur). Frankfurt 1989 (TB*)

W. Benz: Deutschland seit 1945. München 1990

A. Birke: Nation ohne Haus. Deutschland 1945–1961. Berlin 1989

K. D. Bracher u. a. (Hg.): Geschichte der Bundesrepublik Deutschland. 5 Bde. Stuttgart 1981–1987 (*)

R. Geißler: Die Sozialstruktur Deutschlands. Bonn 1992 (*)

H. Glaser: Die Kulturgeschichte der Bundesrepublik Deutschland. 3 Bde. Frankfurt 1994

A. Grosser: Das Deutschland im Westen. Eine Bilanz nach 40 Jahren. München 1986 (TB)

G. Helwig/H. M. Nickel (Hg.): Frauen in Deutschland 1945–1992. Bonn 1993 (*)

C. Kleßmann: Die doppelte Staatsgründung. Deutschland 1945–1955. Bonn 1982

C. Kleßmann: Zwei Staaten, eine Nation. Deutsche Geschichte 1955–1970. Göttingen 1988

C. Kleßmann/G. Wagner (Hg.): Das gespaltene Land. Leben in Deutschland 1945 bis 1990. München 1993

W. Langenbucher u. a. (Hg.): Handbuch zur deutsch-deutschen Wirklichkeit. BRD/DDR im Kulturvergleich. Stuttgart 1988

H. G. Lehmann: Chronik der Bundesrepublik Deutschland 1945/49–1983. München 1983[2] (TB)

H. G. Lehmann: Chronik der DDR 1945/49 bis heute. München 1987 (TB)

R. Löwenthal/H.-P. Schwarz (Hg.): Die zweite Republik. 25 Jahre Bundesrepublik Deutschland. Stuttgart 1979[3] (*)

R. Morsey: Die Bundesrepublik Deutschland. Entstehung und Entwicklung bis 1969. München 1987

D. Staritz: Geschichte der DDR 1949–1985. Frankfurt 1985 (TB)

R. Steininger: Deutsche Geschichte 1945–1961. 2 Bde. Frankfurt 1983 (TB)

D. Thränhardt: Geschichte der Bundesrepublik Deutschland. Frankfurt 1986 (TB)

Th. Vogelsang: Das geteilte Deutschland. München 1983[12] (TB)

H. Weber: Die DDR 1945–1990. München 1993[2] (*)

W. Weidenfeld/H. Zimmermann (Hg.): Deutschland-Handbuch. Eine doppelte Bilanz 1949–1989. Bonn 1989 (*)

I. Wilharm: Deutsche Geschichte 1962–1983. 2 Bde. Frankfurt 1985 (TB)

A. Deutschland unter den Besatzungsmächten

J. H. Backer: Die Entscheidung zur Teilung Deutschlands. Die amerikanische Deutschlandpolitik 1943 bis 1948. München 1981

J. Becker u. a. (Hg.): Vorgeschichte der Bundesrepublik Deutschland. München 1979 (TB*)

W. Benz: Von der Besatzungsherrschaft zur Bundesrepublik 1946–1949. Frankfurt 1984 (TB)

W. Benz: Die Gründung der Bundesrepublik. München 1984 (TB*)

W. Benz (Hg.): Die Vertreibung der Deutschen aus dem Osten. Frankfurt 1985 (TB)

W. Benz: Potsdam 1945. Besatzungsherrschaft und Neuaufbau im Vier-Zonen-Deutschland. München 1986 (TB*)

M. Broszat u. a. (Hg.): Von Stalingrad zur Währungsreform. Zur Sozialgeschichte des Umbruchs in Deutschland. München 1988 (*)

M. Broszat/H. Weber (Hg.): SBZ-Handbuch. München 1990

E. Deuerlein u. a.: Potsdam und die deutsche Frage. Köln 1970

J. Fürstenau: Entnazifizierung. Neuwied 1969

J. Gimbel: Amerikanische Besatzungspolitik in Deutschland 1945–1949. Frankfurt 1971

H. Graml: Die Alliierten und die Teilung Deutschlands. Frankfurt 1985 (TB*)

K. Niclauß: Demokratiegründung in Westdeutschland. München 1974

M. Overesch: Deutschland 1945–1949. Königstein 1979 (TB*)

K.-J. Ruhl (Hg.): Frauen in der Nachkriegszeit 1945–1963. München 1988 (TB)

H.-P. Schwarz: Vom Reich zur Bundesrepublik 1945–1949. Stuttgart 1980^2 (*)

D. Staritz: Die Gründung der DDR. München 1984 (TB)

B. Das geteilte Deutschland (1949–1990) I. Die „alte" Bundesrepublik

A. Baring: Machtwechsel. Die Ära Brandt-Scheel. Stuttgart 1982^3 (*)

P. Borowski: Deutschland 1969–1982. Hannover 1987

E. Deuerlein: Deutschland 1963–1969. Hannover 1972^6

A. Döring-Manteuffel: Die Bundesrepublik Deutschland in der Ära Adenauer. Darmstadt 1983 (*)

Th. Ellwein: Krisen und Reformen. Die Bundesrepublik seit den sechziger Jahren. München 1989 (TB*)

L. Herbst (Hg.): Westdeutschland 1945–1955. Stuttgart 1988

H. Lilge u. a.: Deutschland 1945–1963. Hannover 1980^{13}

F. Schneider (Hg.): Der Weg der Bundesrepublik. München 1985 (TB)

H.-P. Schwarz: Adenauer. 2 Bde. Stuttgart 1986/91 (*)

K. Sontheimer: Die Ära Adenauer. München 1991 (TB*)

W. Süß (Hg.): Die Bundesrepublik in den achtziger Jahren. Opladen 1991

1. Etappen der Entwicklung

U. von Alemann: Organisierte Interessen in der Bundesrepublik. Opladen 1987

U. Backes/E. Jesse: Politischer Extremismus in der Bundesrepublik. Bonn 1993^3 (*)

W. Benz (Hg.): Rechtsextremismus in der Bundesrepublik. Frankfurt 1992 (TB)

J. Bergmann u. a.: Gewerkschaften in der Bundesrepublik. Frankfurt 1979^3

K. von Beyme/M. G. Schmidt (Hg.): Politik in der Bundesrepublik. Opladen 1990

Th. Ellwein: Das Regierungssystem in der Bundesrepublik Deutschland. Opladen 1987^6 (*)

M. Greiffenhagen u. a. (Hg.): Handwörterbuch zur politischen Kultur der Bundesrepublik Deutschland. Opladen 1981 (*)

H.-H. Hartwich/G. Wewer (Hg.): Regieren in der Bundesrepublik. 2 Bde. Opladen 1990/91

L. Herbst/C. Goschler (Hg.): Wiedergutmachung in der Bundesrepublik Deutschland. München 1989

K. Hesse: Grundzüge des Verfassungsrechts der Bundesrepublik Deutschland. Heidelberg 1990^{17}

W. Ismayr: Der deutsche Bundestag. Bamberg 1991

P. Graf Kielmansegg: Lange Schatten. Vom Umgang der Deutschen mit der nationalsozialistischen Vergangenheit. Berlin 1989

K. Klotzbach: Der Weg zur Staatspartei. Die deutsche Sozialdemokratie 1945–1965. Berlin 1982

A. Mintzel/H. Oberreuter (Hg.): Parteien in der Bundesrepublik Deutschland. Bonn 1992^2 (

K. Niclauß: Kanzlerdemokratie. Bonner Regierungspraxis von Konrad Adenauer bis Helmut Kohl. Stuttgart 1988 (TB)

G. Olzog/H. J. Liese: Die politischen Parteien in Deutschland. München 1993^{20} (TB*)

J. Raschke: Die Grünen. Köln 1993

2. Politische Kultur und politisches System

W. Rudzio: Die organisierte Demokratie. Parteien und Verbände in der Bundesrepublik Deutschland. Stuttgart 1982²
A. Rückerl: NS-Verbrechen vor Gericht. Heidelberg 1982
M. Schneider: Kleine Geschichte der Gewerkschaften. Bonn 1989 (*)
A. Silbermann/J. H. Schoeps (Hg.): Antisemitismus nach dem Holocaust. Köln 1986
K. Sontheimer: Grundzüge des politischen Systems der neuen Bundesrepublik Deutschland. München 1993 (TB*)
F. Spotts: Kirchen und Politik in Deutschland. Stuttgart 1976
R. Stöss (Hg.): Parteien-Handbuch. 2 Bde. Opladen 1983/84 (*)

3. Die Soziale Marktwirtschaft
W. Abelshauser: Wirtschaftsgeschichte der Bundesrepublik Deutschland 1945–1980. Frankfurt 1987⁴ (TB*)
V. Berghahn: Unternehmer und Politik in der Bundesrepublik. Frankfurt 1985 (TB)
G. Gutmann: Die Wirtschaftsverfassung der Bundesrepublik Deutschland. Stuttgart 1976
F.-W. Henning: Das industrialisierte Deutschland 1914–1992. Paderborn 1993⁸ (TB*)
H. Jaeger: Geschichte der Wirtschaftsordnung in Deutschland. Frankfurt 1988 (TB)
R. Klump: Wirtschaftsgeschichte der Bundesrepublik Deutschland. Wiesbaden 1985
H. Lampert: Die Wirtschafts- und Sozialordnung der Bundesrepublik Deutschland. München 1985⁸ (TB*)
H. Roeper: Die D-Mark. Frankfurt 1978

4. Gesellschaft im Wandel
J. Alber: Der Sozialstaat in der Bundesrepublik Deutschland 1950–1983. Frankfurt 1989
D. Baacke: Jugend und Jugendkulturen. Weinheim 1987
K. J. Bade (Hg.): Ausländer, Aussiedler, Asyl in der Bundesrepublik Deutschland. Hannover 1992 (*)
U. Beck: Risikogesellschaft. Frankfurt 1986 (TB*)
N. Blüm/H. F. Zacher (Hg.): 40 Jahre Sozialstaat Bundesrepublik Deutschland. Baden-Baden 1989
D. Claessens u. a.: Sozialkunde der Bundesrepublik Deutschland. Neuausgabe. Reinbek 1989 (TB*)
W. Conze/M. R. Lepsius (Hg.): Sozialgeschichte der Bundesrepublik Deutschland. Stuttgart 1983 (*)
R. Dahrendorf: Gesellschaft und Demokratie in Deutschland. München 1965 (*)
R. Hettlage (Hg.): Die Bundesrepublik. Eine historische Bilanz. München 1990 (TB)
R. Nave-Herz: Familie heute. Darmstadt 1994
B. Schäfers: Gesellschaftlicher Wandel in Deutschland. Stuttgart 1990⁵ (TB*)
H. Schelsky: Die skeptische Generation. Düsseldorf 1957
R. Schulze u. a.: Flüchtlinge und Vertriebene in der westdeutschen Nachkriegsgesellschaft. Heidelberg 1987

5. Die Bundesrepublik in der internationalen Politik
Auswärtiges Amt (Hg.): Außenpolitik der Bundesrepublik Deutschland. Vom Kalten Krieg zum Frieden in Europa. Bonn 1990
A. Baring: Außenpolitik in Adenauers Kanzlerdemokratie. München 1969
P. Bender: Neue Ostpolitik. Vom Mauerbau bis zum Moskauer Vertrag. München 1986 (TB)
W. Besson: Die Außenpolitik der Bundesrepublik. München 1970 (*)
C. Hacke: Weltmacht wider Willen. Die Außenpolitik der Bundesrepublik Deutschland. Neuausgabe Berlin 1993 (TB)

H. Haftendorn: Sicherheit und Entspannung. Zur Außenpolitik der Bundesrepublik Deutschland 1955–1982. Baden-Baden 1983

W. F. Hanrieder: Deutschland, Europa, Amerika. Die Außenpolitik der Bundesrepublik Deutschland 1949–1989. Paderborn 1991 (*)

L. Herbst: Option für den Westen. München 1989 (TB*)

K. Hildebrand: Integration und Souveränität. Die Außenpolitik der Bundesrepublik Deutschland 1949–1982. Bonn 1992

H.-G. Lehmann: Der Oder-Neiße-Konflikt. München 1979

P. Noack: Die Außenpolitik der Bundesrepublik Deutschland. Stuttgart 1981[2]

E. Thurich: Schwierige Nachbarschaften. Deutsche und Polen, Deutsche und Tschechen im 20. Jahrhundert. Stuttgart 1990

M. Wolffsohn: Ewige Schuld? 40 Jahre deutsch-jüdisch-isrealische Beziehungen. München 1989 (TB*)

G. Ziebura: Die deutsch-französischen Beziehungen seit 1945. Pfullingen 1970

II. Die Deutsche Demokratische Republik

O. Anweiler: Schulpolitik und Schulsystem in der DDR. Opladen 1988

R. Badstübner u. a.: Geschichte der Deutschen Demokratischen Republik. Berlin(Ost) 1984[2]

A. Baring: Der 17. Juni 1953. Stuttgart 1983[3]

W. Filmer/H. Schwan: Alltag im anderen Deutschland. Düsseldorf 1985

G. Fischbach (Hg.): DDR-Almanach '90. Stuttgart 1990

A. Fischer (Hg.): Ploetz: Die Deutsche Demokratische Republik. Freiburg 1988 (*)

A. Freiburg/C. Mahrad (Hg.): FDJ. Opladen 1982

K. W. Fricke: Die DDR-Staatssicherheit. Köln 1982

K. W. Fricke: Opposition und Widerstand in der DDR. Köln 1984 (*)

Geschichte der SED. Hg. von einem Autorenkollektiv. Berlin(Ost) 1978

G.-J. Glaeßner (Hg.): Die DDR in der Ära Honecker. Opladen 1988

G.-J. Gaeßner: Die andere deutsche Republik. Gesellschaft und Politik in der DDR. Opladen 1989 (*)

D. Gohl: Deutsche Demokratische Republik. Eine aktuelle Landeskunde. Frankfurt 1986 (TB)

Handbuch DDR-Wirtschaft. Hg. vom Deutschen Institut für Wirtschaftsforschung. Reinbek 1984[4] (TB)

H.-A. Jacobsen u. a. (Hg.): Drei Jahrzehnte Außenpolitik der DDR. München 1979

M. Jäger: Kultur und Politik in der DDR. Köln 1982

H. Kaelble u. a. (Hg.): Sozialgeschichte der DDR. Stuttgart 1994 (*)

S. Meuschel: Legitimation und Parteiherrschaft in der DDR. Frankfurt 1992 (TB*)

A. Mitter/S. Wolle: Untergang auf Raten. München 1993 (*)

I. Spittmann (Hg): Die SED in Geschichte und Gegenwart. Köln 1987

H. Zimmermann (Hg.): DDR-Handbuch. 2 Bde. Köln 1985[3] (*)

III. Die deutsche Teilung

T. G. Ash: Im Namen Europas. Deutschland und der geteilte Kontinent. München 1993 (*)

G. Diemer (Hg.): Kurze Chronik der Deutschen Frage. München 1990

J. Foschepoth (Hg.): Adenauer und die Deutsche Frage. Göttingen 1988

G. Langguth (Hg.): Vom Brennpunkt der Teilung zur Brücke der Einheit (Berlin). Bonn 1990

P. März: Die Bundesrepublik zwischen Westintegration und Stalin-Noten. Frankfurt 1982

D. Mahncke: Berlin im geteilten Deutschland. München 1973

J. Nawrocki: Die Beziehungen zwischen den beiden Staaten in Deutschland. Berlin 1988

E. Nolte: Deutschland und der Kalte Krieg. München 1974

H.-P. Schwarz (Hg.): Berlin-Krise und Mauerbau. Bonn 1985

C. Das wiedervereinigte Deutschland

P. Bender: Unsere Erbschaft. Was war die DDR – was bleibt von ihr? Hamburg 1992

H. Bortfeldt: Von der SED zur PDS. Bonn 1992

Deutscher Bundestag (Hg.): Bericht der Enquete-Kommission „Aufarbeitung von Geschichte und Folgen der SED-Diktatur in Deutschland". Bonn 1994 (*)

R. Geissler (Hg.): Sozialer Umbruch in Ostdeutschland. 2 Bde. Leverkusen 1992

G.-J. Glaeßner (Hg.): Eine deutsche Revolution. Der Umbruch in der DDR. Frankfurt 1992

V. Gransow/K. Jarausch (Hg.): Die deutsche Vereinigung. Dokumente zu Bürgerbewegung, Annäherung und Beitritt. Köln 1991

W. Hardtwig/H. A. Winkler (Hg.): Deutsche Entfremdung. Zum Befinden in Ost und West. München 1994 (TB)

E. Jesse/A. Mitter (Hg.): Die Gestaltung der deutschen Einheit. Bonn 1992 (*)

H. Joas/M. Kohli (Hg.): Der Zusammenbruch der DDR. Frankfurt 1992 (TB*)

K. Kaiser: Deutschlands Vereinigung – die internationalen Aspekte. Bergisch-Gladbach 1991 (TB)

W. Lepenies: Folgen einer unerhörten Begebenheit. Die Deutschen nach der Vereinigung. Berlin 1992

H.-J. Maaz: Das gestürzte Volk oder die verunglückte Einheit. Berlin 1991

F. Pilz: Das vereinte Deutschland. Stuttgart 1992

G. Schabowski: Der Absturz. Reinbek 1991 (TB)

W. Süss: Ende und Aufbruch. Von der DDR zur neuen Bundesrepublik Deutschland. Frankfurt 1992

W. Weidenfeld/K.-R. Korte (Hg.): Handbuch zur deutschen Einheit. Bonn 1993 (*)

H. Zwahr: Ende einer Selbstzerstörung. Leipzig und die Revolution in der DDR. Göttingen 1993

Register

kursiv gesetzte Seitenzahlen verweisen auf Abbildungen, **halbfett** gesetzte Seitenzahlen auf Grundbegriffe.

Personenregister

Adenauer, Konrad, CDU-Politiker, Bundeskanzler (1876–1967) 7, 14, 22, 37, 41, 44, 47, *48*, 49, 51–55, 61, 69, 135, 137 f., 141, 143 f., 148, 197

Bahr, Egon, SPD-Politiker (geb. 1922) 200 f., 204, 208 f., 216
Barzel, Rainer, CDU-Politiker (geb. 1924) 61
Baselitz, Georg, Maler (geb. 1938) *80*
Becher, Johannes R., Schriftsteller und DDR-Kultusminister (1891–1958) 156
Ben Gurion, David, israelischer Ministerpräsident (1886–1973) 143
Bevin, Ernest, britischer Außenminister (1881–1951) 17
Bidault, Georges, französischer Außenminister, Ministerpräsident (1899–1983) 17
Biermann, Wolf, Schriftsteller und Liedermacher (geb. 1936) 154, 158, 161, 168, *170*, 185
Böll, Heinrich, deutscher Literatur-Nobelpreisträger (1917–1985) 144
Borchert, Wolfgang, Schriftsteller (1921–1947) 23
Brandt, Willy, SPD, Bundeskanzler (1913–1993) 41, 49 ff., 57 f., 61, 69 f., 136, 196, 200, 203 f., 207 f., 225
Breshnew, Leonid, sowjetischer Partei- und Staatschef (1906–1982) 193, 211

Chruschtschow, Nikita S., sowjetischer Partei- und Regierungschef (1894–1971) 31, 193, 196 f., 201, 206
Churchill, Winston, britischer Premierminister (1874–1965) 13
Clay, Lucius D., US-Militärgouverneur (1897–1978) 18, 37
Colberg, Willy, Maler (1906–1986) *161*

Dulles, John f., US-Außenminister (1888–1959) 137
Dutschke, Rudi, APO-Führer (1940–1979) 96, 99

Erhard, Ludwig, CDU, Wirtschaftsminister, Bundeskanzler (1897–1977) 15, 22, 45, 48 f., 52, 83, 135, 144

de **G**aulle, Charles, französischer Staatspräsident (1890–1970) 139
Genscher, Hans-Dietrich, FDP,

Außenminister (geb. 1927) 41, 51 f., 59, 133
Gorbatschow, Michail, sowjetischer Partei- und Staatschef (geb. 1931) 153, 161, 193, 195, 210 f., 213, 217
Grotewohl, Otto, DDR-Ministerpräsident (1884–1964) *29*, 30, *34*, 39, 41

Havemann, Robert, DDR-Physiker und Dissident (1910–1982) 158, 168, 170
Hennecke, Adolf, Bergmann (1905–1974) *176 f.*
Heuss, Theodor, FDP, Bundespräsident (1884–1963) 37
Honecker, Erich, SED-Generalsekretär (1912–1994) 14, 52, 153 f., 160 ff., 164, 166, 170, 184, 187 f., 193, 196, 204, 206, 210–213

Kaiser, Jakob, CDU-Politiker (1888–1961) 22
Kennedy, John F., US-Präsident (1917–1963) 139, 203
Keynes, John Maynard, britischer Wirtschaftswissenschaftler (1883–1946) 83
Kiesinger, Kurt Georg, CDU, Bundeskanzler (1904–1993) 41, 49, 61, 136 f., 200
Kohl, Helmut, CDU, Bundeskanzler (geb. 1930) 41, 52, 61, 69, 84, 90, 136, 140, 206, 208, 210, 216, 218
Krenz, Egon, SED-Generalsekretär (geb. 1937) 164, 210, 212

Lafontaine, Oskar, SPD-Politiker (geb. 1946) 61, 216, 218
Lenin, Wladimir, russischer Revolutionsführer (1870–1924) 163, 195, 206

de **M**aizière, Lothar, CDU, DDR-Ministerpräsident (geb. 1940) 210, 217 f.
Marshall, George, US-Außenminister (1880–1959) 17
Mattheuer, Wolfgang, Maler (geb. 1927) *161*
Mielke, Erich, DDR-Minister für Staatssicherheit (geb. 1907) 166
Mittag, Günter, SED-Politiker (1926–1994) 162, 181, 213
Modrow, Hans, SED, DDR-Ministerpräsident (geb. 1928) 216 f., 222
Molotow, Wjatscheslaw, sowjetischer Außenminister (1890–1986) 17

Ollenhauer, Erich, SPD-Vorsitzender (1901–1963) 61

Pieck, Wilhelm, SED-Politiker, DDR-Staatspräsident (1876–1960) 14, 20, *29 f.*, *34*, 39
Polke, Sigmar, Maler (geb. 1941) *81*

Rau, Johannes, SPD, Ministerpräsident in Nordrhein-Westfalen (geb. 1931) 61
Reuter, Ernst, Regierender Bürgermeister von Berlin (West) (1889–1953) 37, 54

Scharping, Rudolf, SPD-Vorsitzender (geb. 1948) 70
Scheel, Walter, FDP, Außenminister, Bundespräsident (geb. 1919) 41, 51
Schiller, Karl, SPD, Wirtschaftsminister (1911–1995) 49, 83
Schmid, Carlo, SPD-Politiker (1896–1979) 37
Schmidt, Helmut, SPD, Bundeskanzler (geb. 1918) 41, 50 ff., 59, 61, 69 f., 136, 138, 142, 196, 206, 208
Schröder, Gerhard, CDU, Außenminister (1910–1990) 49
Schumacher, Kurt, SPD-Vorsitzender (1895–1952) 22, 28, 54, 61, 141
Schuman, Robert, französischer Außenminister (1886–1963) 138, 140, 141
Stalin, Josef, sowjetischer Diktator (1879–1953) 13, 29, 31, 154, 156, 163, 170, 173, 193, 196
Stolpe, Manfred, SPD, Ministerpräsident von Brandenburg (geb. 1936) 223
Stoph, Willy, DDR-Ministerpräsident (geb. 1914) 162, 196, 200, 204, 207
Strauß, Franz-Josef, CSU, bayerischer Ministerpräsident (1915–1988) 49, 52, 54, 61, 69, 206

Ulbricht, Walter, SED-Generalsekretär (1893–1973) 14, 19, 32, 153–156, 158, 160, 170 f., 176, 186, 193, 202 ff.

Vogel, Hans-Jochen, SPD-Vorsitzender (geb. 1926) 61

Wehner, Herbert, SPD-Politiker (1906–1993) 54, 69
von Weizsäcker, Richard, CDU, Bundespräsident (geb. 1920) 221

Sachregister

Abgabenquote 89
Abrüstung 40, 70
Alleinvertretungsanspruch 149, 205
Alter 94 f., 187
Alternative 98, 170
Alternative Bewegung 44
Altersrente 44, 48, 81, 187, 224
Ämterpatronage 66
Angebots- und Nachfrageorientie-
 rung **84**
Angestellte 112 f., 115 f., 122, 130
Anti-Hitler-Koalition 13
Antifaschismus **16**
Antifaschistisch-demokratischer
 Block 14, 29
Antikommunismus 63 f., 134
Antisemitismus 63, 144, 146
APO ▷ Außerparlamentarische
 Opposition
Arbeiter 112–116, 122, 130, 169,
 182, 207, 226
Arbeitslosigkeit 45, 47, 52, 70, 80,
 83, 86, 89 ff., 93, 101, 105, 112,
 114, 116 f., 119 ff., 187, 217, 225
Armut 120
Asylbewerber 127 f.
Atlantiker 49
Atlantische Allianz 46, 54, 152
Atombombe 13
Atomkraftgegner 45
Atomwaffensperrvertrag 132
Aufstand des 17. Juni 1953 155,
 169 ff., 211
Ausländer 127, 129; -feindlichkeit
 127 f.
Außerparlamentarische Opposition
 (APO) 44 f., 50, 56, 64, 71, 99, 137
Aussiedler 127, 129
Autarkie 173

Basisdemokratie 60
Bauern 112 f., 115 f., 175
BDA 23
BDI 23
Beamte 66, 73, 112 f., 115 f., 122 f.;
 -ntum 62
Berlin 7, 37, 132, 134, 137, 149, *155*,
 196 f., 200–203, 209 f., 212; -Ab-
 kommen 149, 202; -blockade 41,
 43; -krise 45, 197
Besatzungsstatut 38, 40 f., 134
Besteuerung 91
Betriebsverfassungsgesetz 82
Bildung 25, 57, 183; -spolitik 125;
 -ssystem 125, 184; -swesen 105,
 123 f., 126
Billiglohnländer 82
Blockade 201
Blockparteien 30, 39, 164, 166, 216
Bodenreform 22, 30, 33
Bund der Vertriebenen 151
Bundestagswahlen 61 (Abb.)
Bundesverfassungsgericht 44, 51,
 65, 72, 147, 205
Bundeswehr 47, 62, 132, 218, 224

Bündnis 90 70
Bürger- und Protestbewegung 50,
 67, 79, 212, 217
Bürgergesellschaft 46, **50**, 93
Bürgerinitiativen 50, 79, 131
Bürgerrechtler 206

CDU 14 f., 19, 21 f., 25, 28, 30, 32,
 45, 49, 68 f., 74 f., 84, 118, 148,
 154, 166, 205, 208, 226
CSU 15, 45, 74 f., 148, 205, 208, 226

DBD 154, 166
Demographische Revolution 94
Demokratischer Block 165
Demontagen 9
DGB 23, 56
Die Grünen 45, 50, 52, 60, 70, 74 f.,
 84, 206, 216, 218
Dienstleistungsgesellschaft 46, 112
DIHT 23
Displaced Persons 8, 127
Dissidenz 169, 206, 208 f.
Dritte Welt 60

EGKS 85
Einheitsschule 31, 34
Einigungsvertrag 217, 220
Einwanderung 127, *128*, 129
Emanzipation ▷ Frauen ▷ Feminis-
 mus
Enteignungen 221, 224
Entnazifizierung *16, 19 f.*, 41, 43, 63
Entproletarisierung 114, **182**
Entspannung 13, 149, 151,
 204–209; -spolitik 51, 60, 134, 137
Entstaatlichung 84
Entstalinisierung 31
Entwicklungshilfe 83, 133; -länder
 82, 133
Erziehungsgeld 119
Europäische Einheit 54
Europäische Gemeinschaft (EG) 63,
 134 f., 138
Europäische Integration 46, 141
Europäische Union (EU) 85, 140
Europäische Verteidigungsgemein-
 schaft (EVG) 139
Europäische Wirtschaftsgemein-
 schaft (EWG) 45, 139
Evangelische Kirche in Deutsch-
 land (EKD) 148
Export 47; -wirtschaft 82

Familie, Ehe und – 60, 78, 93, 96,
 103 f., 106, 109, 111, 116 f., 120,
 160, 187 f.; -nrecht 51,
FDGB 14, 154, 164, 167, 187
FDJ 15, 154, 157, 164, 167, 183 ff.,
 187
FDP 15, 22, 25, 45, 50, 59, 68, 70, 74,
 75
Feminismus **105,** 109
Flüchtlinge 9
Föderalismus 66 f.

Frankreich 13, 47, 49, *138*–141
Frauen, -bewegung 44, 105 f., 188;
 – in der Bundesrepublik 103–111;
 – in der DDR 187 ff. *190,* 191 f.;
 Gleichstellung der – 70, 221; -tag
 104; Schulbildung von – 104;
 -quote *69,* 105
Freizeit 159; -kultur 96
Friedensbewegung 44, 137
Fristenlösung 51
Fünf-Prozent-Klausel 68, 71

Gastarbeiter 47, 127
Gemeindedemokratie 50, 67
Gemeinden 15, 67
Gemeineigentum 76
Generationen 94, **95**–102, 114, 196;
 -konflikte **95** f.; -vertrag 81, *94*
Genossenschaftsbauern 165
Gewaltenteilung 72, 79
Gewerkschaften 14, 21 f., 49, 52, 57,
 75 ff., 81, 115
Gleichstellung 104 f., 187 f., 192
Görlitzer Vertrag 147
Großbritannien 139, 141
Große Koalition 45, 49 f., 55 f., 70,
 81, 83
Grund- und Menschenrechte 44,
 60, 65, 72, 170, 208
Grundgesetz 7, 38, 40, 72 f., *103,* 221
Grundlagenvertrag 51, 194, 196,
 204, 207
Grundstoffindustrie 173

Heimatvertriebene 44
Hippies 185
Holocaust 143 ff.
Hooligans 96

Imperialismus 16, 24, 35
Individualisierung **93**
Individualität 97
Inflation 83, 91
Inoffizielle Mitarbeiter (IM) 167, 222
Intelligenz 165, 169, 182, 184
Interessenverbände 22, 79
Israel 44 f., 59, 63, *143*–146

Juden 9, 63 ▷ Antisemitismus ▷
 Israel
Jugendkultur 95, *100,* 101 f., 185
Jugendweihe 154

Kader 163, 164
Kalter Krieg **13,** 31, 42 f., 46 f., 71,
 134, 136, 138, 153, 193
Kapitalismus 16, 24, 27, 31, 56, 58,
 60, 159, 163, 206 f.
Kartelle 87 f.
Kartellgesetz 81
Kernkraftwerke 70, 174
Kindergeld 119
Kirche, evangelische – 78, 169, 186,
 187, 189; katholische – 77, 186,
 187; – im Sozialismus 186, 189

Kirchenkampf 157, 186
Klassenkampf 154, 158, 167, 174, 182
Koexistenz, friedliche – **206**
Kollektivierung der Landwirtschaft 155, 175
Konferenz für Sicherheit und Zusammenarbeit in Europa (KSZE) 149, 170, 205
Konsumgütererzeugung 173
Kontrollrat 13 f.
KPD 7, 14 ff., 22, 26, 29, 31, 33, 35, 44, 63, 71
KPdSU 165
Kriegsgefangene, Kriegsgefangenschaft 7 f.

Länder 15
Landwirtschaft 46, 113, 175, 178
Landwirtschaftliche Produktionsgenossenschaft (LPG) 155, 175
LDP 32
LDPD 14, 154, 166
Lebensstandard 46
Liberale 118
Luftbrücke 37, 137
Luxemburger Abkommen 144

Maastrichter Vertrag 140
Marshall-Plan 13, 14
Marxismus-Leninismus 31, 34 f., 64, 68, 154, 157, *162,* 163, 165, 170, 184, 186, 211
Massenorganisation 29, 154, 164, 166 ff.
Mauer 153, 155 f., 158, 169, 196, 200 ff.
Mehrheitsregel 72
Meinungsfreiheit 73
Ministerium für Staatssicherheit 153, 161, 164–167, *168,* 169 f., 194, 211 ff., 226
Mitbestimmung 45, 51, 57, 76 f., 81 f.
Mittelstandsgesellschaft 93
Montagsdemonstrationen 210, 212, *214*
Montanunion 44, 139 f.
Moskauer Vertrag 149
Multikulturalismus 130

Nahostkonflikt 144
Nation 129, 206, 208, 227; -alstaat 129
Nationale Front 154, 165, 167, 184
Nationale Volksarmee (NVA) 153, 167, 184 f., 194, 224
Nationalismus 135, 141
Nationalsozialismus 10 ff., 15 f., 18 ff., 144, 147
NATO 44, 52, 54, 132, 136, 139, 196, 200, 218
NDPD 166
Neo-Marxismus 49, 64
Neo-Nazis 58
Neue Linke 64
Neue Rechte 71

Neues Ökonomisches System 158, 176
Nomenklatura 164
Notstandsgesetze 55, *56*
Notstandsverfassung 49
NPD 63, 71, 74, 154
NS-Verbrechen 10, 16, 63
NS-Vergangenheit 48, 63

Oder-Neiße-Linie 9, 51, 147 f., 150, 210
Öffentlicher Dienst 73
Opposition 47, 169, 172, 208, 211
Ost-West-Konflikt 50, 160
Ostblock 194, 210
Ostpolitik 45, 147 ff.
Ostverträge 150, 197
Ostvertriebene 48
Ostzone 14, 17

Parlamentarischer Rat 7, 22, 37 f., 62, 64 ff.
Parteien 15, 18, 22, 29, 67–75, 78; -demokratie 46, 65, 79; -gesetz 67; -staat 66, 67
Patriarchat 103, 106, 192
PDS 210, 216
Perestroika 161, 193, 211
Planwirtschaft 15, **21,** 24 f., 69, 156 f., 173, 175, 179, 181
Plebiszitäre Demokratie **66**
Pluralisierung **93**
Pluralismus 163
Pluralität 97, 131
Polen 9, 13, 45, 51, 136, *147*–151, 194, 210 f., 218
Politbüro 32, 162, 165, 211–214
Polytechnische Oberschule (POS) 183
Popper 97, 102
Potsdamer Konferenz 7, 10 f., 42, 197
Punks 96, *100*

Radikalenerlass 73
Rationalisierung 83
Real existierender Sozialismus 153, **160**, 172
Rechts- und Verfassungsstaat 46
Rechtsextremismus 71
Rechtsstaat 28, 72
Reparation 10, 17, 40, 42, 155
Repräsentative Demokratie **66**
Republikaner 45, 52, 63, 71
Restauration 21, 27
Rezession 49,
Risikogesellschaft 93, 131
Rock 96, 102, *159;* -musik 185; -szene 96
Rock ´n´ Roll *100*
Rote Armee Fraktion (RAF) 45, *58,* 71
Runder Tisch 216
Rüstungskontrolle 13
RWG 194, 195

Saarland 13, 44, 45, 139

Schule 25, 34, 57, 93, *183,* 184; -bildung 95, 104; -reform 123; -wesen 67, 126
Schwangerschaftsabbruch 51
Schwerindustrie 173
SED 7, 14 ff., 20, *29,* 30 ff., 34–38, 43, 154, 157, 161 ff., 165 ff., 170 f., 175, 184, 186, 194, 196, 200, 205 f., 210–213, 216
Selbständige 112 f., 115 f., 122
SMAD 15, 30, 166
Souveränität **132,** 134 ff., 151 f., 196 f.
Sowjetische Aktiengesellschaft 30
Sowjetische Besatzungszone 7, 15, 19 f., 29, 31, 38, 42 f.
Sowjetunion 9, 13 f., 17, 38, 42 f., 45, 51, 70, 132, 136 ff., 143, 148 f., 152 f., 156, 160, 177, 193 ff., 197, 202 ff., 210, 213, 216
Sozial-liberale Koalition 45, 51, 57, 137
Sozialabgaben 95, 170, 187
Sozialausgaben 91
Sozialbudget 121
Sozialdemokratie 28 f., 43, 50, 118
Soziale Marktwirtschaft **21,** 80–92, 180, 217, 219, 222
Soziale Sicherheit 64
Sozialhilfe 119, 121
Sozialismus 21, 31, 159
Sozialistische Demokratie **163**
Sozialistische Rechtspartei (SRP) 71
Sozialistischer Internationalismus **193**
Sozialistisches Strafrecht 158
Sozialleistungen 84, 89, 118, 122
Sozialmilieu 68, 75, 130
Sozialpolitik 192, 226
Sozialprodukt 89
Sozialstaat 91 f., 182, 187
Sozialversicherung 118, *122*
SPD 7, 14 f., 22, 26, *29,* 30, 45, 52, 54, 59, 68 f., 74 f., 143, 196, 200, 206, 209, 217 f.
Staatsquote 84
Staatsverschuldung 83
Stagflation 45, **83**
Stalin-Note 197, *198*
Stalinisierung 31, 36
Stalinismus **31,** 154
Steuer 80, 83 f., 89, 118 ff., 155, 175 f., 187
Streikrecht 75 f.
Studentenbewegung 45, 64, 71, *100* ▷ Außerparlamentarische Opposition
Subventionen 84 f., 89, 160, 177

Terrorismus 50, 58, 71
Treuhand 223
Trümmer, -frauen 10; -kultur 23
Tschechoslowakei 51, 193, 194, 211

Übersiedler 127, *215*
Umwelt, -bewegung 44; -schutz 70, 170; -zerstörung 50, *174*

Ungarn 210 ff.
Unternehmerverbände 57
USA 13, 17, 42, 13 f., 136–139,
141 ff., 149, 151 f., 203

Verbände 15
Vereinte Nationen 8, 134, 194, 196
Verfassung der DDR *164*
Verfassungsordnung (Bundesrepu-
blik) *65*
Verfassungstreue 50
Vermögensentwicklung 81
Vermögensverteilung 80, 120
Verschuldung, öffentliche – 84
Vertreibung 7, 11, 147, 148–151
Vertriebenenverbände 148
Verwaltung 66
Verwestlichung 46
Vier-Mächte-Abkommen 204
Volkseigene Betriebe 30, 155, *180,*
182, 217

Volkseigentum 30, 179
Volksentscheid 66
Volkskammer 39, 41
Volkskongress 38, *39*
Volkspolizei 169, 194, 212
Volkssouveränität 72

Wahlrecht 68
Währungsreform 7, 14, 21, 43, 80
Warschauer Pakt 153, 193 f., 196
Warschauer Vertrag 148, 150, 200
Wechselwähler 68
Wehrerziehung *190*
Wehrpflicht 44
Weltwirtschaftsordnung 82, 133,
136
Westorientierung 28, 43, 51, 53, 69,
137–152, 197
Westzone 7, 21
Wettbewerb 87; -sfähigkeit 83
Wiedergutmachung 143 f.

Wiedervereinigung 46, 134 f., 138,
140, 196 f., 200, 208, 210, 217 f.
Wirtschafts- und Sozialpolitik 154,
160 ff.
Wirtschaftsliberalismus 80
Wirtschaftswunder 14, 21, 64, 82
Wissenschaft und Forschung 57
Wissenschaftlicher Sozialismus 32
Wohlstandsgesellschaft 50
Wohngeld 119
Wohngemeinschaften 96, 98

Yuppies 97

Zentralismus, demokratischer – 32,
35, 163, 165
Zentralkomitees 32, 164 f., 213
Ziviler Ungehorsam 72
ZK-Sekretariat 165
Zwei-plus-Vier-Vertrag 132, 210

Bildnachweis   Umschlag: Jan Cordes, Berlin; S. 10 li.: Archiv für Kunst und Geschichte, Berlin;
S. 10 re.: Bildarchiv Preußischer Kulturbesitz, Berlin; S. 16: Praxis Geschichte, Heft
2/1989, S. 34, 35; S. 19 li.: BPK; S. 19 re.: Berliner Zeitung; S. 23: Hamburger
Theatersammlung, Rosemarie Clausen; S. 29: Verlag Langewiesche-Brandt,
Ebenhausen bei München; S. 39: Mirko Szewczuk; S. 48: Konrad-Adenauer-
Stiftung e. V., St. Augustin; S. 56: Süddeutscher Verlag, München, Bilderdienst;
S. 58: Ullstein Bilderdienst; S. 61: Konrad-Adenauer-Stiftung e. V.; Bundesarchiv,
Koblenz; Friedrich-Ebert-Stiftung, Bonn; S. 69: dpa, Tschauner; S. 76: Keystone
Pressedienst; S. 80/1: Georg Baselitz, Holle; S. 80/2: Kunstmuseum, Bonn, Reni
Hansen; S. 86: Globus Kartendienst; S. 94 li.: Rolf Schöpper; S. 94 re.: Globus
Kartendienst; S. 100 a): Ullstein Bilderdienst; b): Keystone Pressedienst; c), d):
G. P. Reichelt; e): Bilderberg, Hans-J. Ellerbrock; S. 103: Süddeutscher Verlag, Mün-
chen, Bilderdienst; S. 104: dpa, Schmitt; S. 110 li.:Pirelli Deutschland AG, Breuberg;
S. 110 re.: Maria Scharlau, Münster; S. 112 li.: BPK; S. 112 re.: Opel AG, Rüssels-
heim; S. 115: Globus Kartendienst; S. 122: Schmidt Zahlenbilder; S. 124: CCC Mün-
chen, W. Hanel; S. 128: Globus Kartendienst; S. 133: Ullstein Bilderdienst; S. 138 li.:
CCC München, Helmut Beyer; S. 138 re.: CCC München, Fritz Behrendt; S. 143: dpa,
Gerig; S. 147: BPK; S. 155: Keystone Pressedienst; S. 159: Bildartphoto, Volker
Döring; S. 160/1: Deutsches Historisches Museum, Berlin; S. 160/2: Museum der
Bildenden Künste, Leipzig, VG Bild-Kunst, Bonn 1995; S. 162: Jürgens Ost + Europa
Photo; S. 168: Jürgens Ost + Europa Photo; S. 170: Keystone Pressedienst; S. 174
li.: Klaus Mehner, Berlin; S. 174 re.: Ullstein Bilderdienst; S. 176: ADN, Berlin; S.
180: Detlev Steinberg, Berlin; S. 183 li.: Bundesarchiv, Koblenz; S. 183, re.: Heinz
Behling, Verlag Eulenspiegel, Heft Nr. 46/1989; S. 190: Bundesarchiv, Koblenz,
Schwedt/Oder; S. 191: Berliner Verlag, Berlin; S. 198: Die Welt der Arbeit vom
10.5.1952; S. 201: Wilhelm-Busch-Museum, Hannover; S. 205: CCC München, Josef Blaumeiser; S. 207: dpa, Rehm; S. 214: Gerhard Gäbler, Leipzig; S. 215: Joachim
Kohlbrenner, Owingen; S. 220: A. Schoelzel, Berlin; S. 224: CCC München, W. Hanel;

Nicht in allen Fällen war es uns möglich, den Rechteinhaber ausfindig zu machen.
Berechtigte Ansprüche werden selbstverständlich im Rahmen der üblichen Vereinbarungen abgegolten.